宁波市镇海区交通志

（1986—2010）

《宁波市镇海区交通志》编纂委员会　编

方志出版社
Publishing House of Local Records

图书在版编目（CIP）数据

宁波市镇海区交通志：1986—2010／《宁波市镇海区交通志》编纂委员会编. —北京：方志出版社，2017. 8

ISBN 978-7-5144-2513-0

Ⅰ. ①宁… Ⅱ. ①宁… Ⅲ. ①交通运输业—概况—镇海区—1986-2010 Ⅳ. ①F512. 755. 4

中国版本图书馆 CIP 数据核字（2017）第 220347 号

宁波市镇海区交通志（1986—2010）

编　　者：《宁波市镇海区交通志》编纂委员会
责任编辑：黄　彦

出 版 人：冀祥德
出 版 者：方志出版社
地址　北京市朝阳区潘家园东里 9 号（国家方志馆 4 层）
邮编　100021
网址　http：//www. fzph. org
发　　行：方志出版社图书经销中心
电话（010）67110500
经　　销：各地新华书店
印　　刷：福州龙杰印刷有限公司

开　　本：787×1092　　1/16
印　　张：25. 5
字　　数：430 千字
版　　次：2017 年 8 月第 1 版　　2017 年 8 月第 1 次印刷
印　　数：0001～1000 册

ISBN　978-7-5144-2513-0　　　　定价：170. 00 元

序

海天雄镇、港通天下。镇海，北接上海，东连舟山，揽甬江之脉动，拥招宝之高峰，敞门户之通达，开海航之先机。作为“浙东门户”的宁波北大门——镇海，历来是宁波对外通商交往的主要口岸，也由此成为“宁波帮”的重要发源地。

以史为鉴，可以知兴替，以志为鉴，可以察古今。唐元和四年（809年），建望海镇，为镇海建治之始。自1985年撤县建区以来，已三十又一载。此番新修《镇海区交通志》，不仅为记录镇海撤县建区后“八横七纵”一路一桥的交通发展变迁；也是记录生长于此的老一辈镇海人的记忆更迭和时代蜕变；更是鼓舞奋发向上的新一代镇海人秉承先人乘风破浪之志，不断开拓进取。随着杭州湾跨海大桥、舟山跨海大桥、宁波绕城高速镇海段的建成通车，镇海已由大陆交通末端转变成为北接上海、东出舟山的长三角南翼交通节点，内通外联的大交通格局已初露端倪。在当前国家“一带一路”战略逐步构建过程中，作为海上丝绸之路的始发地之一，镇海将发挥新的作用、承接新的使命、迈向新的征程。

兹秉承严谨求实之态度，精益求精，历时数载，几易其稿，始成此志。老一辈镇海交通人当读此自豪，新一代镇海交通人当读此为鉴。

登临招宝山、俯瞰甬江，白鹭结群，江波奔流，已有“落霞与孤鹜齐飞、秋水共长天一色”之山水意境，亦希冀通过吾辈之努力，再现“日月之行，若出其中；星汉灿烂，若出其里”之通达格局。

谨志此为序。

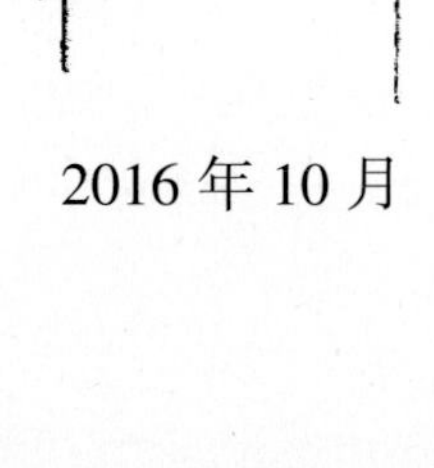

2016年10月

凡　例

一、以马克思、列宁主义、毛泽东思想、邓小平理论、“三个代表”重要思想和科学发展观为指导，贯彻落实习近平总书记系列重要讲话精神和治国理政新理念新思想新战略，坚持辩证唯物主义和历史唯物主义的立场、观点和方法，坚持科学发展观，力求全面、客观、真实记述镇海交通运输事业，以达“存史、资政”之目的。

二、《宁波市镇海区交通志（1986—2010）》与1997年版《镇海县交通志》有承续关系。它主要记述1985年10月建区开始至2010年镇海区交通运输事业发展的史实。涉及必须交代事物整体历史的，上溯期适当延伸。

三、正文体例为记述体，横排门类、纵写史实。分编、章、节、目、子目5个层次，以章节为主，述、记、志、传、图、表、录并用。

四、大事记延伸至2015年。2011年以后至志稿付印前的镇海区交通运输发展重大史实设新志备稿记述至2015年。

五、采用公元纪年。中华人民共和国成立前以朝代年号或民国纪年括注公元纪年。志书中“解放前”“解放后”，以1949年5月26日镇海县解放为界；中华人民共和国成立以1949年10月1日为界。

六、机构名称首次出现用全称，以后括注简称。

七、涉及的统计数据以区统计部门为主，没有列入区统计部门的数据采用区相关部门的统计资料。

八、涉及历史资料的计量沿用旧制，必要时括注法定计量单位。志书正文计量按规定一般用公制，计量名称用汉字，数量用阿拉伯数字，土地按习惯亦用亩。

九、入志资料取自正史、旧志、档案、书籍、报刊、碑铭、调查、踏勘等，有必要的注明出处，或列文献清单。

甬江出海口（2009 年）

镇海煤码头(2008 年)

镇海轮渡码头(2015 年)

液体化工码头储罐区

镇海港区 5 万吨级液体化工码头(2000 年)

①
②
③

① 明越车客渡（1994 年）
② 镇海渡口（2015 年）
③ 镇海渡口灯桩（2015 年）

东外环路镇海庄市段(2010 年)

宁镇公路庄市段

长邱新线(2005 年)

建设中的铁路北环线(2014 年)

清水浦公交站(2015 年)

液体化工管廊(2015 年)

甬江隧道口（1996 年）

庄市钟包立交桥（2011 年）

镇海港区火车

轨道交通 2 号线进镇海(2015 年)

天盛 17 号轮（2009 年）

天盛 18 号轮（2010 年）

威远 1 号

绪扬 8 号

太平洋海运有限公司万吨轮

港通 2 号

↑ 华业钢构生产的大型构件在大件码头装船

↑ 炼化大乙烯设备到镇海

石化大型反应塔在大件码头装船

大型石化塔器在大件码头装船运往印度

镇海区交通安全宣传活动(2008年)

镇海边检官兵与外籍船员欢度中秋(2008年)

海铁联运物流枢纽港大楼(2015年)

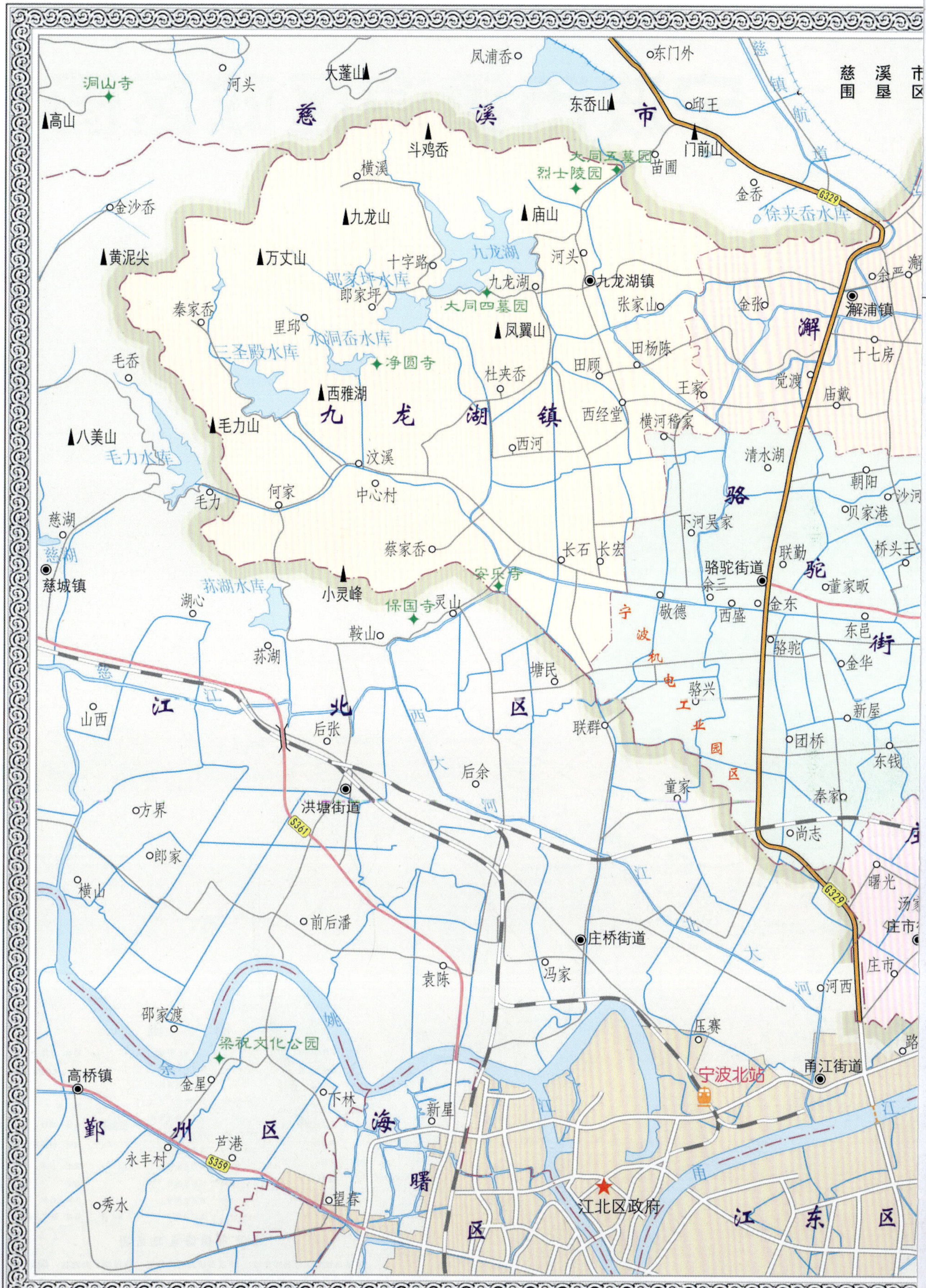

凤浦岙
东门外
慈溪市慈围垦区
洞山寺
河头
大蓬山
高山
慈溪市
东岙山
邱王
门前山
斗鸡岙
大同五墓园
烈士陵园
苗圃
横溪
金岙
金沙岙
九龙山
庙山
徐夹岙水库
G329
黄泥尖
万丈山
九龙湖
河头
十字路
郎家坪水库
郎家坪
九龙湖
九龙湖镇
余严
大同四墓园
张家山
金张
澥浦镇
秦家岙
里邱
水洞岙水库
凤翼山
澥
三圣殿水库
净圆寺
田杨陈
十七房
毛岙
杜夹岙
田顾
觉渡
西雅湖
王家
庙戴
九龙湖镇
西经堂
毛力山
横河稽家
八美山
毛力水库
西河
清水湖
汶溪
朝阳
何家
中心村
骆
沙河
毛力
下河吴家
贝家港
慈湖
长石
长宏
联勤
桥头王
蔡家岙
慈湖
骆驼街道
驼
慈城镇
余三
安乐寺
董家畈
杨湖水库
小灵峰
宁波机电工业园区
敬德
西盛
金东
湖心
保国寺
灵山
东邑
街
鞍山
骆驼
杨湖
塘民
金华
慈江
骆兴
山西
江北区
新屋
后张
西大河
联群
团桥
东钱
后余
童家
方界
洪塘街道
秦家
S361
尚志
郎家
曙光
江北大河
横山
G329
汤家
前后潘
庄桥街道
庄市街道
庄市
冯家
袁陈
河西
邵家渡
压赛
梁祝文化公园
姚江
宁波北站
甬江街道
高桥镇
金星
余姚
下林
新星
鄞州区
海曙区
芦港
永丰村
S359
甬江
望春
江北区政府
秀水
江东区

第二编　水路运输

第一章　港口

第一节　镇海港区开发 …… 47
第二节　镇海港埠分公司 …… 56
第三节　区属码头泊位 …… 58
第四节　助航设施 …… 63
第五节　甬江航道疏浚 …… 68

第二章　沿海运输

第一节　客运 …… 71
第二节　货运 …… 74
第三节　船舶 …… 75
第四节　水路运输企业 …… 78
第五节　车客渡航线运输 …… 85

第三章　内河运输

第一节　航道 …… 86
第二节　船舶与货运量 …… 87
第三节　人渡 …… 89
第四节　汽车轮渡 …… 91
第五节　内河航运企业 …… 93

第三编　道路运输

第一章　公路

第一节　路网建设规划 …… 97
第二节　公路等级 …… 101

第三节 国省道公路 …… 104
第四节 县(区)乡村公路 …… 105
第五节 高速公路 …… 110

第二章 城市道路

第一节 招宝山街道路 …… 112
第二节 蛟川街道路 …… 117
第三节 庄市街道路 …… 120
第四节 骆驼街道路 …… 121
第五节 澥浦镇路 …… 121
第六节 九龙湖镇路 …… 122
第七节 镇海新城道路 …… 124

第三章 桥梁隧道

第一节 隧道 特大桥 …… 127
第二节 公路桥 …… 130
第三节 城区桥梁 …… 134

第四章 场站

第一节 客运站 …… 139
第二节 城市公交站点 …… 141
第三节 加油站 …… 142
第四节 四自公路收费站 …… 144

第五章 客运 货运

第一节 汽车客运 …… 147
第二节 汽车货运 …… 152
第三节 城市公共交通 …… 154
第四节 出租车客运 …… 161

第五节 人力三轮车客运 …… 166
第六节 运输工具 …… 167
第七节 道路运输业户 …… 176
第八节 交通局属企业体制改革 …… 183

第四编 铁路 管道

第一章 铁 路

第一节 洪镇铁路支线 …… 189
第二节 铁路桥 …… 190
第三节 火车站 …… 190
第四节 铁路货运北环线镇海段 …… 191

第二章 管 道

第一节 镇海炼化管道 …… 192
第二节 化工区液体化工管廊 …… 193
第三节 电厂输灰管道 …… 196

第五编 交通工程与服务业

第一章 宁波(镇海)物流枢纽港

第一节 物流枢纽港建设 …… 199
第二节 物流专业市场 …… 201
第三节 仓储 …… 204

第二章 交通工程建设投资

第一节 公路建设投资 …… 206
第二节 城市道路建设投资 …… 209

第三章 交通运输服务业

第一节 船舶修造企业 …… 211
第二节 交通工程企业 …… 213
第三节 机动车维修 …… 216
第四节 驾驶员培训学校 …… 222
第五节 车辆综合性能检测 …… 224

第六编 交通运输管理

第一章 道路交通安全

第一节 交通安全设施 …… 229
第二节 车辆管理 …… 232
第三节 机动车驾驶员管理 …… 237
第四节 交通秩序管理 …… 240
第五节 交通事故 …… 244

第二章 港航管理

第一节 运政管理 …… 250
第二节 航政管理 …… 262
第三节 港航监督 …… 265
第四节 港航行政执法 …… 267
第五节 船舶检验 …… 268

第三章 公路运输管理

第一节 路政管理 …… 269
第二节 危险化学品运输专项管理 …… 271
第三节 公路养护 …… 274
第四节 清明运输服务 …… 276
第五节 打击车辆非法运营 …… 278

第四章 运价与规费

第一节 公路运输价格 …………………………………… 279
第二节 水路运输价格 …………………………………… 296
第三节 公路规费 …………………………………… 300
第四节 港航规费 …………………………………… 309

第五章 管理机构

第一节 行政管理机构 …………………………………… 312
第二节 行业管理机构 …………………………………… 316
第三节 行业协会 …………………………………… 325

第七编 从 录

一、人物简介 …………………………………… 334
二、先进工作者 …………………………………… 335
三、碑记 …………………………………… 337
四、交通新志备稿 …………………………………… 341

修志始末 …………………………………… 352

概　述

自东汉顺帝阳嘉元年（132 年）在沿海屯兵设戍开始，甬江口历代均为军事要地。春秋末越国建国后，其地始有归属。秦王嬴政二十五年（前 222 年）置会稽郡，立句章县，县治始设大隐城山，后徙鄞西小溪。因地处句章县之东，故称句章东境，为时 843 年。唐武德四年（621 年），析句章，分置姚州、鄞州，武德八年（625 年），更鄞州为鄮县，本地属鄮县东境。唐元和四年（809 年），鄮县甬江口置望海镇，为建治之始。后梁开平三年（909 年），钱镠奏置望海县，不久改名定海县。宋熙宁十年（1077 年），划鄞县灵岩、泰邱、海晏三乡归定海县。元时建置袭宋制。明洪武二十年（1387 年），昌国废县改卫，昌国县境统隶定海县。康熙二十六年（1687 年），改定海县为镇海县。县建置相沿至民国未变。

中华人民共和国建立后，镇海县建置与县境变化甚频。1951 年，定海县的大榭岛划归镇海县，慈溪县的骆驼镇划归镇海县；划沙堰乡归宁波市。1953 年划合岙乡归鄞县。1954 年年底，龙山区北部 10 个乡镇划归慈溪县；慈溪县的河头、长石等 5 乡划属镇海县；杭州湾口滩浒岛划归嵊泗县。1958 年自余姚县划入汶溪乡。同年底，撤镇海县并入宁波市。1963 年 1 月，恢复镇海县建置。1984 年 1 月，划城关镇和新碶乡全部，临江乡、庄市乡、湾塘乡、小港乡、高塘乡部分，组建滨海区。2 月划庄市乡部分归江北区。4 月划江南乡红联村归滨海区。1985 年 10 月撤镇海县，析为镇海、滨海（北仑）两区隶宁波市。镇海区人民政府驻地城关镇胜利路 112 号。

宁波市镇海区地处浙江省东北部沿海，东临灰鳖洋与舟山一衣带水，南以甬江中心线为界与北仑区隔江相望，北与慈溪市接壤，西与江北区毗邻，北纬 29°53′~30°06′，东经 121°27′~121°46′。区域总面积 369.40 平方千米，其中陆域面积245.94平方千米，海域面积123.46平方千米。2010年年末，镇海区下辖招宝山、蛟川、骆驼、庄市4个街道，澥浦、九龙湖2个镇。全社会国内生产总值450.02亿元，财政一般预算收入51.58亿元。第六次全国人口普查显示，2010年镇海区常住人口418500人，其中区外流入人口217905人，占全部常住人口52.07%。按户籍口径统计总户数91962户，户籍人口22.52万人，其中非农业人口16.27万人。

镇海扼宁绍咽喉，自明朝起先后经受了抗倭、抗英、抗法、抗日战争的硝烟洗礼。

境内交通运输发达，水路、公路、铁路、管道运输方式同步发展。镇海城区至宁波栎社国际机场路程50千米。

一

最新的九龙湖镇“鱼山·乌龟山遗址”考古成果，被证实是现今已知的新石器时代早期距离海岸线最近的河姆渡文化遗址。先民们濒水而居，从事农牧渔猎。它的发现改写了镇海区域人类活动的历史，将其文明的源头由商周时期，追溯到了距今6500年前的史前时期，与小港横山下、沙溪蛇山山麓均已发现有新石器时代人类居住遗迹互相印证。

唐涂宋滩，沧海桑田。东海之滨的地理环境，塑造了镇海人务实、开放、包容、向善的人文品格。旧时镇海边远封闭，百姓为生计出海谋生、沿海航运通商，晚清及民国时期赴上海、武汉等地谋生，赴南洋开拓。在艰辛的创业过程中积累了财富和经验，涌现出叶澄衷、包玉刚、邵逸夫等一批著名的镇海籍“宁波帮”人士。千年海丝之路，百年商帮情谊，有历史才有镇海的今日繁荣。

二

镇海新港区异军突起。1973年7月，国务院港口建设领导小组组长粟裕视察甬江，确定在扩建宁波市区老港的同时，建设镇海新港区。自从镇海港区开发建设以来，镇海“以港兴区”朝着建设港口型城区、临港型工业的目标推进。宁波港镇海港区已形成大中小泊位配套、专用及通用功能齐全，能适应煤炭、液体化工、石油、散杂货、件杂货、集装箱等多种货物装卸、贮存需要的综合性现代化港区。港区内建成的生产性泊位有19个，其中50000吨级2个，10000吨级9个，1000~5000吨级8个。含全国首个10000吨级液体化工专用泊位和全国最大的50000吨级液体化工专用泊位。宁波港镇海港区的货物吞吐量从1999年的1000万吨，到2004年的2000万吨，到2010年的4000万吨实现了三级跳。

港口建设带动了镇海区的石油化工、机械电子、纺织皮革等一大片临港工业的发展。2006年宁波化工区成为省级开发区。2010年升级为国家级经济技术开发区，并定名宁波石化经济技术开发区。全国最大的炼化企业——中石化镇海炼化分公司的年炼油能力达2300万吨、年乙烯生产能力达100万吨，成为石化区龙头企业。

港口建设催生了液体化工产品交易市场和煤炭交易市场的壮大。始建于1999年的液体化工交易市场，依托港区液化码头、液化储罐和石油化工业的优势取得高速发展。2010年，液体化工产品交易市场入场企业370家，实现销售125.8亿元，获“中国百强商品市场”“省五星级重点培育市场”“浙江十大转型示范市场”等荣誉称号。成立于2003年的镇海煤炭交易市场，依托港区煤炭中转优势已成为华东地区最大的煤炭集散地。2010年煤炭交易市场入场企业67家，实现销售额100.86亿元。

港口建设也催生了镇海“物流重镇”的形成。2007年镇海区获“中国物流重镇”称号，成为浙江省唯一的物流重镇。2008年开始，再接再厉又启动宁波（镇海）大宗货物海铁联运物流枢纽港建设。他以加快大宗商品交易平台、海陆联动集疏运网络、金融和信息服务支撑等“三位一体”的物流枢纽港建设为目标，倾力打造面向浙江、华东，辐射全国的华东地区大宗商品交易集散中心，是当今乃至今后镇海区构建未来大交通的重要举措。

三

水路运输运力跃居全市第一、全省前三。

唐开元二十六年（738年），甬江口作为明州外港开始发展。船舶出入明州港，多在镇海放洋和收帆。历史上明确载明在望海镇启碇者有：唐大中元年（847年），明州商人张支信等37人“自望海镇放洋，横渡东海到达（日本）值嘉岛”。唐咸通六年（865年），明州商人李延孝等63人“自望海镇抵达日本肥前值嘉岛”。

后梁开平三年（909年），国内外到明州的商船，频繁进出定海，或在此驻泊。港口出现一派“海道辐辏，风帆浪舶”的兴旺景象。

北宋元丰年间（1078—1085年），朝廷于县城东南“建航济亭，以为高丽使臣往还赐宴之地”。元丰元年（1078年），遣安涛、陈睦出使高丽，乘凌虚致远安济和灵飞顺济两神舟，“自定海绝洋而东……”。宣和五年（1123年）路允迪、徐兢出使高丽，乘鼎新利涉怀远康济和循流安远通济两神舟，自定海放洋到高丽礼成江。

元代统一全国，南北海运畅通。明州商人纷纷北上华北诸港贩货，山东商人络绎到明州经营贸易。元延祐《四明志》：定海“蛮夷诸番舟帆所通，为一据会总隘之地”。

明嘉靖志载：“定海也凡海市出入番舶之往来鸟言卉服贡雉而献琛者率由兹以入。”但明朝对海外贸易采取限制政策，加上倭寇为患，实施“海禁”长达200年之久。

清乾隆二十二年（1757年），宁波停止对西方商船的开放，（其）国内海上贸易运输还是迅速发展。清乾道图经载，定海（今镇海）“海道辐辏之区南则闽广东则倭人北控高丽商舶往来物货丰衍”。

民国26年（1937年）7月，日本发动侵华战争，甬江沉船封港。因沉船封港，镇海口承担了宁波的对外贸易运输，轮船停泊在镇海口外，人货由驳船装运。其时沪杭、浙赣、沪宁诸铁路线先后中断，镇海口一度成为大后方与外部世界物资交流（即通过镇海与上海租界间的贸易运输）的重要通道。

镇海的内河航运，历史上与当地灌溉农业的发展密切相关。资料表明，将镇海这个“海壖之地”，改造成为平原上河渠纵横的稻棉之乡，先是“筑塘捍海，外御风潮”，而后“设滩煮盐”，经过一定时间后才开渠蓄水或截江阻咸蓄淡，改盐田为农田，直至逐步完善灌溉农业体系。在兴修农田水利同时，内河航道也逐步形成。明中叶后，内河航运已发展成为地方交通的主要力量。清时以县城为中心的内河航运网络已形成。鼎盛时，全县有河运船506艘，总吨位1300吨。解放后内河航运逐渐恢复和发展，20世纪70—80年代，镇海港、炼油厂、发电厂等大工程单位基本建设，石料、黄沙、砖瓦等地方建筑材料运输大增，内河航运一度鼎盛。20世纪90年代，公路运输兴起，内河航运渐被公路运输替代。旧时“螺号吹来早航客”的景象不再。内河客货运输均成昨夜星辰。

建区后，沿海客运主要开通镇海至舟山诸岛和上海方向航线。1987年，开通镇海至上海芦潮港航线，首次投入高速客轮“甬兴”轮，镇海至上海航时缩为4.5小时，旅客一度称便。1994年，开通镇海至上海金山的车客渡航线，海上航时约4小时。每船可载5吨标准汽车25~30辆，同时可载客300~360人。1997年沪杭甬高速公路开通，往返镇海与上海的水路客流“弃水走陆”，镇海至上海方向诸航线陆续停航。2009年宁波至舟山跨海大桥建成通车，镇海至金塘航线不久停航，镇海至舟山其他诸岛的客流量日趋减少。沿海客运航线尚保留镇海至嵊泗、大衢等4条，且有进一步萎缩的趋势。2010年，区属水路旅客运输量6.5万人，客运周转量412万人/千米。

1985年，区属沿海运输企业仅镇海县外海航运公司，运力不足3000吨，年货运量10.5万吨。2000年以来，镇海区民营航运业大力发展。2008年登记的沿海货运船舶达72艘，总运力58.33万吨。至2010年，区属沿海航运企业26家，运输船舶113艘，总运力100.6万吨，运力跃居全市第一、全省前三。是年，区属水路货物运输量2429.42万吨，货运周转量3394956.02万吨/千米，营业额126527.78万元，纳税5053.37万元。

四

道路运输

民国22年（1933年）4月，鄞慈镇公路建成通车，县境始有公路运输。民国27年（1938年）2月，为抗日战争需公路掘毁，公路运输被迫中断。抗战胜利后，鄞慈镇公路、宁穿公路、镇大公路陆续修复通车。1957年，省公路运输局宁波运输处经营包括镇海县在内的全宁波地区公路运输。1958年10月，启动宁镇公路建设，翌年面临经济困难停建。1964年10月续建宁镇公路，1965年1月，建成简易的砂石路面。1975年宁波港建设指挥部出资改造宁镇公路，1978年建成通车。改革开放前，镇海公路基础设施建设步履维艰。

若要富，先修路。20世纪90年代始，镇海区交通基础设施建设步入快车道，成为现代化建设先行官。按照省人民政府“自行贷款、自行建设、自行收费、自行还贷”方式，1995 年启动常洪至镇海、镇海至骆驼公路拓宽改造。1998 年启动 329 国道镇海段拓宽改造。区域公路建成了以国道、省道和重要县道为框架的“金三角”高等级路网。

2003 年开始，区提出“八横七纵”路网建设规划，道路建设以融入宁波大市为目标。至 2010 年，陆续建成中官路、化工区主干道、九龙大道、长邱新线、雄镇路等一批区域主干道，新建的道路注重美化、绿化、亮化。同期，省市重点工程杭州湾跨海大桥、舟山跨海大桥、宁波城市环线镇海段、绕城高速镇海段建成通车。这一批高等级道路的建成，圆了镇海人家门口上高速的梦，彻底改变了镇海区交通末梢的地位。如今，“213”交通圈得以实现。镇海至省内各市 2 小时，至市内各县区 1 小时，区内各街道镇 30 分钟可达。从蛟川入口跨越金塘大桥通达舟山各地。从杭州湾大桥入口，镇海至上海 3 小时多可达。

横跨甬江建成了甬江水底隧道和招宝山、明州、清水浦 3 条特大型桥梁，极大方便了甬江南北的交通。

1986 年，镇海区有国道 1 条、省道 1 条、县（区）道 3 条、乡道 4 条、专用公路 7 条，合计公路总里程 93.48 千米，每百平方千米公路密度 42.72 千米。2010 年，镇海区公路总里程 338.61 千米，每百平方千米公路密度 137.68 千米。

1979 年 4 月，宁波汽车北站至镇海城关的 41 路公交车开通，镇海县始有通往市区的第一条公交线路。2000 年开始，实施“城市公交优先”策略，城乡公交一体化进程加快。2004 年镇海区实现村村通公交。至 2010 年，开通运营的公交线路达 30 条。投入营运公交车近 300 辆，日行 2680 班次，运行里程 680 千米。区域内公交出行便捷，一次换乘即可到抵达任一目的地。

2010 年，镇海区道路运输经营业户 2619 家。其中，规模运输企业 76 家。道路运输从业 6840 人。道路旅客运输量 2425 万人，客运周转量 100210 万人/千米，其中，营业性客运量 480 万人，营业性客运周转量 69280 万人/千米。货运量 1175 万吨，货运周转量 198200 万吨/千米。

铁路运输

1974 年，伴随着镇海港区和镇海炼化的建设，洪镇铁路支线开工建设。洪镇铁路支线属地方性铁路，西与萧甬铁路洪塘乡编组站接轨，系为镇海港区和镇海炼化配套的货运专线。1978 年铁路建成通车，镇海区始有铁路运输。2009 年年末，宁波铁路枢纽货运北环线建设启动，该工程在镇海区域西起骆驼尚志，东至甬江特大桥，全线为高架铁路。

管道运输

以管道作为运输工具，长距离输送液体、固体或气体物资，是继铁路、公路、水运、航空运输之后的第五种运输业态。镇海管道运输伴随着大工程建设和生产需求而发展。20 世纪 70 年代，浙江炼油厂首建管道至高塘原油码头、临江成品油码头。至 2010 年，镇海炼化有油品、液化气等运输管道共 27 条，总长 629 千米。镇海发电厂和北仑发电厂建成通往后海塘围垦区和澥浦泥螺山围垦区输灰管道 11 条，总长 251 千米。2005—2009 年，宁波化工区建成液体化工管廊带。管廊南起液体化工码头，北至杭州湾腈纶厂，长 19.2 千米。

五

建区二十五年，镇海交通运输事业突飞猛进。特别是“十五”以来，交通运输部门全力当好发展先行官，综合交通网络不断形成，实现了镇海区交通由“瓶颈”转向基本适应的重大转变。

展望未来，中共宁波市委“十三五”规划建议提出：到 2020 年，基本形成更具国际影响力的港口经济圈和制造业创新中心、经贸合作交流中心、港航物流服务中心，为全面建成现代化国际港口城市打下坚实的基础。

镇海地处“一带一路”和长江经济带两大国家战略的交会点，交通运输业发展面临又一重要机遇期。港口经济圈建设将以宁波—舟山港为中心，长江经济带和“一带一路”走廊为依托，推进临港制造业和港航服务业升级，建立海铁联运集疏运网络，努力构建“通达、便捷、经济、安全”的现代综合交通运输体系，以现代化交通引领镇海城市发展的新未来。

编年大事记

（1985—2015 年）

1985 年

10 月 1 日　镇海县建置正式撤销，甬江以北为镇海区、以南为滨海区，镇海区人民政府和滨海区人民政府分署办公。

11 月 28 日　任命马明达为镇海区交通局首任局长。

11 月 25 日　镇海港区 9 号万吨级杂货泊位建成投入试生产。“那色佛”轮装载散糖 1.5 万吨靠泊作业。

1986 年

2 月 5 日　全长 6.8 千米的浙江炼油厂至岚山四级公路验收合格，2 月 9 日正式通车。

4 月 10 日　镇海外海航运公司 3 号船在上海长江口雾大违章航行，与锚泊的“灯江”轮相撞，镇机 3 号船沉没，一船员死亡，经济损失 7 万余元。

4 月　镇海渡运站 1000 客位渡轮投入运营，同年 8 月又购入一艘。

5 月 30 日　中波轮船公司 1.6 万吨级“永兴”号集装箱轮从波兰丁尼亚港驶抵镇海港区，这是宁波港新辟的洲际集装箱直达航线。

6 月 29 日　镇海港区 5000 吨级液体化工 16 号泊位通过国家验收，为国内首个液体化工产品储运泊位。

8 月 16 日　镇海城区东西向主干道城河路全线贯通。该路 1982 年启动建设，填东、南濠河筑路，历 5 年建成。

11 月 24 日　镇海港区 5 号、6 号、9 号三个万吨级杂货泊位通过国家验收。

11 月 26 日　包玉刚捐资 100 万人民币建造的兆龙公路举行通车典礼，包玉刚、副省长李德葆出席剪彩仪式。

12月5日　为镇海港区新建杂货泊位配套的铁路专线竣工通车。

是年，招宝山风景区列为宁波市十大旅游风景区之一。

是年，慈镇运河澥浦段2.2千米疏浚拓宽，建运河桥5座，翌年竣工。

1987年

3月16日　经市航运管理局批准“招宝山”轮正式投入镇海至沈家门至普陀山航线。

4月20日　镇海外海航运公司为美国西弗吉尼亚州人金霓尔建造“镇海号”木质风帆船（绿眉毛）1艘，合同造价11万美元，10月7日建成下水。

4月25日　镇海港区3号、4号万吨级杂货泊位动工。

4月26日　宁波花港有限公司在沿江路建明越轮码头，开辟镇海至上海（芦潮港）客运航线，高速客轮“甬兴”轮运营。

4月27日　镇海港区16号液体化工泊位正式运营，巴拿马籍“太平洋光荣1号”轮装载5000吨进口烧碱输入储罐。

9月26日　交通监理职能由区交通局划归区公安局。

1988年

7月1日　宁波市长途运输公司镇海分公司成建制下放镇海区，同时更名为镇海长途运输公司。

是年，镇海城关建钢混结构镇棉桥。

1989年

1月17日　宁波海运公司“天一”轮运营镇申线，中断40余年的镇海至上海直达航线重新开通。

5月10日　宁波港务局成立宁波港国际客运站，同年9月4日，客运站大楼在镇海港区启用。

5月20日　上海海兴轮船有限公司客货班轮“海达”号在镇海港区举行宁波至香港首航仪式。每月4日、20日开航。

7月　镇海渡运站与镇海汽车轮渡站合并，改称镇海轮渡公司。

10月　镇海邮电大楼落成，顶层置钟楼，为城区第一座大钟。

12月19日　镇海区人民政府《关于镇海区集资征收区乡公路建设基金的办

法》出台，于1990年1月1日起实施。

12月30日　启动于1985年的胜利路拓宽改建工程完工，胜利路与后大街T型贯通。

是年，启动于1987年的后大街拓宽改建工程全线完工。

1990年

1月1日　宁波市航运管理处镇海管理所、宁波市航运管理处五里牌管理站成建制下放镇海区，同时分别改名为宁波市镇海区航运管理所、宁波市镇海区五里牌航运管理站。

2月15日　镇海外海航运公司双尾鳍钢质节能型客船“招宝山轮”投入镇海沈家门普陀山航线。该轮由宁波海运公司镇海船厂制造，总长44.9米，宽7.4米，满载排水量337.5吨，可载客506人，时速11.6海里，合同造价170万元。

7月9日　镇海港区顺利靠泊2万吨级满载货轮。

12月5日　镇海石油化工总厂算山码头15万吨级油船泊位投入运营。该码头总投资4530万元。工程于1989年1月开始打桩，1990年11月竣工。

1991年

1月23日　镇海内河航运公司投资24万元新增5艘40吨钢质货驳船投入营运。

2月1日　镇海汽车修配厂兼营的镇海公共交通汽车公司成建制划归镇海长途汽车运输公司。

4月20日　镇海程控电话开通，电话号码由5位升至6位。

是年，镇海旅游开发总公司在城关首设航空票代售处，预售宁波栎社机场机票。

1992年

3月　镇海城区沿江西路渡运站西侧始建客运中心码头，建设500吨级码头2座。

9月12日　镇政办〔1992〕63号文件批复，同意区乡公路建设基金征集延长五年。

9月29日　镇海区交通工程公司成立。

是年，黄杨至保国寺公路建成。

1993年

4月5日　明越汽车轮渡码头建设在招宝山麓启动，建3000吨级车客渡码头。

7月5日　镇海内河航运公司并入区二轻工业局下属的宁波轻工机械厂。

9月9日　上午9时许，宁镇公路甬江隧道口一中巴车发生爆炸，死3伤18人，系奉化班溪镇岩头村一村民引爆。

10月　镇海客运中心码头建成，占地面积3780平方米，客运大楼建筑面积1445平方米，新建500吨级码头2座，停车场1800平方米。

10月31日　电话号码由6位升至7位，城乡电话全部实现交换程控化和传输数字化。

12月29日　镇海至上海金山车客渡镇海端码头及配套设施竣工。

是年，镇海海关大楼落成，顶层置钟楼，为城区第二座大钟。

是年，镇骆公路隧道北路至静德桥段重建。

1994年

7月1日　镇海至上海金山的明越汽车轮渡建成通航。“明越1号”“明越2号”车客渡投入运营。

10月9日　镇海区电话与宁波全市联网。

12月18日　嵊渔运0527号船在镇海口长跳嘴水域沉没21人落水，镇海“浙甬渔6101号”船员奋力抢救，8名落水者获救。

是年，澥浦至河头沿山公路建成通车。

1995年

1月27日　高速客轮“海马轮”投入镇海至芦潮港航线运营。

4月20日　宁波三友环保工程有限公司开办，隶属于区交通局。

5月9日　“飞翔轮”投入宁波（镇海）至上海航线运营。

11月8日　甬江隧道建成通车。工程于1987年6月13日启动，总造价1.61亿元。是国内第一条用“沉管法”修建在软地基上的大型水底隧道。

11月　宁镇骆一级公路收费管理所成立。

12 月 28 日　宁镇公路改建工程完工并正式通车。工程于 1994 年 10 月 8 日动工，1995 年 10 月建成。改建后的宁镇公路为一级公路，双向 6 车道，面宽 45 米。

1996 年

1 月　镇海航标区灯塔工叶中央一家四代用青春和生命点燃灯塔被评为区十佳精神文明建设新事。

2 月 16 日　镇海城关“奥拓”出租小客车开通，俗称“黄的”，首批投入 20 辆。

3 月 14 日　由日本经上海到镇海的“宝山轮”停靠镇海码头，标志着日本到镇海集装箱班轮开通。该班轮为双周班轮。每一航班停靠宁波镇海港、上海港、日本清水港，吨位为 5 千吨级，装载 300 标箱。

8 月 7 日　晨 6 时左右，东航一架飞机失事，坠毁在骆驼工业区西侧农田。

12 月 28 日　镇骆公路改建工程完工并正式通车。工程于 2 月 8 日开工，12 月通过竣工验收。改建后的镇骆公路为一级公路，面宽 35 米，双向 4 车道。

是年，临江路（后改称中官路）一期建设启动，起中一村至金丰路，长 3.5 千米。

1997 年

7 月　国内首座 5 万吨级液体化工泊位——镇海港区 17 号泊位通过验收，正式投产。

7 月 12 日　镇海区召开国有、城镇集体企业产权制度改革动员大会。第一批 12 家企业开始改革试点。

10 月 8 日　镇海口海防历史纪念馆开馆暨中法战争镇海之役胜利碑落成。费孝通、钱正英、王芳和省市有关领导出席开馆典礼。

12 月 30 日　329 国道镇海段拓宽改建工程竣工。

1998 年

3 月 1 日　世界最大吨级液体化工船“海角”轮靠泊镇海港，镇海港液体化工装卸能力跨入世界水平。

4 月　329 国道镇海收费管理所成立。

1999 年

4 月 19 日　车站路聪园路岔口至甬江隧道段拓宽改建，9 月 27 日竣工。

6 月 30 日　后海塘铁路以南所有煤场搬迁至新场地。

是年，镇海港区货物吞吐量 1079 万吨，步入千万吨级大港区行列。

2000 年

1 月 27 日　省重点工程招宝山大桥镇海侧公路连接线工程竣工验收。

5 月 5 日　14 时 40 分，镇海威远海运有限公司“招宝山轮”在舟山海域离岙山岛 200 米处触礁搁浅，经全力救助，15 时 50 分，362 名旅客和 17 名船员全部脱险。

2001 年

3 月 21 日　镇海区电话网列入宁波市新的市话营业区，实行城乡通话费用同价。

5 月 18 日　镇海区固定电话号码由 7 位升至 8 位。

6 月 8 日　招宝山大桥建成通车。工程于 1995 年 6 月启动，2000 年 10 月 22 日主跨合龙。招宝山大桥全长 2484 米，总造价 4.23 亿元人民币。

6 月 25 日　宁镇公路植树绿化工程完成，沿公路两侧绿化带宽各 15 米，投资 2500 万元。

同日，招宝山大桥连接线两侧绿化带宽各 25 米完成，植树绿化投资额 1000 万元。

11 月 20 日　宁波公路主枢纽镇海货运站在后海塘城北发展区成立。货运站占地 71700 平方米（107.5 亩），投资 1500 万元。

11 月 30 日　沿江景观带一期渔丰弄至车站路段竣工，拓宽改建道路 960 米。

2002 年

1 月　区交通局、区建设局合并，组建区建设与交通局，任命陈光耀为区建设与交通局首任局长。

1 月 31 日　镇海轮渡公司江北候船厅及码头改建工程竣工。

3 月 10 日　329 国道镇海段安装路灯启动，树 424 灯杆，投资 518 万元。

5 月 16 日—18 日　镇海万隆酒精公司和华翔检验公司排放有害气体引发群

体事件。

6月13日 后海塘景区一期工程开工，项目投资概算3334万元，一期全长2600米，总绿化面积22公顷，其中水面13.5公顷。

8月23日 骆驼客运中心启用。

9月11日 沿江景观带二期白家浦至聪园路段开工，新建道路522米，翌年6月竣工。

11月15日 镇海轮渡公司甬江南岸1000吨级（兼靠2000吨）杂货码头建成。

2003年

1月1日 宁镇、镇骆收费公路改由香港招商局国际有限公司收费。

1月26日 镇海贵驷至北仑小港开通公交702路。

1月28日 庄市勤甬村外夏梅墟渡撤。同日，庄市勤勇至梅墟公交391路开通。

3月 宁镇公路隔离带植香樟1772棵。

4月9日 镇海区开展第二次全国内河航道普查。

4月28日 镇海至嵊泗大衢航线开通，"威远2号"高速客轮运营。

7月 公交376路开通镇海至庄市汉塘、永旺，镇海区在全市率先实现村村通公交。

9月20日 宁镇路个体客运中巴悉数由区政府收购，镇海区城乡公共交通实现公交公司一体化经营。

11月3日 甬江口因大雾发生船只碰撞事故。晨5时30分~6时，甬江口一带雾气积聚，能见度低，8艘船舶在1小时内连续发生碰撞，造成4起事故和险情。

12月1日 镇海客运中心至江东麦德龙开通公交390路。

2004年

4月24日 骆驼至宁波雅戈尔动物园公交388路开通。

9月1日 区公管所启用"GPS"卫星定位系统，对危险化学品运输企业的231辆运输车实行全天候监管。

11 月 29 日　镇海炼化扩建 800 万吨炼油工程通过竣工验收。该项目投资 107.56 亿元，建设历时 7 年，至此镇海炼化的原油综合加工能力达到 1600 万吨/年，成为国内最大原油加工基地和成品油出口基地。

12 月 29 日　镇海有线数字电视开通。

是年，镇海港区货物吞吐量突破 2000 万吨，其中煤炭突破 1000 万吨。

2005 年

1 月 27 日　镇海至北仑公交 78 路改为 378 路。至此，运营镇海区的公交车辆均可使用 IC 卡。

4 月 3 日　晨 5 时，一辆装有 50.44 吨乙醇的罐车在雄镇路与隧道北路岔口侧翻，未造成人员伤亡。

4 月 15 日　凌晨，运载黄沙的“浙三机 310”进甬江口与“建兴 18 号轮”碰撞沉没，2 人获救，4 人遇难，1 人失踪。18 日“浙三机 310”船打捞出水

9 月 21 日　新区主干道工程 BT 项目签约。

9 月　沿江路景观带三期工程渔丰弄至航标处段开工，翌年 3 月竣工。自 2001—2006 年，沿江路聪园路至航标处段分三期拓宽改建。改造路段总长 1840 米，路南沿江建绿地约 7.3 公顷，江塘防洪堤按百年一遇标准建设，总投资概算 21700 余万元。至此，沿江景观带成为镇海的“外滩”和窗口。

12 月 26 日　区重点工程九龙大道建成通车。九龙大道北连 329 国道，南接大庆路延伸段，全长 8.5 千米，工程投资概算 2.3 亿元，建设历时 1 年零 9 个月。

12 月　公交 392、393 路开通。

2006 年

2 月 14 日　晚近 11 时，甬江镇海段“浙岱机 66208”船发生火灾，镇海各方全力救援，4 船员获救。

2 月中旬　镇海港区 10 号泊位工程竣工。

3 月 12 日清晨　后海塘月洞门上望海楼失火。火灾使 2002 年新建的望海楼毁损严重。

3 月 31 日　镇海区政府回购香港招商局宁镇、镇骆一级公路 25%股权。

3月　镇海区新城管委会成立，原新城高教园区北区和骆驼新区合并。

4月29日　撤路林、骆驼、庄俞3个收费站点，宁镇、镇骆一级公路全线免费通行，历时11年的收费终结。

5月22日　宁波航区最大的散装化学品运输船，载重3576吨的“港龙运8”轮在镇海首航。

7月17日　区航运管理所更名为区港航管理处。

10月18日　骆驼机电园区公交首末站建成投入使用。

11月23日　镇海客运中心始售全国联网火车票。

12月中旬　陆地水域普查结束。据普查结果，全区河道总长310千米，水域面积730万平方米。其中河道面积387万平方米，库塘湖面积343万平方米。

12月30日　九龙湖至宁波南站开通965路公交旅游专线。

2007年

2月5日　镇海港区平海路建成通车。

5月11日　宁波太平洋海运有限公司购买的“拓展5”“拓展6”轮，在北仑港完成交接，成为区首家运力破10万吨的航运企业。

6月28日　377、379、384路公交线首试班制式运行。

7月6日　329国道整治工程启动，工程南起北外环，北至澥浦，长12.5千米，按一级公路标准建造。

7月20日　镇海区公路运输管理所九龙湖运输管理稽征站建成启用。

9月14日　北外环路东段工程竣工，路长5.3千米，总投资约3.8亿元。工程建设于2005年5月1日启动。

10月28日　庄市公交首末站投入使用。

10月　宁波（镇海）大宗货物海铁联运物流枢纽港管委会成立。

11月7日　新区主干道一期工程（长邱新线至世纪大道段），长3.5千米竣工。

11月8日　绕成高速跨越甬江特大桥清水浦大桥开工建设。

11月初　镇海区被授予“中国物流重镇”称号。在北京召开的中国物流诚信大会上，镇海区成为浙江省唯一获“中国物流重镇”称号的城区。

2008 年

2 月 13 日　东外环路跨越甬江特大桥明州大桥开工建设。

4 月 23 日　新城（骆驼）公交客运中心站开工，9 月 28 日建成。

4 月 25 日　东外环至宁镇公路互通立交工程开工。

4 月 30 日　上海海事局镇海航标处更名上海海事局宁波航标处。

6 月 2 日　晚 10 时 35 分，“浙岱 66325”与“旗胜 8 号”货船在甬江口主航道碰撞。“浙岱 66325”船沉没，3 船员获救。

8 月 11 日　镇海长途汽车站 X 射线安检仪首次投入使用。

8 月 14 日　载重 9. 42 万吨的“天盛 16”号船投入运营。

10 月 15 日　市重点工程北外环路镇海段工程竣工。

同日，九龙湖公交首末站开工。

12 月 4 日　余汶线、石澥线、庄俞线 40 个港湾式公交候车亭通过竣工验收。至 2008 年，累计完成公交候车亭建设 120 个。

是年　镇海区水路运输能力突破 58 万载重吨，位居全市第一，全省第三。

2009 年

1 月 19 日　《中国水运报》改革开放 30 周年特刊载镇海区水运运力规模达到宁波航区各县（市、区）第一，进入全省前三。

2 月 1 日　宁波绕城高速连接线北外环东延一期工程开工。同日，汶骆路拓宽改造启动。

2 月 7 日　镇海区公路管理段获中共浙江省委、省人民政府“省级文明单位”称号。

2 月上旬　姚江东排镇海段整治工程三期化子闸至马家桥段完工。

姚江东排工程西起化子闸，东至澥浦大闸，全长 23. 4 千米。自 2005 年 1 月启动，至 2007 年完成一期马家桥至三七房段，二期三七房至澥浦老闸段。2008 年年初，实施三期化子闸至马家桥段。第三期工程结束，姚江东排工程全线完成。

3 月 31 日　18 艘国际航行船舶在镇海港码头出入，创单日船舶出入境最高纪录。

4月10日　庄俞公路、骆费公路路面改造启动，10月28日完工。

4月21日　载重9.77万吨的"天盛17"号轮投入运营。

6月18日　宁波绕城高速连接线东外环北延工程开工。

6月26日　宁波绕城高速连接线世纪大道北延一期工程开工。

7月28日　宁波天盛海运有限公司成为镇海区首家民营国际航运企业。

8月8日　沿海北线镇海段新泓口至澥浦大桥东端段开工。

9月7日　镇海炼化大乙烯装置两台核心设备——"环氧乙烷反应器"通过一辆有着26排共416只轮子的平板车运输，在镇海大件码头成功滚装上岸。该设备单台重达1240吨，创下浙江省公路运输单件重量第一的纪录。

9月21日　区客运中心启用电子扫描检票系统。

10月11日　五里牌大件码头550吨桅杆吊建成。该吊机人字杆长46米，总重121吨，最大起吊重量550吨，成为镇海甬江水域迄今起吊重量最大的岸吊设备，并改写了宁波港无500吨级以上岸吊的历史。

10月28日　镇海天盛海运有限公司"天盛15"号轮成为中国海军赴亚丁湾索马里海域执行护航任务以来护送的第1000艘商船，并获得由海军颁发的纪念证书。

12月16日　宁波化工区外围主干道一期工程开工。

12月18日　88个新建城乡公交一体化候车亭通过竣工验收。

同日，区危险化学品运输车辆推行动态实时视频监控。

12月25日　国内规模最大的岛陆连接工程——舟山跨海大桥建成通车。工程起自舟山本岛329国道鸭蛋山的环岛公路，经舟山群岛中的里钓岛、富翅岛、册子岛、金塘岛至宁波镇海区，与宁波绕城高速公路和杭州湾大桥相连接。

12月28日　镇海至金塘客运班线开通。

是年，镇海港区货物吞吐量突破3000万吨，集装箱吞吐量突破30万标箱。

2010年

1月3日　区轮渡公司启用旅客过渡投币或刷IC卡的智能化系统。

2月10日　沿海北线镇海段威海路至新泓口段建成通车。该段工程2008年11月15日启动建设。

2月28日23时58分　甬江隧道、招宝山大桥和329国道慈镇收费站停止收费。

3月10日　市区公共交通车斑马线礼让行人规定推出。

4月8日　镇海区取消城区范围内所有公共停车位收费。取消收费的停车位共1339个，其中占道收费停车位889个，公共停车场车位450个。

5月　宁镇公路荣获浙江省县道组“最牛公路”称号。省公路局和交通旅游导报联合举办“寻找浙江最牛公路”活动，镇海常镇线（X601）被专家评审组评定为县道组“最牛公路”，成为县道水泥路面的标杆。

7月27日　宁波天翼石化重型设备制造有限公司为福建腾龙PX项目生产的大型反应塔3件从五里牌大件码头装船出发，总重2057.35吨，创镇海港区码头滚装装船下海设备最重纪录。

9月2日　宁波天盛海运有限公司总运力达33.1万吨，成为省内第二家突破30万载重吨的民营航运企业。

9月3日　迄今国内体积最大的石化塔器设备由镇海区出口印度。由宁波天翼石化重型设备制造有限公司为印度爱莎石油公司瓦迪纳炼油扩建项目制造的2件焦炭塔由大件码头中转出口。该设备单件重433.50吨，直径9.6米，长40米。

10月14日　宁波铁路货运北环线甬江特大桥开工。主桥设计为909.1米的双线铁路斜拉桥，主跨468米过甬江，由中铁四局建设。

10月下旬　汶骆路329国道至老长邱线改造工程通过竣工验收，改造路段全长3.34千米，投资概算5000万元。

12月4日　镇海区单件最重石化设备启运出海。宁波天翼石化重型设备制造有限公司为福建腾龙芳烃项目制造的二甲苯分馏塔2台从五里牌大件码头装船前往漳州。该设备长92米，直径8.6米，重1200吨。

12月16日　镇海恒兴船务运力1.2万吨的“宏大海12”油轮投入运营，刷新宁波市油轮吨位纪录。

同日，宁波天翼石化重型设备制造有限公司制造的精丙烯塔安全运往大件码头。该塔是区内企业制造的最长单体设备，全长4.75米，重量450.37吨，最大直径4.4米。

12月20日　镇海区危险品运输车辆GPS监控指挥中心开工。

12月28日　宁波绕城高速镇海段临江互通至九龙湖互通建成通车。

是年，宁波港镇海港区吞吐量创历史新高，完成货物吞吐量近4000万吨。

是年，镇海区航运运力破100万吨，为宁波航区首个破百万运力的县（市）区。

2011年

2月　威海路（雄镇路至化工区主干道段）改造完成，长1.74千米，投资估算3480万元。一级公路，16米主车道，两侧各3米非机动车道及2米人行道，工程于2010年8月开工。

4月　新区主干道金华河桥竣工，单跨20米，投资估算1800万元。工程于2010年6月开工。

4月　镇海区建立道路运输安全稽查大队。由区公管、路政、公安交警等执法部门联合组成，负责全区道路安全稽查。

5月5日　横跨甬江的明州大桥建成通车。大桥于2008年2月13日开工建设，投资估算11.35亿元，为中承式双肢钢箱拱桥。主桥跨径100+450+100米，桥面宽45.8米，按双向八车道加人非混行标准建设。桥梁总长1250米，主线设计车速80千米/小时，辅路40千米/小时。大桥施工融合了斜拉桥、拱桥、悬索桥三种不同工艺，设计使用年限100年。

6月30日　区建设与交通局更名为区住房和建设交通局，任命施宇峰为区住房和建设交通局首任局长。

7月1日　招宝山至江东黄鹂新村公交27路开通。线路途经明州大桥，便捷了镇海与江东之间的客流往来。

7月29日　世纪大道北延一期竣工。起于聚兴路，终于绕城高速，长8.26千米，北外环路以南路宽48米，以北宽44米，城市主干路标准，设计时速60千米。总投资概算87446万元。项目于2009年8月28日开工。

8月7日　聪园路改造及北延工程因下穿省级文物保护点后海塘而被省文物部门叫停。该工程于2008年8月14日动工，全长839米，投资概算3293万元。至停工日，已完成大西门路—吉庆路段改造拓宽。

8月26日　北外环东延一期竣工。西起东外环，东至绕城高速，全长1.16千米，道路宽度44米，按城市快速路标准建设，设计时速80千米。总投资概算

17952万元。项目于2009年3月12日开工。

8月　东外环北延工程竣工。南起北外环，北至绕城高速，与舟山连岛工程连接线相接，长2.545千米，路宽44米，按城市快速路标准建设，总投资概算31477万元。于2009年6月18日开工。

9月　绕城高速东段跨越甬江清水浦大桥建成。大桥于2007年11月8日开工建设，投资概算7.5亿元，全长908米，全封闭双向八车道，设计行车速度120千米/小时，主桥面宽53.3米，主跨468米。桥塔结构设计为双菱形联塔，主塔高度146.6米。

10月26日　贵镇线雄镇路至临俞段拓宽改建完工，长1.71千米，投资概算2500万元。全线有中桥1座。工程于2010年5月28日开工。

10月30日　沿海北线镇海段（亦称化工区主干道）全线贯通。该路起于镇海港区化工大道，止于澥浦镇的镇海与慈溪交界处，断面宽28~52米，全长14.43千米。自2004年10月动工，历时7年分五期建成，总投资概算40300万元。

11月21日　"中化成都"轮装载5000吨乙二醇驶离镇海港区，向台湾麦寮港进发，首次开通镇海直航台湾的液化品班轮。

11月　舟山跨海大桥建成后，因水路客流锐减，镇海至岱山、大衢的"仙洲7号"轮停航。

12月16日　临江"单喇叭"立交竣工。该工程上接绕城高速临江收费站，下接北外环东延，布置4条匝道，匝道宽度8.5~15.5米，设计车速为40千米/小时。全线有匝道桥3座。投资概算8584万元，2010年9月30日开工建设。

12月　九龙湖"单喇叭"立交竣工。该工程上接绕城高速九龙湖收费站，下接大庆南路北延，布置4条匝道和2条辅道，匝道宽度8.5~15.5米，设计车速40千米/小时，辅道宽度8~10米。全线有匝道桥4座。投资概算11257万元，2010年11月开工建设。

2012年

1月5日　329国道镇海段（常洪隧道口—彭王庙桥）路面大中修工程完工。

1月17日　镇海区撤销县乡公路养护管理站、宁镇骆一级公路收费管理所（329国道镇海收费管理所）。同日，区港航管理处更名为区港航管理所。

2月22日　镇海区25辆学生接送车启用学生车专用语音提示系统。

2月23日　宁波合众海运有限公司54000吨级的散货船“金宁18号”轮顺利下水，镇海区运力突破10万吨的水运企业增至3家。

4月6日　区委书记薛维海、副区长王兆波检查轨道交通2号线清水浦站场、镇海大道二期、北外环东延二期、镇海公路客运中心等工程建设进度。

4月9日　中官路大修工程启动，7月9日竣工。对中官路（庄市大道至镇骆路）全线主路口进行交通优化，破损严重路面修复并改造一条人非混行道，投资概算993万元。

5月25日　区委副书记、区长魏祖民率区相关部门负责人，实地踏勘镇海大道二期项目建设。

6月1日　环线公交392路开通，由镇海客运中心（渡口）始发，途经后海塘物流枢纽港，全程9.5千米。

8月28日“迷你”环线公交802路在北高教园区试运营，线路长3.2千米。途经宁大学生二村、宁大学生一村、宁镇公路、宁波大学、宁波大学科技学院（浙江纺织服装学院）、商帮文化公园6个站。

9月20日　宁波绕城高速镇海服务区投入运营。服务区占地面积8.866万平方米，包括休息区、餐饮区、加油站和停车场。

9月26日　世纪大道北延（北外环至聚兴路路口）全长1088米绿化工程开工。对道路中央绿化带、机非隔离带及道路两侧20~80米绿地景观提升，绿化面积约8万平方米，投资概算3000万元。

12月　北外环东延二期竣工。工程西起临江互通，东至雄镇路，长2.5千米。一级公路，路宽44米，投资概算37985万元。工程于2011年4月开工。

2013年

1月1日　新版《宁波市出租汽车客运管理条例》实施。出租车营运权年限从原15年减为8年，期满后自动终止，同时注销营运权证。

1月29日　交通运输部副部长翁孟勇检查镇海道路危险品运输和春运安保工作。省交通运输厅厅长郭剑彪、副厅长王德宝，宁波市副市长王仁洲，省运管局局长赵雁，副区长王兆波等陪同检查。

2月1日　公交环线807路开通，起骆驼公交中心站至骆驼公交中心站。

3月11日　交通运输部总规划师戴东昌一行考察镇海区物流枢纽港大宗生产资料交易中心建设工程，省交通运输厅副厅长郑黎明、省运管局副局长胡奕军、市交委副主任汪月娥、区委书记薛维海、物流枢纽港管委会主任俞泉云陪同考察。

4月27日　市交通运输系统执法规范化建设队列会操暨新式制服换装仪式在海警学院举行。镇海区运政、路政等执法人员组成镇海方队着新式制服参加队列会操。

4月　镇海大道（亦称新区主干道）二期工程竣工。该工程西起世纪大道，东至东外环路，全长3.73千米，路基宽60米，投资概算60344万元。工程于2011年11月启动建设。

5月16日　公交387路开通，起公交招宝山中心站至公交骆驼中心站。

6月6日　首批“港城”区域出租车正式投放启用。营运范围为镇海行政区域以内，以及329国道以东、常洪隧道以北的江北区部分区域，运价与市区出租车同，实行同城同价。原“城区小客”退出经营。

6月28日　交通运输部党组副书记、副部长翁孟勇一行到宁波（镇海）大宗货物海铁联运物流枢纽港，调研全面推进“三位一体”港航物流服务体系建设，副市长王仁洲、市交通运输委主任劳可军、区委书记薛维海等陪同。

7月10日　市区公交一小时优惠换乘办法推出。乘客在换乘优惠范围以内的公交车时，刷卡扣费（以公交IC卡记录为准）可享受1次换乘优惠。

8月11日　公交378路开通，起宁波江安路经骆驼公交站至慈溪龙山公交中心站。

8月15日　镇海公路客运中心建成投入运营。新站位于后海塘雄镇路与聪园路交叉口，占地面积1.7万平方米。

9月30日　首批公共自行车投放镇海。在镇海区建设68个网点，投放公共自行车1500辆。

10月12日　上午8时40分许，张鑑碶船厂的“绪扬11号”轮发生爆炸，事故造成7死1伤，宁波甬江航道一度封航。

12月23日　两条“断头路”明海大道北延和逸夫路建成通车。

12月　长邱线改建工程（329国道连接线）九龙湖进区道路至慈溪界长

1.54千米完工，一级公路，配套路灯及相关附属设施，投资估算7247万元。工程于2012年2月启动。

是年末　庄俞公路北延西半幅改造完成，一级公路，起俞范东路至沿海北线镇海段，投资概算4147万元。工程于2011年9月开工。

是年　实施道路绿化提升工程三项：通道绿化二期、世纪大道景观提升和沙河辅道绿化，合计绿化面积59.5万平方米，总投资8500万元。

2014年

1月15日　环线公交818路开通。全线长17.1千米，起点和终点都是公交庄市站，采用7米级新能源液化天然气LNG中巴车，每车座位10个。

3月18日　3月至10月，开展三次治理超限超载专项行动。3月18日—20日，开展"铁腕"一号治超行动，重点整治矿石料运输车超限超载，查获违法超限车18辆。5月19日—5月29日，开展"铁腕"二号治超行动，重点打击四轴以上，车货总重55吨以上超限车。查处超限超载车74辆，共计卸载货物1928.6吨。10月13日—10月17日，开展"铁腕"三号治超行动，重点查处非法改装车辆，查处违法超限超载车132辆，卸载货物488.1吨。

5月26日　交通运输部道路运输司货运处处长战榆林、长安大学汽车学院副院长刘浩学等组成的安全检查组，在省运管局副局长胡奕军陪同下，检查镇海区危化品运输管理工作，区领导魏祖民等陪同。

5月30日　聪园路改造及北延工程竣工。该工程因故停止后于2013年3月2日复工，采用下穿后海塘方案，包含道路、排水、箱型框架与U型槽等分项工程。

6月6日　骆驼运管站启用。新建的骆驼运管站位于慈海北路1066号。总用地面积2350平方米，建筑面积2085平方米。

6月27日　2014年度区危险化学品道路运输事故应急救援演练在镇海石化物流公司举行。演练由区运管所和市运管局共同举办。

6月30日　嵊泗县盛海运有限公司"嵊鹰1"号载着68名乘客离开镇海客运中心码头，7月1日起，镇海至嵊泗航线停航。

6月　梅海平任区住房和建设交通局党委书记、局长。党委书记任期自6月起，局长任期自8月起。

7月14日　市客运管理局党委书记王慰对镇海公交骆驼中心站进行安全检查。

7月21日　市公路局批复同意实施329国道镇海段大中修工程，工程投资额1979万元。10月动工，年末基本完成。

7月29—30日　2014年中国道路危险货物运输安全管理培训班暨中国公路学会运输与物流分会“2014年专题研讨会”在镇海召开。交通部运输司货运处处长战榆林，中国公路学会运输与物流分会理事长黄卫津，区长魏祖民等出席会议。全国23个省、5个自治区的企业代表和宁波市危运企业安全负责人、道路运输行业管理部门安全管理人员等近100人参加会议。

7月—8月　区公路段对县（区）乡道桥梁作安全检测，共检测桥梁100座。其中，县（区）道55座，乡道45座。经检测县（区）道以上桥梁总体健康，无4类、5类病危桥梁。

8月25日　宁波金洋化工物流有限公司通过安全标准化一级达标考评。中国道路运输协会标准化考评专家组按照《道路危险货物运输企业安全生产达标标准（一二级）》，对该公司考评。该公司成为浙江省首家通过考评的一级安全标准化达标企业。

8月　宁波剑光明海诚汽车销售有限公司、宁波旅行者英菲尼迪汽车销售服务有限公司、宁波宁兴新宇汽车销售服务有限公司、宁波万事得汽车有限公司和宁波中升汽车服务有限公司5家企业加盟81890汽车维修救援网络平台。至此，镇海区共有10家企业入围81890汽车维修救援网络平台。

8月　通道绿化三期工程开工，起庄俞公路至镇骆路，长2.08千米，路两侧15米内植树绿化4.94万平方米，投资概算1633万元。工程于10月17日通过竣工验收。

9月12日　绕城高速生态林带工程通过竣工验收，绿化面积11万平方米，投资概算1000万元。该工程2013年10月启动，2014年5月完工。

9月26日　区公路客运中心开通镇海至舟山三江客运中心班线。乘客直达三江客运中心码头后，可换乘船运前往嵊泗、岱山、秀山、长涂等岛屿。

9月29日　区危险品运输车辆综合服务中心启用。中心位于后海塘通港路北侧，大安化学公司西侧，占地5.6万平方米，总建筑面积0.71万平方米。配套建设危化品运输车辆维修厂、洗消中心、停车场，设危化品运输车辆停车位195个。项目于2013年8月启动，总投资1.08亿元。

10月17日　省、市重点工程镇海大道三期工程通过竣工验收。工程起东外环路，至镇骆路，全长2083米，双向8车道，投资概算39845万元。工程于2013年2月启动建设。

11月11日　宁波市镇海区公路运输管理所（区公路稽征所）更名为宁波市镇海区道路运输管理所。

12月10日　宁波铁路枢纽货物运输北环线洪塘至宝幢段开通。自江北区洪塘编组站经镇海沈家跨甬江，往南至甬台温铁路鄞州云龙站接轨，线长30.13千米。

12月17日　市运输管理局党委书记、局长李毅，市客运管理局党委书记王慰一行到镇海调研道路运输和城市客运管理工作。

12月18日　富阳市运管所一行20余人，到镇海区运输管理所调研道路运输安全管理，参观金洋化工运输公司、区危运车辆服务中心。

12月　骆霞线（镇海大道三期至俞范东路段）拓宽改建工程完成。工程于2013年8月开工，混凝土路面改为沥青混凝土路面，4车道改为6车道。

2015年

1月12日　中国危化品产业链安全论坛暨2014新领军者年会参会嘉宾考察镇海区危化品运输综合服务中心、道路运输安全稽查大队、金洋化工运输有限公司。

3月10日　公交396路开通，沿途设公交招宝山、镇远桥、南大街、渡口等25个站点。

4月11日　开通公交399路，由公交骆驼中心站至市中医院。沿途停靠市民服务中心、市民广场、绿城桂花园、团桥、刘杜、洪家等23个站点。

4月25日　招宝山大桥连接线及定海路拓宽改建工程开工，由靖远路和定海路拓宽组成。

4月28日　区人大常委会主任张江华、副区长王兆波考察区危运服务中心，区建交局局长梅海平、副局长陈伟君陪同。

5月　镇海骆驼至温岭客运班线，镇海至诸暨客运班线，因高速铁路开通客流量大幅下降，注销停运。

6月15日　交通运输部安监司处长彭付平一行考察宁波永天化工物流有限公司，市运输管理局副局长姚越云陪同。

6月19日　市运输管理局和市危化品运输协会举办的危化品道路运输泄漏应急救援演练在镇海举行，演练由镇海石化物流有限公司承办。

9月23日　镇海“掌上驾培”APP正式上线，全区6家驾驶培训学校的211辆教练车全部实现自主约驾、自助计时。

9月25日　对接轨道交通2号线，开通清水浦至招宝山的公交827路。

9月30日　受21号台风“杜鹃”影响，甬江水底隧道发生江水倒灌，10月1日凌晨积水排清后恢复通车。

9月　宁波天华汽车销售服务有限公司、宁波腾峰锦华汽车销售服务有限公司2家4S店加入汽车维修救援网络平台。至此，镇海区共有12家维修企业加盟81890汽车维修救援网络平台。

是年末　全区淘汰2130辆黄标车，完成市下达的黄标车淘汰任务。

第一编　交通自然环境

第一章　海域
第一节　灰鳖洋
第二节　甬江
第三节　岛礁
第四节　锚地
第五节　潮汐
第二章　陆域
第一节　山地丘陵
第二节　水网平原

第一编 交通自然环境

镇海区地处浙江省东北部沿海，北纬 29°53′—30°06′，东经 121°27′—121°46′之间。东临灰鳖洋，南与北仑区以甬江中心线为界，北与慈溪市接壤，西与江北区紧临。据 2006 年海域勘界后审定土地总面积为 407.74 平方千米。其中，陆域面积 246 平方千米，海域面积 161.74 平方千米。

区处宁绍平原东端，由西北部丘陵和南部江海平原组成。山脚线以南至甬江为水网平原，属姚江水系。

第一章 海 域

镇海区近岸海域有灰鳖洋，是出入宁波港航向北方诸港及舟山北侧诸岛船舶的必经之地，可通行 5 万吨级船舶。入镇海口进入甬江，3000 吨级船舶可进出宁波市中心港区。镇海区海域面积 161.74 平方千米，占辖区总面积的 39.66%，由灰鳖洋和近海滩涂组成。

第一节 灰鳖洋

灰鳖洋，原名“龟鳖洋”。光绪《定海县志》记载：“龟鳖洋，县北。因龟、鳖两山得名。”光绪《镇海县志》寰海岛屿图：龟山在定海县城南，鳖山在岱山南。“灰”系“龟”谐音演变。

镇海辖区灰鳖洋，处区境东北，北连杭州湾、南接镇北涂，西为慈溪龙山海涂，东濒金塘岛。洋内今有七里屿岛和七里屿西礁、夏老太婆礁、外游东礁、秃峙礁。呈不规则四边形海域，洋区面积 161.74 平方千米，陆地岸线长 18.34 千米。2006 年 2 月，海域勘界协议明确：北界线起点为澥浦镇跃进塘与慈溪市龙山盐场塘交接，巴子山北西 0.33 千米，即北纬 30°03′12″，东经 121°36′45″。海界向东北延伸，与舟山市海域接壤，交接点为北纬 30°08′38″，东经 121°40′21″。界线长 10.82 千米。南线起点为外游山液体化工码头，系甬江出口入灰鳖洋的起点，即北纬 29°58′29″，东经 120°45′11″。海域界线向东呈 23°角，即为金塘大浦口航道，界线长 4.5 千米至北纬 29°53′43″、东经 121°47′35″。东南为今北仑区海域。东北终点线与东南终点线两点距离 20.3 千米。

洋内水深多在 5 米~10 米，由西向东渐深。水呈黄色，透明度 0.5 米。年平均水温 17.3℃；年平均含盐度 18‰；年平均潮差 2 米左右；年平均风速 5.7 米/秒，最大风速 23 米/秒；年平均雾日 12.7 天。12 月至翌年 4 月为雾季，夏秋少雾。潮汐属不规则半日潮，涨潮向西，落潮向东，流速 3~5 节。底质均为泥沙。可通行 5 万吨级以下船舶，为宁波开往舟山、上海等地航线通道。盛产鮸鱼、海蜇等。

镇北涂，辖区东北沿海，东起外游山，西迄澥浦巴子山西。系淤泥、粉细沙组成，西南向东北逐渐微倾。处镇海城之北，故名镇北涂。镇北滩涂落潮时间长，涂泥深厚，原为涂民采捕和串网捕捞地，盛产泥螺、黄蛤、沙蟹、跳鱼等。1974 年起围垦镇北涂，从澥浦至招宝山街道外游山，建成长约 16 千米塘堤。1996—2009 年又围塘 7 条，筑塘总计长 21.68 千米，塘堤已达潮基位部分。

第二节　甬　江

上游有甬山得名。光绪《奉化县志》记载：“县北二十里有甬山，俗称江口，其地在鄞、奉交界境上，以其山峰峦似覆盖之大钟，形似甬字，故名甬山。”《辞海》（2009 年第 6 版）记载：“甬江，在浙江省东北部，上游奉化江，源出奉化市西南天台山。东北流经奉化市区，到宁波市区三江口和姚江汇合后始称甬江，在镇海入海，长 106 千米，流域面积 5400 平方千米。”

据近代钻探探明，第三次海退结束，甬江开始定型。距今 4000 多年前，原系进出潮豁口的县城西石塘下一带，为钱塘湾来沙积堙成陆，甬江改道从浃口出海。甬江口即镇海口，古称大浃口。甬江航道从宁波三江口起自西向东，至镇海北导流堤堤头灯桩至，全长26千米。

甬江航道镇海段

1975年9月，镇海港区招宝山至游山的防浪堤合拢。翌年，又从大游山东侧向甬江口外夏老太婆礁方向筑导流堤，此起甬江航道有内外之分。以镇海口门的窄湾招宝山与金鸡山的连线为界分为两段，西段为内航道，即原来的甬江航道，长22千米。东段为外航道，即招宝山、虎蹲山、游山大堤合拢后形成的新航道，长4千米。

甬江内航道，亦称杭甬运河甲线镇海段，自镇海口起至三官堂，全长16.83千米。1999年省交通厅批复甬江航道为沿海1级、内河4级，作为杭甬运河的组成部分。甬江内航道江面一般宽度为170米~300米，底宽60米，水深5米，可通航3000吨级客货轮。内航道多弯曲，尤以梅墟段弯度最大，此段俗称“拗猛江”，最小曲率半径470米。

甬江外航道，属宁波港镇海港区航道，长4千米，平均水深6.9米。可通行10000吨级船舶，20000吨级船舶可候潮进港。1987年进出该航道的最大货轮15000吨级。1991年进出该航道的最大货轮20000吨级。

甬江口气象

每年5—10月多东南风，11月至翌年4月多西北风。受冷空气影响时风力6级~7级。7—9月受台风影响时风力可达9级~10级，或10级以上不等。7级以上大风，年均47.5天。有雾日年均24天，分布于冬、春季。雾的延续时间较短，晨雾一般上午10时前消散。

江口属不规则半日潮，历年最高潮位3.21米，平均低潮1.43米，最大潮差3.62米，平均潮差1.78米。平均涨潮历时6小时23分，平均落潮历时6小时02分。流速1节~3节，洪水期大潮流速5节以上。涨潮潮水沿奉化江而上到鄞州横涨，最大潮到鄞江，奉化的肖镇、西坞。姚江大闸未建前，潮水沿姚江到达余姚咸池，最大潮时达余姚镇。

甬江航道的二次重要变化

姚江大闸建成，对甬江的影响。1958年10月，姚江下流截流建闸，蓄淡阻咸，翌年6月建成。姚江大闸建成后，破坏了自古以来自然形成的水砂运动保持航道不积不淤的平衡状态，造成从宁波新江桥到镇海口的甬江航道严重淤积。自1961年起年年疏浚，至1981年累计挖泥550万立方米，然甬江航道淤积仍较为严重，每年通过疏浚来维护水深。1981年江面平均航宽由建闸前的408米缩为355米，平均水深由6.72米降至4.01米。由于航道淤积，仅限3000吨级以下船舶进出。史料记载，民国25年（1936年）载重7500吨级的“铁利马尔”和“开皮马尔”两轮，在减载至5000吨级后能进出甬江。

“招虎游”（招宝山—虎蹲山—游山）大堤建成对镇海口外航道的影响。

1962年开始有一种说法：建造“招虎游”大堤阻挡杭州湾来砂以改善甬江的淤积状况。这个说法被宁波港镇海港区建设计划采用。没有论证，没有模拟试验，结果事与愿违。

1975年9月25日，镇海港区防浪大堤自招宝山北侧，过虎尾礁，至大小游山与镇海县围塘合拢，全长3160米。堤塘合拢使招宝山与虎蹲山，虎蹲山与游山进出潮流豁口被堵，截断了甬江与后海塘之间的水砂交流，致笠山航段断面涨潮量减少32%，落潮量减少40%，且落潮含砂量减少的幅度小于涨潮含砂量减少的幅度。到1976年11月，镇海口外段航道泥沙淤积达174万立方米，后越积越多。1978年按万吨级要求疏浚航道，挖泥达350万立方米，到1980年回淤又达110万立方米。1980年6月至1983年8月，外航道分段整治，共建筑丁坝10条、顺堤3条，总抛石量37万立方米，砌石2.1万立方米，安置混凝土块体0.84万立方米，并对不同的航段采用相应整治措施。

煤码头港域的治理：码头岸线位于港域北侧边滩回流区，主潮流偏离码头前沿180米~200米。在码头对岸的上游相应筑建南1号、2号丁坝两条，坝长分别为155米和170米。对煤码头至虎蹲山槽上端间水域过宽和水流平缓的情况，采用在航道南岸筑建3号、4号丁坝两条，坝长分别为255米和120米。

虎蹲山至小游山港域的治理：航段处于自然深槽。治理措施，采用固滩促淤、迫水归槽的办法，在港域北侧筑建顺堤1条，长965米，建筑北2号、北3号两条丁坝，坝长分别为40米和50米。

游山口外港域的治理：属杭州湾最南端的浅滩水域，口外航道淤积强度大，砂质密实，成为进出甬江口门的“拦门槛”。整治措施是，控制河宽，缩窄口门宽度，以及采用防浪、挡流、阻砂、调整流态等办法。在北侧先后修建北导流堤1条，长585米，以及北4号、5号两条丁坝，坝长各为50米；在南侧先后修建了7号、8号两条丁坝，坝长分别为105米和465米，以及南7号和8号之间的1条顺堤，长570米。

甬江外航道经过3年整治，成效卓著。与整治前的1979年比较，淤积量减少50%，改善了流态，增大了流速，提高了通航能力。至1991年，已能接纳15000吨级至20000吨级船舶。

第三节　岛　礁

区内海域岛礁2组。

南组属天台山余脉，在招宝山街道（城关镇）甬江口至七里屿一线，有外露岛礁8座。1974年建镇海港区，南组的虎蹲山、里游山、大游山、外游山4岛连同小招宝山夷为平地，成为港区码头、岸线、堆场。

北组属四明山余脉，由澥浦岭向东潜入海域，约2千米处外露，有泥螺山等4岛屿。2002年，澥浦泥螺山滩涂围垦，4岛屿渐成陆地孤丘。

南组岛礁

七里屿　招宝山街道东北6.8千米，甬江口外。海岛，海拔33.6米。俗称七里峙。岛长0.29千米，宽0.12千米，面积0.034平方千米。民国《镇海县志》记载："七里屿，县东海洋中七里，山巅筑台悬灯，以照南北往来行船。"自清同治十一年（1872年）置灯塔，迄今历为航标灯塔设置要地。

夏老太婆礁　招宝山街道东北4.9千米，甬江口外，干出礁。潮退时干出水面约0.7米。镇海港区兴建后，礁在港区导流堤北水中，已离航道。旧以其隐现于海波之中，若老妪之头髻依稀难辨，故名。

外游山东礁　招宝山街道东北4.7千米，外游山东150米处。暗礁。水深7.8米。礁在外游山之东，故名。

七里屿西礁　招宝山街道东北6.9千米，七里屿西100米，干出礁。潮退时干出水面约0.4米。处七里屿岛西，故名。

北组岛礁

澥浦泥螺山　澥浦东北3.4千米。原系海岛，海拔69.9米，长0.75千米，宽0.33千米，面积0.151平方千米。民国《镇海县志》载："澥浦山在澥浦东海中”，因形似泥螺，别名泥螺山，现定名澥浦泥螺山。

盘棋山　澥浦东北 3.9 千米，南距澥浦泥螺山 0.7 千米。原系海岛，海拔 21.3 米，长 0.27 千米，宽 0.14 千米，面积 0.032 平方千米。

巴子山　澥浦东北 3.3 千米。原系海岛，海拔 16.9 米，长 0.1 千米，宽 0.06 千米，面积 0.005 平方千米。岛北形似蛤巴嘴，称巴子山。解放后，驻军曾设靶场，巴子与“靶子”谐音，亦呼靶子山。

走马堂岛　澥浦东北 3.7 千米，南距泥螺山 0.10 千米。原系海岛，海拔 13.8 米，长 0.1 千米，宽 0.05 千米，面积 0.003 平方千米。岛近泥螺山，落潮时连在一起，形成一条狭长水道，似屋宇弄堂。1985 年命名走马堂岛。

消失的南组岛屿

20 世纪 80 年代，镇海口外建镇海港区，南组岛屿消失：

小招宝山　招宝山东，向东北延伸约 300 米，海拔 70 米。

虎蹲山　小招宝山东 1 千米。海岛，海拔 38.5 米。形如虎蹲，故名。

里游山　招宝山街道东北 4 千米，甬江口外。海岛，海拔 41.6 米，原外游山之里。

大游山　招宝山街道东北 4.5 千米，甬江口外。海岛，海拔 57.4 米。山形如眠马，又名眠马山。

外游山　招宝山街道东北 4.6 千米，甬江口外。海岛，海拔 40 米。

第四节　锚　地

镇海港区有锚地 3 处，紧靠镇海港区的有舟山的金塘锚地。

七里峙锚地

甬江口外七里峙东侧 1.85 千米，淤泥底。水深 7 米~18 米，可锚泊 3000 吨级以上船舶，但附近缺少屏障，遇 7 级以上风时涌浪较大。

甬江镇海锚地

自原镇海汽车轮渡以下 50 米起至镇海外海船厂的北岸水域，水深 2 米~3.5 米，底质为泥，200 吨级以下船舶锚地。

招宝山锚地

在江礁灯浮与镇海进口左侧标连线以南上游段600米水域。水深1米~3米，底质为泥，木帆船候潮锚地。

锚泊点

镇海区域有锚泊点4个：Q4、Q8、Q12和Q16。其中，Q4、Q8为危险品锚地，Q12、Q16为非危险品锚地。锚泊点具体位置：

Q4：30°01′51″N，121°45′46″E；

Q8：30°01′27″N，121°45′46″E；

Q12：30°01′03″N，121°45′46″E；

Q16：30°00′39″N，121°45′46″E；

第五节　潮　汐

镇海口北濒杭州湾开阔口，东屏舟山群岛，具半封闭内湾形态，有较深水道与外部沟通。甬江口向东北呈狭长渠道，其北岸线朝向西北，南岸线偏向东南。镇海口处弯曲状海岸线的凹处，故北北东方位海域最为开阔，平均水深在海图基准面以下10米左右，为浅海形态。

潮候

甬江口属非正规半日潮型，24小时50分为一个周期，有两个高潮和两个低潮。涨潮、落潮间时差6小时左右。潮汐受上游姚江大闸放水、奉化江洪水、台风及天气变化影响历时不规则。涨潮时间误差1小时左右，每日涨潮时间在正常情况下退后45分钟即为翌日涨潮时间。

镇海区潮候表

表1-1-1

农历日期	上午涨潮时间	下午涨潮时间
初一、十五	5时	18时20分
初二、十六	5时45分	19时
初三、十七	6时30分	19时20分

续表1-1-1

农历日期	上午涨潮时间	下午涨潮时间
初四、十八	7 时 10 分	20 时
初五、十九	7 时 50 分	20 时 30 分
初六、二十	8 时 10 分	21 时
初七、廿一、廿二	8 时 50 分	21 时 40 分
初八、廿三	9 时 40 分	22 时 20 分
初九、廿四	10 时 40 分	23 时
初十、廿五	11 时 30 分	23 时 50 分
十一、廿六	1 时	14 时 10 分
十二、廿七	1 时 50 分	15 时 20 分
十三、廿八	3 时 20 分	16 时 30 分
十四、廿九、三十	4 时	17 时

潮差

甬江口潮差，已有 85 年记载资料。

镇海区潮差历时表

表 1-1-2

项　目			潮差（米）	历时（时）
涨潮潮差及历时	历史最大潮差	数值	4.03	9：48
		出现日期	2010 年 1 月 2 日	1988 年 2 月 27 日
	历史最小潮差	数值	0.01	9：47
		出现日期	1969 年 10 月 5 日	1969 年 10 月 5 日
落潮潮差及历时	历史最大潮差	数值	3.96	9：47
		出现日期	2000 年 8 月 31 日	1969 年 11 月 17 日
	历史最小潮差	数值	0.19	3：25
		出现日期	1985 年 12 月 6 日	1957 年 8 月 18 日
历年涨潮平均潮差及平均历时			1.84	6：20
历年落潮平均潮差及平均历时			1.84	6：05

注：潮位以吴淞零点为基准，多年平均潮位即海平面

潮流

甬江年均降水量 1461.7 毫米，入海水量 666.0/28.6（毫米/亿立方米），输

沙量35.9万吨/年。甬江口潮汐和潮流既有高潮不等又有低潮不等，其不等现象与月赤纬位置变化相关。镇海出现涨潮历时大于落潮历时，而且愈往内其差愈大，但极限为3小时。镇海最大潮差4.03米，平均潮差1.84米。甬江口潮流运动形式为往复流。表层平均涨潮流流速84厘米/秒，平均落潮流流速74厘米/秒；平均最大涨潮流流速138厘米/秒，平均最大落潮流流速107厘米/秒。底层平均涨潮流流速69厘米/秒，平均落潮流流速58厘米/秒；平均最大涨潮流流速103厘米/秒，平均最大落潮流流速91厘米/秒。涨潮流流速大于落潮流流速，表层流速大于底层流速。历史最大涨潮流流速215.8厘米/秒，最大落潮流流速172.7厘米/秒。

镇海口各站潮流流速表

表1-1-3 单位：厘米/秒

项目		黄蟒山	外游山	七里屿	长跳嘴	笠山	招宝山	张鑑碶
表层	平均涨潮流流速	83.7	91.6	89.9	120.8	68.6	68.6	74.7
	平均落潮流流速	92.6	83.6	34.7	102.3	61.0	44.9	63.7
	最大涨潮流流速	141.5	168.2	141.5	207.6	111.7	131.3	98.0
	最大落潮流流速	150.9	133.4	57.8	157.6	106.5	65.0	89.0
底层	平均涨潮流流速	86.8	85.4	58.7	76.1	45.0	58.0	72.0
	平均落潮流流速	76.9	83.4	33.1	83.4	49.4	42.0	49.9
	最大涨潮流流速	113.8	125.8	71.9	111.8	81.3	125.4	92.2
	最大落潮流流速	115.8	151.7	42.5	127.5	72.0	60.7	82.4

海浪

镇海附近海域出现海浪有风浪、涌浪、混合浪3种，以混合浪为主。

不同季节海浪变化情况：春、夏、秋季节（除受台风影响外）海区海面出现海浪波高平均值0.5米~0.8米，最大波高1米左右，周期3.0秒~4.0秒，浪向多偏东。冬季海区出现海浪状况较为复杂，受冷空气频繁侵袭，海面经常出现8级~10级偏北大风，由此产生偏北大浪。大风过后由外海传来涌浪随之出现，海面海浪平均波高0.5~2.5米，最大波高1.0~3.0米，周期4.5~6.0秒，浪向多偏北。

台风对附近海域海浪影响：每年7—11月，镇海海区经常受台风侵袭和台风边缘影响，其中严重影响海区的台风大浪年平均1~2次。主要受2种类型台风影响：（1）西北路径台风，从菲律宾以东洋面形成后，向西北或偏西方向移动，在台湾、福建沿海一带登陆，或从菲律宾以东向西北移动，穿过琉球群岛，在浙江沿海一带登陆；（2）转向路径台风，从菲律宾及台湾以东洋面形成后，转向东北方向移动，或从菲律宾以东向西北方向移动，经中国东部海面或在沿海地区登陆。镇海附近海域受台风直接或边缘影响，通常出现波高 3.0~5.0 米巨浪。最大波高 6.0 米左右，周期 6.0~7.0 秒，浪向偏东转偏北向。

镇海附近海域海浪海况（级）及频率：0~2 级，56%；3 级，20%；4 级，17%；5 级，5%；6 级，1%；≥7 级，1%。海面年最多风浪向为偏东向，海面年最多涌浪向为北向。年平均周期 3.9 秒，年最大周期 8.7 秒，年平均波高 0.5 米，年最大波高 6.1 米。

1986—2008 年历年潮位平均表

表 1-1-4

项　目		数值（米）	出现时间
历年最高潮位		5.22	1997 年 8 月 18 日　23：30
历年最低潮位		-0.21	2006 年 11 月 8 日　6：40
历年平均潮位	高潮	2.99	—
	低潮	1.15	—

第二章　陆　域

7000 多年前，古时镇海大部分地区还是汪洋大海。海退开始，平地显露，出现一大片盐碱沼泽“斥卤之区”。经过几千年的洪水冲积、江海潮汐泥沙淤积，以及历代居民长期垦殖，筑塘围涂，陆域不断向北和东北扩展，岸线逐渐外延。

今镇海区地处东海之滨，傍甬江入海口之北，靠杭州湾出海口之东，陆域面积 246 平方千米。陆域地势西北高，东南低。由西北向东南倾斜的地貌特征明显。区域地貌基本由“山地丘陵、二大平原”组成。

第一节 山地丘陵

镇海少山，山丘集中在西北部九龙湖镇和澥浦镇，属四明山余脉，高程100~385米。山脉起源余姚，由西向东入区境汶溪，续东至澥浦入海，岩基延伸至灰鳖洋。山体长约16.8千米。山体西界江北区、北界慈溪市。旧有荪湖岭、罗家岭、桃花岭、雁门岭、澥浦岭等山径相通。

招宝山为甬江口北孤丘，属天台山余脉，山基潜入海域，有七里屿等岛礁。

全区有名称的山约130座。较著名的有敧头山、尖山、万丈山、大斗山、大茅山、神钟山、九龙山、平峰山、达蓬山、马鞍山、滕山、岚山和招宝山。高于300米山峰15座，最高峰九龙湖尖山385.8米。

九龙湖镇

敧头山 亦名望海尖，又名秃脑山。镇西北7.4千米，海拔363.6米。顶峰近看似秃脑，远看似歪头，俗称敧头。登极能远眺东海，故称望海尖。光绪《慈溪县志》载：灵岩，县东北一十五里，石岩高峻，俗呼为望海尖。明僧有灵岩诗曰：绝壁削下千万丈，道人结庐最上头，扶桑半夜日轮出，蓬莱一点烟岚浮……。沿峰东侧有山径北通桃花岭，南达石柱岭，山径西属江北区金沙岙。

尖山 镇西7.1千米，敧头山南垄，旧又称塔脑山，或呼小黄泥尖。海拔385.8米，因主峰尖耸，故名。巅径北达望海尖，南通官山湾。巅西金沙岙。

西弯山 镇西7.4千米，海拔324.8米，系尖山支脉，山峰向西弯扭，故名。山北为江北区金沙岙。

大斗山 镇西8.1千米，石门墩之上，海拔343米，处区境最西缘。望之屏拱如斗，故名。

毛力山 原名贸里山，简称贸山，谐音毛力山，俗呼石塔山。镇西南7.1千米，海拔193米。光绪《慈溪县志》载："贸山，县东北一十里。宋元时贸易之地，故名。"山西坡为江北区毛力水库。

荪湖岭 镇西南7.4千米，北起汶溪村民主方李，南至荪湖。岭巅与江北区交界。岭今建公路，通达洪塘。

蒿岭 镇西北6千米。光绪《慈溪县志》载："石柱山东北，北通桃花岭，其山曰青顶山。”南经蜈蚣陡下坡达北雪龙潭岙、龙王堂转磨岭，旧时为河头西部通往三北主岭。

青顶山　俗呼蚂蟥潭。镇西北 6.6 千米，海拔 332 米。蒿岭经此北上达桃花岭。

赶山　镇西偏北 6.3 千米，海拔 352 米。青顶山南，蜈蚣陡西。山巅有衢，古称赶石弄，相传有秦始皇东临大蓬山遗迹。

万丈山　镇西北 5.8 千米，海拔 325 米。瓜子陡东南。万丈形其山高大。山东麓郎家坪北雪龙潭岙。

九龙山　旧称方山，又称屏风山。镇西 4.4 千米，海拔 364 米。横溪南眺，山势九曲起伏，雅称九龙山。旧时九龙山和天打山合称方山，以形得名。

天打山　别称牛角山、东牛角尖。镇西偏北 3.9 千米，海拔 339 米。处九龙山东南乱梦岙上。谑称天打山，故名。山南向中陇，1947 年中共慈镇县工委驻此，茅舍称“子瑛公馆”。

桃花岭　镇西北 6.6 千米。东起横溪庙前，西行 1.5 千米抵岭巅，海拔约 250 米。筑有三界亭，亭侧岭路分叉：往西直下慈溪云湖乡金沙岙，曰小桃花岭；向北至慈溪灵湖方家河头，曰大桃花岭；往西南经石柱岭至秦家岙；往东南蒿岭至龙潭岙。旧时山多桃树，俗呼十里桃花岭。古人诗云：桃花开未开，踏破云林来。春色杳然去，涧泉流不回。人烟出林远，日影落山颓。村店招人歇，停舆且举杯。

香石头山　俗称响石头。镇西北 5.4 千米，海拔 304 米。水堆山东，山上奇石磊磊，相传刮大风时，石间有裂音，故有此称。山巅北界慈溪。

大蓬山　又名达蓬山。镇西偏北 5.3 千米，海拔 315 米。光绪《慈溪县志》载：“大蓬山，县东北三十五里，又名达蓬山。秦始皇东游欲自此航海达蓬莱仙境，故名。”山腰间有横径，上部属慈溪县，古有上佛迹寺，始建于唐天宝元年（742 年），今为慈溪林场驻地。中下部属横溪，旧有中佛迹寺，下佛迹寺，今废。大蓬山山势峥嵘，巍峨群山中，登极眺望东海，偶见海市蜃楼。清初史学家黄宗羲曾作游达蓬海市赋：“余登达蓬山望海，山僧四五人皆言：春夏之交，此地特多海市，各举所见，与图画传闻者绝异。”

回峰岭　镇西北 2 千米，东起勤山水库，越庙山北麓，西抵十字路水库。抗战前改为慈龙公路路基。解放后为横溪公路路基。十字路水库建成后，公路改为九龙大道。

蓑衣岭 镇西北1千米，庙山南麓。东起河头上街，西至十字路水库副坝。岭今辟为九龙湖景区休闲大道，东连九龙大道，西接环湖路。岭东段建公交首末站。

猢狲洞山 镇北2.7千米，海拔317.6米。古时，河头北，东起雁门岭，西至斗鸡岙，方圆十里崇山，统称十八座大山。今指居中主峰。山北慈溪龙山凤浦岙。

镬肚脐山 俗呼佛肚脐。镇北2.7千米，海拔312米。十八座大山之东。形似覆盖之镬肚脐，故名。东麓雁门陈家岙。

雁门岭 镇北偏东2.4千米。西南起河头上街，向北沿黄狼山抵龙山邱王，长500米。慈镇分界岭。抗日战争前，辟建慈龙公路路基，今为长邱公路。抗倭名将戚继光曾在此驻兵建隘，称雁门关，与倭寇鏖战于岭北。今北面石塘山留有“苦战岭”遗迹。

招宝山街道

招宝山 古名候涛山，海拔80米。“为潮汐出入所经”，故名候涛。旧时山上有鳌柱塔，又名“鳌柱山”。后以“商舶所经，百珍交集”，因名招宝山。

澥浦镇

岚山 又称息云寺山，旧称汇源山，海拔101.6米。山腰旧有息云寺，建于宋治平年间，寺后有汇源龙潭，俗呼沙蟹老龙。山巅有烽堠台，山麓有饮马池等明时抗倭遗迹。西南山岙开阔，每多晓岚，故名岚山。

第二节 水网平原

镇海区西北丘陵沿山脚线东南直至甬江为水网平原。平原为全新世晚期的冲积、海积和湖泊、河泊淤积所形成。

水网

按照1985年《镇海县水资源调查和水利区划》表述，镇海区属甬江以北水利系统，称江北水系。

区境内有大小河流214条，总长度325千米，集水面积216.05平方千米，水域面积 10.6 平方千米，年径流深 616 毫米，年径流量 1.306 亿立方米，河网蓄水能力 672 万立方米。洪涝由张鑑碶闸、澥浦大闸、清水浦大闸和新泓口大闸分别泄入甬江和外海。

平原

中部水网平原　河网纵横，地势低平，海拔高程在 3~4 米左右。中部水网平原区前大河和中大河纵横交叉流经骆驼、庄市等地。

东南滨海平原　分布在俞范、五里牌等地。海拔高程 1.8~2.5 米之间，系近代围垦形成的海涂平原，地面平坦宽广，地势向南微倾。

第二编　水路运输

第一章　港口
第一节　镇海港区开发
第二节　镇海港埠分公司
第三节　区属码头泊位
第四节　助航设施
第五节　甬江航道疏浚
第二章　沿海运输
第一节　客运
第二节　货运
第三节　船舶
第四节　水路运输企业
第五节　车客渡航线运输
第三章　内河运输
第一节　航道
第二节　船舶与货运量
第三节　人渡
第四节　汽车轮渡
第五节　内河航运企业

第二编 水路运输

地处甬江出海口的镇海区，境内河流密集，富有舟楫之利。唐宋以来，随着农业经济的发展，远洋、近海、内河运输渐渐发展。

中华人民共和国成立初期，镇海县人民政府大力发展内河航运。1974 年以来，国家开发建设甬江口外镇海港区，镇海的海上运输大力发展。至 2010 年，镇海港区已形成大中小泊位配套、专用及通用功能齐全，能适应煤炭、液体化工、石油、散杂货、件杂货、集装箱等多种货物装卸、贮存服务需要的综合性现代化港区。

内河运输业随着道路交通运输业的迅速发展趋向萎缩。

第一章 港 口

甬江口即镇海口，古称大浃口。

甬江从宁波三江口起，东流 22 千米，至镇海口注入东海。据近代钻探探明，第三次海退结束，甬江开始定型。距今 4000 多年前，原系进出潮豁口的今城西石塘下一带，为钱塘湾来沙积堙成陆，甬江改道从浃口出海。今镇海口外金塘水道水深 20~100 米，可满足万吨级以上大型船舶进入港区七里屿锚地。镇海口至大游山水域长约 840 米，宽 140 米，水深 10~44 米，万吨级轮船无须候潮可抵达镇海港区。

镇海港区位于甬江口门北侧，招宝山东南麓。1974 年起，重点建设宁波港镇海港区，镇海以港而兴，历史上的镇海港亦由内河港向河口港转型。包括镇海港在内的“四大工程”上马，各施工单位纷纷在镇海港兴建建材或工作船码头，交通运输单位也增修码头，原本冷落的港口开始恢复生机，岸线的使用在北岸延伸到清水浦，南岸展拓至钳口门。20世纪80年代，镇海与上海金山港通航，往返沪甬的“天封”轮在镇海停靠，镇海与舟山诸岛航线陆续开通。

第一节　镇海港区开发

20世纪70年代中期，镇海及北仑新港相继开发建设，宁波港域范围随之扩大。1980年10月后，宁波港、镇海港、北仑港“三港合一”，统称宁波港，开始有宁波港区、镇海港区、北仑港区之分。

宁波港镇海港区位处甬江口门左岸，中心地理坐标29°57′00″N、121°43′00″E。港区始自镇海口甬江窄口，至大游山出海处，长约4.5千米。北依大陆、东临金塘水道，出口处有金塘岛和舟山群岛天然屏障，南有穿山半岛掩护，构成水域平静的河口港。港区平均潮差1.8米，中潮位以上平均水深9.6米。属淤泥质海岸，局部侵蚀基岩岸。淤泥质岸段潮向带浅滩宽约10米，最宽处约100~200米。港区陆域自招宝山连接虎蹲山、大小游山长约3.2千米，均系人工围筑，平整小山、挖泥吹填抛石而成，兼起防浪堤作用。港区陆域纵深380~460米，面积140万平方米。

镇海港区主要承担浙江省物资中转和外贸进出口运输业务及客运业务，是华东地区煤炭中转贮存基地及华东地区最大液体化工产品中转贮存地。镇海港区包括煤炭作业区、通用杂货区、油气及液体化工区和车客渡区4个功能区块。

一、镇海县时港区开发建设（1973—1985年）

1973年7月，国务院港口建设领导小组组长粟裕视察甬江，确定在扩建宁波市区老港的同时，建设镇海新港区。9月，浙江省宁波港建设指挥部向国家计划委员会和国务院港口建设领导小组编报《宁波港扩建工程计划任务书》，提出在镇海甬江口门扩建3个作业区，建设16个泊位，年设计吞吐能力820万吨；以及新建进港铁路、新建和改建公路、扩建杭甬运河等配套工程的规划，全部工程分两期实施。

1974年8月，交通部批复同意：“第一期建设煤码头2个泊位，杂货码头3

个泊位以及相应的生产配套工程。”是年，港区一期工程开始劈山围堤造陆。

围堤造陆工程从招宝山北麓起，向东经虎蹲山、小游山到大游山，先造一条拦海大堤，再在南面500米处筑一条与此平行海堤，在两堤围成区域内吹填成陆，成为新港岸线和后方陆域。造陆关键工程——拦海大堤，于1974年4月动工，1975年9月25日合龙，全长3160米，合计使用土石方62.6万立方米。施工高潮时，进场民工来自镇海县33个公社5500余人，抛石船只100多艘，有19人为筑堤献出生命。造陆所需石料，主要取自江南笠山，其次是小招宝山。小招宝山原是招宝山一部分，南侧长290米，北侧长366米，纵深宽30~160米，山顶标高40~46.5米，开挖小招宝山土石方82万立方米。爆破和削平小招宝山和虎蹲山，原本孤悬海上的大小游山，与大陆连成一片，突出于东海之滨，甬江出海口随之向东延伸约3.5千米。近代曾以灯塔出名的虎蹲山，从此在地图中消失。

1976年，2个煤炭泊位主体工程动工，1978年10月竣工。同时建成的有进港铁路、公路等配套工程和其他辅助设施。后港池出现严重淤积，从1980年起，建设重点转到镇海口外航道包括新港港池整治。1982年煤炭泊位试生产，1983年5月26日正式投产。1984年9月23日起，其他泊位开始建设。至1985年年底，共建成3000~10000吨级生产性泊位5个，形成年吞吐能力210万吨，另有零号通用泊位和港区作业浮码头，合计共7个。在建的还有5000~10000吨级生产性泊位3个。

1985年镇海港区码头泊位表

表2-1-1

名称	使用单位	结构	长度（米）	靠泊标准（吨级）	用途	建成时间
零号泊位	镇海作业区	趸船（2艘）	72	3000	通用	1984
1号泊位	镇海作业区	方块重力式	310	3000	煤炭	1978
2号泊位				10000		
5号泊位	镇海作业区	高桩梁板	360	10000	杂货	在建
6号泊位				10000		
7号泊位	镇海作业区	趸船（3艘）	248	3000	杂货	1985
8号泊位				3000		
9号泊位	镇海作业区	高桩梁板	180	10000	杂货	1985
16号泊位	镇海作业区	趸船（2艘）	80	5000	液化品	在建
浮码头	镇海作业区	钢趸船	36	500	港区作业	1983

港区仓储库场

1985 年镇海港区仓储库场表

表 2-1-2

名　称	面积（平方米）	容量（吨）	堆存分类
煤堆场	30000	80000	煤炭
简易堆场	15000	12000	杂货
水泥堆场	37808	146936	水泥
块石堆场	13020	17120	块石
储煤仓 10 个	1704	2000	煤炭
储罐	1000	1840	硫酸

港区配套工程

有自洪塘站进港铁路专用线 21.825 千米。港区铁路线 4.475 千米。进港公路 2.812 千米。港区汽车道 6.236 千米。另有通信导航、供电、供水、港机厂、港务新村、职工俱乐部、电影院等。

镇海港区 1983 年 5 月 26 日正式投入生产，吞吐量逐年上升，到 1985 年已达 134.47 万吨。时货物品类主要为煤炭、金属与非金属矿石、钢铁、木材、水泥。

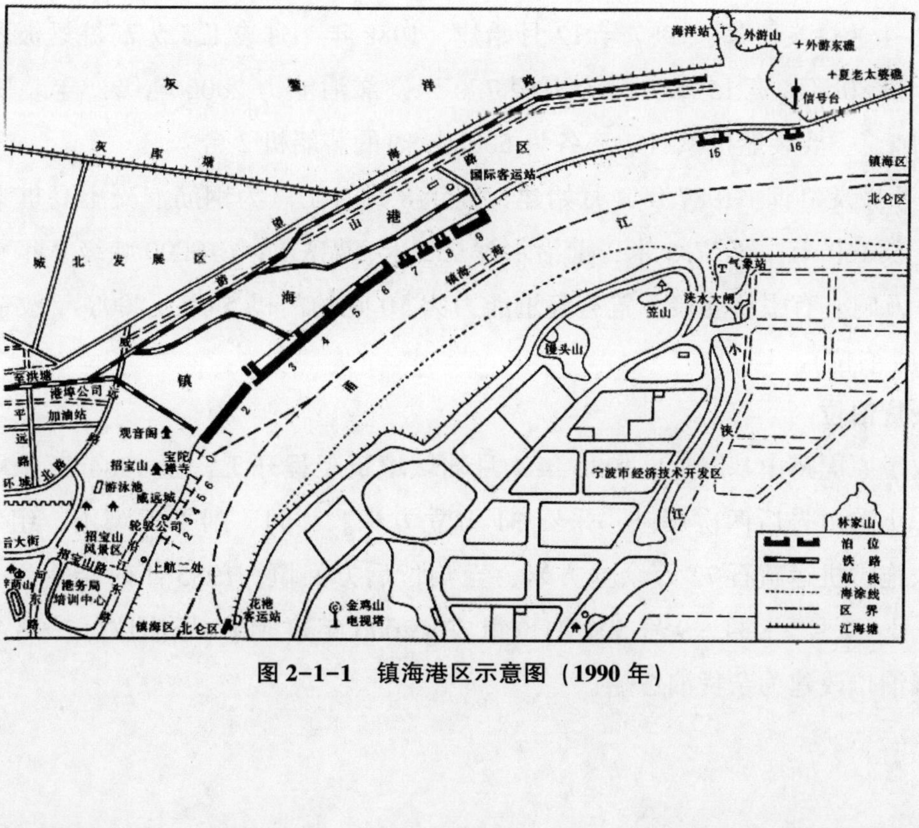

图 2-1-1　镇海港区示意图（1990 年）

二、镇海区时港区基础设施建设（1986—2010年）

港区生产性泊位

撤县划区开始至2010年，宁波港镇海港区共改建新建生产性泊位19个，其中50000吨级2个，10000吨级9个，1000~5000吨级8个。含全国第一座10000吨级液体化工专用泊位和全国最大的50000吨级液体化工专用泊位。港区货物吞吐设计能力年2400万吨以上。

按功能分，有煤炭泊位4个、杂货泊位6个、液体化工泊位9个。

煤炭泊位

1号、2号煤炭泊位　系宁波港第一座10000吨级码头。码头工程由交通部第三航务工程局设计处设计。1976年6月主体工程开工，由交通部广州炸礁队清理水下岩礁。继由交通部第三航务工程局第四工程处、交通部广州炸礁队、浙江省第三建筑工程公司、镇海围堤工区、宁波港建设指挥部综合工程队等单位组织施工，至1978年10月基本竣工。1983年5月投入使用。码头为方块重力式结构，置有空心方块255块，实心方块36块，卸荷板239块，镶面板130块。备有系船桩18只，橡皮护舷124只，置麻包混凝土支点134个。1号泊位亦名装船泊位，2号泊位亦名卸船泊位。

3—1号煤炭泊位　1987年12月始建，1988年7月竣工。为高桩梁板式装船泊位，长80米，宽15米，前沿水深7.0米，靠泊能力2000吨级，年装船能力100万吨。主要装船机械有效率各为500吨/时的装船机2台。

3号煤炭泊位　1987年4月始建，翌年8月竣工。为钢筋混凝土高桩梁板式结构。长160米，宽27.5米，前沿水深9.5米，靠泊能力10000吨级，年吞吐能力200万吨。有引桥连接，置有起重能力为10吨的门机5台（2008年改造后称4号杂货泊位）。

杂货泊位

位于原虎蹲山基附近。1982年4月陆域填筑工程开工，至1984年3月在大游山、小游山先后两次爆破，采石31万立方米。其间，削平虎蹲山，组织120辆手扶拖拉机运碴石72万余立方米，至泊位后方回填。1985年时杂货码头由5号、6号、7号、8号、9号5个泊位组成。2006年建成10号泊位。2008年原3号煤炭泊位改建为杂货泊位。

4号泊位　系原3号泊位改建。2008年3月启动，10月完成。码头结构按靠泊20000吨级散杂货船舶进行加固。泊位长180米，宽30米，前沿水深9.5米，靠泊能力20000吨级，年吞吐能力500万吨，与陆域连接栈桥3座。

5号泊位　1985年6月始建，翌年11月竣工，为钢筋混凝土高桩梁板式结构。长180米，宽30米，前沿水深9.5米，靠泊能力10000吨级，年吞吐能力40万吨。有引桥连接，置有起重能力为10吨门机3台。

6号泊位　1985年6月始建，1988年竣工，为钢筋混凝土高桩梁板式结构。长180米，宽30米，前沿水深9.5米，靠泊能力10000吨级，吞吐能力年40万吨。有引桥连接，置有起重能力为10吨门机2台。

7号—8号泊位　1985年1月始建，同年10月竣工，为3艘泵船组合结构。泵船之间各有两座10米长的钢联桥连接而成，每艘泵船设系缆柱6只。泊位总长279米，宽11米，靠江侧置护舷，岸侧置栏杆，前沿水深6米，靠泊能力10000吨级，年吞吐能力80万吨。2008年10月，7—8号泊位改建，2009年12月竣工。改造包括原浮码头拆除、炸清礁、挖泥，新建20000吨级集装箱码头平台1座，长度279米，软基段码头宽36米，平台宽29米，岩基段码头宽22米，后方采用挡土墙结构。

9号泊位　1984年9月始建，1985年7月竣工，为钢筋混凝土高桩梁板式结构，长180米，宽30米，前沿水深9.5米，靠泊能力10000吨级，年吞吐能力30万吨。有长30米，宽9.1米的引桥4座。附属设施计有门机钢轨355米，规格为75吨、35吨、25吨、15吨的系船柱17只，铁梯4座，D型橡胶护舷195只，起重能力为10吨门机2台。

10号泊位　2004年12月开工，2006年1月完工，设计为10000吨级兼靠20000吨级件杂货和散货。泊位总长280米，宽30米，前沿水深11米，引桥4座。设计吞吐能力100万吨年，并兼顾单件重量小于65吨的大件货物装卸。配置40吨门机1台、16吨门机3台。

液体化工泊位

1986年建成首座5000吨级液体化工专用泊位，至2010年，共建有液体化工装卸专用泊位9座，设计吞吐能力年680万吨。

16号泊位　坐落在被削平的大游山岩基上。1984年10月始建，1987年5月投入使用，系全国第一座液体化工专用泊位，年吞吐能力20万吨。泊位由两座长40米，宽9米，高2.3米的钢筋混凝土泵船组合，钢引桥2座，长21.4米、宽4.2米，前沿水深6米，靠泊能力5000吨级。铺有铁路化工专用线1条，长2.71千米。其中，货物装卸线2股道，中间置装卸鹤位15只；装卸月台1座，长60米；卸车台1座，长72米。1991年9月，16号泊位改造。改造后靠泊能力提高到10000吨级，年吞吐能力增至40万吨，可承受20000吨船舶限速靠泊。码头长64米，宽15.5米，高桩墩式结构。引桥2座，总长42.8米，宽6.5米，抛石引堤和墩台，大板结构；系缆墩5座，人行桥墩1座；系缆墩联系桥1座，设计水深-9.0米。

12号泊位、13号泊位　2002年5月开工打桩，2002年12月通过交工验收。12号泊位为1000吨级钢筋混凝土趸船浮码头，设计水深-4.5米。13号泊位为3000吨级，兼靠5000吨船的固定式高桩墩式码头，设计水深-6.5米。

14号泊位　1994年4月开工，1994年9月建成，5000吨级化工泊位。钻孔灌注桩墩式结构。泊位总长180米，宽度15米，引桥2座，预制空心大板，墩台结构，引桥长度21.5米，上游引桥宽8米，下游引桥宽6米。设计水深-7.0米。

14—2号泊位　1997年9月开工，1998年1月竣工，为兼做成品油装卸泊位，靠泊1500吨级。40x9x2.3米趸船1只，18x4米钢引桥1座，17.4米钢撑杆1榀。

15号泊位　化工油品泊位（不属镇海港埠分公司）。

16—2号泊位　1993年12月开工，1994年12月竣工。为2000吨级重力墩式（沉箱）码头，设计水深-6.0米。

17号泊位　1995年12月开工，1997年5月竣工。50000吨级液体化工泊位。泊位长349米，呈蝶形布置，高桩墩式和重力式沉箱墩台结构。泊位区泥面标高-14.0米，设橡胶护舷12套，系船柱4只，快速脱缆钩6只，登船梯1座。引桥1座，长75米，宽10.2米。设计接卸能力208万吨/年。

18号泊位　2002年6月开工，2003年8月竣工。50000吨级墩式泊位，总长340米，工作平台宽25米，前沿水深-14米。引桥长82米，宽11米，设计接卸能力265万吨/年。

2010 年镇海港区生产性泊位一览表

表 2-1-3

泊　　位	靠泊等级	水深（米）	泊位长度（米）	设计能力（万吨）	泊位用途
1 号泊位	3000	-7.5	130	70	煤炭专用
2 号泊位	10000	-9.5	180	250	煤炭专用
3-1 号泊位	2000	-7	80	100	煤炭专用
3 号泊位	10000	-9.5	160	200	煤炭专用
4 号泊位	20000	-9.5	180	500	通用件杂货
5 号泊位	10000	-9.5	180	40	通用件杂货
6 号泊位	10000	-9.5	180	40	集装箱专用
7—8 号泊位	20000	-9.5	279	80	集装箱专用
9 号泊位	10000	-9.5	180	30	通用件杂货
10 号泊位	10000	-11	280	100	通用件杂货
12 号泊位	1000	-4.5	50	40	液体化工
13 号泊位	3000	-6.5	48	52	液体化工
14 号泊位	5000	-7	180	20	液体化工
14—2 号泊位	1500	-5.5	50	40	液体化工
15 号泊位	2000	-6	40	10	化工油品
16 号泊位	10000	-9	144	40	化工油品
16—2 号泊位	2000	-6	40	10	液体化工
17 号泊位	50000	-14	349	208	化工油品
18 号泊位	50000	-14	340	265	液体化工

港区堆场

2010 年镇海港区有堆场 48 处，合计堆场面积 78.41 万平方米。

2010 年镇海港区堆场表

表 2-1-4

名　　称	堆场面积（平方米）	堆存货种	建造（改造）年
904 堆场	4366	硫黄	1985
905 堆场	2000	硫黄	1985

续表2-1-4

名　称	堆场面积（平方米）	堆存货种	建造（改造）年
502 堆场	6651	钢材或石墨球	1986
503 堆场	11218	钢材或石墨球	1986
504 堆场	6450	钢材或石墨球	1986
601 堆场	13040	集装箱	1986
903 堆场	9533	砂	1986
906 堆场	9787	钢材或木材	1986
6#煤堆场	7140	煤炭	1988
7#煤堆场	7350	煤炭	1988
8#煤堆场	7530	煤炭	1988
301 堆场	14024	煤炭	1988
202 堆场	6049	石油焦	1994
201 堆场	6761	石油焦	1995
506 堆场	16700	停车或石油焦	1995
603 堆场	12189	石墨球	2000
5#煤堆场	10451	煤炭	2002
10#煤堆场	9233	煤炭	2002
机动煤堆场	33000	煤炭	2002
西门二场	36700	煤炭	2003
港后煤场	34000	煤炭	2003
1001 堆场	18307	石墨球	2003
1#煤堆场	7920	煤炭	2006
4#煤堆场	8673	煤炭	2006
1004 堆场	30669	钢材	2006
9#煤堆场	8592	煤炭	2007
2#煤堆场	8138	煤炭	2008
3#煤堆场	8462	煤炭	2008
402 堆场	8254	废金属	2008
501 堆场	3600	废金属	2008
507 堆场	1309	石墨球	2008
508 堆场	3697	石墨球	2008

续表2-1-4

名　　称	堆场面积（平方米）	堆存货种	建造（改造）年
4 泊位后方 A 场	27691	煤炭	2009
4 泊位后方 B 场	46678	煤炭	2009
4 泊位后方 C 场	52506	煤炭	2009
4 泊位后方 D 场	52506	煤炭	2009
4 泊位后方 E 场	52506	煤炭	2009
4 泊位后方预留煤炭场	35000	煤炭	2009
路北三场	4694	石油焦	2009
集装箱 M 场	6500	集装箱	2009
集装箱 B 场	10952	集装箱	2009
集装箱 F 场	10692	集装箱	2009
集装箱 H 场	10692	集装箱	2009
1003 场地	9984	集装箱	2009
4 泊位后方 F 场	52506	煤炭	2010
1100 苏松熏蒸场	12730	松木	2010
401 堆场	10111	废金属	2010
集装箱 A 场	16634	集装箱	2010

镇海港区货物吞吐量

1990—2010 年宁波港镇海港区货物吞吐量表

表 2-1-5

年份	总吞吐量（万吨）	煤炭（万吨）	杂货（万吨）	液化油品（万吨）	集装箱（TEU）
1990	402	300	95	7	16551
1991	548	398	126	23	18238
1992	591	440	125	26	13565
1993	654	507	121	26	14083
1994	690	493	163	34	17119
1995	822	578	197	47	2192
1996	838	627	156	55	978
1997	841	649	141	51	348

续表2-1-5

年份	总吞吐量（万吨）	煤炭（万吨）	杂货（万吨）	液化油品（万吨）	集装箱（TEU）
1998	924	651	181	93	4744
1999	1079	677	165	237	30588
2000	1236	733	153	350	32136
2001	1313	760	220	333	53971
2002	1401	823	278	300	73317
2003	1755	892	503	360	102784
2004	2052	1028	586	438	124717
2005	2210	1047	657	506	137138
2006	2396	1116	809	471	203492
2007	2696	1307	773	616	226603
2008	2756	1198	924	635	253016
2009	3153	1482	1090	581	304678
2010	3790	1884	1248	658	379492

注：TEU 集装箱单位，即标箱

通航港口、到港船吨位

内贸航线通航港口，北至秦皇岛、天津、营口，南至厦门、黄埔、湛江等。外贸通航港口，俄罗斯、日本、韩国、新加坡、马来西亚等国主要港口，以及中国台湾地区。到港船舶为 2 万吨级以内的各类散杂货船，5 万吨级以内的液化油品船。

第二节　镇海港埠分公司

镇海港区由宁波港股份有限公司镇海港埠分公司经营。成立初称交通部宁波港务管理局镇海作业区。1987 年改称宁波港务局镇海港埠公司。2004 年改称宁波港集团镇海港埠有限公司。2008 年镇海港区股份制改革，称宁波港股份有限公司镇海港埠分公司。

1987 年年末，港区共有 500 吨级及其以上生产性泊位 17 个；仓库、堆场面积计 17 万余平方米，一次可堆存 50 余万吨货物；储煤仓 10 个，容量 2000 吨；

液化储罐 11 只，容积 9700 立方米；有各类装卸机械设备 153 台，年操作量 469.8 万吨，货物吞吐量 253 万吨。

1991 年年底，港区 500 吨级及其以上泊位 19 个；生产性仓库 5 座，近 2.8 万平方米，容量 6.4 万余吨；堆场 32 处，面积 26.2 万平方米，可储存 99.6 万吨货物；储煤仓 10 个，容量 2000 吨；储罐 18 只，容积 28223 立方米，容量 27400 吨；各类装卸机械 202 台，年操作量约 1000 万吨，货物吞吐量 587 万吨（含轮驳公司 38.6 万吨）。

配套设施除铁路外，还有公路通达生产区之间，有管道直通码头前沿。附加设施有热用锅炉房、蒸气线、吹扫压缩气、配变电静电消除和防雷接地等装置，以及消防、供水排水、供热供电系统、环境保护、污水处理、防浪堤、通信工程等。

港区单设液体化工区（简称港区化工区）。港区化工区占地面积 75 万平方米。1986—2010 年，已建成液体化工装卸专用泊位 9 座，设计吞吐能力年 680 万吨。液体化工专用码头具备船←→船←→罐←→汽车（火车）联运等多种装卸功能。建成化工及油品储罐 230 余个、总容量 90 余万立方米，其中，液体化工罐 53 万立方米、180 个。

港区优异的港口条件和投资环境，吸引了中国香港地区、荷兰、德国、挪威、日本、中国台湾地区、韩国等国家和地区以及宁波周边大型化工企业的投资创业。1988 年 2 月 17 日，首次接卸“化工 2”轮载混合甲苯 1050 吨。同年 12 月，与香港龙翔化工有限公司合建宁波海翔液体化工仓储有限公司，总投资 190 万美元用于储区扩建，于 1990 年 9 月竣工，扩大储存能力 1600 立方米，总容量达到 11300 立方米。1992 年年初，储罐增至 18 只，总容量增至 29800 立方米。1989—2010 年，港区化工区组建了 16 家合资企业，引进了 16 家大型化工企业。成立于 2007 年的宁远化工仓储有限公司，由宁波港集团与宁波化学工业区（宁波石化经济技术开发区）共同出资 7.8 亿元组建，为港区最大的合资项目。该公司的建设规划包含 62 台储罐，合计总容量 60.84 万立方米。其中，有 14 台容量为 32.04 万立方米的燃料油及石脑油罐区，有 8 台容量为 8 万立方米的成品油罐区，有 40 台容量为 20.8 万立方米的化工品罐区。首期 10.04 万立方米燃料油和成品油罐区已投入使用。

港区化工区吞吐货物主要为液化品和油品。可接卸的液化品含苯、醇、酸烃等10大类，包括乙二醇、PX、苯乙烯、丙烯腈、甲醇、氯仿、丙酮、醋酸、苯酚等100多个品种，是国内液化装卸品种最为齐全的港区。港区化工区全国液化品中转基地初具规模。

港区化工区企业安全生产实行“四统一”管理。2006年1月，港区15家仓储企业参股成立宁波市镇海众安仓储管理有限公司，以企业化运作对化工区各仓储企业实施“统一生产调度、统一安全监督、统一应急救援、统一信息监控”的模式，为区域安全生产走出一条管理创新之路。2009年，域内16家仓储企业全部通过省级安全标准化达标考核，成为浙江省第一家整体通过省级安全标准化达标的区域。

2010年，镇海港区可使用岸线6120米，陆域面积267万平方米。建有生产性泊位19个，堆场、库存面积93万平方米，液化油品储罐总容量90余万立方米。年末，公司全民职工1128人，集体职工123人，多元化用工1480人，合计共2731人；公司资产总值29.57亿元；年营运收入6.97亿元，利润2亿元。

第三节　区属码头泊位

码头旧称道头，有记载的镇海最早码头为利涉道头。北宋崇宁三年（1104年）前，利涉道头建于约今招宝山路东端原东门浦北首（宋宝庆《四明志》）。清光绪十六年（1890年），镇海城关县望道头始建海龙轮埠。民国元年（1912年），三北公司在镇海大道头建三北公司码头。

旧时城关的道头

旧时县城的道头从东到西依次有（12个）：

石道头　东门浦北首，又名石家渡道头。因有石姓世居，故名。旧时，是招宝山、金鸡山驻军给养输送与交通联系的渡口。也是招宝山，东门外一带筑城建庙，运输砖瓦石料的起卸码头。民国时曾为明明电灯公司运煤码头（今上航二公司码头处）。

镇大道头　亦称拦江浦道头，处一鑑池东。清道光年间建（今三航四公司码头处）。

洋关道头　处镇大道头南首（今镇海海关码头处）。

金塘道头　处金塘道头弄东。相传系明代尚书邵辅忠所建。亦称舟山道头、新道头、邵家道头（今镇海航标处码头处）。

税关道头　处渔丰弄南。相传系明代尚书薛三省所建。亦称薛家道头。清时为税关码头（今水产码头）。

台下道头　处养和弄南。民国时，税关在码头上设高台，以瞭望过往船只，故名。今为沿江景观带。

大道头　又称大道头利涉亭渡、大浃渡。处南大街口。建于宋代。清时为扼守关口的战船靠泊处，后为城关通往江南的渡口。今为沿江景观带。

远望道头　处远望道头弄南，亦称县房道头。建于清嘉庆年间，筑有亭。相传为县署专用码头（今镇海轮渡码头处）。

二道头　亦称泥道头、运石浦道头。处胜利路口东。清光绪六年（1880年）建，有亭。今为沿江景观带。

鍊（练）子道头　处滚江弄南口，清乾隆年间建。相传筑码头时用铁链加固，故名。今为沿江景观带。

小道头　处胜利西弄南口，亦称济川渡道头。光绪年间曾筑济川亭。解放后曾为海军码头。今为沿江景观带。

白家浦道头　处小道头西。曾为宁波航运公司镇海船厂船坞。今为沿江景观带。

晚清时期城关的轮埠（8个）

光绪中叶后，镇海始有商轮寄泊，镇海城关先后建有轮埠8个：

海龙轮埠　县望道头西。光绪十六年（1890年）租地设置。置火轮航行于甬镇之间，至光绪二十二年（1896年）济安轮亦寄碇此埠。

云龙（踏足轮）轮埠　大道头附近。光绪二十四年（1898年）租地设置。

镇海轮埠　县望道头东。光绪二十六年（1900年）租地设置。木构平台、木引桥、木趸船。

宁波轮埠　县望道头西。光绪三十年（1904年）租地设置，同时利济轮寄碇。

小平安轮埠　光绪三十一年（1905年）始设于台下道头东，后移至县望道头西。

海宁轮埠 县望道头西。光绪三十二年（1906年）租地设置。光绪三十三年（1907年）湖广轮亦寄碇此埠。

景升轮埠 光绪三十四年（1908年）始设于台下道头西，后移至大关汛外。

瑞运轮埠 宣统三年（1911年）始设于白家浦，旋移至泥道头东。民国20年（1931年）改名湖广轮埠。

以上8个轮埠至民国24年（1935年）时犹存2个，即镇海轮埠和湖广轮埠。

民国时期城关的码头

民国元年（1912年）至镇海解放初，城关建有码头6个：

三北公司码头 民国4年（1915年）建于台下道头、大道头之间。木构平台、木引桥、木趸船。

永川公司码头 民国7年（1918年）建于远望道头西，租地建设。钢筋混凝土平台，木引桥、木趸船。民国20年（1931年）改名宁象码头。靠泊轮船航行于甬镇，后往温州等处。

招商局码头 济川渡西（小道头）。民国12年（1923年）县人傅宗耀任招商局董事，购地建设。因靠泊“新江天”轮，亦称江天码头。“江天”轮行驶于沪甬之间，轮船始通航上海，一时赴沪交通方便。3000吨级码头，石驳平台、木引桥（后改钢引桥），铁壳木台格趸船。码头用房建筑面积455平方米。民国30年（1941年）4月19日镇海沦陷后，被日军占用。抗战胜利后，江天码头于民国35年（1946年）9月修复，沪甬客轮恢复在镇海停靠。1949年5月25日，趸船被劫往台湾。

联益码头 民国21年（1932年）建于税关道头西。钢筋混凝土平台、木引桥、木趸船。

宁兴码头 处招商局码头西。民国23年（1934）三北轮船公司建置，俗称三北公司码头，开拓水陆联运，三北棉花均经此运往上海。因停靠“宁兴”轮，故名。3000吨级码头，钢筋混凝土平台、钢引桥，木趸船。码头用房建筑面积310平方米。民国30年（1941年）4月19日镇海沦陷后，被日军占用。

公记码头 民国35年（1946年）年初，庙后张人王允财在远望道头西建公记码头。投入“江利”“梅浦”两轮行驶甬镇线。

图2-1-2　清民国时期镇海城关码头示意图

镇海区属码头

1986—2010年，甬江北岸镇海段，包括宁波港镇海港区，共有码头泊位78个，除宁波港镇海港区的各类泊位31个外，甬江北岸镇海区属码头泊位有47个。

2010年镇海区属码头表

表2-1-6

地点	名称	结构	靠泊标准（吨）	始（修）建年	业主
沿江东路	1#码头	浮码头	500	1980	上航二处
	2#码头	浮码头	500	1980	
	3#浮码头	浮码头	500	1980	
	海关码头	浮码头	500	1995	镇海海关
	边防站码头	浮码头	100	1990	宁波边防站
	三航四公司码头	浮码头	800	1975	三航四公司
	三航四公司靠船墩	高桩	500	1989	
	三航四公司起重码头	高桩	500	1976	
	海事处码头	浮码头	300	2002	宁波海事局
	航标处码头	浮码头	500	1983	镇海航标处
	航标靠船墩	固定	500	2000	
	水产公司1号码头	浮码头	300	1972	镇海水产公司
	水产公司2号码头	浮码头	200	1972	
	水产公司3号码头	浮码头	200	1988	
	水产公司4号码头	浮码头	300	1986	
沿江西路	人渡1号码头	浮码头	300	2001	镇海轮渡公司
	人渡2号码头	浮码头	300	2001	
	人渡3号码头	浮码头	300	2001	
	人渡4号码头	浮码头	300	2001	
	客运中心1号码头	浮码头	1500	1994	镇海客运中心
	客运中心2号码头	浮码头	1500	1994	
	航管所码头	浮码头	500	1988	镇海航管所
	航管所1号码头	浮码头	300	1998	
	航管所2号码头	浮码头	300	1997	
	汽车渡轮码头	浮码头	500	2000	镇海轮渡公司

续表2-1-6

地点	名　　称	结　构	靠泊标准（吨）	始（修）建年	业　　主
聪园路	海测 1 号码头	浮码头	500	1965	海军
	海测 2 号码头	浮码头	1000	1980	
	海测 3 号码头	浮码头	1000	1965	
	张鉴碶运输队码头	高桩	300	1994	张鉴碶运输队
	张鉴碶船舶修造厂码头	高桩	1000	1991	船舶修造厂
发电厂	发电厂临时码头	浮码头	2000	1978	镇海发电厂
	发电厂煤码头	高桩梁板	2000	1986	
	发电厂油码头	高桩梁板	3000	1979	
五里牌	炼化成品油码头	浮码头	3000	1979	镇海炼化公司
	五里牌大件码头	高桩梁板	3000	1980	五里牌航管站
	五里牌大件码头	斜桩梁板	500	2004	五里牌航管站
	冷冻厂码头	高桩梁板	300	1995	华雄冷冻厂
	海港工程公司码头	高桩	500	1983	海港工程公司
	海港工程公司出桩船码头	高桩	2000	2006	
	腈纶厂码头	高桩	500	1994	金甬腈纶厂
	兴源货物联运公司码头	高桩	500	2008	兴源货物联运公司
庄市	鑫达冷冻厂码头	高桩	300	1993	鑫达冷冻厂
	海达冷冻厂码头	高桩	300	1997	海达冷冻厂
	宁波中房自备码头	高桩	1000	1996	宁波中房物资总司
	国家粮食储备库码头	高桩	1000	1996	市粮食局
	宁波敏杰物流有限公司码头	高桩	1000	2005	宁波敏杰物流有限公司
	庄市冷冻厂码头	高桩	500	2008	庄市冷冻厂

注：不含宁波港镇海港区泊位

第四节　助航设施

清徐时栋《烟屿楼笔记》卷一载，其父徐桂林于蛟门外夏太婆礁建航标，大木柱，系以铜铃。其时在道光六年（1826 年）九月，为有记载的镇海最早航标。清同治四年（1865 年），由浙海关税务司会同宁绍道台建立的七里峙灯塔和虎蹲山灯塔，是当时由洋人控制的清海关所建造和管辖的最早航标。在随后的大半个世纪里，镇海的航标发展缓慢。解放后航标数量和助航效能都有了质的提升。随着镇海港区的开发建设和航运业的发展，甬江口和甬江内相继增设了多座航标。截至2010年，镇海地区已拥有包括视觉、无线电、音响等各类航标31座，基本建成了完善的综合助导航体系，满足了船舶航行安全的需要。

灯塔

七里峙（七里屿）灯塔

为镇海口外唯一灯塔。清同治四年（1865年），由浙海关署会同宁波（绍）道台建。初时设备简陋，仅以普通油灯放置玻璃窗内，报雾用的是铜锣。同治十一年（1872年）重修，建起高17英尺（5.18米）、砖木结构的白色塔楼。同年五月二十七日换上光强5级、发白色固定光塔灯，光照海平面123英尺（37.5米），无云天气能见度9海里；五月二十九日，新置每分钟四响的机械雾钟。同治十二年（1873年），购置250公斤重船用雾钟一具。“唯使用以来，效果欠佳”。光绪二十九年（1903年）改置为明灭相间镜机，烛力由130支增至200支，以提高光强和分辨率。民国9年（1920年），添置雾炮，以为虎蹲雾钟之响应。民国21年（1932年），改为电石瓦斯灯（乙炔白炽灯），每5秒钟自动闪光一次，烛力增为600支。解放以后，改为100瓦氙灯。灯塔位置在七里峙山巅之上，塔式为八角形，外饰红白二色，直放。

站中屋宇系沿东偏北，至西南偏南依次雁列，首为雾炮台，次即灯塔，又次为站之储藏室及小屋以及旗杆所在之处，旗杆距海滨只数步。民国14年（1925年）重新建造，所有屋宇均改为砖墙混凝土基础。塔身亦为砖造，但边缘阶梯及回廊门户等均系石料砌成，形状八角，饰以白色，灯光高出水面123英尺（37.5米）。站内置有水缸数只，内储饮水。此外岛上耕耘之田地，呈东南斜坡形丘陵。该岛四周，波涛澎湃。站东偏南约2海里许，黄蟒山北面，鹅礁之上，设有标桩。建塔以来，曾在光绪十一年（1885年）上半年，因法舰袭击镇海而停燃数日。又于光绪二十年（1894年）中日甲午之役，由同年6月起，停燃12个月。

七里峙灯塔从1953年始由海军管理。灯器采用Φ300毫米鼓形透镜，灯光射程达到12海里。1962年，海军在灯塔上设置了船舶无线电测向仪校差台，“文化大革命”期间撤除。1982年，灯塔由海军移交给当时的镇海航标区管理。

1986年11月，灯器改用美国进口的FA-251灯器；1988年2月，灯质改为闪白5秒；1992年，灯器改为英国产的PRB-46灯器；1997年灯器又改为西班牙产FGA-300型灯器，射程提高到18海里。

20世纪90年代，交通部海事系统投巨资分批对七里峙灯塔及其配套设施全面改造，新建改建各类建筑十余幢，建筑面积1000余平方米。现七里峙灯塔为1995年新建，塔身高25.5米，白色钢筋砼八角柱形，内旋梯，白色瓷砖贴面。原灯塔老塔身作为文物，被迁移到毗邻的小七里山上，供人参观。

七里峙灯塔除了装有先进的航标灯供船舶导航，同时还安装了英国产CG1000电雾号，在雨雾天等能见度不良时鸣放，警示过往船舶。2004年和2005年，七里峙灯塔又分别安装了雷达应答器和AIS基站，使灯塔拥有了视觉、音响和无线电等多种助导航手段，满足了在高科技条件下船舶对航海保障的需求。

虎蹲山灯塔

清同治四年（1865年），由浙海关署会同宁波（绍）道台建。初时以普通油灯放玻璃窗内，报雾用的是铜锣。同治十一年（1872年）重修，建高17英尺（5.18米）红白相间的塔楼，换上发红色固定光、强6级塔灯，光照海平面上148英尺（45.1米）无云天气能见度5海里，并将铜锣换成雾钟。民国14年（1925年），重建全部站屋，灯标高148英尺（45.1米），增置一杆6磅重的雾枪，专门用来向镇海发信号，表示轮船已到。民国19年（1930年）6月，又换上了乙炔白炽灯，每1.5秒自动闪光一次，光强从原来的60支提高到250支。1975年招宝山—虎蹲山—游山一线填海造陆建设宁波港镇海港区，虎蹲山被削平，灯塔随废。

航标

2010年，镇海区范围内（含甬江）的助航设施除七里峙灯塔外，还有6座灯桩、9座导标、4座灯浮标、8座桥涵标。另外在七里峙灯塔上还设有雷达应答器、雾号和AIS基站各1座。

2010 年镇海区范围内（含甬江）航标设施表

表 2-1-7

类别	航标号	名　称	位置（经纬度）	灯质	灯高（米）	射程（海里）	构　造
灯塔	2483	七里峙灯塔	30 00 02. 3 121 45 37. 3	闪白 5 秒	51. 7	18	白色八角柱形塔，瓷砖贴面；25. 5
灯桩	2485	北导堤堤头灯桩	29 58 40. 4 121 45 21. 1	快绿	10. 4	7	绿色圆柱形钢管，10. 8
	2486	北 5 号丁坝灯桩	29 58 38. 0 121 45 15. 3	闪（2）黄 6 秒 0. 5+1. 0 0. 5+4. 0	6. 2	2	白色八角形混凝土瓷砖贴面；6. 4
	2498	北 3 号丁坝灯桩	29 58 28. 6 121 44 25. 2	快黄	4. 7	2	白色八角形混凝土瓷砖贴面；6. 4
	2503. 5	镇海渡口灯桩	29 57 01. 8 121 43 04. 0	闪白 10 秒	12. 2	10	上红下白圆柱形混凝土，高 13. 2 米
	2517	清水浦灯桩	29 55 01. 4 121 39 08. 0	闪绿 2 秒 0. 5+1. 5	12. 3	1	三角形钢架；10. 5
	2521	梅墟灯桩	29 53 56. 5 121 38 13. 4	闪（2）白 4 秒 0. 5+1. 0 0. 5+2. 0	12. 6	4	红白横带圆柱形钢结构；10. 8
导标	2495	虎蹲山进口引导灯桩前	29 58 24. 5 121 44 11. 0	定红	38. 1	5	方形镀锌钢架，顶标为红色矩形；34. 0
	2496	虎蹲山进口引导灯桩后	29 58 22. 0 121 43 54. 3	定红	51. 4	5	方形镀锌钢架，顶标为红色矩形；46. 0
	2508	张鑑碶引导灯桩上行前（一）	29 56 57. 0 121 41 45. 6	快红	14	3	白色混凝土圆柱，顶标为黑色正方形；13. 4
	2509	张鑑碶引导灯桩上行后（一）	29 56 57. 8 121 41 38. 2	快红	17. 6	3	黑色角铁桩身，顶标为黑色正方形；16. 8
	2510	张鑑碶引导灯桩下行前（二）	29 56 50. 2 121 41 32. 4	定红（霓虹灯）	19	3	镀锌角铁架，日标牌为红色矩形；14. 3
	2511	张鑑碶引导灯桩下行后（二）	29 56 55. 6 121 41 34. 7	定红（霓虹灯）	24. 7	3	镀锌角铁架，日标牌为红色矩形；21
	2518	清水浦引导灯桩上行前	29 55 07. 5 121 39 17. 3	定红	15. 3	3	方形镀锌钢架，顶标为白红白竖条矩形；15
	2519	清水浦引导灯桩后标	29 55 06. 2 121 39 06. 8	定红	18. 8	3	方形镀锌钢架，顶标为白红白竖条矩形；18. 5
	2520	清水浦引导灯桩下行前	29 54 59. 4 121 39 03. 6	定红	15. 3	3	方形镀锌钢架，顶标为白红白竖条矩形；15

续表2-1-7

类别	航标号	名　　称	位置 （经纬度）	灯质	灯高 （米）	射程 （海里）	构　造
灯浮	2494	甬江1号灯浮	29 58 33. 1 121 45 31. 8	闪红4秒	—	—	红色柱形，顶标为红色罐形
	2500	甬江3号灯浮	29 58 01. 0 121 43 49. 2	闪红4秒	—	—	红色柱形，顶标为红色罐形
	2503	甬江2号灯浮	29 58 23. 2 121 44 31. 0	闪（3）红10秒	—	—	红色柱形，顶标为红色罐形
	2512	甬江4号灯浮	29 56 43. 2 121 41 35. 0	闪（2）红6秒	—	—	红色柱形，顶标为红色罐形
桥涵标	2500. 1	招宝山大桥1号桥涵标	29 57 42. 8 121 43 33. 1	快红	38	3	红色正方形日标牌
	2500. 2	招宝山大桥2号桥涵标	29 57 41. 9 121 43 32. 6	快红	38	3	红色正方形日标牌
	2500. 3	招宝山大桥3号桥涵标	29 57 44. 0 121 43 30. 5	莫（A）白6秒	37	10. 5	红白相间竖条圆形日标牌
	2500. 4	招宝山大桥4号桥涵标	29 57 43. 1 121 43 30. 0	莫（A）白6秒	37	10. 5	红白相间竖条圆形日标牌
	2500. 5	招宝山大桥5号桥涵标	29 57 45. 2 121 43 27. 8	快绿	35	3	绿色正三角形日标牌
	2500. 6	招宝山大桥6号桥涵标	29 57 44. 3 121 43 27. 3	快绿	35	3	绿色正三角形日标牌
	2500. 7	招宝山大桥7号桥涵标	29 57 42. 2 121 43 35. 1	莫（C）黄12秒	7. 4	3	黄色柱形，顶标为黄色“X”形，标体明显处漆黑色水中构筑物标记
	2500. 8	招宝山大桥8号桥涵标	29 57 41. 0 121 43 34. 5	莫（C）黄12秒	7. 4	3	黄色柱形，顶标为黄色“X”形，标体明显处漆黑色水中构筑物标记
雷达应答器	2483	七里峙灯塔	30 00 02. 3 121 45 37. 3	信号B （—・・・）	—	—	—
雾号	2483	七里峙灯塔	30 00 02. 3 121 45 37. 3	雾天每90秒鸣4次	—	—	—
AIS岸台	2483	七里峙灯塔	30 00 02. 3 121 45 37. 3	—	—	—	—

第五节 甬江航道疏浚

甬江航道第1—10段航道维护疏浚工程，由中交上航局航道建设有限公司承担。

1985—2010年，累计航道疏浚量5908万立方米，年均227万立方米。

历年对航道维护疏浚的要求大体类同。其中，第1段主航道宽度为80米，维护水深-7.0米；第2、3段主航道宽度为90米，维护水深-7.0米；2#泊位辅航道宽65米，北边线以南40米范围不得浅于-5.0米，南边线以北25米范围不得浅于-4.5米；3#泊位辅航道宽60米，北边线以南40米范围不得浅于-5.0米，其余部分不得浅于-4.5米；4#~9#泊位辅航道宽50米，北边线以南40米范围不得浅于-4.5米，南边线以北10米范围不得浅于-3.5米；第4—10段航道宽度为60米，维护水深为-4.0米；年通航保证率1—3段航道为70%，全部辅航道为60%，4—10段航道为80%。

1985—2010年甬江航道疏浚情况表

表2-1-8

年份	航道疏浚工程内容	工程量（万立方米）	产值（万元）
1985	第1—3段维护水深-6.5米，通航保证率为60%；4—10段维护水深为-4.0米，通航保证率为70%。	180	376.50
1986	第1—3段维护水深-6.5米，通航保证率为60%；4—10段维护水深为-4.0米，通航保证率为70%。	180	376.50
1987	第1—3段主航道维护水深-7.0米；4—10段维护水深为-4.0米。	210	639.45
1988	第1—3段主航道维护水深-7.0米；4—10段航道维护水深为-4.0米；通航保证率1—3段主航道为70%，辅航道为60%，4—10段航道为80%。	220	580.00
1989	第1—3段主航道维护水深-7.0米；4—10段航道维护水深为-4.0米；通航保证率1—3段主航道为70%，全部辅航道为60%，4—10段航道为80%。	188	444.68
1990	第1—3段主航道维护水深-7.0米；4—10段航道维护水深为-4.0米；通航保证率1—3段航道为70%，全部辅航道为60%，4—10段航道为80%。	220	630.00
1991	第1—3段主航道维护水深-7.0米；4—10段航道维护水深为-4.0米；通航保证率内航道为45%，外航道为70%。	153	641.09

续表2-1-8

年份	航道疏浚工程内容	工程量（万立方米）	产值（万元）
1992	第1—3段主航道维护水深-7.0米；4—10段航道维护水深为-4.0米；通航保证率1—3段航道为70%，全部辅航道为60%，4—10段航道为80%。	220	660.00
1993	第1—3段主航道维护水深-7.0米；4—10段航道维护水深为-4.0米；通航保证率1—3段航道为70%，全部辅航道为60%，4—10段航道为80%。	220	930.00
1994	第1—3段主航道维护水深-7.0米；4—10段航道维护水深为-4.0米；通航保证率1—3段航道为70%，全部辅航道为60%，4—10段航道为80%。	149	1108.64
1995	第1—3段主航道维护水深-7.0米；4—10段航道维护水深为-4.0米；通航保证率1—3段航道为70%，全部辅航道为60%，4—10段航道为80%。	220	1190.90
1996	第1—3段主航道维护水深-7.0米；4—10段航道维护水深为-4.0米；通航保证率1—3段航道为70%，全部辅航道为60%，4—10段航道为80%。	220	1252.20
1997	第1—3段主航道维护水深-7.0米；4—10段航道维护水深为-4.0米；通航保证率1—3段航道为70%，全部辅航道为60%，4—10段航道为80%。	220	1231.00
1998	第1—3段主航道维护水深-7.0米；4—10段航道维护水深为-4.0米；通航保证率1—3段航道为70%，全部辅航道为60%，4—10段航道为80%。	252	1305.00
1999	第1—3段主航道维护水深-7.0米；4—10段航道维护水深为-4.0米；年通航保证率1—3段航道为70%，全部辅航道为60%，4—10段航道为80%。	238	1306.10
2000	第1—3段主航道维护水深-7.0米；4—10段航道维护水深为-4.0米；通航保证率1—3段航道为70%，全部辅航道为60%，4—10段航道为80%。	261	1292.70
2001	第1—3段主航道维护水深-7.0米；4—10段航道宽度为60米，维护水深为-4.0米；通航保证率1—3航道为70%，全部辅航道为60%，4—10段航道为80%。	267	1311.00
2002	第1—3段主航道维护水深-7.0米；4—10航道维护水深为-4.0米；通航保证率1—3段航道为70%，全部辅航道为60%，4—10段航道为80%。	261	1318.00
2003	第1—3段主航道维护水深-7.0米；4—10段航道维护水深为-4.0米；通航保证率1—3段航道为70%，全部辅航道为60%，4—10段航道为80%。	262	1472.12
2004	第1—3段主航道维护水深-7.0米；4—10段航道维护水深为-4.0米；通航保证率1—3段航道为70%，全部辅航道为60%，4—10段航道为80%。	262	1478.14

续表2-1-8

年份	航道疏浚工程内容	工程量（万立方米）	产值（万元）
2005	第1—3段主航道维护水深-7.0米；4—10段航道维护水深为-4.0米；通航保证率1—3段航道为70%，全部辅航道为60%，4—10段航道为80%。	280	1648.00
2006	第1—3段主航道维护水深-7.0米；4—10段航道维护水深为-4.0米；通航保证率1—3段航道为70%，全部辅航道为60%，4—10段航道为80%。	237	1758.00
2007	第1—3段主航道维护水深-7.0米；4—10段航道维护水深为-4.0米；通航保证率1—3段航道为70%，全部辅航道为60%，4—10段航道为80%。	209	1758.00
2008	第1—3段主航道维护水深-7.0米；4—10段航道维护水深为-4.0米；通航保证率1—3段航道为70%，全部辅航道为60%，4—10段航道为80%。	237	1749.53
2009	第1—3段主航道维护水深-7.0米；4—10段航道维护水深为-4.0米；通航保证率1—3段航道为70%，全部辅航道为60%，4—10段航道为80%。	212	1758.00
2010	第1—3段主航道维护水深-7.0米；4—10段航道维护水深为-4.0米；通航保证率1—3段航道为70%，全部辅航道为60%，4—10段航道为80%。	230	1636.47

注：水深以理论基准面为准

第二章　沿海运输

本章沿海运输记镇海区管区属部分（不含宁波港镇海港区）。

1986—2010年期间，沿海客运开通镇海至舟山诸岛和上海方向航线，客运航线据客流变化时有调整。

1997年，沪杭甬高速公路开通，往返镇海与上海的水路客流“弃水走陆”，上海方向航线陆续停航。

2009年12月，宁波至舟山跨海大桥建成通车，镇海至金塘航线不久停航，镇海至舟山其他诸岛的客流量进一步萎缩。2010年年末，镇海区沿海客运开通航线尚有4条。

2000年后，民间资本不断涌入镇海航运业，沿海航运业快速发展，至2008年运力已达58.33万吨，位居宁波第一。2009—2010年，镇海区出台扶持航运业发展的政策，航运企业数量增加、运力大幅提升。2010 年年末，区属沿海航运企业 26 家，运输船舶 113 艘，总运力 100.6 万吨，运力跃居全市第一、全省前三。

第一节 客 运

客运通航航线

镇海—金塘航线 1979 年，镇金航线分为沥镇线与大镇线。沥镇线，即沥港至镇海，航程 10 海里。1985 年，“大丰渡 3”号船营运。木质，60 吨，60 马力，抗风力 7 级，90 客位。不久定海航运公司“金塘渡 2”轮加入营运。钢质，150 客位。2001 年因船老旧停航。继之，甬达高速客轮公司 3 艘客轮相继投入营运。“飞舟 5”轮，钢质，70 客位；“飞舟 6”轮，钢质，92 客位；“飞舟 9”轮，钢质，130 客位。2008 年 1 月停航。大镇线，即大浦口至镇海，航程 8 海里。1985 年始，“大丰渡 2”号船营运。木质，130 吨，135 马力，抗风力 8 级，286 客位。不久，舟山海晶海运有限公司“舟海晶 1”轮投入营运，钢质，250 客位，航速 10.4 节。2010 年 3 月停航。

镇海—大衢—嵊泗航线 航程 72 海里。1995 年 1 月开通，嵊泗大洋船务公司营运。初为“有财 1”轮，钢质，180 客位。1996 年“有财 2”轮替之，钢质，312 客位，航速 13.5 节。2003 年 4 月，镇海区威远海运有限公司加入该线，“威远 2”轮营运。该轮，武汉南华高速船舶工程股份有限公司制，钢质，船长 33.7 米，宽 4.1 米，深 1.9 米，99 客位，航速 23 节。

镇海—大洋山—嵊泗航线 航程 62 海里。1997 年 4 月开通，嵊泗昌盛海运有限公司“金沙”轮营运。嵊泗泗礁出发，靠泊大洋山至镇海。该轮，钢质，250 客位。2000 年换“嵊翔”轮，钢质，114 客位。另又增“嵊鹰 1”轮，钢质，198 客位。

镇海—岱山—大衢航线 航程 31 海里。1997 年 11 月开通，镇海经岱山至大衢。嵊泗大运海运有限公司“珍珠山”轮营运，钢质，200 客位，2000 年停航。2003 年 3 月起，舟山蓬莱客运轮船有限公司投入营运。3 艘客轮相继加入：“仙洲 1”号，钢质，144 客位；“仙洲 2”号，钢质，140 客位；“仙洲 7”号，钢质，258 客位。

2010 年镇海区水路客运航线表

表 2-2-1

航线	始发港	靠泊	终点港	航距（海里）	航行船舶			
					船名	马力	客位（人）	航速（节）
嵊泗—镇海	嵊泗	大衢	镇海	72	有财 2	318 X2	300	13. 5
大浦口—镇海	大浦口	—	镇海	8	舟海晶 1	300	250	10. 4
大衢—镇海	大衢	岱山	镇海	31	仙洲 7 轮	849 X2	258	23
嵊泗—镇海	嵊泗	大洋	镇海	72	嵊鹰	1399 X2	198	29. 5
镇海—嵊泗	镇海	大衢	嵊泗	72	威远 2	746	99	23

注：大浦口—镇海 2010 年 3 月停航

通航又停航航线

镇海—沥港—定海航线 航程 33 海里。1984 年 9 月 2 日，定海县航运公司开通。“浙定机 206”轮行驶，木质，150 客位。1990 年镇沥线旅客流量 8. 3 万人，镇定线旅客流量 0. 83 万人。不久停航。

镇海—册子航线 航程 34 海里。1985 年 1 月，定海县册子乡运输社开通。册子乡道头湾起航，中途停靠岑港、小李岙、南山。“浙定交 5”轮行驶。1990 年旅客流量 2. 2 万人。1995 年停航。

镇海—沈家门—普陀航线 航程 39 海里。1985 年 6 月，镇海县外海航运公司开通，中途靠埠沈家门。每日往返 1 次，“招宝山”轮营运，240 总吨，415 客位。1989 年 11 月，节能双尾鳍新“招宝山”客轮建成，额定 529 客位，航速 11 节，替换旧轮。1990 年旅客流量 18. 9 万人。2001 年停航。

镇海—芦潮港航线 航程 55. 8 海里。1987 年 2 月 5 日开通，中外合资花港有限公司投入挪威建造的铝合金双体高速客轮“甬兴”轮运营。1 天 2 班。初泊镇海港区零号泊位。1989 年 11 月 20 日起，改泊小港开发区码头。中外合资花港有限公司开通的镇海—芦潮港航线停航。“甬兴”轮，时速 32. 5 海里，320 客位，船长 38. 8 米，宽 9. 4 米。

镇海—芦潮港航线 1995 年 1 月 27 日开通，宁波海运轮船有限公司“海马 1”轮运营。1 天 2 班，停靠镇海客运中心码头。2000 年 4 月，“海马 1”轮停航。

宁波花港高速客轮有限公司“甬旺”轮继之，铝质，180客位。2001年停航。

旅客运输量

历年镇海区沿海水路旅客运输量统计：

1986—2010年镇海区沿海水路旅客运输量表

表2-2-2

年份	客运量（万人）	周转量（万人千米）
1986	11.96	974.87
1987	12.31	959.90
1988	13.70	1066.95
1989	11.27	883.62
1990	17.40	1358.50
1991	18.32	1444.09
1992	20.01	1570.48
1993	17.90	1407.20
1994	14.30	1130.00
1995	14.20	1120.00
1996	10.00	789.00
1997	8.00	661.00
1998	7.00	656.00
1999	6.00	579.00
2000	3.00	288.00
2001	5.00	374.00
2002	4.00	174.00
2003	4.00	252.00
2004	6.00	73410.00
2005	4.00	265.60
2006	11.00	549.00
2007	18.80	831.00
2008	27.00	1151.00
2009	26.00	1320.00
2010	6.5	412.00

注：1. 不含宁波港务局镇海港区客运量。2. 资料来源统计年鉴，对2007年客运量作调整

第二节 货 运

水路货物运输量

煤炭、矿石、粮食等散杂货，液化品、油品和集装箱为镇海区沿海水路货物运输的主要货种。

历年镇海区沿海水路货物运输量统计：

1986—2010 年镇海区沿海水路货运量表

表 2-2-3

年份	运输量（万吨）	周转量（万吨千米）
1986	39.42	5248
1987	51.22	4968
1988	42.94	6766
1989	50.54	5920
1990	40.33	5217
1991	40.87	6764
1992	37.38	9573
1993	51.20	18782
1994	49.70	30243
1995	49.20	29308
1996	34.00	17853
1997	37.00	25746
1998	49.00	59807
1999	54.00	88819
2000	107.00	44300
2001	138.00	72969
2002	167.00	68208
2003	268.00	99797
2004	419.00	284841
2005	473.50	416553
2006	552.00	50446

续表2-2-3

年份	运输量（万吨）	周转量（万吨千米）
2007	951.00	112250
2008	1090.00	1232088
2009	1874.00	2007739
2010	2440.00	3013938

注：资料来源统计年鉴，数据不含宁波港镇海港区

第三节　船　舶

客运船

2010年，镇海区注册登记的高速客轮3艘，渡轮3艘。另，九龙湖景区游艇10艘。

高速客轮

“威远1”号　原名“海马1”。马来西亚砂拉越杨祖快船厂有限公司（YongChooKuiShipyard）1994年12月建成。2005年12月，宁波海运轮船有限公司转让镇海威远海运有限公司，并改今名。钢质，船长38.2米，宽5.5米，深2.66米，吃水1.31米，额定234客位，航速32节。2006年4月起，投入大榭—普陀山航线。

“威远2”号　武汉南华高速船舶工程股份有限公司2003年3月制成。钢质，船长33.7米，宽4.1米，深1.9米，吃水1.01米，额定99客位，航速23节。

“威远6”号　武汉南华高速船舶工程股份有限公司1996年6月制成，原名“翔鸿3”。2007年6月，普陀台门运输公司转让镇海威远海运有限公司，并改今名。钢质，船长38米，宽4.米，深2.3米，吃水1.3米，额定120客位，航速27节。2007年8月起，营运大榭—普陀山航线。

渡轮

“镇渡6”号、“镇渡7”号　1986年上海立新船厂建造。钢质船体，主机功率176马力，额定客位1000人。船长28.17米，宽9.58米，深2.2米，吃水

1.55 米。

“镇渡 8”号 1995 年宁波海运公司镇海船厂建造。钢质船体，主机功率 176 马力，额定客位 1000 人。船长 28.17 米，宽 9.58 米，深 2.2 米，吃水 1.55 米。

游艇

“九龙 1”“九龙 2”“九龙 3”“九龙 5”“九龙 6”“九龙 7”等 10 艘，均为 20 客位游艇。

货运船

2008 年，镇海区注册登记的沿海货运船舶 72 艘。货运总运力 58.33 万吨，其中，万吨级以上船舶 11 艘。其中，7 艘万吨级以上船舶系企业从海外买入。

属宁波太平洋海运有限公司购买的 5 艘，取名“拓展”：

“拓展 1”轮，2003 年 12 月从塞浦路斯利马索尔 Stter. shipping. co. Ltd 买入。

“拓展 2”轮，2004 年 8 月从马耳他瓦莱塔 TameshippingLtd 买入。

“拓展 5”轮，2007 年 5 月从马绍尔群岛马朱罗 STEVENNAVIGATION，LLC 买入。

“拓展 6”轮，2007 年 5 月从马绍尔群岛马朱罗 STEVENNAVIGATION，LLC 买入。

“拓展 7”轮，2007 年 12 月从香港 FiorellaShipping. co. Ltd 买入。

属宁波天盛海运有限公司购买的 2 艘，取名“天盛”：

“天盛 15”轮，2008 年 12 月从香港威迅运输有限公司买入。

“天盛 16”轮，2008 年 7 月从香港威迅运输有限公司买入。

2008 年镇海区海运企业船舶登记表

表 2-2-4 单位：艘、吨、个

业主	船舶数	其中				总吨（吨）	总载重吨	净载重吨	净吨	集装箱
		货船	油船	货驳	拖轮					
镇海威远海运有限公司	10	—	10	—	—	3771	5914	5566	2081	—
镇海满洋船务有限公司	5	2	—	3	—	3822	7129	7090	2989	—
宁波绪扬海运有限公司	11	4	7	—	—	29483	46180	44276	16508	281
宁波港龙海运有限公司	7	—	7	—	—	12631	19481	18346	7072	—
镇海恒兴船务有限公司	6	—	6	—	—	4982	8384	7954	2704	—

续表2-2-4

业　主	船舶数	其中				总吨（吨）	总载重吨	净载重吨	净吨	集装箱
		货船	油船	货驳	拖轮					
镇海明旭船务有限公司	2	—	—	1	1	1746	2355	2000	1302	—
镇海众茂海运有限公司	3	3	—	—	—	5631	8323	8129	3153	—
宁波镇海港通船务有限公司	3	3	—	—	—	6571	8003	7606	3096	366
宁波太平洋海运有限公司	5	5	—	—	—	112398	197576	196645	66317	—
宁波镇海泓翔海运有限公司	4	4	—	—	—	10759	17849	17419	6025	—
宁波圣泽海运有限公司	3	3	—	—	—	5576	9647	9313	3122	—
宁波天盛海运有限公司	2	2	—	—	—	112850	191821	191821	47646	—
宁波合众海运有限公司	2	2	—	—	—	20480	32574	31065	11468	—
镇海连悦船务有限公司	1	—	1	—	—	1861	3384	3182	1042	—
宁波联合集装箱海运公司	5	5	—	—	—	18693	31095	29855	10466	—
宁波思杰海运有限公司	3	—	3	—	—	2057	3316	3039	1150	—
合　计	72	33	34	4	1	353311	593031	583306	186141	647

2009 年，镇海区注册登记的沿海货运船舶 92 艘，总运力 85 万吨。其中，万吨级以上船舶 21 艘计 69. 9 万吨，占总运力的 82. 2%，万吨级船舶占全省万吨级船舶总运力 10%强。

2010 年，镇海区注册登记的沿海货运船舶 113 艘，总运力 100. 5 万吨，居全市第一、列全省前三。其中，万吨级以上船舶 25 艘计 79. 18 万吨。船舶平均吨位 8894 吨，船舶平均船龄 7. 88 年。航运业从业 1378 人。

万吨级以上船舶（25 艘）

2010 年镇海区注册万吨以上船舶一览表

表 2-2-5

船　名	制　造　商	投运年份	载重（吨）	船长、船宽、型深（米）
“拓展 1”轮	日本大阪船厂	2004	17680	144×23×12
“拓展 2”轮	日本佐伯重工业株式会社	2004	22300	157×25×12
“拓展 5”轮	日本常石造船株式会社	2007	43685	185×30×16
“拓展 6”轮	日本常石造船株式会社	2007	43685	185×30×16
“拓展 7”轮	日本今治造船株式会社	2007	69315	216×32×18
“天盛 15”轮	日本尾道造船厂	2008	97615	244×41×21

续表2-2-5

船　名	制　造　商	投运年份	载重（吨）	船长、船宽、型深（米）
“天盛 16”轮	日本光洋造船厂	2008	94206	246×42×19
“天盛 17”轮	日本尾道造船厂	2009	97728	244×41×21
“天盛 18”轮	江苏宏铭船舶有限公司	2010	50679	190×32×16
“绪扬 8”轮	镇海船舶修造厂	2008	11600	125×19×10
“绪扬 15”轮	镇海船舶修造厂	2008	10122	125×19×10
“绪扬 16”轮	镇海船舶修造厂	2009	10122	125×19×10
“金宁 1”轮	宁波东方船舶修造有限公司	2005	12318	132×20×10
“金宁 2”轮	宁波东方船舶修造有限公司	2007	18747	149×22×12
“金宁 6”轮	台州海滨船舶修造有限公司	2009	22731	158×23×13
“思杰 16”轮	浙江东方船舶有限公司	2010	10023	131×18×10
“隆腾 6”轮	浙江成华造船有限公司	2009	19045	141×22×12
“实华 1”轮	临海航畅通船舶修造公司	2009	17375	141×21×12
“宏达海 12”轮	宁波东方船舶修造有限公司	2010	11879	126×20×10
“天顺海 6”轮	宁波博大船业有限公司	2009	18974	150×22×12
“联合 2”轮	温岭松门胜海船舶修造厂	2005	10116	134×19×9
“联合 5”轮	浙江帆顺船业集团有限公司	2009	22451	159×24×14
“联合 7”轮	浙江帆顺船业集团有限公司	2009	19805	159×23×12
“联合 11”轮	浙江帆顺船业集团有限公司	2010	20743	159×23×12
“联合 17”轮	浙江振兴船舶修造有限公司	2010	18859	156×22×12

第四节　水路运输企业

1986—1993 年，区交通局下属水路运输企业（以下简称航运企业）共 3 家：镇海区外海航运公司，集体企业，沿海客货兼营；镇海轮渡公司，国有企业，经营镇海江南渡；镇海区内河航运公司，集体企业，经营内河货物运输。1993 年镇海内河航运公司并入宁波镇海轻工机械厂。1998 年镇海外海航运公司改为民营，称宁波市镇海威远海运有限公司。

2000 年以来，民间资本不断涌入航运业，镇海区沿海航运业快速发展。至 2008 年，辖区注册登记的水路运输企业共 18 家，其中运力规模万吨以上 8 家。

2009年，区港航管理部门实施4条服务承诺：为航运企业进行可行性研究，提供政策指导、市场分析数据、风险预警等帮助；提前介入，帮助航运企业制订安全管理制度；帮助航运企业代办进口二手船审批手续；为航运企业到上级部门办理开业审批提供全方位服务。是年，新增镇海东方工贸总公司、宁波市镇海实华海运有限公司、宁波市镇海甬燃天一运输有限公司、宁波天昊海运有限公司4家。年末，辖区登记航运企业22家。

2010年，区港航管理部门贯彻区人民政府《关于促进镇海区航运业发展的若干政策意见》，航运业保持快速发展势头。是年，新增宁波杰泰海运有限公司、宁波一顺海运有限公司、宁波壹鼎海运有限公司、宁波盛洋海运有限公司等航运企业4家。年末，辖区注册航运企业共26家。除镇海轮渡公司经营渡运、镇海威远海运有限公司客货兼营、宁波九龙湖旅游投资有限公司经营游艇外，其余23家航运企业均经营货运。其中，运力规模万吨以上的企业有15家。另有水路运输服务企业18家。

2010年镇海区注册航运企业一览表

表2-2-6

运力规模	企业名称	经济性质	职工（人）	总资产（万元）	运力（吨）	运量（万吨）
30万吨以上	宁波天盛海运有限公司	民营	56	160220	340228	340.20
10万~20万吨	宁波太平洋海运有限公司	民营	120	138310	196645	339.00
	宁波联合集装箱海运公司	国有	85	28604	143709	782.20
1万~10万吨	宁波合众海运有限公司	民营	40	24558	53796	133.20
	镇海满洋船务有限公司	民营	59	2594	12504	10.49
	宁波众茂海运有限公司	国有	62	3134	10917	83.00
	宁波连悦海运有限公司	民营	50	3710	10156	16.60
	宁波镇海实华海运有限公司	民营	36	12273	17375	68.50
	宁波思杰海运有限公司	民营	13	5300	16515	107.80
	宁波蓝鸿海运有限公司	民营	22	7163	19045	47.30
	宁波绪扬海运有限公司	民营	120	14078	49786	116.30
	宁波镇海泓翔海运有限公司	民营	77	1016	17419	41.60
	宁波天昊海运有限公司	民营	26	7291	18974	53.43
	镇海恒兴船务有限公司	民营	90	19960	23385	45.30
	宁波港龙海运有限公司	民营	94	9196	15346	33.10

续表2-2-6

运力规模	企 业 名 称	经济性质	职工（人）	总资产（万元）	运力（吨）	运量（万吨）
万吨以下	宁波圣泽海运有限公司	民营	35	3014	8664	19.47
	镇海威远海运有限公司	民营	91	1980	8142	7.92
	镇海港通船务有限公司	民营	75	3796	7606	45.95
	镇海甬燃天一运输有限公司	民营	24	5354	0	35.85
	宁波杰泰海运有限公司	民营	4	2658	5000	13.50
	宁波一顺海运有限公司	民营	30	550	8965	18.23
	宁波壹鼎海运有限公司	民营	33	227	2941	0.69
	镇海东方工贸总公司	集体	63	9113	2000	70.36
	浙江盛洋海运有限公司	民营	22	500	—	—
	九龙湖旅游投资公司	国有	80	36121	—	—
	镇海轮渡公司	国有	87	1280	—	—

航运企业选介（24家）

国有、集体企业5家，民营企业19家。

宁波众茂海运有限公司 国有，址镇宁东路235号。前身为宁波市镇海腾达船务有限公司。1997年4月30日成立，注册资金100万元。初期为从事电煤运输的省内航线船务公司，主要航线舟山老塘山至镇海电厂。2005年1月，取得交通部“国内沿海及长江中下游船舶运输许可证”，经营国内沿海、长江中下游的煤炭、石灰石及其他货物的运输。2008年9月，公司注册资本增至1000万元，并更名为宁波众茂海运有限公司。2010年，有船舶4艘。

宁波联合集装箱海运有限公司 国有，址镇海招宝山路15号。2007年9月成立，由镇海明旭船务有限公司和宁波新世纪国际投资有限公司出资组建，注册资本2000万元。2008年11月，由江东贺丞路415号迁入镇海区招宝山街道。经营国内沿海及长江中下游普货船运输、集装箱班轮内支线运输。2010年，有散货船5艘。

镇海轮渡公司 国有，址沿江西路69号，隶属于区建设与交通局。1989年8月，由镇海渡运站和镇海汽车轮渡站合并而成（详见本编第三章第五节）。

宁波九龙湖旅游投资有限公司 国有，隶属于镇海区九龙湖旅游区管委会。2007年5月成立，经营九龙湖景区旅游观光。九龙湖水上游起点景区入口码头，终点猴山景点，单程航距500米。主要设施为6艘旅游船，分别为九龙1、九龙2、九龙3、九龙4、九龙5、九龙6，每船均为20客位，至2010年增至10艘。

镇海东方工贸总公司　集体企业，址镇海招宝山路15号，属宁波港集团公司。2009年7月成立，注册资本500万元。经营国内沿海及长江中下游普货船运输。2010年，有船舶2艘。

宁波绪扬海运有限公司　民营，址招宝山街道洞桥路15号。1999年1月，由许孙佳和孙密桃出资组建，注册资本550万元。经营国内沿海及长江中下游普货船运输。2003年11月后，增成品油船运输。2010年，有货船11艘。其中，钢质普通货船4艘，油船7艘。

宁波镇海威远海运有限公司　民营，址沿江西路372号。1999年1月，由原镇海外海航运公司职工张伟平等49人出资组建，注册资本299万元。有高速客轮1艘234客位，普通客轮1艘99客位，油船13艘，客货兼营。货运为国内沿海及长江中下游普货船和成品油船运输。客运开通宁波至普陀山航线。2003年4月调整为镇海至大衢、嵊泗航线。2006年5月开通白峰至沈家门、普陀山航线。

镇海满洋船务有限公司　民营，原址沿江西路372号。2001年1月，由王新满和孙兆明出资组建，注册资本660万元。经营省内沿海及内河B级各港间普货船运输。2005年12月，改为国内沿海及长江中下游普货船运输，迁址胜利路91号。2010年，有散货船2艘，驳船3艘。

宁波市镇海恒兴船务有限公司　民营，址定海路289号。2001年9月，由镇海威远海运有限公司和陈雷宏、石雷达出资组建，注册资本1000万元。经营国内沿海及长江中下游成品油船运输。2010年，有船舶6艘，均为钢质油品运输船。

宁波太平洋海运有限公司　民营，址平海路388号。2004年1月，由王继存和陈素梅出资组建，注册资本3000万元。经营国内沿海及长江中下游普货船运输。2010年，有“拓展”系列轮5艘。

宁波镇海泓翔海运有限公司　民营，址定海路289号。2004年1月，由镇海金鑫船务代理有限公司和宋安康、虞苏儿合股组建。注册资本112万人民币。2005年2月，增加注册资本1300万元。经营国内沿海及长江中下游普货船运输。2010年，有船舶4艘。

宁波港龙海运有限公司　民营，址镇骆东路656号。2004年2月，由宁波市雨隆进出口有限公司、舟山通洲船务有限公司、舟山市普陀利达海运有限公司和陆忠岳出资组建。注册资本2800万元。经营国内沿海及长江中下游成品油船、化学品船运输。2010年，有散装化学品船舶4艘，油船3艘。

宁波圣泽海运有限公司 民营，址定海路289号。2004年11月，由姚秉渊和潘海波出资组建。注册资本1100万元。经营国内沿海及长江中下游普货船运输。2010年，有船舶2艘。

宁波天盛海运有限公司 民营，址环城西路261号。2004年12月，由花盛开、傅养珍出资组建。注册资本2500万元。2006年11月，由北仑区小港东海路迁入镇海。经营国内沿海及长江中下游普货船运输。2009年4月，引进载重97728.53吨的“天盛17”轮，为迄今省内最大的民营散货船。2010年，有“天盛”系列船舶4艘，为省内运力破30万吨航运企业。

宁波镇海港通船务有限公司 民营，址招宝山路15号。2005年3月，由邵尔伟、陈青云、冯仕勇、叶旭龙出资组建，注册资本500万元。经营国内沿海及长江中下游普货船运输。2010年，有集装箱船舶3艘。

宁波合众海运有限公司 民营，址环城西路261号。2005年11月，由施国爱、潘雅明出资组建。注册资本1000万元。2007年3月，由奉化方桥工业区迁入镇海。经营国内沿海及长江中下游普货船运输。2010年，有散货船3艘。

宁波镇海连悦海运有限公司 民营，址车站路310号204室。2008年9月，由宁波绪扬海运有限公司和镇海联能燃油有限公司出资组建，注册资本100万元，经营国内沿海及长江中下游成品油船运输。2010年，有油船1艘。

宁波思杰海运有限公司 民营，址胜利路59号。2008年12月，由张彤、陈磊、傅振波、胡文中出资组建。注册资本500万元。经营国内沿海及长江中下游成品油船运输。2010年5月，注册资本增至1000万元，增加国内沿海及长江中下游普货船运输。年末，有船舶6艘。

宁波蓝鸿海运有限公司 民营，址镇海大运路1号。2009年1月，由徐皎君、巩翠娣出资组建，注册资本3600万元人民币。经营国内沿海及长江中下游普货船运输。2010年，有船舶1艘。

宁波镇海甬燃天一运输有限公司 民营，址经济技术开发区金河路88号。2009年2月，由陈天云、陈斌、王六雅出资组建，注册资本2100万元人民币。经营国内沿海及长江中下游普货船运输。不久“天一”2号轮转让。2010年年末，没有船舶在册。

宁波镇海实华海运有限公司　民营，址宁波亚细亚商务楼B座804。2009年5月，由镇海石化物流有限公司出资建立，注册资本500万元。经营国内沿海及长江中下游普货船运输。2010年，有船舶1艘。

宁波天昊海运有限公司　民营，址城河西路123号。2009年8月，由张国忠、翁天勇出资组建，注册资本5000万元。经营国内沿海及长江中下游普货船运输。2010年，有船舶1艘。

宁波一顺海运有限公司　民营，址镇海区中河路101号。2010年1月，由金敏、杜兴美出资组建，注册资本350万元。经营国内沿海及长江中下游普货船运输。年末，有船舶4艘。

宁波杰泰海运有限公司　民营，址镇海区中河路101号。2010年4月，由张广明、胡阿明、腾家禧和王永龙出资组建，注册资本500万元。经营国内沿海及长江中下游普货船运输。年末，有船舶1艘。

营业额5000万元以上航运企业主要经济数据：

2010年镇海区营业额5000万元以上航运企业表

表2-2-7

企业名称	总吨位（万吨）	货运量（万吨）	营业收入（万元）
宁波太平洋海运有限公司	19.66	353.33	18792.79
宁波天盛海运有限公司	34.02	447.61	24346.48
宁波联合集装箱海运有限公司	14.37	756.49	41356.18
宁波绪扬海运有限公司	4.97	119.40	9949.34
宁波市镇海恒兴船务有限公司	2.33	96.02	7746.36
宁波港龙海运有限公司	1.54	45.61	5856.00
宁波合众海运有限公司	5.38	144.67	5816.28

注销航运企业

1986—2010年，注销歇业航运企业9家。

镇海区内河航运公司　集体企业，隶属于区交通局。1993年12月并入宁波镇海轻工机械厂（详见本编第三章第五节）。

镇海区外海航运公司 集体企业，隶属于区交通局（详见第三编第五章第八节交通局属企业体制改革）。

宁波中燃船舶燃料有限公司 国有，1985年5月，由中国船舶燃料供应总公司与宁波港务局（后称宁波港集团公司）出资组建。成立时，固定资产原值440万元人民币。有船舶3艘："甬油1"轮，1000吨，"甬油2"轮，1000吨，"甬油6"轮，600吨。2001年5月，迁址北仑区。

宁波甬江海运有限公司 民营，址张鑑碶。1997年9月开办，由镇海船舶修造厂、宁波永耀实业有限公司、林雪峰、郑志峰出资组建，注册资本514.59万元。经营国内沿海及长江中下游普货船、成品油船运输。有船舶1艘，1996准载吨。2002年注销，时有职工110人，固定资产3000万元，船舶4艘，10000准载吨。

宁波镇海敏杰物流有限公司 民营，2003年11月，由高雪梅、潘国华出资组建，注册资本100万元。经营国内沿海及长江中下游普货、成品油船运输。有员工48人，船舶4艘，5436准载吨。2004年10月，迁址奉化松岙镇湖头渡。

宁波镇海永大船务有限公司 民营，址环城北路289号。2003年11月，由沈康明、张飞龙、张国臣出资组建，注册资本50万元。经营国内沿海及长江中下游普货船运输。公司职工52人，固定资产原值200万元。有船舶21艘，12390准载吨。2005年4月，因运力规模不足注销。

宁波港股份有限公司油港轮驳公司 国有企业，址招宝山路15号。前身是1980年8月成立的宁波港务管理局船队。经营国内沿海及长江中下游各港间普通货物运输。2004年4月，更名为宁波港集团油港轮驳有限公司。2007年4月，因运力不足2000准载吨注销。

宁波甬金海运有限公司 民营，址车站路48号3楼。2005年5月，由金永晖、许宝国出资组建，注册资本1000万元。经营国内沿海及长江中下游普货船运输。有员工20人，固定资产2513万元。散货船1艘，5077准载吨。2008年6月，船舶出卖后注销。

宁波镇海明旭船务有限公司 国有企业，址招宝山路15号。1997年1月，由宁波镇海明光货运代理处与宁波港明盛物资调剂商行出资组建，注册资本278万元。经营国内沿海及长江中下游港口间货物运输。2008年，固定资产原值278万元，员工18人。有驳船2艘，"明拖5"号和"明驳2005"号。2009年9月，船舶转让后注销。

第五节　车客渡航线运输

明越车客渡位处镇海招宝山麓沿江东路，1993 年 12 月 28 日建成。占地面积 1.36 万平方米，建有钢筋混凝土趸船泊位 3000 吨级 2 座，2000 吨级 1 座。建有办公楼、候船厅等建筑面积 927.8 平方米，混凝土停车场 3000 平方米。1994 年 7 月 9 日，成立宁波明越汽车轮渡有限公司。公司由宁波港务局轮驳公司、宁波海运集团公司、中信香港越才船务有限公司分别出资 38%、26%、36%组建。同年 7 月试航，开通镇海至上海金山的车客渡航线。日发船 3 班。镇海至上海金山海上航行时间约 4 小时，抵金山后旅客转乘大巴达沪。投入营运的有宁波明越汽车轮渡有限公司的“明越 1”号、“明越 2”号滚装船和上海金山船公司的“金海马”号车客船。每船可装载 5 吨标准汽车 25~30 辆，同时可载客 300~360 人。

通航后，1995 年渡运机动车 3.96 万辆，客运量 15.06 万人。1996 年达历史最高水平，渡运机动车 5.57 万辆，客运量 29.91 万人。1997 年沪杭甬高速公路开通后，明越车客渡航线车客流量日渐萎缩。1999 年 1 月“明越 1”号停航，5 月“明越 2”号停航。2000 年 7 月，上海金山船公司的“金海马”轮亦停航，镇海至上海金山的车客渡航线终结。2002 年 12 月，宁波明越汽车轮渡有限公司注销。

第三章　内河运输

清时以县城为中心的内河航运网络已形成，内河航运业日盛。抗日战争时期，镇海沦陷后内河航运衰落。解放初，镇海县内河航运逐步恢复。1965 年开始，钢丝网水泥机动拖带船渐取代木板船，船舶经过全面技术改造，实现了机动化，成为主要运输工具。在经济建设中一度起了重要作用。20 世纪 70—80 年代，镇海港、炼油厂、发电厂等大工程兴建，石料、黄沙、砖瓦等地方建筑材料运输量大增，内河航运一度鼎盛。

20 世纪 70 年代，内河客运渐为公路客运代替，“螺号吹来早航客”之旧时繁景已成昨夜星辰，至 1980 年内河客运停业。

随着公路运输兴起，内河货运亦日见萎缩。至 1998 年，镇海辖区已无内河货运经营。

2007年，九龙湖旅游区管委会成立宁波九龙湖旅游投资有限公司，开辟九龙湖水上旅游项目，置游艇6艘。起点景区入口岸边码头，终点猴山景点，单程航距500米。每船均为20客位。

第一节　航　道

可通航航道

1979年航道普查，甬江以北镇海区域有内河航道18条（不含甬江），通航里程84千米，年货运量最高时近100万吨。

1990年，镇海区有航道9条，通航里程81.09千米。航道分类：7级航道3.35千米，10级航道16.77千米，11级航道51.21千米，12级航道9.76千米。其中2条航道通往宁波市区，1条与杭甬运河乙线相连接。

1995年调整航道等级，镇海区列入等级航道4条：丈镇线、贵新线、庄河线、河岚线，通航里程39.9千米。1999年浙江省交通厅批复，丈镇线和贵新线定为7级航道，庄河线、河岚线定为9级航道。同年，省交通厅批复甬江航道为沿海1级航道、内河4级航道。至此，镇海区共有航道5条，合计通航里程56.73千米。

航道概况

丈镇线　河流名中大河。航道自化子闸经慈江闸，至丈亭，进入姚江，是镇海直接沟通杭甬运河乙线的唯一内河航线。1990—1992年，河道整治，整治后底宽8~10米，面宽18~24米，一般宽度为20米，河底标高0.5米。1999年定为7级航道，自静德桥起至化子闸全长17.21千米，可通航船舶50吨。实际通航能力为10~15吨。

贵新线　河流名新泓口河，起点新泓口闸，终点贵驷桥，走向由东向西。贵新线由新泓口河、甸张港和中大河组成。航道分3段：自新泓口闸至南弘汉河口，长2.39千米；南弘汉河口至甸张闸口，长2.42千米；甸张闸口至贵驷桥，长0.81千米，全长5.62千米。有跨河桥梁11座，甸张套闸1座，跨河管线11处。20世纪90年代初，新泓口河整治，两岸干砌块石，航道疏浚，疏浚后河底宽6米，面宽12~18米，水深1.2~2.5米。1999年贵新线定为7级航道，可通航船舶50吨。实际通航能力为10~15吨。

庄河线　河流名江北大河。航道原起河头，经马家桥、杨家桥、沈堰头、庶来桥、黄扬江、安乐寺、跨塘桥、更楼、黄梅堰、半路庵，至庄桥镇，过李溪渡节制闸，入姚江。该航道，在马家桥东行通澥浦，东南行通骆驼；还可在安乐寺向西过化子闸进入后江。1999年庄河线定为9级航道，境内段长7.78千米，可通航船舶10吨。

河岚线　澥浦大河和觉渡大河组成。起点澥浦大闸，终点河头马家桥，走向由东向西，全长9.29千米。自澥浦大闸至觉渡二桥，长4.34千米；觉渡二桥至河头马家桥，长4.95千米。河面宽16~35米，水深1.3~2.5米。1999年河岚线定为9级航道，可通航船舶10吨。

杭甬运河甲线镇海段　亦称甬江航道镇海段（详见第一编第一章海域第二节甬江）。

2010年镇海区内河航道一览表

表2-3-1

航道名称	等级	起讫地点	通航船舶（吨）	里程（千米）
杭甬运河甲线	4	镇海口—三官堂	3000	16.83
丈镇线	7	内河码头—化子闸	50	17.21
贵新线	7	新泓口闸—贵驷桥	50	5.62
庄河线	9	联群三港口—河头马家桥	10	7.78
河岚线	9	澥浦大闸—河头马家桥	10	9.29

注：杭甬运河甲线即甬江；丈镇线、贵新线有重复里程0.8千米

第二节　船舶与货运量

船舶

内河货运船舶类型有木板船和水泥船。

木板船：

红头船　航船中较大者，能搭客40人，载重在5~8吨之间。

快马 航船中最小者，载重0.5吨，能搭客5~6人。因其吃水浅自重轻，无论是纤行或驶风，都比较快速，因名“快马”。

百官船 因造于上虞县百官镇而得名。船体涂以桐油红，平底、方头、方艄，船板较厚，船舱较大，船头两边画有眼睛。橹摇、拉纤或挂帆行驶。适用于货运。有大小2种，大者载重10.5吨，小者4.5吨。

沙石船 载5~10吨，形似百官船，以运输石料为主。

乌山船（又称乌篷船） 尖头，自重轻，船板薄，底平，船稳。适宜于浅水航行和装载轻泡货。船舷当勒子。外面涂清桐油为主。大者7吨，小者5吨。

尖头船（俗称导头船） 船头较尖，船板厚。前舱不宜装货。主要用于短驳，或者用作渡船。

鸭嘴阔头船（俗称柴拖） 船头阔而低，船较稳。

田装船 船型与百官船相似，但吨位较小，一般为2~3.5吨。灵活，适航于小江支流。农用为主，或为各自然村的交通船。

水泥船：

小型水泥货驳船 钢丝网水泥结构。20世纪60年代开始使用。形状与百官船相似。艄艉有气舱，以增大浮力。后舵盘用木料，上面装有橹支可以使橹。船舵与百官船相同。后艄用水泥壁壳，供船员住宿用。小型水泥驳船分3吨、5吨、10吨几种。3吨系农用船，后艄不装壁壳。

15吨水泥货驳船 圆头，船头船尾均用扁铁包牢，无须木材。船舵装在船尾凹进处，不易撞坏，舵杆用空心铁管，船长15.5米。阔2.8米（包括船舷在内），净深1.2米。后艄用水泥壁壳，长3米，宽2.1米，高0.75米；壁壳上面有扶手。

挂桨机水泥船 即装有柴油发动机与螺旋桨的水泥船，单船行驶，不再用橹。挂桨机装在艉部，一人操作，既管机，又掌舵，时速10千米左右。

船舶数量

1990年，镇海区有内河营运船舶228艘，计2278载重吨。其中，属交通部门的53艘，计858载重吨。

1990 年镇海区内河船舶统计表

表 2-3-2

项　目		合　计	交通部门	非交通部门
轮驳船	艘	228	53	175
	净载重量（吨）	2278	858	1420
	功率（千瓦）	735.3	158.8	576.5

内河货运量

1986—1990 年，镇海区内河货物运输主要为建筑材料，运输量统计如下：

1986—1990 年镇海区内河货运量表

表 2-3-3

年　度	货　运　量	
	万吨	万吨千米
1986	23.32	889.62
1987	39.04	1248.66
1988	27.21	963.02
1989	32.73	1063.60
1990	26.69	867.63

注：1990 年起内河货运停止统计

第三节　人　渡

1985 年 10 月建区初，甬江上有人渡 3 处：镇海江南渡、新棉清水浦渡、外夏梅墟渡。不久，新棉清水浦渡、外夏梅墟渡撤。至 2010 年，唯留镇海江南渡。

镇海江南渡

甬江北岸码头初在大道头，1981 年改建时西移 150 米，建筑面积 604 平方米。1989 年 8 月，镇海渡运站和镇海汽车轮渡站合并称镇海轮渡公司。2001 年 10 月，北岸渡船码头再扩建。改造后江北候船厅及附属用房 850 平方米，码头平台 1255 平方米，趸船浮码头 3 座，引桥 5 座。

江南码头位于小港街道红联社区原江南道头西 150 米处，有简易候船棚及附属用房493平方米，码头平台243平方米，趸船浮码头1座，引桥2座。

两岸航距约300米。置有渡轮4艘："镇渡6""镇渡7""镇渡8""镇渡9"，可渡运人、非机动车。2010年，甬江隧道及招宝山大桥取消收费，实行免费通行，大量人渡客分流。是年，镇海江南渡客流量仅400万人，与客流高峰时1995年的2502万人相比，直线下降创历史新低。

1986—2010年镇海江南渡客运量表

表2-3-4　　　　单位：万人

年份	人渡量	年份	人渡量
1986	991	1999	928
1987	1763	2000	928
1988	1353	2001	900
1989	1380	2002	918
1990	1598	2003	937
1991	1855	2004	1007
1992	2085	2005	627
1993	2518	2006	634
1994	2295	2007	667.3
1995	2502	2008	593.6
1996	1138	2009	550
1997	1031	2010	400
1998	932	—	—

1986—2010年镇海江南渡运营渡轮表

表2-3-5

船名	材质	建造年份	总吨	净吨	载客定额（人）	功率（千瓦）	制造厂
镇渡6	钢质	1986	288	184	1000	528	上海立新船厂
镇渡7	钢质	1986	288	184	1000	528	上海立新船厂
镇渡8	钢质	1995	288	184	1000	528	宁波海运总公司镇海船厂
镇渡9	钢质	2009	266	160	500	154	上海西渡内河修造厂

镇海江南渡轮价格

1988年，调整镇海江南渡轮票价，每人次从0.10元调至0.15元。1993年每人次调整至0.25元。2004年油价上涨，镇海江南渡轮价格全面调整，每人次从0.50元调整至1.00元；自行车每辆次（含电动）从0.50元调整到1.00元；小三轮车每辆次从1.50元调整到2.00元；二轮摩托车、助动车每辆次从1.00元调整到1.50元；三卡、三轮摩托车每辆次从3.00元调整到3.50元；手拉车、三轮车和人力三轮车每辆次从2.50元调整到3.00元（车辆过渡价均不含人员）。

新棉清水浦渡

民国《镇海县志》称清水浦渡。北口位于清水浦西街，南口在江南乡新棉村，此间甬江宽450米。斜坡式干砌条石道头。1982年新棉渡口建凉亭1间，面积13.32平方米。1984年改橹摇渡船为5吨木壳3马力渡轮，限乘30人。日均客流量230人次，船工2人。由江南乡新棉村经营管理。1996年2月撤。

外夏梅墟渡

原系义渡，有田40亩供岁时修船工费。清康熙五十四年（1715年）知县陆敬德立碑于梅墟渡侧，田数附载碑内。外夏渡口位于庄市甬江村慧济庵前200米处，渡头有新义亭，建于清中叶；与南岸梅墟渡口相距550米。1970年改干砌条石道头为水泥板路堤，长130米。1984年，置5吨3马力木质渡轮2艘，每船船工2人。日均客流量250人次。渡口由甬江村经营管理。1987年，以20客位的钢质渡船替换木质渡船。因钢质渡船不舒适，1993年建造一艘20客位的木质机动船替之。2003年1月28日，往返于庄市勤勇村与鄞县梅墟的391路公交车开通，外夏梅墟渡于公交车开通日撤。

第四节 汽车轮渡

汽渡建设

镇海汽车轮渡始建于1971年11月，1972年12月码头建成。甬江北岸码头位处张鑑碶大闸以东0.9千米处。南岸码头处镇海渡（人渡）江南码头以西0.6千米处。两处均为浆砌块石锯齿形码头，长19米，宽11米。码头建设耗资10.5万元，由省交通厅拨款，县公路段工程队施工。北岸码头与镇骆路相接，长357米，宽8米，砂石路面。南码头与镇大路相接，长911米，宽8米，砂石路面。1974年9月25日，汽渡建成试通渡。

汽渡过车量

镇海汽车轮渡1976年正式通航运营。至1996年，甬江隧道开通，汽渡被隧道取代。

历年镇海汽车轮渡过车辆统计：

1976—1995年镇海汽渡过车量统计表

表2-3-6 单位：万辆

年份	通过车辆	年份	通过车辆
1976	23.40	1986	13.95
1977	31.60	1987	19.95
1978	12.20	1988	25.56
1979	33.40	1989	27.24
1980	39.20	1990	30.56
1981	40.80	1991	33.10
1982	44.60	1992	39.40
1983	56.60	1993	55.00
1984	15.70	1994	45.60
1985	17.90	1995	42.20

注：1978年因修船停渡半年，1996年起汽渡停止运营

镇海汽车轮渡建成通渡，使镇北的镇骆路与镇南的镇大路直接连接起来，两者之间的来往车辆，不必再绕道宁波兜行大圈子。这不但大大节减了货物运输费用，也减轻了对宁波市区交通的压力，社会经济效益十分显著。

使用的6艘渡轮

“汽渡1”轮　1972年5月从曹娥渡调拨来。水泥钢丝结构横骨架式，120马力，载重量50吨，4车位。配有6135柴油机1台，120离合器2台，伞形传递齿轮箱1台。此轮由杭州船舶修造厂制造。1964年8月出厂，造价14.81万元。1985年9月报废改作趸船。

“汽渡2”轮　1978年11月从曹娥渡调拨来。水泥钢丝结构横骨架式，150马力，载重量40吨，4车位。配有6E135柴油机1台，G803离合器1台。后因该轮的主机能力和舵系设计的位置不适合镇海汽渡的实际，由省交通厅在1981

年8月调拨给温州瓯江大桥工程做工作船使用。

“汽渡3”轮 1979年10月从镇海三航四处调拨来。钢体横骨架结构，500马力，载重量68吨，8车位。配有6135柴油机2台，2105发电机1台，QD135齿轮箱2台。芜湖造船厂制造，1975年11月出厂，造价56.61万元。营运后发现，此轮主机功率大，油耗大，舵系和副机的布局也不够合理，于是自行设计改装，将主机换成300马力，对舵系和副机也作了调整和更换。

“汽渡4”轮 省交通厅拨款，委托岱山船厂建造。钢体，6车位，300马力，载重量50吨。配有6135柴油机2台，2105发电机1台。1983年7月出厂，造价36万元。同年8月投入营运。

“汽渡5”轮 自筹资金38万元向江苏省长江驳轮公司购买的八成新汽车渡轮。钢质船体，纵横结构，400马力，12车位，载重量100吨。配有6160柴油机2台，2105、4110发电机各1台，ZF180改装齿轮箱2台。无锡造船厂建造，1975年8月出厂。

“汽渡6”轮 自筹资金62万元从杭州轮渡公司购入，钢质船体，主机功率380马力，14车位。

汽渡撤渡前后，4艘汽渡船相继出售。“汽渡3”轮，1995年10月转让给温州永嘉轮渡公司。“汽渡4”轮，1995年年初转让给北仑梅山轮渡公司。“汽渡5”轮，1996年3月转让给三门健跳轮渡公司。“汽渡6”轮，1996年5月转给杭州轮渡公司。汽渡江北和江南码头一度闲置。2001年5月，江北码头改建为500吨级浮动杂货码头。2003年1月，江南汽渡码头改建为1000吨级固定杂货码头。

第五节 内河航运企业

镇海轮渡公司

1989年8月，由镇海汽车轮渡站和镇海渡运站合并而成。址沿江西路69号，国有企业，隶属于区交通局。时有员工121人，固定资产398万元。主营人员、非机动车和机动车渡运。1996年2月甬江隧道开通，汽渡20人分流去甬江隧道管理处。2010年年末，公司固定资产1280万元，职工87人。

合并前之镇海汽车轮渡站，1976年10月成立，经营汽车轮渡。址城关聪园路南端。1985年，有职工48人，固定资产115.82万元，码头2座。有汽车渡轮4艘："汽渡3"轮、"汽渡4"轮、"汽渡5"轮、"汽渡6"轮。

合并前之镇海渡运站，1963年成立，经营镇海城关至江南渡。址城关大道头。时有职工28人，木板船14艘，载重96吨。同年，造码头，置渡轮，渡轮与旧式摇渡船并驶。1966年旧式摇渡船淘汰。1985年，有职工72人，固定资产77.86万元，营业额49.57万元，年渡运量1152.67万人（含车辆折算），时隶县建设局。

镇海区内河航运公司

镇海区内河航运公司，集体企业，隶属于区交通局。址骆驼镇东盛。其前身为骆驼内河木帆船运输合作社。1952年8月成立，初称骆驼联合运输组，有组员32人，木板船24艘，载重计114吨（其中航船6艘，计24吨）。1956年转社，改称骆驼内河木帆船运输合作社。有社员53人，木板船37艘，载重计205吨，经营镇北内河客货运输。1958年10月，并入镇海县运输公司。1959年1月，划归宁波市航运公司。1962年6月，又改为集体，并改名为骆驼内河运输合作社。时有社员69人，木帆船67艘，载重计375吨。1976年12月，加入镇海县第二运输公司，称镇海县第二运输公司骆驼内河站。1983年11月，与县第二运输公司分离，单独成立镇海县内河航运公司。1985年，改称镇海区内河航运公司。时有职工145人，固定资产原值37.60万元，船舶49艘，载重计659吨，其中水泥机动船8艘，计186马力；货运量7.98万吨，货运周转量578万吨千米，营业收入65.50万元，利润4.60万元。1993年12月，因内河运输萎缩，长期亏损，并入宁波镇海轻工机械厂。

第三编　道路运输

第一章　公路
第一节　路网建设规划
第二节　公路等级
第三节　国省道公路
第四节　县（区）乡村公路
第五节　高速公路
第二章　城市道路
第一节　招宝山街道路
第二节　蛟川街道路
第三节　庄市街道路
第四节　骆驼街道路
第五节　澥浦镇路
第六节　九龙湖镇路
第七节　镇海新城道路
第三章　桥梁隧道
第一节　隧道　特大桥
第二节　公路桥
第三节　城区桥梁
第四章　场站
第一节　客运站
第二节　城市公交站点
第三节　加油站
第四节　四自公路收费站
第五章　客运　货运
第一节　汽车客运
第二节　汽车货运
第三节　城市公共交通
第四节　出租车客运
第五节　人力三轮车客运
第六节　运输工具
第七节　道路运输业户
第八节　交通局属企业体制改革

第三编 道路运输

民国22年（1933年）4月，鄞镇慈公路建成通车，镇海县境内开始有公路运输。至民国25年（1936年），先后有5条公路建成通车：民国23年（1934年）宁穿公路开通，骆镇公路开通；民国24年（1935年）慈龙公路开通，汶骆公路开通；民国25年（1936年）镇大公路开通。上述6条公路由4家运输公司营运。宁波通运长途汽车股份有限公司营运鄞镇慈与骆镇公路；宁波宁穿长途汽车股份有限公司营运宁穿公路；慈城利行公司营运慈龙与汶骆公路；镇海镇胜公司营运镇大公路。

民国27年（1938年）2月，为抗日战争需要公路掘毁，公路运输从此中断8年之久。

抗日战争胜利后，民国35年（1946年）4月鄞镇慈公路宁波至骆驼段修复通车，民国37年（1948年）5月修通至淞浦。民国36年（1947年）9月，宁穿公路宁波至璎珞段修复通车。民国37年（1948年）1月，镇大公路江南至高塘段修复通车。

中华人民共和国成立后，宁波市军事管制委员会对各商营汽车公司采取了维持其原有经营范围的政策，并扶持其通车营业，以尽快恢复公路交通。宁穿路、鄞镇慈路、骆镇路先后恢复通车。

1953年9月，通运、宁穿公司实行公私合营，1954年10月两公司合并，组成公私合营宁波汽车公司。1957年5月转为国营，并入浙江省公路运输局宁波运输处（后改名为浙江省汽车运输公司宁波分公司），经营包括镇海县在内的宁波地区公路运输。

1966年5月，省汽运公司宁波分公司在镇海县设辅导站。1978年2月，改称镇海县汽车站。1985年，镇海县站移址张鑑碶，与镇海北站合署。客运设镇海北、骆驼、镇海南、大碶、柴桥、郭巨6个辅导站，下属营业站22个，代办站9个，停靠站46个。营业站、代办站占地2.7万平方米，有职工210人，营运客车37辆。

建区以来，1986—2010年镇海区交通基础设施建设融入宁波都市区，高等级路网建设全力推进，道路运输业发展步入快车道。货运完全市场化。客运由宁波市公交总公司为主经营，城市公交通达每个村落和山区。

第一章　公　路

解放后至1974年，甬江北岸的镇海区域公路建设处于基本停止状态。1974年起宁波镇海港区、浙江炼油厂、镇海发电厂、清水浦海洋渔业基地等“四大工程”落户镇海，开始重建宁镇公路。1995年以“四自公路”方式改建宁镇公路，成为宁波市第一条6车道高等级公路。进入21世纪，镇海区推进全域城市化，建设城乡一体的路网基础设施。绕城高速公路、东外环路、北外环路、镇海大道、舟山大陆连岛工程连接线等先后建成。辖区公路里程从1986年的93.48千米，增加到2010年的338.61千米，每百平方千米公路密度从42.72千米增加到137.68千米。

第一节　路网建设规划

2003年5月，宁波市规划局镇海分局和区建设交通局制订路网建设规划。

据规划，区域道路建设总体思路为：规划引导、统一设计、分期实施、逐年完善。

在“九五”期间已修建的二横二纵（镇宁公路、镇骆公路、329国道镇海段、隧道北路）道路基础上，高起点规划，高标准建设，花5—7年时间，形成八横七纵道路主框架。据八横七纵道路主框架规划，在2003—2010年间，镇海区将新建道路116.3千米，投资匡算共计312680万元，其中道路建安费181480万元，涉及道路建设的政策处理费等145630万元。

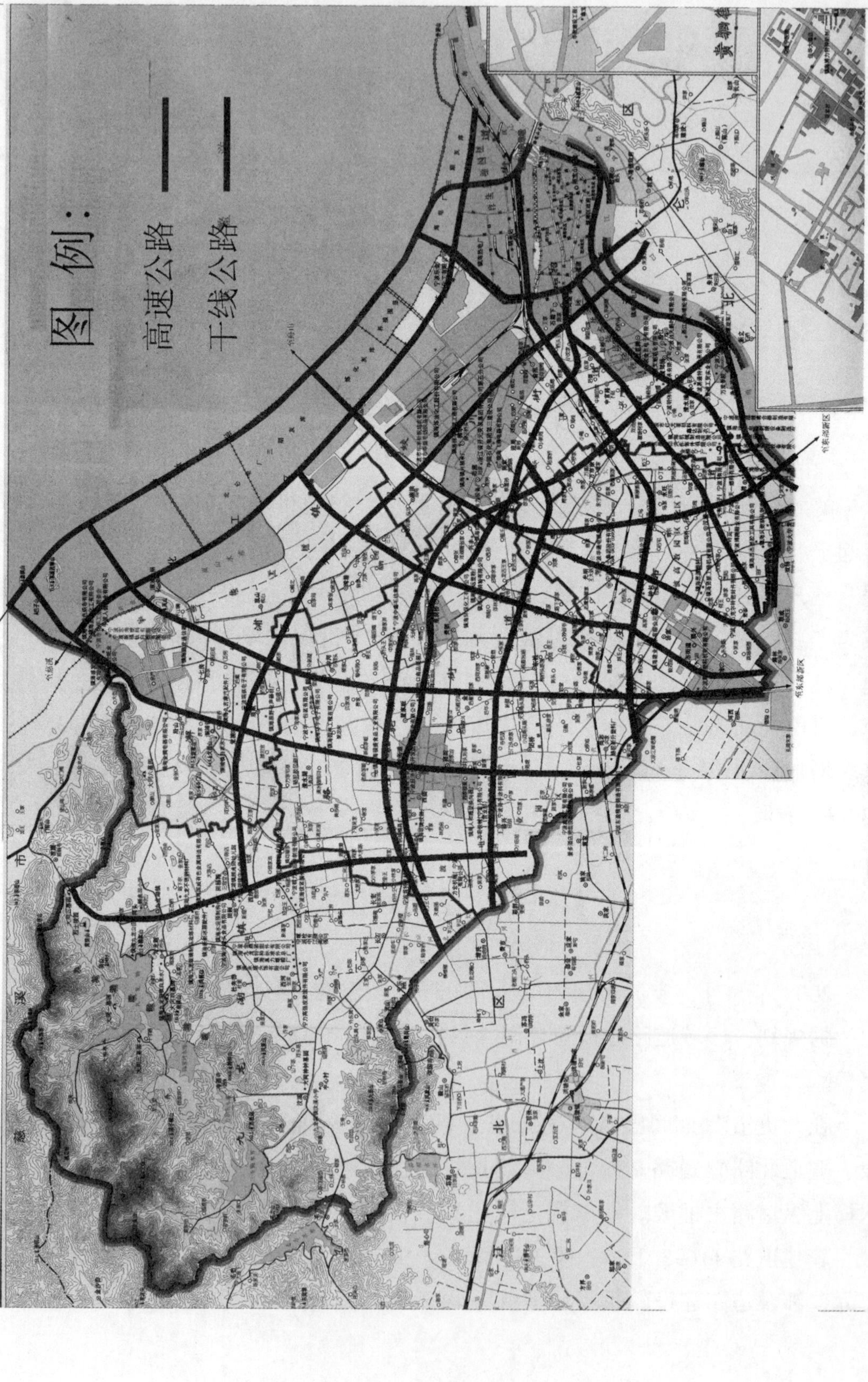

图3-1-1 镇海区干线公路网发展规划图

八条横路规划

由北往南依次为：沿海北线镇海段（化工区主干道）；化工区外围道路；镇骆路；新区主干道；北外环路；临江路（后改称中官路）；镇宁路；沿江大道。除“九五”期间已修建的镇骆路、镇宁路外，余六条横路实施计划为：

临江路（中官路） 起镇骆路中一村，至世纪大道，全长 9.1 千米。

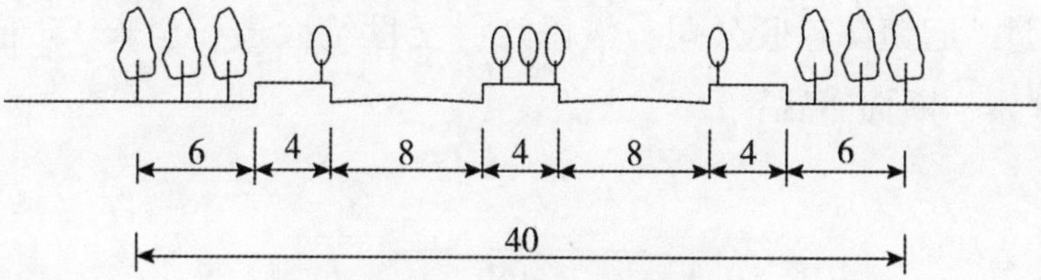

图 3-1-2 临江路标准断面图

北外环路 列入宁波市总体规划。区境段长 13.5 千米。北外环路由江北区进入镇海 329 国道洪家，与规划路世纪大道、南二路、东外环路、绕城高速相交，过招宝山大桥入北仑。规划断面宽为 108 米。

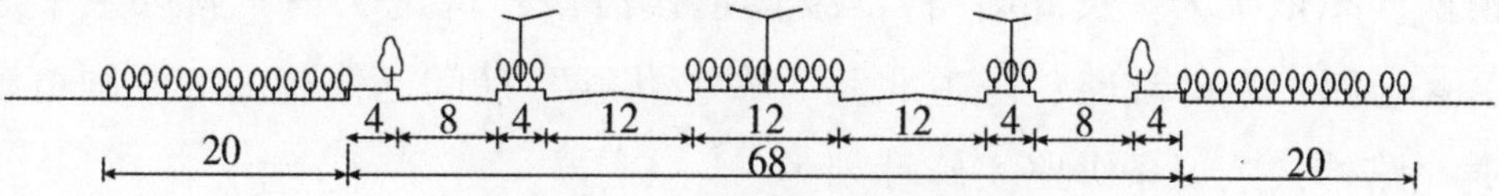

图 3-1-3 北外环路标准横断面图

骆驼新区主干道 起新长邱线，横穿 329 国道，横穿规划路世纪大道、东外环路，至镇骆路甸张。长 9 千米，规划控制断面宽 88 米。

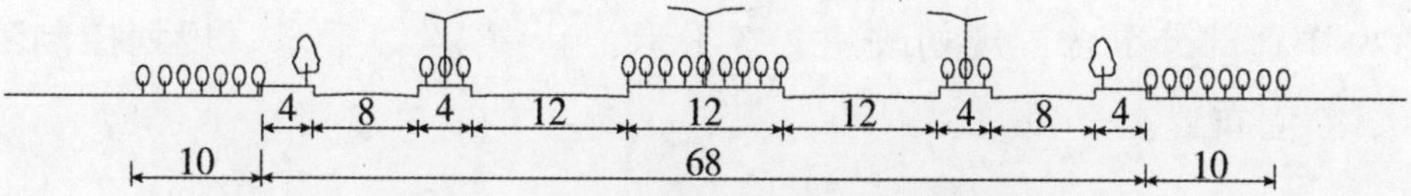

图 3-1-4 骆驼新区主干道标准横断面图

化工区外围道路 起长邱线九龙湖镇，至蛟川街道虹桥，通过新建甬江隧道通往北仑。全长 15.8 千米。线路经九龙湖镇、宁波化工区、镇海炼化，处宁波化工区与规划生态林带之间。规划控制断面宽 88 米。

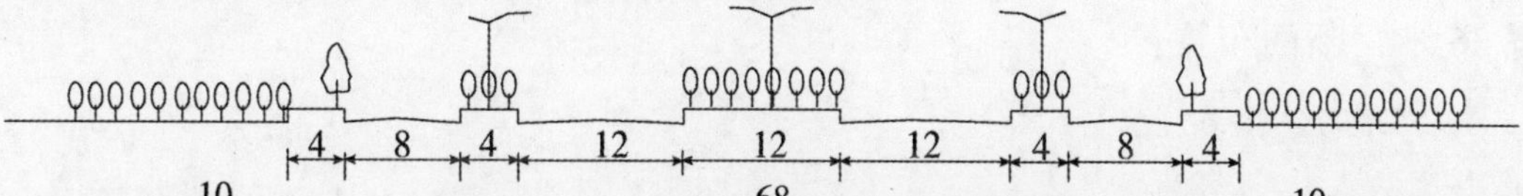

图 3-1-5 化工区外围道路标准横断面图

化工区主干道 起镇海港区，至宁波化工区，全长15.3千米。规划控制断面宽88米。断面布置：

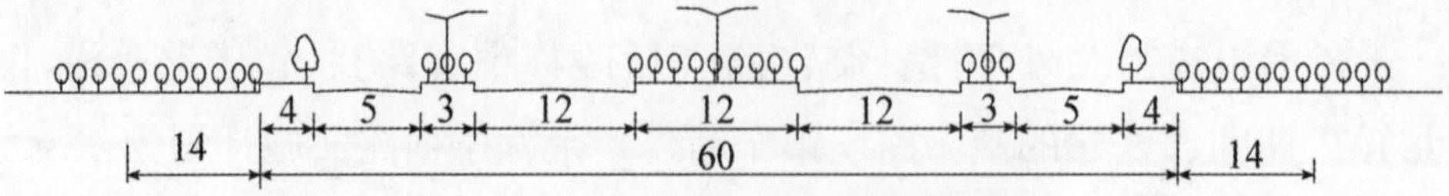

图3-1-6 化工区主干道标准横断面图

沿江大道 起镇海轮驳公司，沿甬江，至世纪大道。全长15千米。规划控制宽度为28米，断面布置：

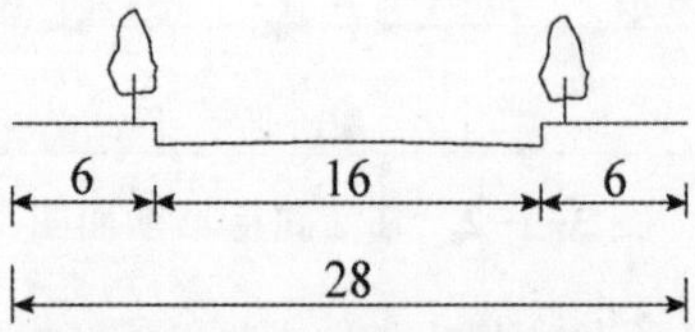

图3-1-7 沿江大道标准横断面图

七条纵路规划

由西向东依次为：长邱新路；329国道镇海段；世纪大道；新区主干道；高教园区4号路；东外环路；隧道北路。除“九五”期间已修建的329国道镇海段和隧道北路外，余五条纵路实施计划为：

长邱新路 起老长邱线邱王岭，经绕城高速，至机电园区，全长10.2千米。

世纪大道 列入宁波市总体规划。区境段长16.9千米。起常洪隧道与镇宁公路相交处，至宁波化工区。并通过规划中的滨海快速道进入慈溪、北仑等地。因与329国道部分重合，规划改建2.7千米，新建14.2千米。规划控制断面宽108米。断面布置：

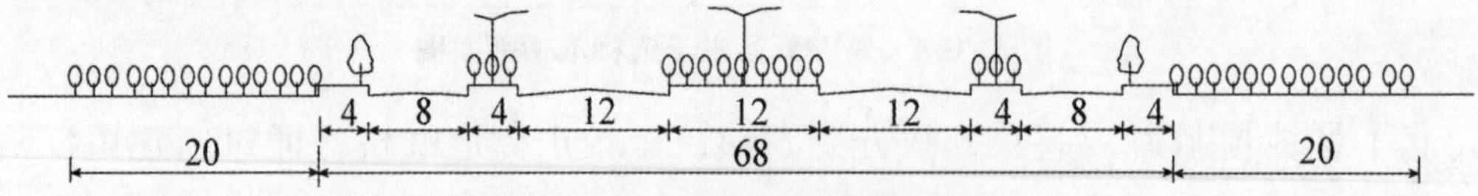

图3-1-8 世纪大道标准横断面图

新区主干道 起镇宁公路路林，至宁波化工区。全长12.2千米。规划断面宽36米，断面布置：

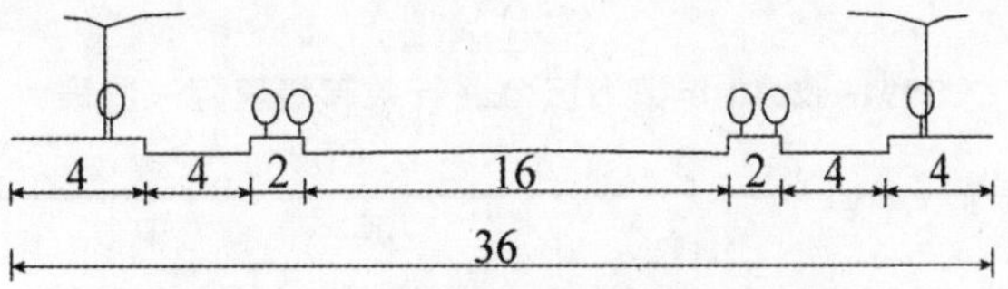

图 3-1-9　新区主干道标准横断面图

高教园区 4 号路　起镇宁公路三官堂，穿高教园区，至新区主干道妙胜，全长 6 千米，规划断面宽 60 米，断面布置：

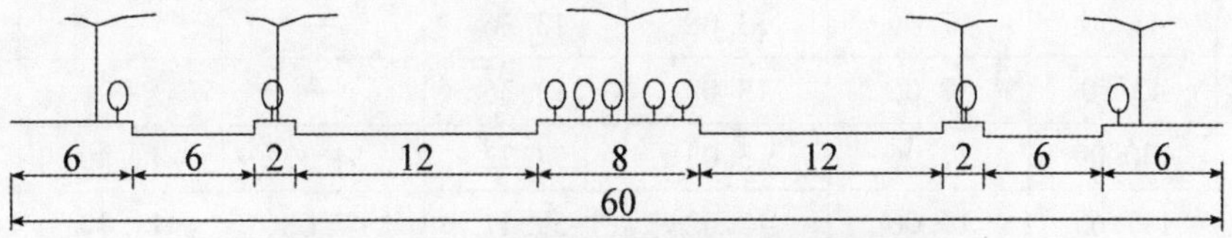

图 3-1-10　高教园区 4 号路标准横断面图

东外环路　列入宁波市总体规划。从北仑区过甬江至镇宁公路勤勇，分别与临江路、北外环路、骆驼新区主干道相交，止于规划滨海快速路。规划控制断面宽 108 米。

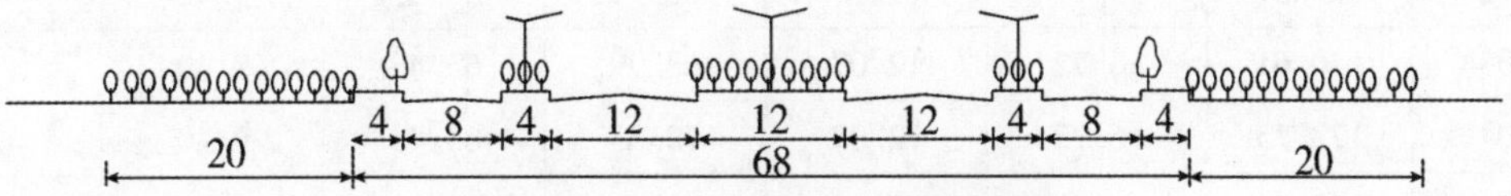

图 3-1-11　东外环路标准横断面图

第二节　公路等级

1986 年，途经镇海区的有杭州到沈家门的 329 国道 1 条、骆驼至霞浦的 79 省道 1 条；县（区）道 3 条、乡道 4 条、专用公路 7 条，合计公路总里程 93. 48 千米。

2004 年，镇海区在宁波市率先实现村村通公路。

2010 年，镇海区有国道 2 条，省道 1 条，县道 13 条，乡道 25 条、专用公路 6 条，村道 128 条，合计公路总里程 338. 61 千米。其中，国、省、县道公路总计 140. 88 千米。

1991—2010 年，镇海区公路行政等级里程、技术等级里程、路面分类里程情况为：

1991—2010 年镇海区公路行政等级里程一览表

表 3-1-1　　单位：千米

年 份	总里程	其中					
		国道	省道	县道	乡道	专用道	村道
1991	43.39	17.06	13.08	13.25	—	—	—
1992	43.50	17.06	13.08	13.36	—	—	—
1993	43.50	17.06	13.08	13.36	—	—	—
1994	43.50	17.06	13.08	13.36	—	—	—
1995	43.50	17.06	13.08	13.36	—	—	—
1996	130.09	17.06	13.08	54.22	34.33	11.40	—
1997	147.63	17.06	12.02	59.47	47.68	11.40	—
1998	157.41	17.06	12.02	62.64	54.29	11.40	—
1999	160.13	17.06	12.02	61.01	58.64	11.40	—
2000	167.11	16.72	12.07	68.99	58.33	11.00	—
2001	166.81	16.72	12.07	68.99	59.63	9.40	—
2002	169.81	16.72	12.07	68.99	62.63	9.40	—
2003	170.61	16.72	12.07	68.99	63.43	9.40	—
2004	172.15	16.72	12.07	70.53	63.43	9.40	—
2005	283.64	16.72	12.07	71.40	62.81	8.86	111.77
2006	301.56	16.72	12.07	88.94	62.81	8.86	112.16
2007	306.15	16.72	13.74	88.94	62.81	8.86	115.08
2008	306.15	18.39	12.07	88.94	62.81	8.86	115.08
2009	318.20	22.49	12.07	88.52	62.81	8.86	123.44
2010	338.61	34.71	13.32	92.85	63.37	8.86	125.51

1991—2010 年镇海区公路技术等级里程一览表

表 3-1-2　　单位：千米

年 份	总里程	其中						
		高速	一级	二级	三级	四级	准四级	等外级
1991	43.39	—	—	41.69	1.70	—	—	—
1992	43.50	—	—	28.72	14.78	—	—	—
1993	43.50	—	—	28.72	14.78	—	—	—
1994	43.50	—	—	28.72	14.78	—	—	—
1995	43.50	—	10.88	17.84	14.78	—	—	—
1996	130.09	—	10.88	21.14	44.63	48.84	—	4.60

续表3-1-2

年　份	总里程	其　　中						
		高速	一级	二级	三级	四级	准四级	等外级
1997	147.63	—	21.78	22.26	47.63	51.36	—	4.60
1998	157.41	—	21.78	22.26	47.61	61.16	—	4.60
1999	160.13	—	21.78	22.26	47.61	63.88	—	4.60
2000	167.11	—	39.69	3.00	92.70	30.92	—	0.80
2001	166.81	—	39.69	3.00	92.40	30.92	—	0.80
2002	169.81	—	39.69	3.00	95.40	30.92	—	0.80
2003	170.61	—	39.69	3.00	95.40	31.72	—	0.80
2004	172.15	—	39.69	6.13	93.82	32.52	—	—
2005	283.64	—	39.70	10.09	91.24	35.38	—	107.24
2006	301.56	—	56.06	13.42	91.24	33.60	—	107.24
2007	306.15	1.670	56.06	13.42	91.24	36.52	—	107.24
2008	306.15	1.670	56.06	13.42	91.24	36.52	—	107.24
2009	318.20	5.77	55.65	20.01	84.65	48.32	—	103.80
2010	338.61	17.99	62.04	20.01	83.83	57.31	—	97.44

1991—2010 年镇海区公路路面分类里程一览表

表 3-1-3　　　　单位：千米

年　份	总里程	其　　中					
		水泥砼路面	沥青砼路面	沥青表处路面	块石路面	砂石路面	
1991	43.39	11.31	—	32.08	—	—	—
1992	43.50	14.16	—	29.34	—	—	—
1993	43.50	18.06	—	25.44	—	—	—
1994	43.50	18.06	—	25.44	—	—	—
1995	43.50	29.84	—	13.66	—	—	—
1996	130.09	89.55	—	16.16	0.74	23.64	—
1997	147.63	114.94	—	8.08	0.74	23.87	—
1998	157.41	137.14	—	6.88	0.74	12.65	—
1999	160.13	148.47	—	5.88	0.74	5.04	—
2000	167.11	160.21	—	4.41	1.00	1.49	—
2001	166.81	159.91	—	4.41	1.00	1.49	—
2002	169.81	157.79	5.12	4.41	1.00	1.49	—
2003	170.61	157.06	8.60	4.41	—	0.54	—

续表3-1-3

年 份	总里程	其 中					
		水泥砼路面	沥青砼路面	沥青表处路面	块石路面	砂石路面	
2004	172.15	156.88	11.73	3.55	—	—	—
2005	283.64	255.61	21.19	—	—	6.84	—
2006	301.56	256.04	35.77	2.52	—	7.23	—
2007	306.15	258.96	39.96	—	—	7.23	—
2008	306.15	246.63	52.30	—	—	7.23	—
2009	318.20	255.22	57.26	—	—	5.72	—
2010	338.61	252.72	80.18	—	—	5.72	—

第三节　国省道公路

2010年，过境镇海区的国道2条，省道1条。

G329 澥浦至常洪段

系杭沈公路过境线，自杭州西来，在澥浦岭入区境，至常洪出区境。镇海段长16.72千米。其前身是鄞慈镇公路。1972年澥常段路基拓宽至12米。1976年7月至1979年10月，改砂石路为沥青路面，路面宽7~9米。1989—1993年，改沥青路为水泥混凝土路。路基宽12米，面宽9米，桥梁10座，设计荷载汽15。1997年以“四自”公路建设方式拓宽改造（自行贷款、自行建设、自行收费、自行还贷），1998年3月改造完成，投资概算12000万元。改造后为4车道一级公路。路基宽32~38.8米，面宽15.5~18米，水泥路面。两侧辅车道各宽6米，沥青路。主、辅车道设钢质护栏，中央设中分带花坛，宽3米。路两侧绿色通道各宽30米。桥梁10座，桥与路基同宽，设计荷载汽20。2007年6月—2008年7月，对澥浦岭至北外环段计12.2千米路面改造，同时对该路段9座桥梁上部进行改造。

G1501 绕城高速镇海段（详见本章第五节）

S320 骆霞线镇海段

骆（驼）霞（浦）公路，原称79省道，现称S320线。路自骆驼杭沈公路平交起，经贵驷、后施、俞范、镇海，过甬江隧道至霞浦。骆霞线镇海段，原长

12.074 千米。1971 年 3 月，路基拓宽至 12 米。1980 年改建成沥青路面，面宽 8~9 米。1996 年以“四自”公路建设方式改造，为 4 车道一级公路。改造后路基宽 35 米，面宽 15 米，水泥路。两侧辅车道宽各 6 米，沥青路。主、辅车道设宽 2 米隔离花坛。中央设中分带花坛宽 3 米。路两侧绿色通道各宽 30 米。桥梁 5 座，桥与路基同宽。设计荷载汽 20。自骆驼到贵驷 3.5 千米系原路拓宽，自贵驷至镇海 7.4 千米为改道新建路段。

第四节　县（区）乡村公路

2010 年，镇海区有县（区）公路 13 条、乡道 25 条、专用公路 6 条、村道 148 条。

县（区）公路（13 条）

浙江省交通厅厅长郭学焕为宁镇骆一级公路题词

常（洪）镇（海）公路　亦称宁镇公路。起于常洪至镇海，长 10.9 千米。始建于 1958 年 10 月，翌年停建。1964 年 10 月续建，1965 年 1 月建成。路基宽 7.5 米，砂石路面，面宽 3.5~5.5 米。1975 年宁波港建设指挥部出资改造宁镇公路，1978 年完成。改造后，路基宽 12 米，面宽 9 米，沥青路面，时属二级公路。1994 年 12 月至 1995 年 10 月，以“四自”公路建设方式拓宽改造。改造后路基宽 42.5 米，面宽 22.5 米，水泥混凝土路。两侧辅车道各宽 6 米，沥青路。主、辅车道设宽 2 米隔离花坛，中央设中分带花坛宽 3 米。两侧绿色通道各宽 30 米。桥梁 3 座，桥与路基同宽，设计荷载汽 20。该路工程质量优良，受到社会好评，为镇海进入宁波市区的重要县道，也是宁波市第一条 6 车道高等级公路。2005—2007 年，宁镇公路拓宽改建，投入资金 1.04 亿元。

骆（驼）慈（城）公路　系三级公路，境内段起自骆驼，经胜光、长石、庶来到汶溪，长 9.667 千米。1987—1989 年分两段完成砂石路改水泥混凝土路。1998 年，汶溪卫生院至民主（与江北区毛力村相接）1.667 千米砂石路改水泥混凝土路。同年，骆驼至长石徐王段3千米拓宽改建。

长（石）邱（王）公路 系四级公路，境内段起自长石徐王，经西经堂、田顾、马家桥、河头至邱王，长9.7千米。1990年，长石徐王至河头勤山7千米砂石路改水泥混凝土路。1999年，河头勤山至烈士陵园砂石路改水泥混凝土路。2001年全国第二次公路普查，长邱公路镇海境内段为8.187千米。2009年7月—10月，九龙大道至慈溪段1.45千米路面拓宽改造。

庄（市）俞（范）公路 亦名庄合线，二、三级公路，长11.045千米。1986年11月，新建庄市至钟包村段水泥混凝土路。1990年续建钟包村至俞范段。2001年7月—2002年6月，康宁医院至后施段拓宽改造。2003年5月—2004年7月，后施至后海塘运焦路段续接新建。2009年4月—9月，对千岁桥至舟山连岛工程宁波连接线处路面改造，工程总投资1528万元。

炼化公司至澥浦公路 亦名炼澥线，三级公路，长8.77千米。1978年4月始，建专用公路。1988年续建岚山至澥浦段，砂石路面。1993年改建水泥混凝土路面，1994年竣工。2004年4月至2005年7月，对K7+819—K8+770段按二级公路标准拓宽改建，与329国道相接。

骆（驼）费（市）公路 三级公路，境内段起自骆驼经邵家汇，至江北大河桥。长3.2千米。1992年新建水泥混凝土路面，1997年续建。2002年4月拓宽改建。2009年4月—9月，对K0+000—K3+224段，长3224米路面改造。挖除老路水泥混凝土路面和基层，重新摊铺25厘米水稳基层，浇筑26厘米钢筋混凝土路面，总投资1540万元。

黄（杨）观（庄）公路 三级公路，境内段起自骆慈线黄杨，至江北临山，长0.951千米。1998年砂石路改建为水泥路。

余（严）汶（溪）公路 三、四级公路。起自澥浦余严，经沿山、金池、河头、杜郭、吴夹岙，到勤山与骆慈线相接，长10.53千米。1995年始新建余严至河头段砂石路。1997年，改建为水泥路。1999年田央沈桥至吴夹岙段建水泥路。2001年，吴夹岙至勤山段建水泥路，2003年，河头至田央沈桥段改建沥青路。

贵（驷）镇（海）公路 三级公路。长7.278千米，原为省道骆霞公路镇海段部分。1996年，骆驼至镇海段一级公路建成后改为县道。起自贵驷，经甸张、禾丰、后施、炼油厂、俞范、石塘下，到静德桥与骆霞公路相接。2007—

2008年，对K6+504—K7+244路段（雄镇路口—静德桥）计0.74千米拓宽改建，按二级公路结合城市道路标准拓宽。

招宝山大桥接线 二级公路。起自大桥收费站，经宏远路、隧道北路到石塘下与贵镇公路相接，长3.273千米。1998年4月动工新建，11月建成。

中贺线 二级公路。起自镇海经济技术开发区北欧工业园区，经阮家永旺村，至东外环。长1.409千米。路基宽50米，面宽17米，两侧辅道各宽4米，沥青路面。2004年竣工。

新长邱线 按一级公路结合城市快速路标准设计。起自新城主干道，经骆费、骆慈公路至环湖路与原长邱线相接，全长8.407千米。路基宽44米，路面宽度：K0+838—K2+785段23米，K2+785—K9+245段16米。路中绿化带宽6~11米，主、辅车道分隔绿化带宽3米，两侧铺道各宽5米。两侧绿色通道各宽12米。新建桥梁7座，桥与路基同宽，设计荷载汽超-20。2003年12月开工，2005年12月建成。投资概算3.87亿元。

沿海北线镇海段 亦称化工区主干道。起自镇海港区化工大道，终于镇海与慈溪交界处，全长14.434千米。平原微丘一级公路，设计速度80千米/小时，双向6车道，沥青混凝土路面。其中有大桥一座，长164米；中小桥8座。全线路基断面有所变化。其中，起点至威海路2.3千米路基宽度28米，横断面组成为12米行车道+4米绿化带+12米行车道；威海路至终点路基宽度52米，横断面组成为5米辅道+3米绿化带+12米主道+12米绿化带+12米主道+3米绿化带+5米辅道。工程总投资约40300万元。

沿海北线镇海段

该路2004年10月开工建设，历时7年，分段建设，于2011年10月全线建成通车。分段建设情况为：

澥浦大桥至龙山段2千米，2004年10月—2006年9月建成。

澥浦大桥至新泓口6千米右半幅（北侧），2005年7月—2006年9月建成。

新泓口至威海路4.3千米右半幅（北侧），2008年8月—2009年年底建成。

威海路至镇海港区方向2.2千米，该段南侧路基工程及简易砂石路面于2005年7月至2006年1月实施完成，全幅路基及路面工程2008年完工。

威海路至大乙烯北门岗段北侧半幅，里程桩号为 K3+200—K5+500，2.3 千米。2008 年 11 月开工，2010 年 1 月完工。

大乙烯北门岗至庄俞公路段北侧半幅，里程桩号为 K5+500—K7+527.5，2.027 千米。2008 年 11 月开工，2010 年 1 月完工。

庄俞公路至岚山水库段南侧半幅，里程桩号为 K7+500—K10+400，2.9 千米。2009 年 8 月开工，2010 年 7 月完工。

岚山水库至澥浦大桥段南侧半幅，里程桩号为 K10+400—K13+000，2.6 千米。2009 年 8 月开工，2010 年 7 月完工。

威海路至庄俞公路段南侧半幅，里程桩号为 K3+200—K7+527.5，4.328 千米。2010 年 10 月开工，2011 年 10 月完工。

乡道（25 条）

2010 年镇海区乡道一览表

表 3-1-4　　单位：千米

公路名	起至	长度	公路等级	路面形式	始建年份
长横	长胜—横溪	5.70	四	混凝土	1982
贵郑	贵驷—路沿郑	5.23	三	混凝土	1991
西上	西经堂—上畦	1.87	四	混凝土	1991
贵光	贵驷—光明	4.47	三	混凝土	1996
团双	团桥—双斠	3.08	三	混凝土	1996
庄宁	庄市—宁大	3.00	三	混凝土、沥青	1996
民苏	民主—苏湖岭	0.95	四	混凝土	1996
觉庙	觉度—庙后	0.84	四	混凝土	1996
贵妙	贵驷—妙胜	1.45	三	混凝土	1996
丁妙	丁卯桥—妙胜	1.18	三	混凝土	1996
陈徐	陈家—徐家堰	2.69	三	混凝土	1996
十朗	十字路—朗家坪	1.10	四	混凝土	1996
西新	西经堂—新堰头	1.62	三	混凝土	1997
曹杨	曹朗—杨家	1.43	三	混凝土	1997
王方	王家—方针	1.45	三	混凝土	1997
俞临	俞范—临江	1.86	三	混凝土	1998

续表3-1-4

公路名	起至	长度	公路等级	路面形式	始建年份
觉林	觉度—林周	5.34	三	混凝土	1999
田方	田顾—方针	2.98	三	混凝土	1999
庙通	庙戴—通德	2.00	三	混凝土	1999
汶秦	汶溪—秦山	4.35	四	混凝土	1999
骆畈	骆驼—畈田塘	3.84	四	混凝土	2000
袁郑	袁家—路沿郑	1.30	三	混凝土	2000
长邵	长石—邵家汇	1.90	三	混凝土	2001
骆贵	骆驼—贵驷	3.00	三	混凝土	2001
澥泥	澥浦—泥螺山	0.80	无	混凝土	2002

专用公路（6条）

镇海港区进港公路张鑑碶至煤码头，长3.3千米，路基宽10米，水泥路面宽7米。桥梁1座，桥宽12.6米，设计荷载汽15，二级公路。1980年建成。

五里牌至大件码头，长1.2千米，路基宽10米，沥青路面宽7米。桥梁1座，桥宽7.9米，设计荷载汽20，三级公路。1980年6月建成，1998年改建水泥路。

俞范至火车站，长1.0千米，路基宽10米，沥青路面宽8米。桥梁1座，桥宽10米，设计荷载汽15，四级公路。1982年建成。

清水浦至渔业基地，长1.0千米，路基宽11米，原为砂石路，后改建水泥路，路面宽6米。桥梁1座，桥宽9.7米，设计荷载汽10。四级公路。1982年建成。

陈家至新泓口，长2.1千米，路基宽6.5~11.9米，水泥路面宽6.3~8.8米，无桥梁，四级公路，1993年建成。

岚山至岚山水库，长0.8千米，路基宽8米，水泥路面宽5~7米，无桥梁，等外公路。

村道（148条）

2010年，全区村道148条，总计长125.51千米。

第五节　高速公路

宁波市提出“一环六射”（注：“一环”为宁波绕城高速公路。“六射”指宁波往西北上海方向的宁波杭州湾跨海大桥南岸连接线，西部杭州方向的杭甬高速公路，东部舟山方向的跨海大桥及连接线，西南金华方向的甬金高速公路，南部温州、台州方向的同三国道主干线）大交通路网建设框架后，自2008年始，镇海区全力配合省、市重点工程宁波绕城高速东段、舟山大陆连岛工程宁波连接线及其配套工程建设。2009年12月，舟山大陆连岛工程建成通车，镇海成为舟山通往大陆的桥头堡。2010年12月，绕城高速东段临江互通以西段建成通车，镇海人实现“家门口”上高速，镇海至省内各市间全程高速可达，镇海无高速公路的历史自此结束。

区境内建成高速公路2条：宁波绕城高速东段镇海段、舟山大陆连岛工程宁波连接线。

绕城高速东段镇海段

编号G1501，连接甬台温复线，同三高速、穿山疏港高速及舟山大陆连岛工程，是杭州湾南岸高速公路路网核心的重要组成部分。绕城高速东段起自姜山北互通，经云龙、五乡、好思房、临江、沙河，止于颜家桥，全长43.495千米。其中，镇海段西起九龙湖镇长石村，东至在建的甬江特大桥，全程高架，长17.98千米，设4处互通立交。主线按双向八（六）车道高速公路标准建设，设计时速120千米/小时。工程始于2008年10月，2010年12月31日临江互通以西段建成通车。

舟山大陆连岛工程宁波连接线

又名甬舟高速，编号G9211。1999年9月动工建设，起自舟山本岛329国道鸭蛋山环岛公路，经舟山群岛中的里钓岛、富翅岛、册子岛、金塘岛至宁波镇海区蛟川街道登陆。通过蛟川互通立交与宁波绕城高速和杭州湾跨海大桥相接。舟山大陆连岛工程宁波连接线（镇海区域）长4.14千米，双向四车道，设计行车速度100千米/小时。2007年9月开工建设，2009年11月通过竣工验收。

与绕城高速配套的连接线

区境内绕城高速连接线 4 条：沙河互通连接线（世纪大道北延一期工程）、蛟川互通连接线（东外环北延工程）、临江互通连接线（北外环东延一期工程）及九龙湖互通连接线（大庆南路北延工程），连接线建成后镇海与高速公路配套的交通路网基本形成。

沙河互通连接线　南起聚兴路，北至沙河互通立交，全长 8.26 千米。双向六车道城市快速路，设计车速 80 千米/小时，投资概算 8.7 亿元。工程始于 2009 年 8 月，2011 年 4 月建成。

蛟川互通连接线　南起北外环，北至蛟川互通立交，与舟山连岛工程连接线相接。主线长 1880 米，另有 665 米辅道连接镇骆路。双向六车道城市快速路，设计车速 80 千米/小时，投资概算 3.1 亿元。工程始于 2009 年 6 月，2011 年 3 月建成。

临江互通连接线　西起东外环路，东至临江互通立交，主线长 1160 米。双向六车道城市快速路，设计车速 80 千米/小时，总投资约 2 亿元。工程始于 2009 年 3 月，2011 年 4 月建成。

九龙湖互通连接线　南起纬三路，北至新区主干道，连接江北、镇海两区。其中，镇海区段长约 1 千米。路宽 44 米，按城市快速路标准建设，投资概算 1.1 亿元。镇海区负责政策处理，江北区负责工程建设。

与绕城高速配套的立交工程

临江“单喇叭”立交　2010 年 9 月开工，2011 年 12 月竣工。上接绕城高速临江收费站，下接北外环东延，布置 4 条匝道，匝道宽度 8.5~15.5 米，设计车速为 40 千米/小时。全线有匝道桥 3 座。投资概算 9532 万元。

九龙湖“单喇叭”立交　2010 年 11 月开工，2011 年 12 月竣工。上接绕城高速九龙湖收费站，下接九龙大道，布置 4 条匝道和 2 条辅道，匝道宽度 8.5~15.5 米，设计车速 40 千米/小时，辅道宽度 10 米。全线有匝道桥 3 座。投资概算 10030 万元。

第二章　城市道路

1986年建区以来，城关片区的道路建设得到历史性发展。旧时的石板路、泥石路成为记忆。打通断头路，拓宽狭窄路，改造低洼路，形成了四纵四横的城区主干道。纵向南大街、胜利路、聪园路、环城西路；横向城河路连车站路、沿江路、后大街连大西门路、环城北路。围海造田形成的后海塘片区道路建设不断向北向西拓展。镇海新城片区（骆驼街道以南，庄市街道以北片区）新建改建的城市道路已形成规模。镇海炼化、镇海发电厂、镇海经济技术开发区、临俞工业区等均处蛟川街道，蛟川街道的路网建设随工业化进程和新农村建设加快。

九龙湖镇和澥浦镇的路网建设围绕九龙湖景区建设、宁波化工区建设日益拓展完善。

第一节　招宝山街道路

主要街路（29条）

城河东路　城区中心大道，起自巾子山脚迄南大街与城河西路相接。利用古护城河东段和东河塘路修建。长1118米，宽31米。1980年9月动工，1986年10月竣工。2003年城河东路镇达路至镇远路段改造。2007年招宝山路口至巾子山脚段延伸拓建。

城河西路　城区中心大道，起南大街接城河东路，西迄电影院连车站路。利用古护城河西段和西河塘路修建。长840米，宽31米。1980年始建，1982年初，建泥结碎石路，简易通车。1985年铺沥青路，主车道告竣。1995—1996年，城河西路主车道改建混凝土路。

沿江东路　起招宝山麓零号码头，迄南大街口大道头接沿江西路。长1740米，宽20米。1964年，始筑大道头至税关道头泥结碎石路。1974年，筑简易公路通港区工地。1986年始筑大道头至招宝山路段。1987年续铺招宝山路至安远炮台段。1988年再铺安远炮台至零号码头段。混凝土路，宁波港务局镇海作业区、三航四公司和镇海航标区等单位出资分段建设。

沿江西路　起南大街口大道头接沿江东路，西至小道头折北接聪园路，长

1650 米，宽 20～40 米。1956 年在甬江塘内，修筑小道头至远望道头砂石路。1976 年 9 月，改建沿江路，1978 年 6 月竣工。2001 年自大道头至小道头段沥青路面改为砼路面。2003 年铺设沥青路面，贯通小道头至聪园路段。

南大街　旧称南街，明清以来成为城关主要商业街。起大道头沿江路，迄鼓楼，长 690 米，宽约 20 米。自大道头至南薰桥段原称南街，南薰桥至中山路段原称朝宗坊，再延北至鼓楼前原称半街。1982 起三段合称南大街。1984 年改造大道头至南薰桥，朝宗坊至鼓楼段。2007 年改为沥青路面。

人民路　起南大街，至清川路，长 796 米，路宽 6~8 米。

胜利路　起沿江西路，迄后大街。长 1040 米，宽 16 米。抗日战争胜利，在西城河上重建木桥，取名胜利桥。1951 年改建路面，路与桥同名。原胜利路自甬江边至人民路（旧称双司前）。1985 年胜利路拓宽延伸，并合双司前至总浦桥段（旧称王施弄）。1987 年拆郑家弄、新桥头、方家大屋等，贯通至后大街，1989 年全路告竣。

清川路　起沿江西路，至西街，长 367 米，宽 6～16 米。2005 年重建。

西街　旧称横街或西门街，为城区主要商业街。起大庙弄接鼓楼西路，迄武宁桥连工农路，长 544 米，宽 16 米。1980 年拆玄坛庙、大庙拓建街路。2005 年部分改建。

后大街　起城河东路，迄大西门口接大西门路，长 1196 米，宽 20～23 米，混凝土路面。1982—1989 年分二期拓宽改建，一期淡水井头至西门口段，二期淡水井头至城河东路段。2007 年大西门至淡水井头段路面翻建。

大西门路　起大西门口接后大街，迄隧道北路口连镇骆路，长 1439 米，宽 20 米。大西门外旧称风龙港，20 世纪 70 年代前为农田和荒冢。1980 年始筑泥结简易路。1982 年起分段建设大西门路。1988 年 12 月，建成跨越中大河的镇棉桥。1993 年道路全线贯通。2006 年路面重新翻修。

聪园路　起汽渡码头，迄后海塘寿昌公园。长 999 米，宽约 32 米。1974 年建镇海汽车轮渡，建设车站路至渡口段。1982 年续建至大西门路段，后延伸至寿昌公园。1987 年建成。2006 年重修。

环城西路　1978 年由宁波港建设指挥部出资建砂石路，路基为农田，原称进港公路。1985 年改建混凝土路面。1987 年改为今名。起张鑑碶向北越中大河镇兴桥，迄后海塘接环城北路。长 780 米，宽约 12 米。2004 年续修。

环城北路 1978年由宁波港建设指挥部出资建砂石路，路基为塘外滩涂，原称进港公路。1985年改建混凝土路面。1987年改为今名。起环城西路，迄巾子山脚连威远路。长2406米，宽12~20米。2006年续修。

车站路 起沿江西路小道头，迄张鑑碶接镇宁路，长1542米，宽31米。1979年9月动工，改泥结碎石路面为沥青路。经分段建设于1985年竣工。1993年隧道口自大转盘（交通环岛）到聪园路段拓宽。2001年撤大转盘。车站路前身为民国24年（1935年）建成的镇骆公路城关段。小道头旧时为汽车总站，故名车站路。

隧道北路 甬江隧道北口至威海路，全长1150米。始建于1986年，一期起自隧道口，续北跨前大河，穿镇宁路迄镇骆路，长320米，宽12~16米。二期自镇骆路至雄镇路段迄铁路道口，1994—1995年拓建延伸，路基宽35~42米，长830米。

工农路 起苗圃路，至聪园路，长435米，宽约16米。2005年拓宽改建。

庙前路 起洞桥，迄车站路，长445米，宽11米，1994年新建。张鑑碶旧有外澜浦庙，故名。

招宝山路 起沿江西路，迄城河东路，长296米，宽19米。1989年新建，路北靠招宝山，因名之。

鼓楼东路 起城河路，迄鼓楼，长310米，宽18米。1998年改建。

鼓楼西路 起鼓楼，迄胜利路，长360米，宽18米。1998年改建。

西长营弄 起西街，迄后大街，长436米，宽16米。2005年修建。

三角地路 起马贺弄，迄后大街，长488米，宽21米。2007年路面拓宽改建。

苗圃路 起车站路，迄后海塘，长1084米，宽8~16米。1984年撤园林苗圃修路，故名苗圃路。2005年拓宽翻建。

顺隆路 起工农路，迄大西门路，长350米，宽9米。明时建有神农坛，俗称社坛。1978年拓路后，取神农谐音，名顺隆路。2007年翻建。

中河路 起中河桥，迄车站路，长576米，宽8米，1994年建成。路东依中大河，故名。

镇远路 起沿江东路，迄城河东路，长230米，宽11米。1998年始建，2006年拓建。处旧时镇远门外，故名。

茗园路 起大西门口，迄后沙河，长535米，宽10米。1992年始建，2006年拓建

林庙路 起后大街，迄望海楼，长380米，宽20米。1992年建造。路北旧时有广济林王庙，故名之。2007年拓宽改建。

其余街巷路弄（64条）

20世纪80年代至2010年，表列街巷路弄均已由原石板路改建为水泥路或沥青路面。

招宝山街道街巷路弄名录表

表3-2-1

街巷名称	起 迄	改建年份	长度（米）
镇大道头弄	沿江东路—城河东路	—	106
渔丰弄	沿江东路—城河东路	—	299
谢家河塘	胜利路—童李衙弄	1990	125
茗南路	环城西路—宝平路	—	219
胡家弄	胜利东弄—城河西路	1980	85
冯家弄	后大街—仁爱中学	—	68
宝平路	茗南路—中大河	—	125
包兴路	茗园路—福龙路	—	310
八里桥弄	三角地—西长营弄	1990	165
大会堂右侧	人民路—胜利路	—	102
仓河头路	南大街—仓河头	1990	80
旗杆格弄	洋山庙弄—后大街	1980	236
仓基弄	后大街—林庙路	1983	242
朱杭桥弄	缸甏弄—城河西路	1985	119
缸甏弄	胜利东弄—城河西路	1985	163
一字河头	三角地—后大街	1985	414
静海路	环城西路—隧道路	1994	560
金向任弄	旗杆格弄—后大街	1988	300
洞桥路	张鑑碶闸—庙前路	1988	383
裘家河弄	中河路—庙前路	1989	216
风龙路	大西门路—吉庆路	1989	705
童方路	淡水井头—后弄	1990	576
方家弄	一字河头—后大街	1993	155
滚江弄	沿江西路—城河西路	1994	344

续表3-2-1

街巷名称	起　迄	改建年份	长度（米）
大庙弄	人民路—西街	1994	65
大成路	渔丰弄—南大街	1994	152
东升街	南街—渔丰弄	1994	84
威海路	隧道北路—热电厂	1994	1680
长生桥弄	沿江西路—城河西路	1998	360
后葱园路	车站路—聪园路	1999	438
大教场路	鼓楼—后大街	1999	554
步行街	西街—费家河头	2000	120
胜利东弄	南大街—胜利路	2001	484
镇达路	沿江东路—城河东路	2002	298
童李衙弄	西街—三角地路	2002	232
龚家弄	旗杆格弄—胜利路	2002	236
中山路	城河东路—南大街	2003	211
远望道头弄	沿江西路—城河西路	2003	279
马贺弄	西街—三角地路	2003	178
龙洋路	大西门路—吉庆路	2003	312
吉庆路	苗圃路—聪园路	2003	337
公园东路	南大街—人民路	2003	105
俞范东路	镇骆路—镇宁路	2003	617
陈衙弄	三角地路—内城河	2004	120
菜场路	大西门路—吉庆路	2004	315
邬家弄	后大街—童方路	2005	255
前葱园路	车站路—洞桥路	2005	972
江塘路	招宝山路—镇远路	2005	311
费家河头弄	马贺弄—苗圃路	2005	238
东长营弄	中山路—鼓楼东路	2005	292
洋山庙弄	鼓楼东路—后大街	2006	279
胜利西弄	胜利路—白家浦	2006	374
后塘路	城河东路—望海楼	2006	790
福龙路	环城西路—隧道北路	2006	485
宝平路	茗南路—中大河	2006	125

续表3-2-1

街巷名称	起　迄	改建年份	长度（米）
刘家弄	后大街—精英小学	2007	198
金塘道头弄	沿江东路—南大街	2007	439
后弄	后大街—精英小学	2007	384
宏远路	环城北路—滨海快速路	2007	2268
定海路	宏远路—威海路	2007	1822
淡水井头弄	后大街—童方路	2007	176
远一路	平海路—定海路	2010	460
大通路	平海路—海天路	2010	1200
海二路	威海路—平海路	2010	1050

注："—"线部分改建年份不详

废止街巷（28条）

1986—2010年，招宝山街道废止街巷名录：

会馆弄　养和弄南城巷　稍弓弄　茅檐弄　大呵弄　安衙弄　钟楼下弄　牌楼下弄　仓前桥弄　太平桥弄　包家弄　白家浦弄　林地园弄　羊庙前弄　五昌弄　卫西河头弄　薛家弄　小呵弄　三层楼下弄　红星弄　公园西路　西城脚下弄　西城巷　柴家河头弄　竺家弄　贵衙弄　车站支路

第二节　蛟川街道路

镇骆东路　原为镇骆公路城郊段。起俞范东路，迄隧道北路，长594米，宽34米。1992—1993年改建。

临新路　位于蛟川街道中北部，建于1976年，南北向。原南起镇宁东路，往北经中官路村、越中大河新桥、迎师桥村至新老周村，长3300米，宽3米，砂石路面。1992年改建混凝土路面，宽8米。1994年10月，金丰（中国）机械工业有限公司造厂房部分占用临新路，现南段起中官路，全长3000米。

东生路　位于蛟川街道中西部，南北向。东起汤杨张村接镇宁东路，往西经水璩王村、沈家村，至孙家畈村，长2200米，旧时石板路。20世纪70年代改造为砂石路面，宽3米。1990年，汤杨张至张李陆村段1700米，改造为混凝土路面，宽6米，称临西路。1995年开发区建设改名为东生路，东起金丰路，西至金川路，长2260米，宽10米，两侧绿化各4米，混凝土路面。

清水浦路 位于蛟川街道西南部，南北向。南起清水浦街，往北接镇宁东路，长400米。旧时为石板路面，宽2.5米。20世纪60年代改建为砂石路面，宽4米。

渔基路 位于蛟川街道西南部，南北向。1975年兴建宁波海洋渔业基地时新建。南起渔业基地钢丝绳厂，北迄镇宁东路渔业基地公交汽车站，长1250米，宽8米，混凝土路面。

港道路 位于蛟川街道中南部，建于1981年，南北向。南起甬江畔浙江省海港工程队，北至镇宁东路，长1200米，宽8米，原砂石路面，1991年兴建浙江腈纶厂，改建为混凝土路面。

大运路 位于蛟川街道东南部，南北向。1981年因镇海石化总厂兴建合成氨厂时，为运输大件设备新建成此路，故名。南起大件码头，北接镇宁东路，长1100米，宽8米，沥青路面。

虹桥路 位于蛟川街道东部虹桥村，南北向。南起虹桥北塆，北接镇宁东路，长600米，宽6米，混凝土路面。1994年由虹桥村出资新建。

蕾梦路 曾名镇电西路。位于蛟川街道东部虹桥村戴家，南北向。南起前大河洪桥南塆，北接镇宁东路，因路在镇海发电厂西北面，故名。长400米，宽8米，砂石路面，1974年新建。于1994年由宁波蕾梦纺织品有限公司出资，修建成混凝土路面，改名蕾梦路。

甬明路 曾名镇电东路。位于蛟川街道东南部，南北向。1992年改建，路面拓宽至10~23米。南起前大河镇海发电厂，北接镇宁东路，长450米，宽8米，混凝土路面。

炼化路 又名中兴路。位于镇海炼化公司大门至炼化油厂1号门岗，南北向。长710米，宽25.2米，其中主车道16.2米，混凝土路面，人行道铺装彩色方块。始建于1978年10月，1993年改建。

祥和路 位于俞范东路，至万弓塘路，南北向。长485米，宽10.7米，其中车行道宽8米，混凝土路面，建于1978年10月。

丰收路 位于俞范东路至万弓塘路，南北向。长600米，宽8.2米，其中车行道宽7米，混凝土路面，建于1980年10月。

双桥路 位于沿河路至万弓塘路，南北向。长350米，宽5.5米，混凝土路面，建于1981年10月。

体育场东路、体育场西路 位于俞范东路至沿河路，南北向。各长240米，宽12.5米，其中车行道宽为各8.3米，混凝土路面，建于1985年7月。

沿河路 俞范东路向北折西至丰收路，长1706米，宽13~14米，其中车行道7~12米，混凝土路面，建于1978年10月。

康乐路 位于炼化公司文化宫至丰收路，东西向。长670米，宽10.5米，其中车行道宽6.2米，混凝土路面，建于1980年10月。

商业支路 位于祥和路至炼化文化宫，东西向。长90米，宽12米，其中车行道宽6.2米，混凝土路面。建于1980年10月。

镇电路 位于镇海发电有限公司北面。南起镇电公司生产区门卫，北至镇宁东路，长380米，宽16米。其中主车道8米，非机动车道各4米。混凝土路面，以镇电公司得名。

兴电路 位于镇海发电有限公司东面。南起江滨公园，北至前大河。寓振兴电厂之意，南北向。长320米，宽6米，混凝土路面。

兴电一路 位于镇电社区内。南北向。南起液化气站，北至前大河。长320米，宽3.5米，混凝土路面。

兴电二路 位于镇电社区内。南北向。南起镇电公司职工食堂，北至镇电社区35幢职工楼。长320米，宽4米，混凝土路面。

兴电三路 位于镇电社区西侧。南北向。南起镇电公司警务室，北至镇电公司职工医院。长200米，宽7米，混凝土路面。

兴众路 位于镇电社区前大河南侧。东西向。东起兴电路，西至镇海发电有限公司生产区门卫。长500米，宽6米，混凝土路面。因有众茂宾馆得名。

兴茂路 位于镇电社区前大河北侧。东西向。东起兴电三路，西至镇电路。长300米，宽6米，混凝土路面。

彩炼路 位于炼化公司西南。东起丰收路，西至炼化公司吉园小区。长300米，宽8米，混凝土路面。

育英路 位于炼化公司西南。东起俞范东路900弄，西至炼化公司体育场东路。建于1977年4月。长500米，宽6米，混凝土路面。

棉丰路 位于炼化公司南面。东起炼化路、西至棉丰中心路。长718米，宽18米，混凝土路面。以棉丰村得名。

光大路 位于隧道北路西100米，2002年建设。南起镇宁东路，北至镇骆东路。长400米，宽12米。路西有人民法院，取正大光明之意。

中意路 位于宁波市镇海中意马达有限公司南面。东起镇骆东路，西至临俞南路。长400米，宽12米。有中意桥1座，载重设计为B级。

顺泰路 位于镇海国税局西面。南起镇骆东路，北至俞范东路于丰收路相接。长500米，宽8米，混凝土路面。

渡驾路 位于临江菜场西侧。北起镇宁东路，南至规划路。长400米，宽6米，混凝土路面。以渡驾桥村得名。

金虹路 位于浙江腈纶厂东面。东起大运路，西至港道路。长400米，宽6米，混凝土路面。

临海路 位于炼化公司东侧。南起俞范东路，北至甬兴化工有限公司。长400米，宽8米，混凝土路面。

第三节 庄市街道路

钟包村路 西北起庄俞公路，东南至钟包村包玉刚故居，长700米，宽8米，混凝土路面，能通行中型机动车辆。1989年由旅港乡人包玉刚捐资建钟包新村时兴建。

五星村路 西北起光明村接庄俞公路，往东南至沈葛刘屠村，再续北连万嘉桥村路，长2000米。1971年始建时为砂石机耕路，1994年拓宽改建为混凝土路面，宽5米，能通行中型机动车辆。

万嘉桥村路 西北起庄俞公路，南沿中大河，东南接五星村路，长1000米。1971年始建时为砂石机耕路，1994年拓宽改建为混凝土路面，宽7米，能通行中型机动车辆。

老鹰湾村路 北起老鹰湾村，向西折南经官田沈、高家接庄俞公路，长2000米，宽5米，砂石路面。另一条东北起老鹰湾董家，西南至叶家，长600米，宽4米，1995年改建为混凝土路面。

菱漕村路 东北起菱漕村，向西南经朱家岸村、陈倪村至慈海南路（329国道）庄市汽车站，长2000米。1971年始建时为砂石机耕路，1995年改建为混凝土路面，宽5米，能通行中型机动车辆。

甬江村路　北起宁波大学接宁镇公路，向南至甬江村，长900米，路宽7米，砂石路面。建于1995年，能通行中型机动车辆。2000年后翻修改建混凝土路面，行驶391路公交车自甬江村至梅墟。

甬旺路　原名阮家路，南起邵家港接邵氏康乐园路，往北经阮家、倪家至田野王，全长2000米。1971年始建时为砂石机耕路，1994年拓宽改建为混凝土路面，宽6米，能通行中型机动车辆。

邵氏康乐园路　南起朱家桥接宁镇公路，北至邵家港接甬旺路，长1000米，混凝土路面，宽6米，能通行中型机动车辆。1988年由旅港同胞邵逸夫捐资建邵氏康乐园时兴建。

宋家路　北起宁镇路，南至宋家汇头，长500米，宽7米，砂石路面，能通行中型机动车辆。由庄市砖瓦二厂和庄市冷冻厂出资兴建。

第四节　骆驼街道路

中大河路　全程沿中大河而得名。北起中河西路教养桥，往南沿中大河经妙胜寺、大市堰接庄俞公路。原为沿中大河石板路。20世纪70年代开始改建为砂石路面，长2700米，宽6.5米，能行驶中型机动车辆。1997年改建为混凝土路面。

耕渔南路　北起贵驷中大河耕渔桥，往南经双蔛至庄市街道光明村接庄俞路。原为庄市至宁波市区的石板路，20世纪80年代开始逐段改建为机耕路。1996年路面拓宽翻建，为混凝土路面，长3028米，宽7~9米，行驶343路自宁波至贵驷公交车。

骆贵路　西起团桥接慈海南路，东迄贵驷双蔛接耕渔南路。长2919米，宽9米，混凝土路面，设计为3级公路，2001年新建。在西大河架有长安桥，长16米，宽14.7米。沿途有团桥、乌家、河角、东钱等村。

第五节　澥浦镇路

曲塘路　起邱何顾李村，东接官塘路，向西折向北经曲汇塘村前至庙戴村，接庙戴路。始建于20世纪90年代，2000年后路面翻修加宽。长1300米，宽9

米，混凝土路面。系澥浦镇南部东西向主要道路。

觉王路 东起慈海北路觉渡村南，西迄王家村接觉（觉渡）林（林周）路，长1900米，宽9米，混凝土路面。始建于1995年，2000年时路面翻修加宽。

磊山路 东起觉渡寺接慈海北路，西沿大磊山南麓迄山头方。长1800米，宽9米，混凝土路面。始建于1952年，为建庄桥机场而建造的砂石路。2000年后路面翻修拓宽，改为混凝土路面。

田沈路 南起王家接觉王路，向北接磊山路，向西经山头方、蔡家、小王，进入九龙湖镇的西沈、陈垫堰、三官堂至田顾工业区接九龙大道。长3640米、宽9米，混凝土路面。始建于20世纪80年代。2000年后加宽翻修路面。现行驶385路公交车，自招宝山至河头市。

斗门山路 北起金张村，向南沿斗门滩达山头方河对岸接田沈路，长1400米，宽7米。混凝土路面。路侧有小堰头、小灵峰、新庵、潘家等。原为行人道，后改为机耕路、砂石路面。2000年后拓宽翻修路面。

金张路 北起滕山六墓园前接沿山路。穿越北大河（姚江东排）沿山河段，建有唐家桥。向南达金张接斗门山路。长980米，宽7米，混凝土路面。

三七房路 东起三七房村接慈海北路，越北大河苍龙桥向西达金张村接斗门山路，长1100米，宽7米，混凝土路面。原为古行人道，后改建机耕路。2000年后翻修路面。

滕方路 北起滕山村沿山路，向南跨越北大河应家桥，经鹿山、蔡家接田沈路抵山头方。长850米，混凝土路面，能行驶小型汽车。原为机耕砂石路，2000年前后改建。

蒲沙河路 东起慈海北路，西迄蒲沙河村。长500米，宽4米，混凝土路面，始建于1995年。

罗家路 南起罗家村奉泰桥，向北达潘家山，长1000米，宽3~4米，混凝土路面。始建于1978年，系砂石机耕路，2000年后路面翻建。

第六节 九龙湖镇路

九龙大道 九龙大道镇境段，南起汶骆路长宏村，向北经西经堂、田顾工业区、马家桥、河头、至雁门岭南麓与慈溪市邱王接界，长7000米。2005年12月建成通车。

沿山路　东起澥浦汽车站接慈海北路，向西迄九龙湖镇政府前九龙大道。路沿滕山、金池、吕岙山和河头山南麓故名。长 5080 米，宽 7 米，混凝土路面，三级公路。是路于 1997 年 2 月建成。

汶骆西路　起九龙大道接汶骆东路，向西达陈可观岙入江北区界。镇境内段长 5120 米。2005 年 8 月，拓宽徐王至黄杨段 1200 米。

香山路　东接沿山路，向西北经长胜、十字路达横溪村。长 6500 米，宽 7 至 8 米，混凝土路面。原称河横路，始建于 1969 年。1982 年建十字路水库，原经回峰岭和十字路村段改道重建。因唐代建有香山寺，更名香山路。

长应路　南起长宏村接汶骆路，向北经西经堂、下畦、上畦、应家接汶胜路，长 4000 米，宽 7 米，混凝土路面。原自长宏、韩洪至西经堂段称长邱路，建于 1982 年；自西经堂至上畦、应家段建于 1996 年。均为三级公路。

西经堂路　东起翁家池桥接九龙大道，西迄西经堂接长应路，长 980 米，宽 7 米，混凝土路面。

汶胜路　南起汶溪迎胜桥接汶骆路，向东北经吴夹岙、杜郭、上畦、应家至长胜村接香山路。长 4800 米，宽 6 至 7 米，混凝土路面。原路为砂石机耕路，1986 年改建为乡村公路，1991 年竣工通车。

黄保路　北起汶骆路、黄杨路口，南迄江北区费市，因有保国寺故名。镇境内段长 950 米，宽 7 米，1992 年建成。1998 年 2 月改成混凝土路面，三级公路。

汶秦路　南起汶溪与汶骆路相接，北迄秦山，长 4350 米，宽 6 米，混凝土路面，三级公路。始建于 1998 年，经过干家、东岙、西岙、朱家、唐家园、观音寺。

民胡路　北起何家庙前凉亭接汶骆路，向南越荪湖岭达江北区洪塘镇，镇境段长 950 米，宽 7 米，混凝土路面，三级公路。建于 2003 年。

西新路　东起西经堂接长应路，西迄西河新堰头，长 1620 米，宽 7 米，混凝土路面，三级公路。1997 年建成。

田沈路　西起田顾接九龙大道，向东经田杨陈村西沈通澥浦镇，镇境内路长 1550 米，宽 7 米，混凝土路面，三级公路。1998 年在原机耕路上改建，路经田顾工业区、三官堂和西沈等村。

曹杨路　西起曹郎村接九龙大道，向东达杨家连骆驼、澥浦公路，镇境段长 1660 米，宽 7 米，混凝土路面，三级公路。建成于 1997 年。

郎官路　东起十字路接香山路，西迄郎家坪开元度假村，长1100米，宽6米，混凝土路面，三级公路。建成于1998年。

觉林路　起觉渡连慈海北路（329国道），迄骆驼林周。长473米，宽7米，混凝土路面，三级公路。建成于1997年。

第七节　镇海新城道路

镇海新城处骆驼街道南，庄市街道北，规划面积46平方千米。2002—2010年，镇海新城新建和改建城市道路26条（段），其中城市快速路2条、城市主干道15条、城市次干道6条、城市支路3条，总长46251米。

城市快速路

北外环路新城段　东起东外环路，西至329国道，与明海大道、兆龙路和兴海路相交，长5300米，宽68米，桥梁7座，荷载30吨，沥青路面。2005年开工，2007年10月竣工。

东外环路新城段　南起甬江，北至宁镇路，长450米，宽68米，2008年开工建设。

城市主干道

中官路　城市新建道路，初称临江路。由镇海新城管委会、蛟川街道、区建设与交通局分段建成。中官路西起世纪大道，东止镇骆路，全长9.2千米。其中：中官路新城段，镇海新城管委会建设。东起东外环路西至329国道，长4282米，宽50米，桥梁6座，荷载30吨，沥青路面，建有盲道，道路两侧绿化带各6米，中央隔离带8~12米。2002年6月开工，2005年8月竣工。中官路蛟川街道段，蛟川街道建设。西起永旺村，东至中官路村，长3.5千米，2001—2003年建成。中官路东外环至金川路段，长1.4千米，区建设与交通局建设。2004年2月开工，2005年1月竣工，该段路列入公路建设。2007年3月5日至2008年4月22日，中官路镇骆路至金丰路段拓宽改造，改造后路宽40米，总投资约1800万元。

庄市大道　南起宁镇路，西至329国道，其中宁镇路至同兴路段为南北走向，同心路至329国道段为东西走向。全长4671米，宽36米，桥梁1座，荷载30吨，建有盲道，道路两侧绿化带各6米。其中，兆龙路至陈倪路段，混凝土路面，长1121米，宽36米，建于2001年6月之前。新城建设段工程分二期实施。一期陈倪路至329国道段，混凝土路面，长650米，宽36米，2002年5月开工，同年10月竣工。二期宁镇路至兆龙路段，系旧路改造工程，沥青路面，长2900米，宽36米，2005年3月开工，翌年末竣工。

逸夫路　南起宁镇路，西至329国道，其中宁镇路至钟包路段为南北走向，钟包路至329国道段为东西走向。全长3751米，宽44米。逸夫路建成段工程分三期建设，总长2894米。一期天圣路至中官路段（西侧单幅），长910米，宽22米，2002年12月开工建设，次年7月竣工，东侧单幅涉及兴光煤气拆迁列为缓建。二期329国道至兴海南路段，长1203米，宽44米，桥梁2座，荷载30吨，沥青路面，道路东侧绿化带6米，中央隔离带1.8~2米，2003年1月开工建设，2005年9月竣工。三期中官路至钟包路段，长781米，宽44米，桥梁1座，荷载30吨，沥青路面，道路东侧绿化带6米，中央隔离带1.8~2米，2004年6月开工建设，2006年8月竣工。

文智西路　东起世纪大道，西至329国道，长1680米，宽40米，桥梁2座，荷载30吨，沥青路面，建有盲道，道路两侧绿化带各6~8米，两侧隔离带1.8米。2003年6月开工，翌年10月竣工。

同心路　环形走向，东接汉塘路、钟包路，南接思源路、归源路，西接明海大道，北临浜子港。全长2400米，宽48米，桥梁3座，桥梁荷载30吨，沥青路面，建有盲道，道路两侧绿化带各6米，中央隔离带8~10米，两侧隔离带各1.5米。2003年7月开工，2005年7月竣工。同心路西北侧建有地下通道。

诚西路　东起世纪大道，西至329国道，长1680米，宽40米，桥梁2座，荷载30吨，沥青路面，建有盲道，道路两侧绿化带各6~8米，两侧隔离带1.8米，2003年7月开工，翌年4月竣工。

明海大道新城段　南起宁镇路，北至庄市大道，长2120米，宽60米，桥梁1座，荷载30吨，沥青路面，建有盲道，道路两侧绿化带各6米，中央隔离带10~12米。2003年12月开工，2005年10月竣工。

兴海南路新城段　南起聚兴路，北至北外环路，长1700米，宽44米，桥梁3座，桥梁荷载30吨，沥青路面，建有盲道，道路两侧绿化带各6~7米，中央隔离带8~12米。一期聚兴路至逸夫路段，2004年5月开工建设，翌年6月竣工。二期逸夫路至北外环路段，2007年8月开工，翌年10月竣工。

南二西路 东起世纪大道，西至329国道，长1700米，宽36米，桥梁2座，荷载30吨，箱涵1处，主车道混凝土路面，辅车道沥青路面，建有盲道。2004年8月开工，2006年3月竣工。

汉塘路 东起逸夫路，西至同心路，长517米，宽28米，桥梁1座，桥梁荷载30吨，沥青路面，建有盲道，道路两侧绿化带各6米。2004年12月开工，2007年11月竣工。

钟包路 东起逸夫路，西至同心路，长554米，宽36米，桥梁1座，桥梁荷载30吨，沥青路面，建有盲道，道路两侧绿化带各6米，中央隔离带2.2~2.5米。2004年12月开工，2006年8月竣工。

兆龙路 南起329国道，北至庄俞公路千岁桥，系旧路改造，全长2800米，宽27米，桥梁1座，荷载30吨，沥青路面，建有盲道，道路两侧绿化带各2.5~4米。2005年3月开工，翌年末竣工。

东邑北路 南起骆兴西路，北至荣骆路，长1166米，宽40米，桥梁3座，荷载30吨，沥青路面，建有盲道。2005年7月开工，年末竣工。

镇新路新城段 东起世纪大道，西至329国道，长1735米，宽60米，桥梁1座，荷载30吨，沥青路面，建有盲道，道路两侧绿化带各6米，中央隔离带8~12米。2005年开工，2007年年底竣工。

聚兴路 东起规划15号路，西至陈倪路，长412米，宽36米，沥青路面，建有盲道。2006年3月开工，翌年2月竣工。

城市次干道

思源路 南起宁镇路，北至同心路，长1100米，宽24米，沥青路面，建有盲道，道路两侧绿化带各6~8米。2002年5月开工，2004年12月竣工。

归源路 南起宁镇路，北至同心路，长1100米，宽24米，沥青路面，建有盲道，道路两侧绿化带各6~8米。2002年7月开工，2004年12月竣工。

骆兴西路 东起世纪大道，西至329国道，长1070米，宽28米，桥梁2座，荷载30吨。世纪大道至西大河路段沥青路面，西大河路至329国道段混凝土路面，建有盲道。2003年6月开工，2005年10月竣工。

清泉路 东起归源路，西至兴庄路，长1300米，宽24米，桥梁2座，荷载30吨。沥青路面，建有盲道。2003年6月开工，2005年年末竣工。

兴庄路　南起中官路，北至芳辰路，长2046米，宽30米，桥梁1座，荷载30吨，沥青路面，建有盲道。一期中官路至聚兴路段，长750米，宽30米，中央隔离带4~6米，2004年3月开工，年末竣工。二期聚兴路至芳辰路段，长1296米，宽30米，2007年开工，翌年6月竣工。

静远西路　东起三五路，西至329国道，长658米，宽28米，沥青路面，建有盲道。2006年9月开工，翌年1月竣工。

城市支路

荣骆路　长1096米，宽16米，混凝土路面，建有盲道。2002年6月开工，翌年10月竣工。

天圣路　长805米，宽24米，桥梁1座，荷载30吨，沥青路面，建有盲道，道路两侧绿化带各6米。2002年9月开工，翌年1月竣工。

三五路　长1015米，宽24米，沥青路面，建有盲道，道路两侧绿化带各6米，两侧隔离带1.5米。2004年10月开工，2006年5月竣工。

第三章　桥梁　隧道

1986—2010年，横跨甬江连接镇海区、北仑区建有甬江水底隧道和招宝山大桥、明州大桥和清水浦大桥；金塘跨海大桥在镇海蛟川登陆。镇海往北进入慈溪市杭州湾跨海大桥可通往上海。

跨江、跨海大桥和水底隧道的建成极大地方便了镇海区与各地的交通运输。

第一节　隧道　特大桥

甬江水底隧道

隧道北端位于镇海张鑑碶，连接镇骆公路，南端位于北仑江南衙前，连接江南公路。1987年6月，隧道建设启动，1995年11月8日建成通车。甬江隧道为单管双车道结构，隧道长1019延米（不含公路连接线）。其中，江中沉管段长420米，行车道宽7.5米，净高4.5米，内壁净宽10.2米。采用5节85米×11.9米的钢筋混凝土大型沉管水底对接而成。按平原微丘二级公路标准设计，设计行车速度60千米/小时，日通车能力5500辆。隧道内置有两排高压钠灯照明，6台射流风机通风，并建有消防、监控、通信等设施。南北两端公路接线2802米，工程总投资15967万元。工程建设单位宁波市交通委。设计单位浙江省交通设计院。施工单位广州海上救助打捞局、铁道部隧道工程局等。监理单位交通部南京、东华监理公司。质量鉴定宁波市交通工程质量监督站。

甬江水底隧道为第一条过江隧道，建成通车后慈溪、绍兴、杭州等地至北仑港区及舟山市的过往车辆不必绕道宁波老市区，交通一度称便。

招宝山大桥

横跨甬江口，连接镇海区的招宝山和北仑区的金鸡山。1995年6月8日开工兴建，2001年6月8日建成通车。桥梁工程按城市快速路标准建设，设计新颖，技术含量高。如斜拉桥的通航路径为是时全国之冠，斜塔柱呈花瓶造型为国内首创。整个工程包括主桥、引桥、隧道、引路四个部分，全长2552米。主桥为单塔双索面不对称预应力钢筋混凝土斜拉桥，长568米，宽29.5米，行车道宽度2×11.25(米)，双向6车道，设计车速为每小时60千米，日通过能力机动车5万辆。通航主孔宽258米，边孔宽185米，净空高32米，5000吨级的客货轮可全天候通过。大桥穿越招宝山隧道，隧道长169米，来往分流有平行的两个隧洞。大桥主塔高148.5米，其标准截面为双箱单室开口箱形截面；引桥为简支梁桥；匝道桥为25米跨连续箱梁。桥梁设计荷载为汽—超20，挂—120。大桥工程总投资36000万元，建设单位：宁波兴业大桥有限公司。设计单位天津市市政工程设计研究院，中铁大桥勘测设计院。施工单位：铁道部大桥工程局，铁道部大桥工程局第一桥梁工程处，铁道部第一工程局第三工程处，宁波市市政工程总公司等。监理单位：武汉桥梁建筑工程监理公司，铁科院建设监理部华铁工程咨询公司。由宁波市计委、交通委员会、交通工程质量监督站、交警支队参与对大桥的工程质量实施鉴定。

明州大桥

宁波市“五路四桥”工程项目东外环路跨越甬江的大桥。2008年2月13日开工建设。2010年10月19日主桥钢箱梁合拢。2011年5月5日建成通车。处庄市高教园区和宁波高新区之间，为中承式双肢钢箱拱桥。主桥跨径100+450+100米，桥梁总长1250米，主线线路等级为城市快速路，设计车速80千米/小时。辅路为城市次干路，设计车速40千米/小时。主桥桥面宽45.8米，按双向八车道加人非混行标准建设。通航净宽180米，净高24米，双向通航，设计最高通航水位2.23米，可通航海轮1000吨级。使用年限100年，设计洪水位为300年一遇，工程总投资约11.35亿元。明州大桥线形美观、结构复杂、气势恢宏，施工过程融合了斜拉桥、拱桥、悬索桥等三种不同类型的桥梁施工工艺，是目前在建单座桥梁建设中采用的施工工艺最多，最复杂的一种桥型。明州大桥不仅是目前宁波城市桥梁里单体结构最大的桥，其在中承式双肢钢箱系杆拱桥中更是位居世界第一，在钢拱桥中也名列世界第七。工程建设单位：宁波通途投资开发有限公司。勘察单位：上海市政工程勘察设计有限公司。设计单位：上海市政工程设计研究总院。土建施工单位：中交第二航务工程局有限公司。钢结构施工单位：中铁山桥集团有限公司。土建监理单位：武汉桥梁建设监理有限公司。钢结构监理单位：铁四院（湖北）监理有限公司。宁波市市政公用工程安全质量监督站对大桥的工程质量实施鉴定。

清水浦大桥

绕城高速公路东段跨越甬江特大桥。2007年11月8日开工建设，2011年9月建成。位于镇海区清水浦村和北仑区新立村之间，全长908米，为全线全封闭双向八车道高速公路。设计行车速度120千米/小时，主桥桥面宽53.3米，主桥为主跨468米的联塔分幅式双塔四索面叠合梁斜拉桥。桥塔结构设计为双菱形联塔。主塔高度146.6米。主墩基础设计为66根直径2.2米，深度131米的混凝土钻孔灌注桩，为目前国内最深的桩。清水浦大桥在同类型联塔分幅斜拉桥结构中跨径世界第一，在国内已建成的混凝土斜拉桥中位居第三。大桥最高通航水位为1985国家高程3.27米，通航净空为200×30.86米的单孔双向通航，兼通3000吨级海轮。总投资约7.5亿元。建设单位：宁波绕城高速公路东段有限公司。代建单位：宁波市绕城高速公路东段建设指挥部。设计单位：浙江省交工规划设计研究院。施工单位：中交第一公路工程局有限公司，中铁十局集团第二工程有限公司，上海宝达工程机械有限公司，新津腾中筑路机械有限公司。监理单位：广东虎门技术咨询有限公司，宁波交通工程咨询监理有限公司。由浙江省交通运输厅、宁波市交通工程质量监督站对大桥的工程质量实施鉴定。

金塘大桥

金塘大桥系舟山陆岛连接工程五座桥梁之一。跨金塘水道、沥港水道、灰鳖洋，连接金塘岛和镇海，全长26.54千米。桥长21.03千米，其中海上部分桥长

18.27千米，是舟山大陆连岛工程中规模最大的跨海大桥。全桥由主通航孔桥、东通航孔桥、西通航孔桥、非通航孔桥、金塘、镇海两侧引桥组成。主通航孔桥，跨径620米，双塔双索面斜拉桥。东西通航孔桥分别采用主跨为216米的连续钢构和主跨156米的连续梁桥。主通航孔等级5万吨级，通航净高51米，净宽544米。2005年11月开工，2009年12月25日大桥投入运行。

第二节　公路桥

2010年，辖区内国、省、县、乡、村公路有桥梁205座，合计4213.45延米。其中大桥1座，中桥15座，小桥189座。其中，国、省、县、乡公路桥梁121座，计2755.26延米。村道桥梁84座，计1458.19延米。

建于2006年的沿海北线澥浦大桥，为区域内唯一公路大桥，桥长165米，跨径为8×20米，桥面宽24米，设计荷载公路—1级。

2010年镇海区公路桥梁表

表3-3-1

公路名	桥涵洞	孔数、结构	跨径（米）	桥长（米）	行车道宽（米）	荷载量（吨）	建、翻建年份
杭沈线G329	余严桥	1孔空心板梁　组合式桥台	8	14	18	汽-20	1997
	三七房桥	3孔空心板梁　组合式桥台	32.8	38.8	18	汽-20	1998
	觉渡桥	2孔空心板梁　组合式桥台	18	24.6	18	汽-20	1997
	蒋家桥	1孔空心板梁　组合式桥台	10	16	18	汽-20	1997
	清河桥	1孔空心板梁　组合式桥台	10	16	18	汽-20	1997
	南河桥	1孔空心板梁　组合式桥台	9	15	18	汽-20	1997
	骆驼桥	4孔空心板梁　组合式桥台	28	34	16.9	汽-20	1997
	刘杜桥	2孔空心板梁　组合式桥台	16	22	18	汽-20	1998
	洪家桥	1孔空心板梁　组合式桥台	13	19	18	汽-20	1997
	彭王庙桥	5孔空心板梁　组合式桥台	40	46	18	汽-20	1997
骆霞线S320	借邑港桥	1孔板梁　墙式桥台	6	8	15	汽-20	1996
	甸张桥	1孔空心桥梁　墙式桥台	13	14.3	15	汽-20	1996
	后大河桥	3孔空心板梁　墙式桥台	36	43.5	15	汽-20	1996
	东港河	1孔板梁　墙式桥台	6	23.5	15	汽-20	1996
	管廊桥	2孔空心板梁　墙式桥台	40	45.5	15	汽-20	1996

续表3-3-1

公路名	桥涵洞	孔数、结构	跨径（米）	桥长（米）	行车道宽（米）	荷载量（吨）	建、翻建年份
常镇线	勤勇桥	3孔T形梁　多柱框架式桥台	39	56.4	25.6	汽-超20	1995
	河湾桥	1孔T形梁　墙式桥台	6	12.5	25.6	汽-超20	1995
	管廊桥	2孔T形梁　墙式桥台	40	48.1	25.6	汽-超20	1995
庄南线	春荫桥	3孔板梁　U形桥台	24	34.6	16	汽-20	2003
	千岁桥	3孔空心板梁　组合式桥台	28.2	38.8	15	汽-20	2002
	丁卯桥	3孔空心板梁　U形桥台	32.8	43.7	15	汽-20	2002
	邵家桥	1孔桥梁　U形桥台	6	16	16.6	汽-20	2002
	1号桥	1孔空心板梁　双柱框架式桥台	13	13	16	汽-超20	2004
	3号桥	3孔空心板梁　双柱框架式桥台	24	65.7	16	汽-超20	2004
	4号桥	3孔空心板梁　双柱框架式桥台	24	24	16	汽-超20	2004
	5号桥	1孔空心板梁　空箱式桥台	10	10.1	16	汽-超20	2004
	6号桥	1孔空心板梁　组合式桥台	10	10	16	汽-超20	2004
骆慈线	青山港桥	1孔空心板梁　U形桥台	8.8	14	7	汽-10级	1988
	芳岗桥	1孔空心板梁　U形桥台	8.6	16.4	14.5	汽-20	1995
	贺家桥	1孔空心板梁　U形桥台	13.0	21.3	7	汽-10级	1987
	胜光桥	1孔板梁　U形桥台	5.6	9.3	8.5	汽-10级	1988
骆慈线	赵外王桥	1孔板梁　U形桥台	7.6	14.7	7	汽-10级	1988
	徐王桥	1孔板梁　U形桥台	5.6	10.9	7	汽-10级	1988
	长石桥	1孔板梁　U形桥台	5.5	15.5	8.5	汽-10级	1976
	孙陆桥	1孔板梁　U形桥台	7.8	16.6	7	汽-10级	1988
	蟹蛏桥	3孔板梁　U形桥台	14.3	19.4	7	汽-15级	1985
	迎东桥	1孔空心板梁　U形桥台	8.3	12.5	7	汽-15级	1990
黄观线	黄杨桥	3孔空心板梁双柱框架式桥台	17.7	31.7	8.5	汽-20级	1994
贵镇线	新明桥	1孔板梁　U形桥台	6.6	9.1	11.7	汽-10级	1981
	甸张桥	1孔板梁　U形桥台	7.2	17	11.5	汽-20	1981
	俞范桥	1孔板梁　U形桥台	7	10.4	12	汽-20	1979
	静德桥	3孔空心板梁　埋置衡重式桥台	20	25	14	汽-20	1988
长邱线	严四宅桥	2孔空心板梁　U形桥台	13.6	25.4	7	汽-10级	1981
	翁家桥	1孔板梁　U形桥台	6	13.6	8.2	汽-15级	1990
	马家桥	空心板梁　U形桥台	16.7	26	7	汽-10级	1981

续表3-3-1

公路名	桥涵洞	孔数、结构	跨径（米）	桥长（米）	行车道宽（米）	荷载量（吨）	建、翻建年份
余汶线	河头桥	1孔板梁　U形桥台	7.7	19.76	15.6	汽-20级	1998
	田央沈桥	3孔空心板梁　U形桥台	18	23.2	5.2	汽-10级	2001
	河头陈桥	1孔板梁　U形桥台	5	12.2	9.2	汽-10级	1997
炼澥线	新泓口桥	2孔空心板梁　U形桥台	12.2	23.3	7	汽-10级	1984
	中星桥	1孔板梁　U形桥台	5	12.8	9	汽-15级	1993
	岚山桥	1孔空心板梁　U形桥台	12.7	22	8	汽-10级	1984
	澥浦桥	3孔空心板梁　组合式桥台	33.2	39.9	7	汽-10级	1994
	航道14号桥	3孔空心板梁　组合式桥台	28.3	38.6	7	汽-20级	1988
骆观线	邵家汇桥	1孔空心板梁　U形桥台	8	16	18	汽-20级	2003
贵光线	耕渔桥	3孔空心板梁　组合式桥台	25.2	33.2	7.1	汽-20级	1993
	贵公桥	1孔板梁　组合式桥台	5	15.3	8.5	汽-20级	1996
	周林港桥	3孔空心板梁　组合式桥台	18	19.6	8.5	汽-20级	1996
团余线	迎丰桥	3孔空心板梁　组合式桥台	16.2	22.6	8.5	汽-20级	1996
	河角桥	1孔板梁组合式桥台	5	12	8.5	汽-20级	1996
	东钱桥	1孔板梁　组合式桥台	6	14.5	8.5	汽-20级	1996
	双斢桥	1孔板梁　组合式桥台	5	12.5	8.5	汽-20级	1996
觉林线	觉渡桥	3孔板梁　组合式桥台	24	25.7	7	汽-20	1995
	徐家一桥	1孔板梁　组合式桥台	5	14.6	7	汽-20	1995
	徐家二桥	1孔板梁　组合式桥台	5	14.6	7	汽-20	1995
	兴旺桥	3孔板梁　组合式桥台	32.8	34.9	7	汽-20	1996
	杨家桥	3孔空心板梁　组合式桥台	26.1	28.1	7	汽-20	1997
	四联桥	1孔板梁　组合式桥台	5.8	12.4	8.7	汽-20	1997
	四杨桥	1孔板梁　组合式桥台	8	14.5	8.5	汽-20	1997
	龚家桥	1孔空心板梁　组合式桥台	8	15.8	7.5	汽-20	1997
	小清水湖桥	1孔空心板梁　组合式桥台	8.4	18	8.5	汽-20	1997
西上线	杨家桥	1孔空心板梁　组合式桥台	10.5	11.9	8.6	汽-15级	1991
庄宁线	叶家桥	1孔空心板梁　组合式桥台	8.5	16	16.5	汽-20	1996
	曹家桥	1孔板梁　组合式桥台	7	22.5	16.5	汽-20	1996
	张家桥	1孔板梁　组合式桥台	6.7	18	26.6	汽-20	2001
	同心桥	1孔板梁　组合式桥台	8.5	19.4	22.7	汽-20	1996

续表3-3-1

公路名	桥涵洞	孔数、结构	跨径（米）	桥长（米）	行车道宽（米）	荷载量（吨）	建、翻建年份
骆畈线	镇东桥	3孔空心板梁　组合式桥台	20.8	23.1	13.5	汽-20	1999
	金华桥	1孔板梁　组合式桥台	5	11.6	8.5	汽-20	1999
	河角桥	1孔板梁　组合式桥台	6	13.3	9.5	汽-20	1999
长邵线	何仙桥	3孔板梁　组合式桥台	26.5	29.6	4.6	汽-15级	1994
汶秦线	碶闸桥	2孔空心梁板　组合式桥台	15.5	17	4	汽-10级	1986
	吉清桥	3孔板梁　组合式桥台	11	11.8	4.9	汽-20	1998
西新线	西河桥	3孔空心板梁　组合式桥台	21	24.3	5.5	汽-10级	1997
十郎线	郎家坪桥	1孔板梁　组合式桥台	5	10	6.8	汽-20	1998
曹杨线	宗家桥	1孔板梁　组合式桥台	6	13	8.4	汽-20	1997
王方线	方针桥	3孔板梁　组合式桥台	20	22.2	7	汽-20	1997
庙通线	曲塘桥	1孔板梁　组合式桥台	5	9.6	11	汽-10级	1991
丁妙线	龙舌桥	1孔板梁　组合式桥台	5.6	12.6	7.6	汽-15	1998
田方线	三官塘桥	3孔空心梁板　组合式桥台	24	26.2	7.4	汽-20	2001
	小王家桥	板梁　组合式桥台	22	24.2	7	汽-20	1999
贵郑线	北一桥	1孔板梁　组合式桥台	5.3	9.7	6.2	汽-15级	1991
	福田桥	1孔板梁　组合式桥台	5.1	15.1	7.1	汽-15级	1991
	沙河桥	1孔板梁　组合式桥台	5.2	10.8	7.5	汽-20	1995
陈徐线	思源桥	3孔空心板梁　组合式桥台	10.8	11.7	5.5	汽-20	1999
	大统桥	2孔肋拱　拱砂桥台	11.4	18.8	4.8	汽-10级	1938
俞临线	庙后张桥	1孔板梁　组合式桥台	6	12	8.7	汽-20	1998
	张陈傅桥	1孔板梁　组合式桥台	5.9	13	8.7	汽-20	1998
袁郑线	澥浦四桥	4孔板梁　组合式桥台	35	36	7.4	汽-20	2000
骆贵线	长安桥	1孔板梁　组合式桥台	8.4	16	14.7	汽-20	2000
	金华桥	1孔板梁　组合式桥台	5	17.5	16	汽-20	2001
张煤线	1号桥	3孔空心板梁　组合式桥台	29	30	9	汽-15级	1992
五大线	1号桥	3孔板梁　组合式桥台	14.5	15.4	7	汽-20	1996
俞火线	1号桥	1孔板梁　组合式桥台	5	6	8.4	汽-15级	1988
清渔线	1号桥	1孔板梁　组合式桥台	6.7	15.6	7.1	汽-10级	1978
中贺线	阮家桥	3孔空心板梁　双柱框架式	10	34	17	汽-20	2004
招宝山大桥接线	后沙河桥	3孔空心板梁　双柱框架式	22	20	20	汽-20	1998

续表3-3-1

公路名	桥涵洞	孔数、结构	跨径（米）	桥长（米）	行车道宽（米）	荷载量（吨）	建、翻建年份
新长邱线	洪庄庙桥	3孔空心板梁　双柱框架式	24	27	17	公路一级	2005
	胜光桥	3孔空心板梁　多柱框架式	39	42.7	17	公路一级	2005
	横河桥	3孔空心板梁　双柱框架式	24	27	17	公路一级	2005
	上河严桥	2孔空心板梁　双柱框架式	26	35	17	公路一级	2005
	翁家桥	3孔空心板梁　多柱框架式	39	42.7	17	公路一级	2005
	勤三桥	2孔空心板梁　双柱框架式	16	19	17	公路一级	2005
沿海北线镇海段	澥浦大桥	8孔空心板梁　U形桥台	160	165	24	公路一级	2006
	北海桥	1孔空心板梁　组合式桥台	16	16	52	公路一级	2006
	3号桥	1孔空心板梁　多柱框架式	16	16	45.75	公路一级	2008
	4号桥	3孔空心板梁　多柱框架式	30	30	17	公路一级	2008
	1号管廊桥	1孔空心板梁　多柱框架式	13	13	27	公路一级	2009
	5号桥	1孔空心板梁　多柱框架式	16	16	17	公路一级	2009
	6号桥	1孔空心板梁　多柱框架式	13	13	17	公路一级	2009
	2号管廊桥	1孔空心板梁　多柱框架式	13	13	17	公路一级	2009
	7号桥	3孔空心板梁　多柱框架式	48	48	20.75	公路一级	2009
骆霞线	隧道桥	4孔空心板梁　多柱框架式	31.8	36	9	汽-20	1995

注：村桥84座未列表

第三节　城区桥梁

城区（今招宝山街道）桥梁最早的为市西桥。宋宝庆《四明志》载，在县西二里，建于唐开元年间（714—741年）。鼓楼前的濠桥原名嘉定桥，约在五代后梁（907—911年）时建，民国时改名承德桥。宋代建总浦桥（善庆桥）、登瀛桥和通利桥等。明代初县城扩建后市肆日盛，浚河筑桥，至清代城区建有大小桥梁50余座。桥梁随河道自西向东，大西门外中大河东端建有平水桥，西城水门建有水门桥。再往东河流分为3支，过竺家弄往北称北河，自西往东北建有康衙桥、通济桥（刘衙桥）、方官人桥、童官人桥、官河渚桥、戴衙桥、仓前桥等，再往东在虞家门前有无名桥3座。中河始于八里桥，往东建有平浪桥（里晏公庙桥）、车梳桥、登瀛桥、卫西桥、永镇桥、太平桥（安乐桥）、通明桥、迎龙桥以及文庙内的泮水桥等。北支河流称斗富河，建有龙华庵桥、履泰桥（洞桥、又呼新桥）。南支河流有横街贸易桥、青龙桥、南水门桥等。南河起自梓宫庙前，建有迎龙桥、永安桥、总浦桥、仓河桥、尚书桥（横带桥）、嘉定桥、武衙桥等。城外濠河自东往西建有镇远桥（东门桥）、南薰桥（大南门桥）、清川桥（小南门桥）、武宁桥（小西门桥）、向辰桥（大西门桥）等。中大河东端还有社坛桥、永安桥等。沿城河东南诸泄洪浦均建有通途桥，自东至西有东门浦第一山浦碶闸桥、运石浦长生桥，回澜浦回澜桥、招财浦回澜桥、利市浦利市浦桥、白家浦白家浦桥、山家浦山家浦桥、三山浦乾碶桥和三山桥等。

民国时期城区桥梁以修葺为主，改建木架桥为钢筋混凝土桥 7 座：南薰桥、武宁桥、清川桥、镇远桥、嘉定桥、双桥、静德桥。

旧时桥梁以石梁桥为主，因城内河道狭窄，又无大船航行，故桥梁短而狭，多无步阶。桥梁一般架石梁 4~6 块，桥面宽 2~3 米，桥长 3~4 米，桥梁两侧多置有石座栏，供人憩息。

解放初城区有桥梁 54 座，其中钢筋水泥结构有南薰桥、镇远桥、清川桥、武宁桥、承德桥、双桥、静德桥 7 座；石梁结构有通济桥、仓河桥、水门桥、总浦桥等 41 座；木梁结构有张鑑碶公路桥（1 号桥）、胜利桥、谢家河塘桥等 6 座。

1963 年，在快马埠头南城河上建镇西桥，双孔石梁结构，置有桥栏。尔后又在南门菜场东城河上建铁架便桥。70 年代以后填河、筑路、建房，大部分老桥被拆或废。同时，随着城区拓展，大西门外新建多座大型钢筋混凝土桥。20 世纪 80 年代至 2010 年，城区原有桥梁普遍重修。

城区新建、重建的较大钢筋混凝土结构桥计有 12 座：

聪园桥

西门新村中大河，1983 年改建。桥长 31.3 米，面宽 21 米，其中车行道宽 16.7 米，两侧人行道各宽 2.12 米，单孔，结构为重力式桥台，桥面为钢筋混凝土梁板，设计负荷载汽—20，挂 100。

镇棉桥

大西门路中大河，贯通至环城西路。1988 年新建，2007 年修建。桥长 35.5 米，面宽 20 米，其中车行道 11 米，两侧人行道各宽 4.5 米，3 孔。桥墩为钢筋混凝土钻孔灌注桩基础，桥面为钢筋混凝土梁板，设计荷载汽—15，挂 100。

茗兴桥

隧道北路中大河，1993年新建。桥长27.5米，面宽29，其中车行道25米，两侧人行道各宽2米，3孔。桥墩为钢筋混凝土钻孔灌注桩基础，桥梁为钢筋混凝土装配式结构，设计荷载汽—20，挂100。1995年，镇海炼化运输大件设备需，桥梁东侧拓宽9米，其中车行道7米，人行道2米，设计荷载汽—40，挂200。

广镇桥

张鑑碶前大河。桥始建于清光绪十三年（1887年），名澜浦庙桥，石梁结构。1986年改为钢筋混凝土桥，1孔，跨径8米，面宽4米。1995年拓建为钢筋混凝土桥，长12米，跨径8米，面宽9米，其中车行道7米，两侧人行道各1米，配置花板钢筋混凝土栏杆，荷载汽—15。

隧道立交桥

张鑑碶西前大河，1987年建成。桥长24米，钢筋混凝土空心板梁，面宽12米，其中车行道9米，两侧人行道各1.5米，3孔，桥台、桥墩为钢筋混凝土钻孔灌注桩基础，钢筋混凝土盖梁，干砌块石护坡，桥下净空按13级人工运河通航标准设计。设计荷载汽—20，挂100。

茗园桥

茗园路中大河。1992年建造，钢筋混凝土桥，桥长25.7米，面宽11.5米，跨径22.7米，3孔，桥面车行道7米，两侧人行道各2.25米，配置钢筋混凝土栏杆，荷载汽—20，挂—100。

蛟川桥

曾名张鑑碶大桥，亦称公路1号桥。始建民国24年（1935年），修建于1954年，1982年重建，1999年再拓建后改今名。钢筋混凝土结构，桥长29.1米，宽32米，3孔，配置青花岗岩栏杆，荷载汽—20，挂—100，为镇海通往宁波的主要桥梁。

静德桥

亦称公路3号桥，石塘下王家。始建民国24年（1935年），民国37年（1948年）重建，1980年再建。钢筋混凝土结构，桥长25米，宽15米。系镇骆公路上主要桥梁，2008年拓宽重建。

张鑑碶桥

洞桥路中大河，1982年建造，钢筋混凝土桥，桥长21米，面宽9米，2孔，荷载汽—15，挂—80。

中益桥

中官路西港河。1997年建造，钢筋混凝土桥，桥面宽50米，长29米，跨径22.7米，行车道宽40米，1孔，两侧人行道各5米，配置混凝土栏杆，荷载汽—20，挂—100。

镇兴桥

环城西路中大河。1978年建成，钢筋混凝土结构，桥长29米，面宽15.5米。1孔，其中车行道9米，荷载汽—15，挂—80。

金桂桥

大西门外中大河，桥北有金桂花园新村，故名之。建于2003年，为钢筋混凝土桥。桥长20米，面宽16米，仿河北赵州桥式，大跨度石砌曲拱。为区境内新建的造型别致桥。配置青石栏杆，荷载汽—15，挂—80。

2010年招宝山街道桥梁汇总表

表3-3-2　　单位：米

桥名	桥址	修建年份	孔数	桥长	桥宽	结构	备注
镇兴桥	环城西路中大河	1978	1	29	15.5	钢筋混凝土	—
静德桥	镇骆路中大河	2008	1	25	15	钢筋混凝土	始建民国24年（1935年）
张鑑碶桥	碶跟	1982	2	21	9.0	钢筋混凝土	—
聪园桥	聪园路中大河	1983	1	31.3	21	钢筋混凝土	始建乾隆三十五年（1770年）
陈家桥	陈家中大河	1985	1	14	4	钢筋混凝土	1961年由石桥改建
吉庆桥	西门新村风龙江	1986	1	12	4.8	钢筋混凝土	—
隧道桥	隧道北路前大河	1987	3	24	12	钢筋混凝土	—
隧道立交桥	隧道北口	1987	—	11.8	12	钢筋混凝土	—
镇棉桥	西门新村中大河	2007	3	35.5	20.5	钢筋混凝土	—

续表3-3-2

桥名	桥址	修建年份	孔数	桥长	桥宽	结 构	备 注
海陆路桥	西门新村风龙江	1988	1	3.7	13	钢筋混凝土	—
中河桥	中河路前大河	1992	3	26	10.5	钢筋混凝土	—
茗园桥	茗园路中大河	1992	3	25.7	11.5	钢筋混凝土	—
茗兴桥	隧道北路中大河	1995	3	36.5	29	钢筋混凝土	—
广镇桥	张鑑碶前大河	1995	1	12	9	钢筋混凝土	原名澜浦庙桥，始建光绪十三年（1887年）
平水桥	苗圃路中大河	1997	1	6	20	钢筋混凝土	始建明代，1973年改建
中益桥	中官路	1997	—	29	50	钢筋混凝土	—
濠桥	鼓楼前	1998	1	5.2	20	混凝土	曾名嘉定桥、承德桥，始建于后梁。1967年改建
水门桥	西长营弄	1998	1	4.2	12	混凝土桥	始建清代，曾名广济桥，1973年改建
蛟川桥	车站路白龙洋	1999	3	29.1	32	钢筋混凝土	1935年建，亦称1号桥。1982年改建。
社坛桥	顺隆路中大河	1999	1	5.3	11	混凝土	始建于明代，1982年改建
八里桥	八里弄	1999	1	3.5	4.8	石桥	始建明代，乾隆四十四年（1779年）修
西长营桥	西长营弄	2000	1	3	11	钢筋混凝土	始建于清代
公园后桥	仓河头	2000	1	6.5	3.3	混凝土	—
仓河中桥	仓河头	2000	1	6.5	3	石桥	始建明代
仓河北桥	仓河头	2000	1	7.2	3.6	石桥	始建民国
胜利路桥（1）	胜利路	2000	1	3	4.5	混凝土桥	—
胜利路桥（2）	胜利路	2000	1	5.4	4	混凝土桥	—
胜利路桥（3）	胜利路	2000	1	6	3.5	混凝土桥	—
向梓桥	胜利路	2000	1	5.4	4	混凝土桥	1994年改建
车梳桥	童李衙弄	2000	1	4.2	11	混凝土桥	始建明代，1967年改建
平浪桥	马贺弄	2000	1	7.6	16	钢筋混凝土	始建明代，旧名晏公庙桥，1966年改建。
天兴桥	宏远路	2000	—	10	7	钢筋混凝土	—
定海桥	宏远路	2000	—	10	30	钢筋混凝土	—
金桂桥	金桂路	2003	1	20	16	钢筋混凝土	—

1986—2010年，填河、筑路、旧房拆迁等城区废止桥梁8条：总浦桥、通济桥、方官人桥、双桥、吉庆闸桥、尚书桥、童官人桥、后葱园桥。

1986—2010年镇海城区废止桥梁表

表3-3-3

桥 名	坐 落	建造年代	废时结构	废弃原因
总浦桥	城内南河	宋代	石梁桥	1987年建胜利路改涵洞
通济桥	城内北河	明代	石梁桥	1987年建后大街改涵洞
方官人桥	城内北河	明代	石梁桥	1994年建林庙路改涵洞
双桥	中大河	宋代	混凝土	改道废搁
吉庆闸桥	后沙河	80年代	钢筋混凝土	2000年改道废止
尚书桥（仓河东桥）	濠河	民国时期	石梁桥	改涵洞
童官人桥（永庆桥）	城关二校后	嘉庆末年	石梁桥	改道废止
后葱园桥（东方红桥）	中大河	1967	钢筋水泥板	2003年改道拆废

第四章 场 站

民国22年（1933年）4月5日，鄞慈镇公路建成通车，镇海始有公路长途汽车站。后宁穿、骆镇、慈龙、汶骆、镇大公路于民国25年（1936年）前筑成通车，公路长途汽车站随之增多。抗日战争时期镇海公路掘毁，站屋移作他用，抗战胜利后逐步恢复。21世纪初，城市公共交通快速发展，公路客运汽车站多数改作城市公交场站。

第一节 客运站

2010年镇海区有公路汽车站2个，隶属宁波市镇海公路运输总公司。

镇海站

位于招宝山街道车站路西端张鑑碶岔口。其前身为民国23年（1934年）镇海县城关始设的汽车站，初在城关小道头，1951年移到大道头。1964年移至快马埠头旁，建造站屋。1978年2月，移至城关车站路东端。1983年2月，移至张鑑碶现址，原站屋移交宁波公交公司作公交场站。

镇海站占地面积6632平方米，建筑面积2181平方米。其中，候车楼、票房、行李托运处1084平方米，停车棚205平方米，站办公楼323平方米，宿舍306平方米，仓库及门检100平方米，食堂163平方米。水泥停车场1个3000平方米。1985年10月前为县级站。有站务人员18人，日接发客车11班次，年客流量28.9万人次。1990年，有站务人员19人，营运客车18辆，日接发客车19班次，年客流量40万人次。2010年，有站务人员12人、接发班线27条，进出站客车48辆，其中跨省线路4条，日发班次2.25班，跨地（市）18条，日发班次49.5班，跨县5条，日发班次102班。年客流量58.4万人次。

骆驼站

位于骆驼街道金华村。其前身为民国22年（1933年）8月始设的骆驼站。解放后，骆驼站经过1958年、1966年、1969年和1977年4次改建扩建，至1985年时骆驼站占地面积6000平方米，建筑面积900平方米。其中，停车棚150平方米、候车室120平方米、票房10平方米、宿舍食堂103平方米、仓库53平方米、其他用房464平方米。有站务人员21人，日接发客车3个班次，过站客车42班次。年客流量49.81万人次。为县级站下属辅导站。建区后1990年站屋改建，建筑面积扩建至1200平方米。有站务人员25人，日始发客车19班次，接发过路客车94班，年客流量49万人次。1993年骆驼站由329国道西移至329国道东。2010年年初，骆驼站迁址骆驼街道金华村今址，与公交骆驼中心站同址。有站务人员3人，进站班车5辆。分别为镇海至杭州（2辆）；镇海至三门（1辆）、镇海至常山（1辆）、镇海至诸暨（1辆），客流量每月几百人。

简易汽车站

1933年至1982年，甬江以北的镇海区域建有简易汽车站11个。1979年4月，俞范站首先改为公交站。2000年前后，城市公交快速发展，简易汽车站陆续停用或改作公交停靠站。

2001 年以前甬江以北镇海区域简易汽车站表

表 3-4-1

车　站	地　址	启用年份	占地面积（平方米）	停车场（平方米）	站房面积（平方米）	备　注
澥浦站	澥浦余严	1933	520	300	125	1953、1977 年 2 次改建。2001 年改作公交站
团桥站	骆驼团桥	1933	400	180	108	1981 年改建。1999 年停用
贵驷站	贵驷憩桥	1934	538	150	268	1953、1973、1982 年 3 次改建。2003 年改作公交站
后施站	蛟川后施	1934	209	100	82	1956 年改建。2000 年停用
庄市站	庄市陈倪	1954	360	210	106	1974、1984 年 2 次改建。1996 年停用
俞范站	蛟川俞范	1956	220	150	58	1979 年 4 月改公交站
觉渡站	澥浦觉渡	1977	271	130	132	2000 年停用
汶溪站	骆驼汶溪	1978	450	250	144	2001 年改作公交站
长石站	骆驼长石	1979	190	120	56	1999 年停用
河头站	河头乡河头	1980	524	200	125	2000 年改作公交站
炼油厂站	蛟川陈家	1982	217	160	201	—

第二节　城市公交站点

1979 年 4 月，宁波公共交通公司在镇海首设 41 路公交终点站。站址在城关车站路与苗圃路交叉口西北。1982 年 6 月，增设公交炼油厂站。2000 年开始城市公交化改造加快，公交线路布局向全区所有乡镇、街道迅速拓展，至 2010 年，辖区有公交首末站 13 个，夜间停车场 2 个。全区有公交停靠站 252 对，504 个。

公交首末站

2010 年镇海区公交首末站表

表 3-4-2

站　名	所在区域	占地面积（平方米）	建筑面积（平方米）	启用年月	开通线路
炼油厂站	蛟川街道	800	198	1982.06	380
宁波化工区	化工园区	4340	135	2000.04	370、375

续表3-4-2

站　名	所在区域	占地面积（平方米）	建筑面积（平方米）	启用年月	开通线路
汶溪站	九龙湖镇	450	125	2000. 07	377、382、383
河头站	九龙湖镇	524	125	2000. 08	379、381
澥浦老站	澥浦镇	256	120	2000. 09	374
渡口站	招宝山街道	1780	200	2001. 12	389、390、393
招宝山站	招宝山街道	4100	412	2002. 09	371、372、373、374、375、376、385、341、541、778、27
贵驷站	骆驼街道	300	182	2003. 01	397
十七房站	澥浦镇	250	32	2006. 01	342、377
陆兴村站	骆驼街道	678	131	2006. 11	372
庄市站	庄市街道	4800	310	2007. 10	373、376、381、386
骆驼中心站	骆驼街道	6672	2861	2008. 03	338、383、386、388、389
九龙湖站	九龙湖镇	5160	140	2009. 09	384、385、965
金华停车场	骆驼街道	3248	96	2000. 02	备用停车场
总公司场站	骆驼街道	33727	7208	2002. 08	夜间停车场

公交候车亭

2005 年始，镇海区启动公交候车亭建设，采用玻璃钢或树脂复合材料制作。当年建设公交候车亭 30 个。2006 年建设公交候车亭 21 个。2007 年建设公交候车亭 80 个。2008 年建设公交候车亭 125 个。2009 年建设公交候车亭 88 个。至 2010 年年末，累计建成公交候车亭 344 个。其中，不乏因地设置的港湾式公交候车亭。

第三节　加油站

1975 年起，车辆用汽油、柴油实行凭证定量供应，用油单位按定量自备油桶向石油公司购买。1976 年，在镇海城关镇车站路首建城关加油站。至 2010 年，镇海区加油站遍布乡镇街道，总数达到 27 家。

2010 年镇海区加油站一览表

表 3-4-3

站　　名	地　　址	开办年份
中石化 BP 镇海城关加油站	城关车站路 154 号	1976
镇海炼化骆驼联营加油站	骆驼慈海北路 151 号	1989
中石油镇海澥浦加油站	澥浦镇余严村	1990
镇海东海联营后施加油站	蛟川街道陈家村五丰	1992
中石化 BP 镇海贵驷加油站	贵驷朝阳村	1993
中石油镇海陈倪加油站	庄市陈倪村	1993
镇海静德加油站	镇骆路 77 号	1993
镇海庄市供销社加油站	庄市兆龙路口	1993
镇海石油化工储灌有限公司	骆驼徐王村	1993
宁波众茂集团海星分公司	镇宁东路 235 号	1994
中石化 BP 镇海清水浦加油站	蛟川街道清水浦村孙家畈	1995
镇海城西协和加油站	清水浦村	1995
上海聚龙加油站管理有限公司骆驼加油站	骆驼勤劳村	1995
中石化镇海棉海加油站	澥浦湾塘村棉海	1996
镇海通仁加油站	镇骆东路 346 号	1997
镇海永大加油站	骆驼贵驷朝阳村	1997
中石化 BP 镇海金梦加油站	骆驼尚志村	1998
中石化 BP 镇海十七房加油站	澥浦十七房郑家	1998
镇海炼化港区加油有限公司	后海塘雄镇路 818 号	1998
镇海炼化俞范加油有限公司	骆亚线俞范村北侧	1998
中石化 BP 镇海绿洲加油站	骆驼荣骆路 1 号	1999
中石化 BP 镇海庄市加油站	庄市汤家村	2000
中石化 BP 镇海城北加油站	蛟川街道五丰村	2000
中石化 BP 镇海汶骆加油站	骆驼汶骆路 316 号	2000
中石化 BP 镇海河头加油站	河头马家桥村	2001
镇海威远石油钢铁有限公司	后海塘环城北路 36 号	2001
镇海浙石雄盛加油有限公司	蛟川街道石塘下村王家	2001

第四节　四自公路收费站

1994年7月至1998年年初，镇海区先后拓宽改建宁镇公路、镇骆公路和329国道镇海段。公路建设采用省规定的“自行贷款、自行建设、自行收费、自行还贷”方式（简称“四自”公路），公路拓宽改建后设站收费。

宁镇骆公路收费站

宁镇骆收费公路共设路林、庄俞、骆驼3个收费站。按建成时序先后设站收费。宁波（常洪）至镇海段，1995年12月建成通车开始收费。镇海至骆驼段，1997年4月建成通车开始收费。1997年4月，镇海区交通开发公司与香港招商局国际有限公司组建中外合资宁波常镇、镇骆公路有限公司，合资经营宁镇骆收费公路。港方占60%股权，区交通开发公司占40%股权。省批准宁镇骆收费公路收费年限为30年，自1995年12月8日起至2025年12月7日。2006年镇海区财政出资2亿元回收港方股权。2006年4月29日零时，宁镇骆公路路林、庄俞、骆驼3站点同时撤销，停止收费。

329国道镇海收费站

329国道镇海段收费公路起澥浦岭至常洪。1997年，镇海区交通开发公司与宁波市交通投资公司合资组建宁波市镇海交通经营开发有限公司，拓宽改建329国道镇海段。区交通开发公司占45%股权，市交通投资公司占55%股权。1998年3月，拓宽改造完成后设站收费。收费站点初设骆驼镇刘杜。2000年迁至慈溪龙山。2002年9月，迁至澥浦岭。省批准329国道镇海段收费年限为30年，自1998年3月5日起至2027年3月4日。按照浙江省取消政府还贷二级公路收费统一令，2010年2月28日撤329国道镇海收费站点，停止收费。

329国道澥浦慈镇收费站

车辆通行费收取标准

镇海区“四自”公路收费起自1996年12月。

宁镇骆公路和329国道镇海段车辆通行收费标准经省批准。进入镇海区方向的车辆，单向一次性收取通行费。

收费按下表标准乘以 2 执行。

镇海区“四自”公路车辆通行费收取标准表

表 3-4-4　　单位：元/每车次

车 辆 类 别	收费
二、三轮摩托车（含轻骑）	2
载重 2 吨（含 2 吨）和载客 20 座（含 20 座）以下客货汽车及简易机动车	5
载重 5 吨（含 5 吨）和载客 50 座（含 50 座）以下客货汽车	10
载重 10 吨（含 10 吨）和载客 50 座以上的客货汽车	15
10 吨以上车辆（含大型平板车、特种车）按行驶证规定的载重吨（特种车自重吨位）计收，超过 40 吨以上部分按 50%计收	2 元/吨

2005 年起，普通公路 10 吨以上货车收费标准下调，一律按 5 吨以上货车标准计收，即 30 元/车次。同时，摩托车通行费不再收取。

宁镇骆收费公路 2006 年 4 月 28 日停止收费。

329 国道镇海段收费公路 2010 年 2 月 28 日停止收费。

1996—2010 年镇海区“四自”公路车辆通行费收入表

表 3-4-5

年份	宁镇骆公路收费（万元）	329 国道镇海段收费（万元）
1996	1581	—
1997	2718	—
1998	2948	804
1999	2866	1029
2000	3080	1254
2001	3265	1288
2002	2608	1533
2003	2690	1809
2004	3012	1969
2005	2505	2681
2006	553	2120
2007	—	2443
2008	—	2345
2009	—	2975
2010	—	297

第五章　客运　货运

撤县划区前，镇北地区公路客运由省汽车运输公司宁波分公司经营。开通的班线由宁波北站发车的7条，通达骆驼、镇海、澥浦、汶溪、河头、横溪。由宁波北站发车的过境班线10条，抵达观城、淞浦、浒山、庵东、海晏庙、新浦、胜山、周巷、泗门、余姚，在镇海境内停靠庄市、洪家、团桥、骆驼、清湖、觉渡、澥浦。由镇海站发车的班线6条，抵达浒山、余姚、诸暨、汶溪、河头、骆驼。由骆驼站发车的班线4条，抵达余姚、浒山、澥浦、河头。

20世纪80年代中，道路旅客运输向社会开放。1984年10月，镇海县供销社开办储运旅游服务公司，开辟镇海胜利路口至宁波南火车站客运班线。

1984年7月，镇海县汽车站建立客货混合车队，开通镇海至余姚、慈溪班线。

1988年7月，省汽车运输公司宁波分公司客运业务下放镇海区，镇海区成立长途汽车运输公司。

20世纪90年代，民营经济涌入道路客运市场，单车承包成为道路短途客运主流。高峰时镇海区有143辆个体中巴客车营运。中巴车经营采取一车一主一线路，定线不定班，沿途无固定站点，挥手即停，车上售票。2000年开始，镇海区分三批对辖区个体中巴车实施收购改造，至2003年完成。此后，实施公交优先和公车公营，镇海区短途客运全部纳入宁波城市公交运营，中长途客运改由镇海区公路运输总公司独家经营。

1979年，开通宁波汽车北站至镇海城关的41路公交车（后改341路），为镇海区（县）通往宁波市区的第一条公交线路。1984年又开通公交42路至炼油厂（后改342路）。至2010年镇海区开通的公交线路达30条，成为城市客流的运输主体。

解放后，镇海县拥有第一辆货运汽车的是三山农业合作社。1968年镇海县柴桥运输站购置的红卫牌货运汽车是为第二辆。至20世纪70年代初，镇海县运输公司、镇海县第二运输公司和部分乡村运输队添置三卡、拖拉机参与机动车货运，后逐步发展汽车货运。初时车型有南京产跃进牌汽车，第一汽车制造厂产解放牌汽车，杭州产钱塘江牌汽车，宁波产四明山牌汽车，黄河牌、东风牌单车和半挂车等。1978年改革开放后，引进日本产三铃、五十铃货车以及罗马尼亚产布切奇货车等。省、部属企业和县棉纺织厂等大企业自备货车陆续拥有。

20世纪90年代，镇海区以液体化工产品为主导的生产资料专业市场形成，催生现代物流企业发展。整车运输、港海陆直达运输、甩挂运输、液体化工运输和集装箱联运等现代交通物流迅速形成。

第一节　汽车客运

客运班线

1987年6月，镇海汽车大修厂成立镇海区公交公司（1990年并入镇海长途汽车运输公司），投入5辆通道车、3辆普通大客，加上同期转入的镇海储运旅游服务公司2辆大客，开通镇海招宝山至宁波南站、镇海至澥浦、镇海至汶溪3条线路。

1988年7月，镇海长途汽车运输公司开通经营的区内班线有镇海至庄市，镇海经岚山至澥浦，镇海经沙河至澥浦，庄市至澥浦，招宝山至屯山，骆驼至河头等6条线路；跨区班线有镇海至新碶，镇海经河头至观城，镇海经保国寺至东邵，骆驼至郭巨，骆驼至大榭，吴夹岙至宁波北，毛力经骆驼至宁波北等7条线路；跨市班线有镇海至杭州、镇海至温州、镇海至临海、镇海至三门，镇海至温岭、镇海至衢化，镇海至永康，镇海至东阳，镇海至义乌等班线。

至2010年，镇海区开通运营的客运班线共27条。其中跨省班线4条，镇海至鄱阳、六安、界首、颍上。跨宁波大市班线18条：镇海至诸暨、东阳、义乌、三门、丽水、磐安、温岭、衢化、温州、临海、常山、杭州、永康、沈家门、杜桥、四岔、金塘、杭州（高速公路）。跨区班线5条：余姚、石浦、宁海各1条，慈溪（2条）。

历年镇海区开通的客运班线：

跨省班线4条

镇海至鄱阳（车牌号74348），1997年6月开通，镇海方投放38座卧铺大客1辆。1998年4月，鄱阳方投放40座卧铺大客1辆，不久减为1辆。2004年2月，车辆更新为金旅47座双空大客。全程732千米，票价136元。改走高速后，中途停靠景德镇、田贩街，全程票价197元，隔天一班。

镇海至界首（车牌号74341、75271），1997年10月开通，投放38座卧铺大客车2辆。2004年9月，1辆更新为安凯49座空调大客。2006年1月，另1辆更新为金龙40座空调大客。隔天一班。全程981千米。初时全程票价176元，沿途停靠杭州、南京、蚌埠、蒙城、阜阳。改走高速后，沿途停靠凤阳、南京、定远。全程票价228元，仍隔天一班。

镇海至颍上（安徽车），1997年9月开通，投放亚星38座卧铺大客2辆，不久减为1辆。2004年1月，更新为金旅46座空调大客。全程836千米，初时全程票价158元，隔天一班。沿途停靠杭州、南京、合肥。改走高速后，停靠南京、合肥、淮南，全程票价210元，仍隔天一班。

镇海至六安（车牌号74442），2004年8月开通，投放金龙高一级51座空调大客1辆。全程800千米，全程票价156.50元。沿途停靠湖州、南京、合肥，隔天一班。

跨市班线18条

镇海至诸暨，1984年11月开通，投放42座大客1辆，初时隔天一班。1999年10月调整为每天一班。2002年12月，更新为45座宇通空调大客。全程195千米，初时全程票价12.50元，沿途停靠骆驼、慈溪、上虞、绍兴、兰亭。后调整为停靠骆驼、慈溪、周巷、泗门、上虞、绍兴、枫桥、全程票价61元。

镇海至沈家门，1986年8月开通，投放40座大客1辆，每日一班。1993年7月，改为18座中客。1997年10月，更新为29座中客。2002年6月，又更新为宇通30座空调大客。全程117千米。初时全程票价19.30元，沿途停靠骆驼、宁波北、定海。现全程票价40元。

镇海至临海，1989年1月开通，投放45座大客1辆。1997年7月，车辆更新为38座亚星大客。2001年8月，更新为40座大客。2007年2月，又更新为宇通40座空调大客。每日一班，全程177千米，初时全程票价17.20元，沿途停靠奉化、宁海、三门、高枧，改走高速后停靠岭口、大田。现全程票价58元。

镇海至东阳，1990年9月开通，投放29座中客1辆，每天一班。2003年10月，车辆更新，仍为29座中客。2008年6月，又更新为20座宇通空调中客。全程237千米，初时全程票价12.10元，沿途停靠骆驼、慈溪、周巷、上虞、嵊州、长乐、王宅、歌山、李宅。现票价56元。

镇海至杭州（329 国道），1991 年 8 月开通，投放 45 座大客 1 辆。每天一班，全程 208 千米。初时全程票价 11.60 元。2001 年 9 月，车辆更新为 40 座双空大客，年末又增车 2 辆。2005 年 8 月、2006 年 8 月分别更新为金龙 40 座空调大客，金龙 33 座空调大客、金旅 17 座空调中客（依维柯）。初时沿途停靠后施、贵驷、骆驼、觉渡、澥浦、龙山、淞浦、观城、樟树、慈溪、周巷、泗门、百官、绍兴、柯桥、肖山。1998 年 1 月起，停靠骆驼、慈溪、上虞、绍兴、肖山。改走高速后直达杭州，每天各发一班，现票价大客 55 元、中客 58 元。

镇海至温岭，1993 年 2 月开通，投放 50 座大客 1 辆。2002 年 9 月，更换为 40 座大客。2004 年 7 月，更新为金旅 40 座空调大客。每天一班，全程 268 千米。初时全程票价 19.80 元。改走高速后，停靠黄岩、路桥、泽国。现全程票价 77 元。

镇海至衢化，1993 年 4 月开通，投放 45 座大客 1 辆。初时隔天一班。1998 年 5 月，改为每天一班。1999 年 9 月，车辆更新为 40 座大客。2005 年 8 月，又更新为金旅 40 座空调大客。全程 408 千米，初时全程票价 31.60 元，沿途停靠宁波、新昌、义乌、金华、兰溪、衢州。后停靠长乐、王宅、歌山、李宅、东阳、义乌、金华、兰溪、龙游、衢州。现全程票价 103 元。

镇海至三门，1994 年 6 月开通，投放 50 座东风大客 1 辆，每日一班。1998 年 5 月，车辆更新为 45 座空调大客。2005 年 1 月，又更新为 40 座宇通空调大客。全程 153 千米，初时全程票价 12.50 元，沿途停靠宁波、奉化、宁海。改走高速后停靠岭口，现全程票价 43 元。

镇海至温州，1994 年 10 月开通，投放 41 座大客 1 辆，隔天一班。1997 年 10 月，车辆更新为 28 座卧客。2001 年 10 月，更新为 35 座大客。2008 年 12 月，更新为青年牌 40 座空调大客。全程 393 千米，初时全程票价 22.90 元，沿途停靠骆驼、奉化、大田、临海、黄岩、泽国、清江、乐清。现全程票价 118 元。

镇海至义乌，1996 年 1 月开通，投放 41 座东风大客 1 辆。初时隔天一班，1998 年 9 月，改为每天一班。1999 年 6 月车辆更新，仍为 40 座东风大客。2005 年 1 月，更换为义乌（浙 GC8322）转籍（浙 B75339）39 座宇通空调大客。全程 255 千米，初时全程票价 14.80 元，沿途停靠骆驼、慈溪、上虞、嵊州、东阳。改走高速后停靠东阳，全程票价 61 元。

镇海至永康，1996 年 3 月开通，投放 45 座大客 1 辆，每天一个往返。2001 年 9 月，车辆更新为 40 座大客。2008 年 4 月，更新为青年牌 40 座空调大客。全程273千米，初时全程票价21.90元，沿途停靠骆驼、宁波、江口、新昌、嵊州、歌山、南马、方岩、世雅。现全程票价77元。

镇海至磐安，1997年10月开通，投放25座中客1辆，每日一班。2002年3月，车辆更新为30座大客。2006年4月，又更新为30座金旅空调大客。全程241千米，初时全程票价30.70元，沿途停靠骆驼、宁波、嵊州、长乐、王宅、歌山、湖溪。现全程票价66元。

镇海至常山，1997年9月开通，投放34座卧铺大客1辆，隔天一班。2003年7月，车辆更新为神马牌40座豪华双空大客。全程443千米，初时全程票价86.60元，沿途停靠骆驼、嵊州、东阳、衢州，后调整为东阳、义乌、金华、龙游、衢州。全程票价116元，仍隔天一班。

镇海至杭州（高速线），1997年9月开通，投放45座豪华大客1辆。从宁波段塘上高速，每天二班。2003年6月，车辆更新为35座大宇空调大客。全程172千米，初时全程票价39.50元。现票价58元，直达杭州。

镇海至丽水，1998年5月开通，先由丽水方投入28座卧铺大客1辆，随后镇海方投入29座卧铺大客1辆，初时隔天一班。2003年8月，车辆更新为金旅35座豪华空调大客。全程366千米。初时全程票价65.90元，沿途停靠骆驼、慈溪、上虞、嵊州、东阳、永康、缙云。改走高速后，停靠缙云。现全程票价118元，每天一班。

镇海至杜桥，1999年2月开通，由临海杜桥利民客运有限公司投放38座大客1辆。每日一班。2001年11月，车辆更新为40座金龙双空大客。全程238千米，初时全程票价36元，沿途停靠高枧、大田、临海、涌泉、章安、前所。现全程票价68元。

镇海至四岔，2000年10月开通，由台州汽运集团有限公司投放29座卧客1辆，每日一班。2003年7月，车辆更新为33座金龙高一级客车。2008年12月，又更新为宇通40座双空调大客。全程231千米。改走高速后停靠高枧、东塍、小芝。2010年全程票价67元。

镇海至金塘，2009年12月开通。双方各投入3辆高等级39座客车（镇海金旅牌大客、舟山宇通牌大客）。开通初期每日各发车12班次，不久各发车16~24班次。全程50千米，票价23元。

2010 年镇海区开通跨省、市客运班线汇总表（22 条）

表 3-5-1

起点	终点	里程（千米）	日班次	开班年份	起点	终点	里程（千米）	日班次	开班年份
镇海	诸暨	195	1	1984	镇海	鄱阳	732	0.5	1997
镇海	沈家门	117	1	1986	镇海	界首	981	0.5	1997
镇海	临海	177	1	1989	镇海	颍上	836	0.5	1997
镇海	东阳	237	1	1990	镇海	常山	443	0.5	1997
镇海	杭州	208	3	1991	镇海	杭州	172	2	1997
镇海	衢化	408	1	1993	镇海	磐安	241	1	1997
镇海	温岭	268	1	1993	镇海	丽水	366	1	1998
镇海	温州	393	0.5	1994	镇海	杜桥	238	1	1999
镇海	三门	153	1	1994	镇海	四岔	231	1	2000
镇海	义乌	255	1	1996	镇海	六安	800	0.5	2004
镇海	永康	273	1	1996	镇海	金塘	50	12	2009

注：日班次 0.5 系指隔日发 1 班

市内班线 5 条

镇海至余姚，1984 年开通，投放 45 座大客 1 辆，每日一班。全程 78 千米，初时全程票价 6.50 元。区内停靠后施、贵驷、骆驼、觉渡、澥浦 5 站。1992 年 3 月、1998 年 7 月，车辆更新为 40 座大客。2004 年 2 月，又更新为宇通 40 座空调人客。沿途停靠改为掌起、淞浦、裘市、沈师桥、观城、樟树、慈溪、横河、石堰。现全程票价 22 元。

宁波北至慈溪，1997 年 9 月开通，镇海经宁波北至慈溪。先后投放 40 座大客 3 辆。1999 年 3 月，线路缩短为宁波北至慈溪。2003 年，大客陆续更换为中巴车。沿途停靠骆驼、澥浦、观城等站，后定线不定点。全程 64 千米。初时全程票价 9 元。现全程票价 17 元。

镇海至石浦，2000 年 4 月开通，投放 19 座中巴车 1 辆，每日一班。2004 年 7 月，车辆更新为 20 座宇通空调中客。全程 108 千米，初时全程栗价 25 元，沿途停靠张鑑碶、横山码头、丹城，后调整为横山码头、西泽、丹城。现全程票价 38 元。

镇海至宁海，2003 年 4 月开通，投放宇通 20 座豪华双空中客 1 辆。每日二班，全程 120 千米。初时全程票价 11.80 元，沿途停靠骆驼、宁波、西店。后调整为停靠奉化、西店、梅林。现票价 30 元。

宁波南至慈溪（快客），2003 年 9 月开通，每日二班。宁波南直达慈溪，全程 70 千米。初时票价 12 元，现票价 19 元。

全社会公路客运量

历年镇海区全社会公路客运量和客运周转量统计：

1986—2010 年镇海区全社会公路客运量和客运周转量表

表 3-5-2

年份	客运量（万人）	客运周转量（万人千米）	年份	客运量（万人）	客运周转量（万人千米）
1986	79.58	1963	1999	1705.00	53038
1987	111.13	2914	2000	1785	56506
1988	446.74	9867	2001	1821	59930
1989	473.80	11690	2002	1760	60700
1990	393.10	9891	2003	1935	67345
1991	389.18	8997	2004	2110	365
1992	633.86	17828	2005	164	9850
1993	557.00	15032	2006	2283	77435
1994	639.20	16616	2007	2350	97830
1995	1047.80	20307	2008	2410	98850
1996	1686.00	62442	2009	2420	99810
1997	1726.00	54005	2010	2425	100210
1998	1740.00	54120	—	—	—

注：来源镇海统计年鉴

第二节　汽车货运

建区以来，汽车运输发展迅速，至 2008 年，镇海区有道路货物运输业（户）1560 家，营业性货物运输车 3093 辆，27240 总吨，其中 4 级以上货物运输企业 11 家。

2010 年，镇海区有道路货物运输业（户）2346 家，营业性货物运输车 4419 辆，46288 总吨，货物运输从业 5127 人。

4 级以上货运企业名录

2010 年镇海区 4 级以上货运企业一览表

表 3-5-3　　单位：辆

单位名称	法人代表	资质	车辆数量				注册地址
			总数	客车	危运车	普货车	
镇海石化物流有限责任公司	祝弘力	4 级	180	2	91	87	庄市兆龙路 184 号

续表3-5-3

单位名称	法人代表	资质	车辆数量				注册地址
			总数	客车	危运车	普货车	
镇海公路运输总公司	朱德志	4级	132	102	—	30	车站路628号
宁波金洋化工物流有限公司	顾明岳	3级	91	—	89	2	定海路289号
镇海绿野运输有限公司	罗国忠	4级	66	—	63	3	定海路289号
宁波卓承石化物流有限公司	章正西	4级	53	—	51	2	蛟川镇浦路2188号
镇海运	张建军	4级	44	—	—	44	镇骆路1988号
镇海通华货物运输有限公司	孙长生	4级	39	—	33	6	定海路289号
镇海华达运输有限公司	乌维斌	4级	31	—	—	31	定海路289号
宁波鸿捷物流有限公司	胡颖杰	4级	29	—	29	0	定海路289号
宁波市雄镇物流有限公司	乐君	4级	23	—	—	23	蛟川街道工业区
宁波六通国际集装箱运输有限公司	蒋国杰	4级	21	—	—	21	定海路289号
宁波福莱物流有限公司	钱晔	4级	13	—	—	13	定海路289号

货运量

煤炭、液化品、钢材、废旧金属、油品和集装箱为主要运输货物。

历年镇海区道路货物运输量和周转量为：

1986—2010年镇海区公路货运量表

表3-5-4

年份	运输量（万吨）	周转量（万吨千米）	年份	运输量（万吨）	周转量（万吨千米）
1986	104.05	2630	1999	590.00	38443
1987	273.84	8433	2000	583.00	31768
1988	241.62	8695	2001	621.00	33138
1989	245.01	8483	2002	629.00	34000
1990	365.45	8761	2003	670.00	37240
1991	369.53	9405	2004	740.00	40590
1992	555.06	20591	2005	700.00	42160
1993	705.80	22035	2006	821.00	46053
1994	507.60	16148	2007	998.00	57065
1995	782.20	60236	2008	1050.00	58750
1996	705.00	38705	2009	1092.00	97200
1997	723.00	39255	2010	1175.00	198200
1998	665.00	35410	—	—	—

注：资料来源镇海统计年鉴

第三节　城市公共交通

公交线路开通

1979 年 4 月，宁波汽车北站至镇海城关的 41 路公交车开通（后改 341 路），镇海县始有通往宁波市区第一条公交线路。后陆续开通公交 342 路（初称 42 路）、343 路（初称 43 路）、338 路、541 路，至 1999 年年初，镇海区开通的公交线路共 5 条，有 55 辆客车/564 班次运行。

1999 年 12 月 28 日，镇海区与宁波市公交总公司达成协议，镇海区公路运输总公司成建制划归宁波市公交总公司，同时在镇海区设市公交总公司第五分公司。2000 年 1 月，镇海区公路运输总公司正式划归市公交总公司，镇海区城乡公交一体化进程由此加快。

2000 年，镇海区新开通城市公交线路 7 条：澥浦至宁波体育馆的 370 路、汶溪至骆驼班线改为公交 377 路、招宝山至骆驼班线改为公交 376 路、河头至骆驼班线改为公交 379 路、招宝山经岚山至澥浦班线改为公交 374 路、炼油厂至联丰新村 380 路、庄市至河头 381 路。

2001 年，镇海区新开通城市公交线路 7 条：招宝山至骆驼骆兴村 372 路、招宝山至庄市 373 路、招宝山至宁波化工区 375 路、路林至汶溪 382 路、骆驼至汶溪 383 路、白沙中心站至九龙湖旅游区 384 路、镇海客运中心至骆驼中心站 389 路。

2003 年，镇海区新开通城市公交线路 5 条：贵驷经招宝山大桥至北仑小港 702 路、勤勇村经常洪隧道到鄞州梅墟 391 路、镇海客运中心经常洪隧道至江东麦德龙超市 390 路，招宝山至宁波南站 371 路、招宝山至新碶 778 路。是年 4 月，镇海区实现行政村村村通公交，在市内处于领先地位。

2006 年，开通九龙湖旅游区至宁波南站 965 路，线路取“965”与九龙湖谐音。是年末，近 300 辆公交车全部安装电子监控系统。

至 2010 年年末，镇海区开通运营的公交线路共 30 条：342 路、370 路、371 路、372 路、373 路、374 路、375 路、376 路、377 路、378 路、379 路、380 路、381 路、382 路、383 路、384 路、385 路、386 路、388 路、389 路、390 路、391 路、393 路、702 路、965 路、341 路、343 路、338 路、541 路、547 路。投入营运公交车近 300 辆，日行 2680 班次，运行里程 680 余千米，空调车覆盖率 94%。

区域内乘坐公交出行已形成一次换乘即可到达区内任一站点的便捷公交网络。

公交车辆分类

2010 年镇海区城市公交车辆分类表

表 3-5-5　　单位：辆

公交车辆		合计	普通	中高级
		295	19	276
按用油分	汽油车	—	—	—
	柴油车	295	19	276
按车长分	6~8 米以下	17	1	16
	8~9 米以下	70	11	59
	9~11 米以下	208	7	201
	11 米以上	—	—	—
按空调设施分	空调	276	—	276
	非空调	19	19	—
按电子监控设备分	安装	295	19	276
	未安装	—	—	—

公交运行网络

2010 年镇海区公交运行网络表

表 3-5-6

线路	起讫	停靠站	里程（千米）	初开通年
342	甬江新村—郑家	十七房郑家、郑家、岚山村、牌门头、核心村、殿跟村、中星村、湾塘村、顺风村、棉海村、三合村、南洪村、棉丰村、俞范中学、河塘新村、后施、炼化体育馆、炼化医院、镇海第二医院（炼化公司）、庙后张、俞范、临俞小学（银球轴承）、新老周（万盛轴业）、徐家堰、万市徐、大市堰、沈家、中国摩士集团（光明村）、后倪村、钟包村、康宁医院、庄市大道、庄市新街路、联盟村、明海大道、清泉花园北门、清泉化园西门、陆家村、桑家、中兴北路、常青藤小城、明楼公园、明园、朝晖新城、二号桥市场、甬港新村	32. 1	1984. 10
370	化工区—玛瑙路	宁波化工区、聚丰化工公司、凤翔路、化工区管委会、东海塑料厂、澥浦、汇源市场、澥浦镇政府、袁家、觉渡、庙戴村、清水湖、骆驼农场、骆驼镇、荣骆路、骆驼工业区、公交五公司、团桥、鑫海公司（刘杜村）、洪家、畈里塘、工一路、兆龙路口、怡江新村、孔浦、大通桥、东鹰花园、白沙路、宁大附属医院、汽车北站、玛瑙路	24. 75	2000. 04

续表3-5-6

线路	起讫	停靠站	里程（千米）	初开通年
371	招宝山—南站	招宝山、镇远桥、南大街、镇海客运中心、镇海区政府、电影院、聪园路、张鑑碶、虹桥（发电厂）、大件码头、五里牌、镇海经济开发区（易通公司）、渔业基地、清水浦、朱家桥、半路涨、宁波大学、宁波大学科技学院、三官堂、路林市场、怡江新村、孔浦中学、红梅新村、创储路、江北交警大队、日湖公园北、清河路、湾头马家、运河桥、永丰北路、传染病医院、第二医院、西河街、西门口（长春路）、天一阁、柳汀街、南站	26.3	2003.09
372	招宝山—骆兴村	招宝山、淡水井头、镇海鼓楼（龙赛医院）、南大街、电影院、聪园路、张鑑碶、茗园、陈家、静德桥、中一村、张陈傅村、迎师桥村、新老周、陈家村、邵家、禾丰、胜一村、甸张村、南二东路（百隆集团）、贵驷、贵驷工业区、民联、董家畈、堰头王、骆驼、荣骆路、骆驼工业区、公交五公司、荣吉路、长骆路、骆兴村	17.2	2001.12
373	招宝山—庄市站	招宝山、淡水井头、镇海鼓楼（龙赛医院）、南大街、电影院、聪园路、张鑑碶、茗园、陈家、石塘下、颜家、俞范、庙后张、炼化公司、炼化体育馆、后施、河塘新村、五丰、邵家、陈家村、徐家堰、万市徐、大市堰、沈家、中国摩士集团（光明村）、后倪村、钟包村、康宁医院、庄市大道、庄市派出所、聚兴路、公交庄市站	18.5	2001.09
374	招宝山—澥浦	招宝山、镇远桥、百货大楼、电影院、聪园路、张鑑碶、茗园、招宝山派出所、颜家、俞范、庙后张、镇海第二医院（炼化公司）、炼化医院、后施、河塘新村、俞范中学、棉丰村、南洪村、三合村、棉海村、顺风村、湾塘村、中星村、殿跟村、核心村、下牌门头、岚山村、郑家、澥浦卫生院、汇源市场、袁家、澥浦、澥浦大会堂、余严村、澥浦汽车站	21	2000.09
375	招宝山—化工区	招宝山、镇远桥、百货大楼、电影院、聪园路、张鑑碶、茗园、陈家、石塘下、颜家、俞范、庙后张、镇海第二医院（炼化公司）、炼化体育馆、后施、河塘新村、五丰、禾丰、胜一村、甸张村、南二东路（百隆集团）、贵驷、憩桥、民联、甸央周、沙河小学、沙河、外星屋、通德、牌门头、六五房、庙后、路沿郑、澥浦卫生院、汇源市场、澥浦、东海塑料厂、化工区管委会、凤翔路、聚丰化工公司、宁波化工区	20.35	2001.11
376	招宝山—庄市站	招宝山、招宝山、镇远桥、南大街、电影院、聪园路、张鑑碶、茗园、陈家、静德桥、小董家、汤家、中官路村、爱尔使公司、水琚王、柴家、张李陆、张家、孙家畈、北欧工业区、清水浦、朱家桥、勤勇、逸夫小学、贺家桥、汉塘、杨家、庄市、中鑫公司、联明村、明海大道、清泉花园北门、鑫隆花园、庄市菜市场、浅水湾小区（宁波肿瘤医院）、汤家庙、柳岸晨韵、公交庄市站	21.2	2000.08

续表3-5-6

线路	起讫	停靠站	里程（千米）	初开通年
377	汶溪—澥浦老站	班次1：汶溪、迎胜村、河头陈、夏家、吴夹岙、杜郭、上畦、应家、长胜、九龙山庄、九龙湖镇政府、河山村、里岙、金池、滕山、金张、囤山、澥浦镇政府、汇源市场、澥浦卫生院、郑家、路沿郑、十七房景区 班次2：汶溪、迎胜村、羊毛衫厂、庶来村、田地周、黄扬村、孙陆村、长石、徐王村、桥里王、周新村、西严村、光华村、西经堂、潘家、下畦、上畦、应家、长胜、九龙山庄、九龙湖镇政府、河山村、里岙、金池、滕山、金张、囤山、澥浦镇政府、汇源市场、澥浦卫生院、郑家、路沿郑、十七房景区	12.7	2000.07
778	招宝山—新碶	新碶、小山公园、高凤路、横河路、隆顺花园、保税东区、北仑老车站、保税西区、凤洋二路、大港货柜、沿海村、北仑电厂、算山、原油码头、杨公山、蒋家、青峙、李隘村、林唐村、实验中学、小港站、戚家山、贝发公司、怡和医院、红联、小港镇政府、海天新村、甬江隧道、张鉴碶、聪园路、电影院、南大街、镇远桥、招宝山	26.3	2003.08
379	西卫桥—河头	河头、九龙湖镇、田央沈、长胜、应家、上畦、下畦、潘家、西经、河头卫生院、邵家、航海公司、曹郎、钱家、田舍陈、杨家、潘沈、四联、小清水湖、周胜村、下河村、小吴家、敬德小学、林周村、余三村、西盛村、骆驼镇政府、荣骆路、骆驼工业区、骆驼客运中心、团桥、鑫海公司（刘杜村）、洪家、北环东路、西卫桥	18.35	2000.08
380	炼油厂—联丰新村	炼油厂、镇海第二医院（炼化公司）、炼化医院、炼化体育馆、后施、河塘新村、五丰、邵家、陈家、徐家堰、万市堰、大市堰、沈家、中国摩士集团（光明村）、后倪村、钟包村、康宁医院、庄市大道、庄市派出所、东头陈、兆龙路、兆龙路口、怡江新村、孔浦中学、红梅新村、江北交警大队、日湖婚庆广场（光明眼病医院）、宁大附属医院、新马路人民路口、槐树路、中山广场、市政府、宁波移动公司（鼓楼）、西门口（长春路）、柳汀街、妇儿医院、柳汀立交桥西、民丰街、联丰路、联丰新村	24.5	2000.07
381	庄市站—河头	河头、农贸市场、九龙湖镇、路下徐村、马家桥、河头工业区、田顾、田顾小学、曹郎、航海公司、邵家、河头卫生院、西经、光华村、西严村、周胜村、徐王村、桥里王、祝家、胜光村、林周村、余三村、西盛村、骆驼镇政府、荣骆路、骆驼工业区、团桥、鑫海公司、洪家、畈里塘、浙东棉纱市场、兆龙路口、兆龙路、东头陈、庄市派出所、庄市街道、庄市站	21.25	2000.11
382	路林市场—汶溪	汶溪、迎胜村、河头陈、夏家、吴夹岙、杜郭、上畦、下畦、潘家、西经、光华村、西严村、周胜村、徐王村、桥里王、祝家、胜光村、林周村、余三村、西盛村、骆驼街道、荣骆路、骆驼工业区、公交五公司、团桥、鑫海公司（刘杜村）、洪家、畈里塘、工一路、兆龙路口、路林市场	21.5	2001.04
383	骆驼中心站—汶溪	汶溪、迎胜村、羊毛衫厂、庶来村、田地周、黄杨村、孙陆村、长石村、徐王村、桥里王、祝家、胜光村、林周村、余三村、西盛村、骆驼镇政府、荣骆路、骆驼工业区、骆兴小学、金华村、骆驼中心站	22.5	2001.08

续表3-5-6

线路	起讫	停靠站	里程（千米）	初开通年
384	白沙中心站 | 九龙湖旅游区	九龙湖旅游区、九龙湖镇政府、路下徐村、马家桥、天业精铸公司、田顾、航海公司（曹郎）、邵家、河头卫生院、西经、光华路、西严村、周胜村、徐王村、桥里王、祝家、胜光村、余三村、西盛村、骆驼街道、荣骆路、骆驼工业区、团桥、鑫海公司（刘杜村）、洪家、畈里塘、工一路、兆龙路口、怡江新村、孔浦、大通桥、东鹰花园、白沙路、白沙中心站	24.9	2001.11
385	招宝山 | 九龙湖旅游区	招宝山、镇远桥、南大街、电影院、聪园路、张鑑碶、茗园、陈家（公交大修厂）、静德桥、中一村、张陈傅村、临俞工业区、新老周、陈家村、五丰村、禾丰村、胜一村、甸张村、南二东路（百隆集团）、贵驷、贵驷工业区、民联、董家畈、堰头王、骆驼街道、西盛村、余三村、林周村、敬德小学、小吴家、下河村、周胜村、小清水湖、四联、潘沈、王家、方针、蔡家、鹿山、东沈、西沈、陈沈、田顾、天业精铸公司、马家桥、路下徐村、九龙湖镇政府、九龙湖旅游区	26	2002.08
388	火车东站 | 骆驼中心站	骆驼站、金华村、骆驼小学、骆驼莱场、荣骆路、骆驼工业区、公交镇海公司、团桥、鑫海公司（刘杜村）、洪家、畈里塘、工一路、兆龙路口、陆家村、朱一社区、火炬大厦、江东第二实验小学（市公管处）、市眼科医院（兰亭绿源）、福民公园、东海花园、中兴小区、锦苑小区（家乐福）、体育馆、姚隘路中兴路口、宁穿路、科技小区、园丁路、东柳新村、火车东站	17.5	2004.04
389	镇海客运中心 | 骆驼中心站	镇海客运中心、镇海区政府、电影院、聪园路、张鑑碶、茗园、陈家、石塘下、颜家、俞范、庙后张、镇海第二医院（炼化公司）、炼化医院、炼化体育馆、后施、河塘新村、五丰、禾丰、胜一村、甸张村、南二东路（百隆集团）、贵驷、贵驷工业区、民联、董家畈、骆驼、荣骆路、金华村、骆驼中心站	15.2	2001.12
390	镇海客运中心 | 麦德龙	麦德龙、东湖花园西大门、高速交警宁波支队、中兴南路、儿童公园、市中级人民法院、宁穿路（中兴路）、体育馆、锦苑小区（家乐福）、常青藤·小城、中兴北路、桑家、宁波国际汽车城（陆家村）、路林市场、公交二公司、三官堂、宁波大学科技学院（浙江轻纺学院）、宁波大学、半路涨、朱家桥、清水浦、渔业基地、镇海经济开发区（易通公司）、五里牌、大件码头、虹桥（发电厂）、张鑑碶、聪园路、电影院、镇海区政府、镇海客运中心	23.1	2003.12
391	梅墟 | 甬江	甬江村、宁大南校门、宁大东校门、宁波大学、宁波大学科技学院、三官堂、路林市场、老庙、高新区管委会、颐乐园、俞家、涂田涨村、东一路、东二路、东三路、梅墟站、梅墟路、梅墟街道	12.6	2003.01
393	镇海客运中心 | 炼化体育馆	炼化体育馆、炼化公司、炼化后施市场、棉丰村、石化市场西路、中兴路、中央大道、三健医院、炼化公交站、庙后张、俞范、后周、颜家、石塘下、公交大修厂、茗园、张鑑碶、聪园路、电影院、区政府、镇海客运中心	9.8	2005.09

续表3-5-6

线路	起讫	停靠站	里程（千米）	初开通年
397	镇海贵驷 | 北仑客运中心	贵驷汽车站、高家、王家、甸张、禾丰、河塘新村、后施、炼化体育馆、炼化医院、炼化公司、庙后张、俞范、颜家、招宝山派出所、茗园、张鑑碶、聪园路、自来水公司、林庙路、宏远路、戚家山、贝发、怡和医院、红联、江邵路、孔墅岭、岭南、大同路、甬江路、南海路、钱江路、黄山路、恒山路、凤阳二路、新大路、海晨公司、念慈园、新艳公寓、天兴公寓、行政中心、开发区中心医院、高凤路、小山公园、闽江路、北仑客运总站	37.8	2003.01
965	九龙湖旅游区 | 南站	九龙湖旅游区、九龙湖镇政府、路下徐村、马家桥、天业精铸公司、田顾、曹郎、航海公司、翁家池、东严、茅家、胜光村、林周村、西盛村、骆驼街道、荣骆路、骆驼工业区、公交五公司、文中路、田胡村、方严村、邵家汇（浙江野马电池公司）、汪家村、塘民村、骆费公路、应家村、宁慈公路、圣莱达电器、华辰大桥北、宁波外国语学校、环城北路西段、高塘四村、柳庄小区、宁波海关、马园社区、南站	26.4	2006.12
341	招宝山 | 白沙中心站	白沙中心站、宁大附属医院、白沙路、日湖婚庆广场（光明眼病医院）、江北交警大队、仓储路、红梅新村、孔浦中学、怡江新村、清泉花园（中官西路）、轻纺学院生活区、宁大学生村、汉塘村、贺家桥、永旺村、张李陆、柴家、水琚王、爱尔使公司、中官路村、汤家、小董家、静德桥、陈家、茗园、棉纺小区、镇海自来水公司、淡水井头、招宝山、招宝山	20.6	1979.04
343	白沙中心站 | 贵驷工业区	白沙中心站、宁大附属医院、白沙路、东鹰花园、大庆北路、大通桥、红梅社区、孔浦、半路凉亭、怡江新村、清泉花园北门、鑫隆花园、庄市菜市场、浅水湾小区、庄市大道、康宁医院、钟包村、后倪村、中国摩士集团（华通电器集团）、进口道（摩士轴承技术中心）、老鹰湾、刘家、双蔛、王家、爱登村、耕渔桥、贵驷工业区	14.5	1999.02
338	骆驼中心站 | 洪塘中路站	骆驼中心站、金华村、骆驼小学、骆驼工业区、文中路、田胡村、方严村、邵家汇村、汪家村、塘民村、居乐村、胡家村、横路陈村、灵山、苏家村、保国寺、福利院、鞍山村、鞍山翁家、灵峰站、荪湖水库、荪湖村、朱家站、方家站、后洪家畈、洪家畈、周陈村、上沈村、洪塘北路、洪塘陈家弄、洪塘南路、洪塘街道办事处、洪塘中路、姚江家园、洪塘中路站（洪塘中心小学）	12.9	1999.01
541	招宝山 | 火车东站	火车东站、东柳新村、园丁街、百丈东路中兴路口、朱雀社区、舟孟北路（鄞州人民医院）、七塔寺、灵桥东、浦发银行（江厦公园）、外滩、宁大附属医院、白沙路、东鹰花园、大庆北路、大通桥、孔浦、半路凉亭、怡江新村、路林市场、工程学院东校区（永安公交）、三官堂（浙甬建材市场）、宁波大学科技学院（浙江纺织服装学院）、宁波大学、半路涨、朱家桥、清水浦、渔业基地、镇海经济开发区（易通公司）、五里牌、大件码头、虹桥、张鑑碶、聪园路、电影院、南大街、镇远桥、招宝山	24.2	1986.11

续表3-5-6

线路	起讫	停 靠 站	里程（千米）	初开通年
386	骆驼中心站 ｜ 庄市	骆驼中心站、金华村、骆驼小学、骆驼菜场、荣骆路、骆驼工业区、公交镇海公司、团桥、迎丰村、河角、乌家、东钱、双鲥、刘家、老鹰湾、进口道、中国摩士集团（光明村）、后倪村、钟包村、康宁医院、宁波第五医院（庄市大道）、庄市派出所、聚兴路、庄市	11	2010. 01
547	体育馆 ｜ 庄市站	公交庄市站、汤家庙、庄市新街路（宁波肿瘤医院）、中鑫公司、杨家、中科院材料所（宁大学生村）、宁大北校区、天圣路、宁镇公路、宁波大学、宁波大学科技学院（浙江纺织服装学院）、三官堂（浙甬建材市场）、工程学院东校区（永安公交）、路林市场、陆家村、桑家、中兴北路、常青藤小城、锦苑小区、惊驾路、朝晖新城、姚隘路朝晖路口、体育馆	15. 1	2007. 01

个体中巴车收购

20 世纪 90 年代，道路客运市场一度对社会开放，鼎盛时期镇海区有 143 辆个体中巴车和农用中巴车投入区内短途客运市场经营。进入 21 世纪，宁波市实施公交优先和公车公营策略，对个体经营的中巴车实施收购，同时增加城市公交车的投放。2001—2003 年，镇海区交通管理部门分三批对辖区个体中巴车实施收购改造。2001 年收购骆驼至汶溪、骆驼至河头农用中巴车 20 辆。2002 年收购镇骆线中巴车 43 辆。2003 年收购宁镇线中巴车 48 辆，对镇骆线剩余的 4 辆中巴车也悉数收购。历十余年之个体中巴车经营结束。镇海区提前二年在省内率先实现公车公营的城乡一体化目标。

公交经营

2010 年年末，镇海区境内开通的 30 条公交线路由宁波市公交总公司下属的 3 家子公司和北仑公共交通有限公司经营。其中，镇海公共交通有限公司（公交 5 分公司）经营 25 条、永平公共交通有限公司经营 1 条（338 路），永安公共交通有限公司经营 3 条（341 路、541 路、547 路），北仑公共交通有限公司经营 1 条（778 路）。

市民公交出行需求以上下班、购物、求学为主。每周五住宿学生放学回家流量最大，周四相对较小。周日出行多与购物、娱乐有关。第四季度为出行高峰，2 月受春节、学生放寒假影响流量最少，7 月、8 月学生放暑假，流量相对较少。居民日均出行约 9 万人次。

第四节　出租车客运

出租车投放

客运出租车面市前，镇海居民外出代步主要靠公共汽车或人力三轮车。1984年4月，贵驷镇民联村村民刘雪定购入波罗乃兹轿车1辆（浙02-70636）从事客运出租，成为镇海县第一个经营出租车的个体业户。1984年6月，浙交运〔1984〕342号文转发交通部《关于更好地贯彻中央一号文件，改进公路运输工作的补充通知》之后，个人购车从事出租业务逐渐增加。1984年12月，镇海县出租汽车公司开办，购入杭州牌大客车、昌河牌面包车从事客运出租，成为镇海县首家经营出租车企业。1985—1993年，出租汽车经营权通过政府部门的行政审批获取，高峰时在镇海区注册经营的出租汽车达93辆。其中，镇海出租汽车公司有车29辆，个体经营业户有车64辆。人们习惯把乘坐出租车称为“打的”。

1994年4月，市政府颁布27号令《宁波市出租汽车客运管理办法》，办法规定营运车辆投放以及经营权实行竞拍和有偿使用。规定市属6区为出租车统一经营管理区域，统一运力投放，统一经营管理标准和模式。参与营运车辆投放的竞拍企业市场准入门槛需拥有50辆以上出租车。自客运出租车投放市场由行政审批获取改为实行竞拍和有偿使用后，1994—2010年，镇海区因没有企业符合竞拍准入条件，再无新增出租车。辖区原有登记的出租车陆续转移到营运效益较好的外市、区。2010年年末，镇海登记的出租车28辆。

1998年，市人大颁布《宁波市出租汽车客运管理条例》，规定有偿向社会投放的出租车营运权使用年限为15年。条例颁布前，通过行政审批或拍卖方式取得的出租车营运权使用年限同样核定为15年。通过行政审批无偿取得的出租汽车营运权，还需缴纳1万元有偿使用费。

出租车价格

出租车运价实行政府定价。

1988年8月，根据市物价局文件，镇海区制订出租车经营收费价格标准。

镇海区出租车统一收费标准表（1988年）

表 3-5-7

车型		临时出租					包天用车				
		空调	每车千米收费（元）	等候费每小时（元）	起租里程	调驶回空费（元）	每日收费（元）	可行驶里程（千米）	可用车时间（小时）	超里程计费（元/车千米）	超小时计费（元/时）
轿车	新皇冠	有	1.00	4	4	0.50	60/92	40/80	10	1.00	3
	马士达	有	0.90	4	4	0.45	56/84	40/80	10	0.90	3
	上 海	无	0.70	3	4	0.35	43/65	40/80	10	0.70	3
	华 沙	无	0.60	3	4	0.30	39/57	40/80	10	0.60	3
9座以下		有	1.10	4	4	0.55	84/100	40/80	10	1.10	3
		无	0.90	3	4	0.45	51/81	40/80	10	0.90	3
10~14座		有	1.30	4	4	0.65	72/116	40/80	10	1.30	3
		无	1.10	3	4	0.55	59/97	40/80	10	1.10	3
15~19座		有	1.60	4	5	0.80	84/140	40/80	10	1.60	4
		无	1.40	3	5	0.70	71/121	40/80	10	1.40	3
20~24座		有	1.80	4	5	0.90	92/156	40/80	10	1.80	4
		无	1.60	3	5	0.80	79/137	40/80	10	1.60	3
25~32座		有	2.20	5	5	1.10	152	60	10	2.20	5
		无	1.8	4	5	0.90	124	60	10	1.80	4
33~39座		有	2.40	5	6	1.20	164	60	10	2.40	4
		无	2.00	4	6	1.00	136	60	10	2.00	6
50座以上		有	2.90	6	6	1.45	198	60	10	2.90	6
		无	2.50	5	6	1.25	170	60	10	2.50	5

注：

1. 轿车、达特桑2800、奔驰2800与新皇冠同价；标准型桑塔纳、雪铁龙、新三菱、兰鸟与马士达同价；波罗乃兹、小白茹、达契亚、老皇冠、罗马尼亚红旗改装伏尔加、小上海与上海同价，菲亚特与华沙同价

2. 大发型旅行车（包括吉林、天津、昌河等）按9座以下旅行车收费标准减1角

3. 上海同级的轿车装空调的每车千米加收1角

4. 有空调车在未使用空调时每车千米减收1角

5. 上海250K三轮客车每车千米4角，回空费每车千米2角，候时费每小时2元

1990年7月、1993年3月，市交通、物价主管部门根据营运出租车的车型（豪华型、标准型、普通型），对起步价、车千米价、等候费、空驶费、夜间行车补贴等标准做出规定和调整，镇海区照此标准执行。

宁波市出租汽车收费标准表

（1990年7月15日）

表3-5-8　　　　单位：元

出租车类型		空调	每车千米收费	等候费（每10分钟）	计价器显示起租金额（含调驶服务费）	回空
轿车类	皇冠（豪华）、奔驰（2800）	有	1.20	1.20	6.80	0.60
轿车类	马士达、桑塔纳、蓝鸟、丰田、尼桑、三菱	有	1.10	1.10	6.40	0.55
轿车类	伏尔加、上海、波罗乃兹、拉达白茹、达西亚等同类车型	有 无	0.90 0.80	0.90 0.80	5.60 5.20	0.45 0.40
轿车类	菲亚特、华沙轿车（微型轿车）	—	0.70	0.70	4.80	0.35
小面包车	大发、吉林、昌河、三星、山巅、五菱、铃木等8座以下旅行车	—	0.90	0.90	5.60	0.45

车型类型		空调	临时租车计费					包天租车计费				
			每车千米收费	等候费（每小时）	起租里程（千米）	调使费	回空费	每日收费	可行驶里程	可租车小时	超里程收费	超小时收费
9座旅行车		有	1.20	6.00	4	0.45	0.60	78/114	40/80	10	1.20	6.00
9座旅行车		无	1.10	6.00	4	0.40	0.50	70/98	40/80	10	1.00	6.00
10~14座	旅行车	有	1.40	6.00	4	0.50	0.70	86/136	40/80	10	1.40	6.00
10~14座	旅行车	无	1.20	6.00	4	0.45	0.60	78/114	40/80	10	1.20	6.00
15~19座	旅行车	有	1.80	8.00	5	0.65	0.90	112/168	40/80	10	1.80	8.00
15~19座	旅行车	无	1.60	6.00	5	0.55	0.80	94/146	40/80	10	1.60	6.00
20~24座	旅行车	有	2.40	8.00	5	0.85	1.20	136/216	40/80	10	2.40	8.00
20~24座	旅行车	无	2.00	6.00	5	0.75	1.00	110/176	40/80	10	2.00	6.00
25~32座	大客车	有	2.60	10.00	5	0.95	1.30	196	60	10	2.60	10.00
25~32座	大客车	无	2.20	8.00	5	0.85	1.10	164	60	10	2.20	8.00
33~39座	大客车	有	2.70	10.00	6	1.05	1.35	202	60	10	2.70	10.00
33~39座	大客车	无	2.30	8.00	6	0.90	1.15	170	60	10	2.30	8.00
40~49座	大客车	有	2.90	10.00	6	1.10	1.45	214	60	10	2.90	10.00
40~49座	大客车	无	2.50	8.00	6	0.95	1.25	188	60	10	2.50	8.00
50座以上大客车		有	3.20	10.00	6	1.20	1.60	242	60	10	3.20	10.00
50座以上大客车		无	2.80	8.00	6	1.05	1.40	200	60	10	2.80	8.00

注：宁波市区火车站、轮船码头、汽车东站三点间专线接送旅客，每人次收费标准：旅行车一元，大客车6角

1993年宁波市出租汽车收费标准表

（1993年3月20日）

表3-5-9

车型			每千米租价（元）	基价千米	车次费（元）	起租金额（元）	等候费（5分钟）	每千米空驶费（元）
小型出租车（轿车、微型车）	超豪华型	奔驰、皇冠、奥迪	协商定价					
	豪华型	桑塔纳、丰田、尼桑、蓝鸟、马士达、三菱	1.80	4	4.80	12.00	1.80	0.90
	标准型	伏尔加、夏利、上海、拉达、波罗乃兹、白茹、达契亚、大菲亚特	1.50	4	4.00	10.00	1.50	0.75
	普及型	小菲亚特、华沙、大发、吉林、昌河、三星、五菱、铃木	1.20	4	3.20	8.00	1.20	0.60
	降级普通型	普及型车辆降级	1.00	4	2.50	6.50	1.00	0.50

项目				临时租车					包天租车				
车型				每千米租价（元）	基价千米	起租金额（元）	等候费（10分钟）	每千米空驶费（元）	租金金额（元）半天/全天	每日可用车千米	每日可用车小时	超千米金额（元）	超时间金额（元/时）
旅行车（含面包车）	超豪华型	原装进口、中央空调高级音响、座位可调角度	31～20座	3.80	8	33.50	3.80	1.90	200/335	80	8	3.80	10
			19～13座	3.00	8	24.00	3.00	1.50	160/265	80	8	3.00	10
			12～9座	2.80	8	22.50	2.80	1.40	150/250	80	8	2.80	10
	超豪华型和标准	空调、音响	31～20座	2.80	8	22.50	2.80	1.40	150/250	80	8	2.80	8
			19～13座	2.20	8	18.00	2.20	1.10	120/200	80	8	2.20	8
			12～9座	2.00	8	16.00	2.00	1.00	110/185	80	8	2.00	8
	普及型	无空调	31～20座	2.40	8	19.50	2.40	1.20	130/215	80	8	2.40	8
			19～13座	2.00	8	16.00	2.00	1.00	100/185	80	8	2.00	8
			12～9座	1.60	8	13.00	1.60	0.80	90/145	80	8	1.60	8
大客车	超豪华型	原装进口、中央空调高级音响、座位可调角度	40座以上	5.40	8	43.50	5.40	2.70	285/475	80	8	5.40	12
	超豪华型和标准	空调、音响	39～32座	4.80	8	38.50	4.80	2.40	255/425	80	8	4.80	12
			40座以上	3.80	8	33.50	3.80	1.90	200/335	80	8	3.80	10
			39～32座	3.40	8	27.50	3.40	1.70	180/300	80	8	3.40	8
	普及型	无空调	50座以上	3.40	8	27.50	3.40	1.70	180/300	80	8	3.40	8
			49～40座	3.00	8	24.00	3.00	1.50	160/265	80	8	3.00	8
			39～32座	2.80	8	22.50	2.80	1.40	150/250	80	8	2.80	8

注：旅行车、大客车超豪华车型为：日野、柯斯特、尼桑、依维柯

2009 年 5 月，宁波市调整市区出租车运价。调整项目包括起步价、车千米价格、等候费、空驶费、夜间行车补贴费等。客运出租汽车起步千米 3.5 千米，起步租价 10 元；每千米租价，超过起步的每千米租价 2 元；空驶费，单程载客超过 10 千米的，按车千米租价收取 40%空驶费：等候费，停车等候不足 5 分钟的免收等候费，超过 5 分钟的，按每分钟 0.4 元计收；夜间行车补贴费，23 时至次日 5 时租用客运出租汽车的，每车千米加收 0.4 元。公布出租车承包费最高限额，柴油车承包费最高限额为一年内车龄 7900 元，每增加一年递减 200 元；汽油车承包费最高限额为一年内车龄 6900 元，每增加一年递减 200 元。在行业管理部门对企业、车辆和司机分别实施考核的基础上，引入独立的第三方机构对出租车服务质量进行测评，考核结果将作为企业新增运力招投标评价的重要依据，以及从业人员的准入和退出准则。

2009 年 11 月 30 日起，根据油价联动机制，在原有运价标准基础上，出租车每车次加收 1 元燃油附加费。

客运出租车管理

出租车运价和日常经营活动由区公管所按有关法律法规和政策管理。

出租车驾驶员未按乘客指定的到达地点，不选择合理的线路行驶，未经乘客同意招揽他人同乘，不使用计价器，不给乘客出租汽车专用发票，擅自提价等违章行为，可按《宁波市出租汽车管理条例》第 23 条第七款、第八款规定，处二百元以上一千元以下罚款。

出租车驾驶员在显示空车，遇乘客招手停车后不载客，营运途中没有正当理由中断服务的，处一千元以上五千元以下罚款，并责令停止营运十五天以下。

查处的“黑车”均按《宁波市出租汽车客运管理条例》没收违法所得，并处五千元以上二万元以下的罚款。

城区小客

1996 年，镇海区出租车运力严重不足。是年，在镇海城关推出区域经营的城区小客。城区小客与出租车有别，只限指定区域租车代步。城区小客由镇海区公路运输总公司经营。初时，投放“奥拓”车 32 辆，每辆车价 8.1 万，定名为“雄镇小客”。因车身颜色为黄色，市民俗称“小黄的”。1998 年 7 月，镇海顺达汽车租赁公司的 18 辆“桑塔纳”和 2 辆“夏利”车归入城区小客，城区小客总数达52辆。城区小客营运范围为：宁镇线不超过镇海发电厂大门，骆亚线至静德桥，城北以进港公路为界。收费标准规定为每人每车次5元。2001年12月，城区小客中的32辆“奥拓”车、2辆“夏利”车、1辆“桑塔纳”车更新为“富康”车，每辆车价13.5万元。车色统一为蓝色，市民俗称“小蓝的”。2007年5月，城区小客统一更新为红色“富康”车，车价每辆6.2万元。市民俗称改为“小红的”。2006年7月10日，城区小客运价调整至每车次6元，过雄镇路以北区域每车次8元。2010年9月1日，城区小客运价调整至7元和9元。

第五节　人力三轮车客运

20世纪80年代初，镇海城区道路还不平坦，参与人力三轮车客运经营者日晒雨淋，行业不被看好。时镇海城关镇登记的客运三轮车仅40余辆。80年代后期，道路交通条件改善，居民出行需求提高，靠三轮车维持生计的人随之增加。

交通发达的现今，城镇街头巷尾人力三轮车踪影随处可见。人力三轮车拾遗补阙，与城市公交车、出租车客运共存。居民走亲访友聚餐赴宴、就医购物借助人力三轮车代步。由于运价较低，行驶平稳，随叫随到，穿梭街巷弄间，颇受居民欢迎。三轮车业主有客拉客，无客慢骑巡回，对此现象有所谓“重车要比空车快”之说。在城关的渡口码头、公交站点、医院、商场门口排队候客已成为人力三轮车应守的规矩。乘坐三轮车大体有价位，但事先谈妥价钱是必需的。老城区较多路段双方对价格都有默许。遇随带大件物品如家电、家俬的，或需帮助送达家中也事先谈妥价格，偶有乘客因价格而争，最终也能自行解决。

1990年，城关镇有上牌人力三轮客车197辆。

1991年前，人力三轮车客运的牌证登记、车主上岗证由区交通部门管理发放。交通安全由区交通局和区公安局共同管理。1992年开始，人力三轮车的登记、发证由区交通部门移交区公安交警大队。是年，市政府出台《宁波市三轮非机动车、手拉车管理办法》，办法规定限制发展人力三轮客车，对无牌无证被查扣3次以上、扣车6个月以上的人力三轮客车作解体、销毁处理。

1993年，对城关镇人力三轮客车专项整顿，核发人力三轮客车牌照192辆，设置三轮客车停车点9处。

1995年1月，市政府公布出台新的《宁波市三轮非机动车、手拉车管理办

人渡口三轮车停放点（1999 年）

法》，办法规定无牌无证车辆在道路上行驶，可以没收车辆。是年，重点整治人力三轮客车无牌无证上路行驶。同时执行三轮车必须本人骑用的规定，且亡故注销、违规吊销，数量逐年减少以控调整体规模，但基本达到供需平衡。不久，为解决部分贫困户、下岗工人生计，在原拥有量基础上每年审批额度控制在 10%。并调整制订了人力三轮客运车从业政策。政策规定人力三轮客运车申报条件：必须是镇海当地城镇户口；年龄男 50 周岁以下，女 45 周岁以下；身体好无业无工作单位；无经济收入来源。以本人申报、街道证明、调查核实、管理部门批准的程序逐个核准。

2000 年，镇海区人力三轮客车总数 297 辆。

2007—2008 年，招宝山街道和蛟川街道对 300 余辆人力三轮车旧车更新。

2010 年年末，镇海全区人力三轮客运车共 638 辆。其中，招宝山街道 216 辆，蛟川街道 128 辆、贵驷片区 53 辆、澥浦镇 53 辆，骆驼街道 97 辆，庄市街道 81 辆，九龙湖镇 10 辆。

第六节　运输工具

机动车拥有量

1986 年，镇海区有各类客车 83 辆，货车 452 辆。

1987 年 10 月，省计划经济委员会、省交通厅规定：凡需购置和更新车辆的单位和个人，在向主管部门报送所需车型、数量计划的同时，要抄送当地公路运输管理部门。从事营业性公路运输的单位和个人（联户），新增车辆应先征得当地公路运输管理部门同意。

1989 年 5 月，宁波市公路运输管理处《关于开展道路、水路运输市场治理整顿的通知》规定：加强宏观控制，合理投入运力，严格控制客货营运车辆的盲目增长，决定从 1989 年 6 月 1 日起，凡需购置或新增营业性车辆的单位和个人，须按审批权限，向各县（市）区公路运输管理部门填报购置营运车辆申请表，由各县（市）区公管部门提出意见，报市公管处核准。

1990 年对营业性客货车辆实行额度管理，市计划分配镇海区新增营业性客货车辆额度为：25 座以上大客车现有 47 辆，新增 0 辆；10～24 座中客车现有 32 辆，新增 0 辆；9 座以下小客车现有 36 辆，新增 1 辆；货车现有 363 辆，新增 4 辆；三卡现有 135 辆，新增 1 辆。

1993 年开放运输市场，市交通委印发《关于发展我市道路、水路运输市场经济的若干意见》的通知，就进一步开放运输市场提出实施意见：积极推动交通运输企业走向市场；鼓励机关、企事业单位的自备车、船、码头，经过审批，以独立核算的经济形式参与社会营运；继续发展个体、私营运输，允许个体户多车多船经营，对拥有 5 辆以上（含 5 辆）客货营运汽车的个体经营者，应积极引导他们建立私营运输企业；简化手续，下放审批权限，道路和水路的运力增减由市场需求调节，对营业性车船取消“先审批，后购置”的办法；取消道路客运线路市、县二级平衡会议，同时允许个体运输挂靠公有制运输企业等。此后，机动车辆发展加快，至 1996 年全区拥有营运货车 2152 辆、营运客车 229 辆。

进入 21 世纪，运输行业发展大吨位、大牵引力货运汽车和高端客运汽车。

2010 年年末，全区公路旅客营业性运输工具、公路货物营业性运输工具拥有量分类统计：

2010 年镇海区公路旅客营业性运输工具拥有量表

表 3-5-10

指标	计算单位	总计	按标记客位分							按车长分				按等级分			安装GPS的车辆	安装行驶记录仪的车辆
			个体	大型	个体	中型	个体	小型	个体	特大型	大型	中型	小型	高级	中级	普通		
客运车辆总计	辆	124	24	29	0	18	0	77	24	0	25	22	77	47	0	77	124	72
	客位	1996	120	1217	0	364	0	385	120	0	1071	510	385	1581	0	385	1966	1706
载客汽车	辆	124	24	29	0	18	0	77	24	0	25	22	77	47	0	77	124	72
	客位	1996	120	1217	0	364	0	385	120	0	1071	510	385	1581	0	385	1966	1706
其中：卧铺客车	辆	1	0	1	0	0	0	0	0	0	1	0	0	1	0	0	1	1
	客位	38	0	38	0	0	0	0	0	0	38	0	0	38	0	0	38	38
1. 按经营范围分	—	—	—	—	—	—	—	—	—	—	—	—	—	—	—	—	—	—

续表3-5-10

指　标	计算单位	总计	按标记客位分							按车长分				按等级分			安装GPS的车辆	安装行驶记录仪的车辆
			个体	大型	个体	中型	个体	小型	个体	特大型	大型	中型	小型	高级	中级	普通		
（1）班车	辆	97	0	27	0	18	0	52	0	0	23	22	52	45	0	52	97	45
	客位	1720	0	1096	0	364	0	260	0	0	950	510	260	1460	0	260	1720	1460
（2）出租客车	辆	25	24	0	0	0	0	25	24	0	0	0	25	0	0	25	25	25
	客位	125	120	0	0	0	0	125	120	0	0	0	125	0	0	125	125	125
（3）包车（旅游）客车	辆	2	0	2	0	0	0	0	0	0	2	0	0	2	0	0	2	2
	客位	121	0	1221	0	0	0	0	0	0	121	0	0	121	0	0	121	121
2. 按燃料类型分	—	—	—	—	—	—	—	—	—	—	—	—	—	—	—	—	—	—
汽油车	辆	2	2	0	0	0	0	2	2	0	0	0	2	0	0	2	2	2
柴油车	辆	122	22	29	0	18	0	75	22	0	25	22	75	47	0	75	122	70

2010年镇海区公路货物营业性运输工具拥有量表

表3-5-11

指标	计算单位	序号	总计	按标记吨位分									安装GPS的车辆	安装行驶记录仪的车辆
				个体	大型	重型	个体	个体	中型	个体	小型	个体		
甲	乙	丙	1	2	3	4	5	6	7	8	9	10	11	12
货运车辆总计	辆	1	4419	1527	2164	1836	179	284	129	53	2126	1190	1055	678
	吨位	2	46288	4541	42954	41085	2209	2795	441	178	2893	1568	25491	16974
一、载货汽车	辆	3	4419	1527	2164	1836	179	284	129	53	2126	1190	1055	678
	吨位	4	46288	4541	42954	41085	2209	2795	441	178	2893	1568	25491	16974
1. 按车型结构分	—	—	—	—	—	—	—	—	—	—	—	—	—	—
（1）牵引车	辆	5	314	13	314	314	13	13	0	0	0	0	0	0
	吨位	6	8579	312	8579	8579	312	312	0	0	0	0	0	0
（2）厢式货车	辆	7	642	240	63	25	11	23	19	3	560	214	0	0
	吨位	8	1189	391	471	250	105	175	70	10	648	206	0	0
（3）专用汽车	辆	9	1112	6	1035	1014	4	5	14	0	63	1	898	678
	吨位	10	26176	52	26036	25915	45	50	40	0	100	2	23667	16974
其中1：冷藏保温车	辆	11	1	0	0	0	0	0	0	0	1	0	0	0
	吨位	12	1	0	0	0	0	0	0	0	1	0	0	0

续表3-5-11

指标	计算单位	序号	总计	按标记吨位分									安装GPS的车辆	安装行驶记录仪的车辆
				个体	大型	重型	个体	个体	中型	个体	小型	个体		
其中2：罐车	辆	13	647	2	627	619	1	1	6	1	14	0	508	508
	吨位	14	15617	15	15579	15534	10	10	17	5	21	0	12750	12750
（4）普通货车	辆	15	2351	1268	752	483	151	243	96	50	1503	975	157	0
	吨位	16	10344	3786	7868	6341	1747	2258	331	168	2145	1360	1824	0
2. 按经营范围分	—	—	—	—	—	—	—	—	—	—	—	—	—	—
（1）危险货物运输车	辆	17	678	0	623	611	0	0	8	0	47	0	678	678
	吨位	18	16974	0	16874	16805	0	0	23	0	77	0	16974	16974
（2）集装箱运输车	辆	19	220	0	220	220	0	0	0	0	0	0	220	0
	吨位	20	6693	0	6693	6693	0	0	0	0	0	0	6693	0
	TEU	21	440	0	440	440	0	0	0	0	0	0	440	0
（3）商品汽车运输车	辆	22	0	—	—	—	—	—	—	—	—	—	—	—
	吨位	23	0	—	—	—	—	—	—	—	—	—	—	—
（4）大型物件运输车（牵引车）	辆	24	5	0	5	5	0	0	0	0	0	0	0	0
	吨位	25	213	0	213	213	0	0	0	0	0	0	0	0
（5）普通运输	辆	26	3516	1527	1316	1000	179	284	121	53	2079	1190	157	0
	吨位	27	22408	4541	19174	17374	2209	2795	418	178	2816	1568	1824	0
3. 按燃料类型分	—	—	—	—	—	—	—	—	—	—	—	—	—	—
汽油车	辆	28	14	7	0	0	0	0	0	0	14	7	0	0
柴油车	辆	29	4405	1520	2164	1836	179	284	129	53	2112	1183	898	678
双燃料车	辆	30	0	—	—	—	—	—	—	—	—	—	—	—
其他燃料车	辆	31	0	—	—	—	—	—	—	—	—	—	—	—
二、挂车	—	32	—	—	—	—	—	—	—	—	—	—	—	—
其中1：集装箱挂车	辆	33	220	0	220	220	0	0	0	0	0	0	220	0
	吨位	34	6693	0	6693	6693	0	0	0	0	0	0	6693	0
其中2：大件运输挂车	辆	35	5	0	5	5	0	0	0	0	0	0	0	0
	吨位	36	213	0	213	213	0	0	0	0	0	0	0	0
其中3：危险品挂车	辆	37	516	0	516	516	0	0	0	0	0	0	516	516
	吨位	38	15630	0	15630	15630	0	0	0	0	0	0	15630	15630

2010 年镇海区营业性挂车分类表

表 3-5-12

<table>
<tr><th colspan="2" rowspan="2">指标</th><th rowspan="2">计算单位</th><th colspan="2">总　计</th><th colspan="6">按标记吨位分</th></tr>
<tr><th></th><th>个体</th><th>大型</th><th>重型</th><th>个体</th><th>个体</th><th>中型</th><th>个体</th></tr>
<tr><td colspan="2" rowspan="2">挂车合计</td><td>辆</td><td>1067</td><td>13</td><td>1067</td><td>1067</td><td>13</td><td>13</td><td>0</td><td>0</td></tr>
<tr><td>吨位</td><td>31488</td><td>312</td><td>31488</td><td>31488</td><td>312</td><td>312</td><td>0</td><td>0</td></tr>
<tr><td rowspan="10">1. 按构造分</td><td rowspan="2">（1）厢式挂车</td><td>辆</td><td>12</td><td>0</td><td>12</td><td>12</td><td>0</td><td>0</td><td>0</td><td>0</td></tr>
<tr><td>吨位</td><td>373</td><td>0</td><td>373</td><td>373</td><td>0</td><td>0</td><td>0</td><td>0</td></tr>
<tr><td rowspan="2">其中：冷藏挂车</td><td>辆</td><td>0</td><td>—</td><td>—</td><td>—</td><td>—</td><td>—</td><td>—</td><td>—</td></tr>
<tr><td>吨位</td><td>0</td><td>—</td><td>—</td><td>—</td><td>—</td><td>—</td><td>—</td><td>—</td></tr>
<tr><td rowspan="2">（2）罐状挂车</td><td>辆</td><td>474</td><td>0</td><td>474</td><td>474</td><td>0</td><td>0</td><td>0</td><td>0</td></tr>
<tr><td>吨位</td><td>13658</td><td>0</td><td>13658</td><td>13658</td><td>0</td><td>0</td><td>0</td><td>0</td></tr>
<tr><td rowspan="2">（3）平板挂车</td><td>辆</td><td>1</td><td>1</td><td>1</td><td>1</td><td>1</td><td>1</td><td>0</td><td>0</td></tr>
<tr><td>吨位</td><td>10</td><td>10</td><td>10</td><td>10</td><td>10</td><td>10</td><td>0</td><td>0</td></tr>
<tr><td rowspan="2">（4）普通栏板式挂车</td><td>辆</td><td>4</td><td>1</td><td>4</td><td>4</td><td>1</td><td>1</td><td>0</td><td>0</td></tr>
<tr><td>吨位</td><td>96</td><td>28</td><td>96</td><td>96</td><td>28</td><td>28</td><td>0</td><td>0</td></tr>
<tr><td rowspan="8">2. 按用途分</td><td rowspan="2">（1）集装箱挂车</td><td>辆</td><td>220</td><td>0</td><td>220</td><td>220</td><td>0</td><td>0</td><td>0</td><td>0</td></tr>
<tr><td>吨位</td><td>6693</td><td>0</td><td>6693</td><td>6693</td><td>0</td><td>0</td><td>0</td><td>0</td></tr>
<tr><td rowspan="2">（2）大件运输挂车</td><td>辆</td><td>5</td><td>0</td><td>5</td><td>5</td><td>0</td><td>0</td><td>0</td><td>0</td></tr>
<tr><td>吨位</td><td>213</td><td>0</td><td>213</td><td>213</td><td>0</td><td>0</td><td>0</td><td>0</td></tr>
<tr><td rowspan="2">（3）危险品挂车</td><td>辆</td><td>516</td><td>0</td><td>516</td><td>516</td><td>0</td><td>0</td><td>0</td><td>0</td></tr>
<tr><td>吨位</td><td>15630</td><td>0</td><td>15630</td><td>15630</td><td>0</td><td>0</td><td>0</td><td>0</td></tr>
<tr><td rowspan="2">（4）普通挂车</td><td>辆</td><td>326</td><td>13</td><td>326</td><td>326</td><td>13</td><td>13</td><td>0</td><td>0</td></tr>
<tr><td>吨位</td><td>8952</td><td>312</td><td>8952</td><td>8952</td><td>312</td><td>312</td><td>0</td><td>0</td></tr>
</table>

机动车分类

（一）摩托车

摩托车始见于 1970 年前后，初时仅邮电局、供电局和公安部门使用。

20 世纪 90 年代，摩托车开始进入镇海居民家庭。

摩托车分二轮、侧三轮、正三轮和轻骑（又称轻便摩托车，指发动机气缸工作容积不超过 50 毫升，最大设计时速不超过 50 千米，供单人乘骑）。

1985 年，镇海区有摩托车 157 辆。1991 年，镇海区摩托车拥有量达峰值 2122 辆。2000 年后，随着城市公共交通发展，私家车和电瓶车普及，摩托车拥有量减少。

（二）拖拉机

拖拉机有手扶与轮式之分。轮式四轮拖拉机一般载重2~5吨，手扶式拖拉机载重0.75吨。20世纪50年代开始有拖拉机，用于农业生产。60年代以后，拖拉机参与货物运输。1981年开放运输市场，拖拉机大量参与短途运输。1985年，镇海全县有营运轮式拖拉机700辆，手扶拖拉机3921辆。1990年，镇海区拖拉机拥有量达到峰值1011辆。此后，拖拉机运输逐步被汽车运输替代。2010年，镇海区已无营运性拖拉机。

（三）汽车

双排货车 品牌有江铃、东风、昌河、五菱、长城等，小型的亦称皮卡。载重0.4~1吨，车身有长短之分（长皮卡、短皮卡）。

自卸车 能自卸砂石、渣土等建筑物料。品牌有解放、东风等。载重5吨、8吨、10吨、15吨、20吨。

厢式货车常见有铝质厢式，铁质厢式，两翼厢式，豪华厢式、冷藏厢式及顶面开放厢式等。品牌有解放、江淮和跃进车等，在医药、食品、冷藏物流及菜篮子工程等单位广泛应用。

槽罐车 常见液槽车和粉槽车。粉槽车用于装运粉状货物，如水泥、石粉、炭黑、煤灰等。液槽车有椭圆形、圆筒形和箱体形等，大型液槽车中常加装隔板，以减轻液体运输途中的振荡，槽罐后部装有装卸用的动力泵。液槽车用于液体化工等危险货物的运输。

牵引车 没有载货装置，专用于牵引挂车或半挂车。牵引车拖带挂车通常作业于码头、堆场、仓库等处。品牌有解放、豪泺、斯泰尔、日野、三菱等。

挂车 不具备动力装置，牌照号码为挂车专用号牌，需和其他普通货车或牵引车一起使用。挂车可分集装箱挂车、危险品挂车、大件运输挂车和普通货运挂车。集装箱运输挂车与牵引车使用牵引锁离合、接挂、拆挂。危险品货物挂车罐状结构居多，挂车连接罐体，专用于液体，粉状及流质形态危险化学品运输。大件运输挂车用于大型普通货物钢材、设备、构件的运输。由于输送物品笨重巨大，须在公安交警、路政等部门精心组织下进行。运输途径较短，多为五里牌大件码头至工矿企业或设备制造、安装公司基地。

1990年始有混凝土搅拌车，车型以现代车为主。用于商品混凝土搬运、装卸，泵送。往返于厂矿建筑、基础建设工地与搅拌站之间。

起重车 主要用于起重、搬运装卸、安装及短途输送等，以吊机租赁、吊装工程承包的形式从事经营。作业范围一般都在场站码头、厂矿工地、设备吊装搬运施工现场。品牌有徐工、浦源、中联、三一、多田野、武陵、长江。分履带式起重机、全路面汽车吊、全液压汽车吊和架桥机等。起吊重量最大的是中国石化宁波工程公司机械化施工公司拥有的1260吨履带式起重机。起重车装备数量最多的是宁波市正大起重运输有限责任公司，拥有8~350吨汽车起重机36台，35~260吨履带式起重机32台，16~50米架桥机5台。

专项作业车 有救护车、殡葬车、马路清扫车、高压洒水车、高压冲洗车、垃圾车、吸粪车、运钞车等。

轿车 原为集体单位购置。20世纪90年代初轿车开始进家庭，2000年以来轿车迅速普及寻常人家。品牌有国产或进口的宝马、奔驰、大众、奥迪、丰田、马自达、中华、雪佛兰、三菱、现代等。2010年，镇海区有轿车30814辆，154070座。

普通小型客车 又称小面包车，客位15座以下。多为工矿企业及个体购买，主要型号为江铃全顺JX6460D和松花江HF6350等。

普通中型客车 客位为15~30座，19座以下也称中巴车，企事业单位使用普遍。

普通大型客车 客位30座以上，以专业经营旅客运输为主，也有企事业单位接送员工自备，大工程单位尤多。

1990—2010 年镇海区营业性机动车拥有量表

表 3-5-13

年份	机动车合计(辆)	一、汽车合计(辆)	1. 普通载货汽车 合计 辆	1. 普通载货汽车 合计 吨	其中:大型 辆	其中:大型 吨	其中:中/小型 辆	其中:中/小型 吨	2. 专用载货车 合计 辆	2. 专用载货车 其中集装箱 辆	3. 载客汽车 合计 辆	3. 载客汽车 合计 客位	其中:大型 辆	其中:大型 客位	其中:中/小型 辆	其中:中/小型 客位	轿车(出租车) 辆	轿车(出租车) 客位	4. 其他专用车 辆	5. 特种车 辆	二、拖拉机 合计 辆	拖拉机 其中手扶 辆	三、摩托车 合计 辆	摩托车 其中:两轮 辆	摩托车 其中:轻便 辆	四、其他机动车 合计 辆	四、其他机动车 合计 (吨)客位	五、载货挂车 辆	货运出租 辆
总计	—	—	—	—	—	—	—	—	—	—	—	—	—	—	—	—	—	—	—	—	—	—	—	—	—	—	—	—	—
1990	5017	1948	1146	5013	801	4488	345 辆		77	—	626	11426	116	7461	510 辆				41	58	1011	459	1898	980	467	140	—	20	—
1991	5363	2118	1220	5284	840	4706	380 辆		68	—	720	10772	117	6084	603 辆				53	57	1004	428	2122	1581	—	99	—	20	—
1992	3534	2130	1278	5881	952	5361	326 辆		—	—	852	11804	130	6375	694 辆		28	140	—	—	941	—	—	—	—	370	—	93	—
1993	5258	3312	2394	8073	1164	5820	540/690	1218/1035	43	—	875	11942	132	6426	296/411	3281/2070	36	165	—	—	223	—	1232	864	197	311	30	180	—
1994	4946	2775	1720	7588	1049	6500	159/512	494/594	28	—	1027	13570	121	5488	334/494	5222/2470	78	390	—	—	321	—	1286	902	210	314	48	250	—
1995	3830	3628	2214	10089	351	3954	1206/657	5416/719	17	17	1397	15658	122	5503	227/966	3717/6083	82	355	—	—	104	—	—	—	—	98	159	—	—
1996	4621	4226	2558	10813	370	4019	1293/895	5871/923	—	—	1553	17090	145	6767	511/782	6108/4220	115	—	—	—	126	—	—	—	—	269	555	—	—
1997	4766	4282	2406	9294	316	3357	1000/1090	4499/1438	—	—	1769	21478	146	7840	1465/92	12998/310	66	330	107	—	253	—	—	—	—	231	187	—	—
1998	4295	3809	2098	7714	276	2882	761/1061	3565/1267	—	—	1711	18978	119	6441	580/959	7477/5060	53	—	—	—	289	—	—	—	—	167	187	—	30
1999	4586	4076	2259	8093	290	3134	741/1228	3409/1550	—	—	1815	17918	114	5563	544/1110	6645/5710	47	—	—	—	254	—	—	—	—	226	188	—	30
2000	5161	4652	2451	8330	287	3130	797/1367	3535/1665	—	—	2201	20356	158	6195	625/1374	7641/6520	44	—	—	—	254	—	—	—	—	225	188	—	30
2001	5733	5280	2726	9713	369	3965	860/1497	3777/1971	—	—	2554	22232	149	6232	732/1628	8205/7795	45	—	—	—	236	—	—	—	—	185	—	—	30
2002	6673	6535	3023	10312	1007	7038	158/	467/	196	65	3316	26626	149	6073	2707/2853	4856/15697	44	—	—	—	46	—	—	—	—	62	—	—	30
2003	9296	9221	3740	12966	1336	9607	214/	628/	340	118	5141	36513	110	5028	1540/3449	14374/17111	42	—	—	—	45	—	—	—	—	—	—	—	30
2004	12623	11830	4177	17540	1448	13683	230/	739/	459	166	7194	48271	101	4553	189/6877	4683/38927	27	—	—	—	390	—	—	—	—	31	—	372	30
2005	14392	14392	4915	25178	1409	12961	196/589	840/1258	422	204	9477	59658	96	4387	145/2966	6808/33035	26	104	25	—	391	—	—	—	—	25	—	449	30
2006	18081	18081	5202	25371	1742	20350	168/3292	527/4494	493	247	12386	76193	102	4679	148/12108	3014/68388	28	112	—	—	344	—	—	—	—	15	20	—	30
2007	22391	22391	6406	31580	5816	18115	640/	9759/	3718	590	15985	95860	113	5170	15713/131	87489/3089	28	112	—	—	301	—	—	—	—	10	13	597	30
2008	25884	25884	6641	34154	1129	12638	1432/4080	16035/5481	572	177	19243	114280	115	5344	301/18800	13756/95072	27	108	—	—	273	—	—	—	—	10	13	606	30
2009	3672	3672	3551	31790	1650	28969	119/1782	407/2414	636	163	121	1817	44	1432	/52	/260	25	125	—	—	42	—	—	—	—	—	—	683	30
2010	4543	4543	4419	46288	2164	42954	129/2126	441/2893	903	220	124	1966	29	1217	18/52	364/260	25	125	—	—	—	—	—	—	—	—	—	741	30

注：资料来源公管所。2009 年起取消养路费，统计口径变化

非机动车

（一）手拉车

人力车，两轮，由车轮、车身两部分组成。车轮系钢圈充气橡胶胎，车身由硬木车架并铺木板或竹排制成。一般能载货 300 公斤，最多达 500 公斤。手拉车皆为载货。20 世纪 60—70 年代，各专业运输队广泛应用。1985 年，镇海县交通监理部门登记发牌的手拉车有 32849 辆，其中甬江以北（镇海区）有手拉车 15372 辆。1992 年开始，手拉车登记发证由区交通局移交区公安部门。1995 年，镇海区手拉车 7985 辆。此后，随着机动车普及手拉车逐渐衰退。

（二）三轮车

钢圈胶胎，链条传动，有载客、载货两种。载货三轮车，又称“黄鱼车”，载重 250 公斤，20 世纪 60 年代出现。初时为机关、单位食堂买菜、拉米、运煤球用。不久，单位及个人用三轮车参与经营货物配送。镇海区货运三轮车上牌登记最多时有 8067 辆。载客三轮车解放后始见。（详见本编第五章五节人力三轮车客运）

（三）自行车

俗称脚踏车，问世以来作为城乡居民的代步工具，也有邮政部门用于送报纸杂志。1951 年镇海县有自行车 227 辆，1975 年有自行车 33156 辆。20 世纪 70 年代以前，自行车拥有量变化缓慢，品种有永久牌，凤凰牌和飞鸽牌等。80 年代开始，自行车生产厂家和社会使用量增长迅速，品牌繁多。1984 年镇海县有自行车 176324 辆。2006 年镇海区上牌自行车数 338934 辆。2006 年 7 月起，自行车不再登记注册。

（四）小三轮车

20 世纪 90 年代，小三轮车出现。与大三轮车一样，脚踏，链条传动，车后部连接小型车斗。常见小三轮车品牌有南洋、佳吉、海鸥、强力、圣宝、巨轮、三帆、五星等，车斗能载少量物品，适合中老年人使用。2006 年，镇海区有小三轮车 25577 辆。2006 年 7 月起，小三轮车不再登记注册。

（五）助动车

助动车按动力装置不同，分为燃油助动车和电动助动车。20 世纪 90 年代初出现燃油助动车。1995 年 8 月，根据《浙江省非机动车管理办法》，燃油助动车纳入非机动车管理。至1998年6月，全区共核发燃油助动车牌照5000余辆。1999年年末，燃油助动车因噪音大，尾气污染严重停止上牌。2004年镇海区对使用满5年的燃油助动车实施报废。燃油助动车从上牌到禁止上路，历时10年。

燃油助动车禁止上路后电动助动车取而代之。1999年起，电动助动车以非机动车实施上牌管理。进入21世纪，电动助动车快速发展，其机械性能显著改善，使用寿命不断提高，品牌繁多。主要品牌菲利普、皇冠王、绿源、济南轻骑、蒲公英、安琪儿、爱玛、富贵人、小飞哥、哈利斯顿等。电动助动车因其方便快捷，清洁经济，成为百姓出行代步的主要工具。2010年，镇海区累计上牌电动助动车134486辆。

（六）残障车

下肢残疾人代步工具。1998年前使用的残障车以正三轮居多。使用人要凭医院证明，购买公安部门定点厂的车辆，到非机动车管理办公室登记上牌。1998年5月和2008年6月镇海区二次调整使用的残障车车型。2010年，镇海区使用的残障车是上海产鑫伟牌XWJY50C2机动轮椅车，全区共有115辆。

第七节　道路运输业户

道路运输业户包括专业运输单位、非专业运输单位自有车辆办理营运证和个体运输户。

2010年年末，镇海区共有道路运输经营业户2619家，其中3级以上资质的旅客运输企业1家，货物运输企业1家；4级以上资质的货物运输企业13家。道路运输业从业共6840人，其中旅客运输从业272人，货物运输从业5127人，运输服务从业1441人。

区属国有、集体道路运输企业

镇海公路运输总公司

国有企业。址骆驼街道慈海南路770号。其前身为1954年4月成立的浙江省汽车运输公司宁波分公司镇海站。1988年7月，客货运输业务下放镇海区，称镇海长途汽车运输公司。1992年12月，更名为镇海公路运输总公司。2000年1月，成建制划归宁波市公交总公司，在镇海区分设市公交总公司第五分公司，保留镇海公路运输总公司牌子。主营长途客运、货运、公共汽车客运、普通货物联托运、车辆检测、汽车大修、汽配物资经营等。具有道路旅客运输3级、货物运输4级资质。2008年1月，公路运输与公交业务分离，内设独立核算的镇海公路运输总公司和镇海公共交通有限公司。是年年末，公司员工650人，已退休职工209人。有营运客车324辆，其中公交车219辆，长途客车40辆，城区出租车52辆，学生专车13辆。有货运车72辆，其中货运出租车30辆。

宁波公路主枢纽镇海货运站

国有企业。镇海货运站1999年10月开办，2001年11月投入营运，时隶区交通局。2010年4月，镇海货运站成建制划归区物流枢纽港管委会（详见第五编第一章第二节镇海货运市场）。

镇海顺达汽车租赁公司

1996年9月开办，与镇海旅游开发公司二块牌子，一套班子，址城河东路原围巾针织厂旁。初时有租赁车20辆，其中桑塔纳18辆，夏利车2辆，从业25人。1998年7月，经区政府协调，20辆租赁车纳入城区小客，公司撤销。

镇海储运旅游服务公司

集体企业，隶区供销社，址城关车站路88号。1984年7月创办，占地2273平方米，建筑面积349平方米。1986年职工27人，固定资产40万元。有载客汽车2辆，客位96座（黄河牌大客56座、骏马牌大客40座）。货车8辆，后增至15辆，102吨位（解放牌、东风牌单车、半挂车，钱塘江、东风一主一拖、进口依发、五十铃等）。开通镇海胜利路口至宁波南火车站、镇海胜利路口经骆驼至宁波南火车站客运班线2条，年客运量21.9万人。1992年9月，客运汽车连同线路转让镇海长途汽车运输公司。

镇海出租汽车公司

1984年12月开办，址镇骆路12号（今大西门路645号），占地1500平方米，建筑面积600平方米。经营客货运输与旅游车出资。国有企业，成立初有职工10人，隶属于县城建局。1985年，购入杭州牌大客车1辆（42座）、面包车4辆（13座），经营省内外客运包车业务。开通镇海招宝山至宁波轮船码头定线班车，沿途招手停车。1985年10月，有职工18人。1986年初，购入波罗乃兹轿车1辆，货车2辆。1987年增添轿车，车型有波罗乃兹、伏尔加、昌河等。1988年8月，实施承包经营责任制，承包期3年，客车单车承包，货车集体承包。

1989年，添置旅行车、轿车多辆。开通镇海经清水浦至宁波营运线路。1992年年初，又增加中巴3辆、轿车7辆，车型以拉达、夏利、桑塔纳为主。1992年12月，出租汽车公司并入镇海市政工程管理处。至1993年年底，公司有出租客车29辆，其中轿车15辆。2002年7月，公司10辆中巴转让镇海公路运输总公司，尚留出租汽车13辆（桑塔纳）。2003年9月，宁波亚细亚出租公司、镇海出租汽车公司和海曙水产车队3企业出资组建宁波海曙江南出租汽车股份公司，镇海方以12辆出租车折股投入，占股本25%。2010年年末，镇海方占有出租车24辆。

危险化学品运输企业

1995年开始，镇海区始有危险化学品运输企业，至2010年年末，全区危险化学品运输企业30家，危险化学品运输车678辆，16974总吨。危险化学品运输以3类易燃液体、2类气体和8类腐蚀性物品为多。危险化学品运输车辆的车型结构以罐车为主，有罐车647辆、15617总吨。

危险化学品运输企业选录：

宁波金洋化工物流有限公司

公司创办于1995年6月，注册资金1018万元。址镇宁东路液体化工交易市场南楼，办公场所600平方米，危险品车停车专用场地16800平方米。主要运输易燃液体类、易燃固体遇水放出易燃气体物质类、毒性物质和感染物质类以及腐蚀物质类等危险化学品。2010年公司运输量47.8万吨，有员工255人，人员持证上岗率100%。公司对车辆营运建有“三点一线”的管理模式（即装载地、卸载地和停车场和运输全过程控制）。2009年引入ISO 9001质量管理体系，安全标准化管理体系及HSE管理体系，第二代GPS信息管理系统（具有随车摄像头功能）。该公司多次参加省、市、区人民政府管理部门组织的应急救援演练。2007年获宁波市道路危险品运输企业信用AAA级、宁波市安康杯活动竞赛优胜企业单位。2008年获浙江省安康杯活动竞赛优胜企业单位、宁波市交通委确定为市级龙头物流企业。2009年获省级交通行业先进文明单位。2010年获省道路货运信誉AAA级，同年底通过了中国物流与采购联合会AAA级物流企业评估。公司总经理顾明岳受聘为宁波市道路运输企业等级评定专家库专家。

公司运输业务遍及华东各省市，及河南、山东、广东、广西、湖南等地。主要客户有：世界500强企业英国BP公司、德国Bayer公司、阿克苏诺贝尔（AkzoNobel）公司、韩国南宁利通树脂有限公司、浙江衢化股份有限公司、镇海炼化、烟台万华聚氨酯有限公司、宁波镇洋化工发展有限公司、浙江杭州湾腈纶有限公司、浙江新和成股份有限公司等。

镇海通华货物运输有限公司

2002年3月开办，址大运路1号，注册资金800万元。有堆场、停车场面积3500平方米，办公房80平方米。有液体化工运输半挂车及牵引车、重型罐式半挂车及重型半挂牵引车，维修保障车和其他机械设备5台。运输车辆安装全程监控的GPS系统。2010年，员工56人，年吞吐量28万吨，营业收入2200万元。

宁波凌丰化工物流有限公司

2003年12月开办，注册资金400万元，址大运路1号。有场地面积4626平方米，办公及辅助用房178平方米。2010年，员工79人，其中驾驶员70人，营业额5000万元。

宁波卓承石化物流有限公司

其前身为镇海炼化物资装备公司汽车运输分公司。2008年3月，由宁波卓远经贸发展（集团）有限公司与宁波市天晴运输有限公司出资组建，注册资金1000万元。址蛟川街道镇浦路2188号。公司占地面积20000平方米，有3000平方米办公楼，配置1.2万平方米的大型危化品运输车辆停车场及车辆维护中心，可容纳30吨运输车80辆停放。公司与中石化化工销售华东分公司、中海油宁波大榭石化有限公司、镇海炼化分公司、杭州石化有限责任公司、江山化工股份有限公司、无锡焦化有限公司、中国石化高桥分公司、宁波港化工码头仓储公司等建立运输业务关系，为宁波化学工业区管委会指定的园区唯一石化物流承运商。有压力槽罐车、不锈钢保温槽罐车、油品运输车，能装运丙烯、环氧乙烷、丙烷、一氯甲烷、二甲醚、碳五、苯酚、丙酮、甲苯、二甲苯、邻苯、DMF、MIBK等产品。2010年，有职工120人，获“创建省级文明行业先进单位”称号。

镇海绿野运输有限公司

其前身为1987年8月成立的镇海绿野农机服务公司。2004年12月，企业体制改革后改称镇海区城关绿野农机有限公司。2006年10月，更为今名。公司注册资金200万元，2010年有职工136人。有重型罐式车、轻型罐式车和罐车单车，停车场地3000平方米。

2010 年镇海区危险品运输企业一览表

表 3-5-14

企 业 名 称	成立年份	资质	注 册 地 址
宁波金洋化工物流有限公司	1995	4 级	蛟川街道大运路 1 号
镇海通华货物运输有限公司	2002	4 级	蛟川街道大运路 1 号 E202
宁波凌丰化工物流有限公司	2003	—	蛟川街道大运路 1 号 A301
镇海绿野运输有限公司	2004	—	蛟川街道俞范东路 399 号
镇海五鑫物资气体有限公司	2004	—	镇宁路 588 号
镇海南洪运输有限公司	2004	—	蛟川街道南洪村
镇海顺兴货物运输有限公司	2004	—	招宝山街道车站路 521 号 5 楼
镇海石化物流有限责任公司	2004	4 级	俞范
镇海澥浦化工区亚大供气站	2005	—	澥浦镇汇源路
镇海飞虎运输有限公司	2006	—	澥浦化工区北海路 185 号
宁波鸿捷物流有限公司	2006	4 级	招宝山街道大通路 358 号
镇海捷宇运输有限公司	2006	—	镇海环城北路 44 号
镇海迅安运输有限公司	2006	—	蛟川街道大运路 1 号南楼 417
镇海恒兴运输有限公司	2007	—	蛟川街道恒兴路 1 号
宁波海伟运输有限公司	2007	—	镇骆路贵驷村
宁波国誉运输有限公司	2007	—	蛟川街道大运路 1 号东楼 A201
镇海胜顺运输有限公司	2007	—	蛟川街道大运路 1 号东楼 A301
宁波豪沃运输有限公司	2007	—	蛟川街道大运路 1 号 E301-304
宁波恒港国际物流有限公司	2007	—	蛟川街道大运路 1 号南楼 218
镇海胜亚货物联运代理有限公司	2007	—	蛟川街道大运路 1 号 D309
镇海银利联运有限公司	2007	—	蛟川街道大运路 1 号南楼 308-312
宁波卓承石化物流有限公司	2008	—	蛟川街道镇浦路 2188 号
宁波永平物流有限公司	2008	—	招宝山街道宏远路 302 号
镇海三扬运输有限公司	2009	—	蛟川街道大运路 1 号 D301
宁波市全东通运输有限公司	2009	—	镇海环城北路 14 号
宁波川禾运输有限公司	2009	—	镇海环城北路 44 号
镇海盈通运输有限公司	2010	—	镇骆西路 737 号
宁波永天化工物流有限公司	2010	—	招宝山街道定海路 289 号
宁波高尔物流有限公司	2010	—	镇海炼化双跟塘新光大楼
宁波高远物流有限公司	2010	—	招宝山街道定海路 289 号

注：资料来源公管所

2010 年镇海区道路危险货物运输企业运力分类表

表 3-5-15

指 标 名 称	计量单位	合计	经营性
一、道路危险货物运输业户数	户	30	30
其中：1 类—运输爆炸品	户	0	0
2 类—运输气体	户	13	13
3 类—运输易燃液体	户	29	29
4 类—运输易燃固体、易于自燃的物质和遇水放出易燃气体的物质	户	2	2
5 类—运输氧化性物质和有机过氧化物	户	2	2
6 类—运输毒性物质和感染性物质	户	5	5
7 类—运输放射性物质	户	0	0
8 类—运输腐蚀性物质	户	10	10
9 类—运输染类危险物质和物品	户	0	0
其中：运输剧毒化学品	户	2	2
二、道路危险货物运输车辆合计	辆	678	678
	吨位	16974	16974
其中：安装 GPS 车辆	辆	678	678
	吨位	16974	16974
安装行驶记录仪车辆	辆	678	678
	吨位	16974	16974

注：资料来源公管所

集装箱运输企业

1994 年，镇海运输总公司与香港运成国际有限公司合资组建宁波运成集装箱有限公司，开启镇海区集装箱运输先河。至 2010 年年末，镇海区有集装箱运输企业 18 家，其中，四级以上经营资质的 9 家，集装箱运输车 220 辆，6602 总吨。

集装箱运输企业选录：

镇海运输有限公司

前身为镇海运输总公司。2000 年 9 月，国有企业镇海运输总公司转为民营，更为今名。2001 年 12 月，公司位于宁镇东路地块拆迁，迁址镇骆西路 1988 号。有办公楼 230 平方米、仓储 2000 平方米、维修车间 350 平方米、后勤食堂 300 平方米、油库 20 平方米，停车场地 7900 平方米。2005 年 3 月，投资 1000 万元建 5000 平方米综合大楼。置有集卡车、普通货运车、吊车、特种车。主营：集装箱运输、普通货物运输、危险物品运输、货物装卸、港务代理、仓储服务、汽车修理。2010年，公司营业额2500万元，利税116万元，职工66人。

镇海华达运输有限公司

2001年3月成立，位于镇海宏远路77号，注册资本400万元。公司有办公大楼320平方米、仓库2万平方米、堆场、停车场1.5万平方米、生活配套设施200平方米。配有斯太尔重型集装箱车、东风康明斯等大型散货自卸车，及轮式装载机、集装箱堆高升级机和集装箱拆箱平台。2010年，公司从业92人，主营集装箱运输、普通货物运输、普通货物仓储等。

2010年镇海区集装箱运输企业一览表

表3-5-16

企业名称	成立年份	资质等级	注册地址
镇海运输有限公司	2000	4级	镇骆路1988号
镇海华达运输有限公司	2001	4级	招宝山街道宏远路77号
中国汽车运输天津公司镇海分公司	2001	—	招宝山街道后大街251弄12号
宁波市雄镇物流有限公司	2001	4级	招宝山街道平海路788号
镇海再生资源加工园区开发有限公司	2001	4级	后海塘金属园区
宁波六通国际集装箱运输有限公司	2003	4级	宁波镇海环城北路东段83号
宁波力达运输有限公司	2004	4级	鄞州五乡隆兴村力达停车场
宁波长锦物流有限公司	2005	4级	宁波邱隘浅水湾路39号
宁波正大再生资源有限公司	2006	—	镇海再生资源加工园区
宁波瑞鑫物流有限公司	2006	—	招宝山街道威海路288号
宁波福莱物流有限公司	2006	4级	招宝山街道聪园路131弄21号
宁波凯华物流有限公司	2006	4级	招宝山街道定海路289号
镇海乾顺运输有限公司	2007	—	镇骆西路38号
镇海通华货物运输有限公司	2008	—	蛟川街道大运路1号
镇海怡德运输有限公司	2008	—	招宝山街道定海路289号
宁波进福物流有限公司	2009	—	招宝山街道定海路291号
宁波日丰运输有限公司	2009	—	招宝山街道定海路289号
宁波甬惠物流有限公司	2009	—	招宝山街道定海路290号

注：资料来源区公管所

普货运输企业选录

宁波雄镇物流有限公司

2001年8月开办，址平海路788号。私营，注册资本1200万元。主营煤炭和黄沙运输。成立初有运输车10辆，100总吨。2004年8月，所有运输车安装GPS卫星定位。有办公用房950平方米、场地4.2万平方米、修理车间、油库450平方米，员工生活区800平方米。有斯太尔豪华双空重型车40辆，1000总吨。运输煤炭配送省内大型热电厂、化工厂以及中华纸业、亚洲纸业等企业。2010年，公司从业120人，固定资产4500万元，年运输能力1000万吨。年营业收入3500万元。

宁波镇海新世纪运输有限公司

2004年开办，私营，地址蛟川街道张李陆，注册资金800万元。经营普通货物运输，运输服务代理。有货车45辆，1460总吨，办公及经营场地1.3万平方米，职工80人。公司在杭州、萧山、绍兴建立3个配货站。公司通过了ISO 9001质量认证，列入市级重点物流企业。2010年运输量164万吨。

宁波黄金物流有限公司

2005年6月开办，址庄市街道聚兴路1号。公司注册资金600万元，占地面积10万平方米。已建成1万平方米黄金物流大厦、1500平方米办公房、1万平方米的专线平台、5000平方米仓库。2009年开始发展城乡物流配送，公路干线快件业务，24小时提供快捷运输。开辟专线运输45条。有车118辆，职工240人，年货物发送量70万吨以上。2010年主营收入9332万元，纳税332万元。2010年，公司获镇海区“十大物流企业”称号。

镇海永大预拌混凝土有限公司

2006年7月开办，私营，预拌商品混凝土专业三级资质，注册资本2000万元，址骆驼机电工业园区。有职工112人，运输车25辆，其中12吨专业车23辆，22.8吨重型自卸货车1辆，东风日产牵引车1辆。经营预拌混凝土的制造、加工、泵送、预拌混凝土罐式运输。

宁波孚络物流有限公司

2006年8月成立，私营，注册资金500万元。址定海路222号。占地2万平方米，其中仓库6500平方米，堆场1.5万平方米。有重型牵引车、挂车、自卸车及罐式货车56辆，1280总吨。经营普通货物运输、货物罐式运输、货运代理、仓储服务。2009年起，承接南光物流乙烯、丙烯等货物，月平均4500吨；为镇海炼化乙烯产品配送服务，运送线路镇海至萧山、杭州、余杭、临安、富阳、桐庐、建德等地。2010年，公司从业51人。

第八节　交通局属企业体制改革

1993—2000年，区交通局属国有、集体企业实施体制改革，公有资本退出中小企业的产权制度改革和固定制职工转变为合同制职工的企业用工制度改革是企业改革的核心。区交通局属4家国有企业、9家集体企业，按照“一厂一策”选择转制形式。其中，兼并7家，转为有限公司2家，转为个私3家，破产1家。交通局属企业体制改革涉及职工1411人，转制企业资产净值3906.05万元。

镇海区运输总公司

国有企业。始办于1951年2月，初称镇海城关搬运服务站。7月，有40余渡工携渡船加入，编为渡运中队。1958年，城关、大碶、柴桥3个搬运服务站与镇海县外海、骆驼内河2个木帆船运输合作社合并，成立镇海县运输公司。1959年1月，县市合并，公司解体，搬运划归宁波市运输公司，航运划归宁波市航运公司。1961年10月，原镇海城关搬运服务站人员改属宁波港务局，编为港务局第四装卸作业区，担负镇海至清水浦甬江岸线码头装卸业务。1963年原渡运中队分离建立渡运站。1966年，港务局装卸四区复归镇海县，改名镇海县运输站。1967年1月，运输站复改为宁波港务局装卸四区。1970年，装卸四区又划归镇海县，定名镇海县运输公司。地址沿江西路26号，占地2万平方米。时有职工61人，手拉车36辆，固定资产15万元。1979年有货运汽车14辆，业务转向以汽车运输为主。1985年，有职工139人，固定资产107万元，汽车22辆，合168.5总吨。年货运量5.89万吨，货运周转量528.49万吨/千米。1993年4月，改称镇海运输总公司。1994年4月，与香港运成国际有限公司合资组建运成集装箱有限公司。2000年9月，转为民营企业，更名镇海运输有限公司。改制时企业资产918.6万元，负债690.8万元，所有者权益128.8万元。

镇海区第二运输公司

集体企业，隶属于区交通局。地址车站路43号。公司前身称城关镇公社运输队，创办于1959年年底。1962年改名城关镇搬运站。1976年12月，城关、柴桥、大碶、长山、骆驼5个搬运站与骆驼内河航运站和骆驼汽车保养场共7个单位联合，成立镇海县第二运输公司。1983年1月，公司解体，柴桥、大碶、长山、骆驼等站分离，各自建立公司。1984年年初，以原城关站人财物为基础成立公司，沿用镇海县第二运输公司名。1985年10月，改称镇海第二运输公司，时有货运汽车19辆，5吨汽车1辆。1997年6月，成建制并入镇海公路运输总公司。

镇海区第三运输公司

集体企业，隶属于区交通局。位于329国道骆驼公路桥东南侧。始建于1953年，初称骆驼联合搬运组。1956年转社。1958年9月，并入骆驼内河运输合作社。后随内河运输合作社划归镇海县运输公司，所有制升级国有。1963年，又改为集体，旋与内河社分开，而与骆驼公社运输队合并，组成骆驼搬运站。1976

年12月，搬运站加入镇海县第二运输公司。1983年11月，与第二运输公司分离，成立镇海县第三运输公司。1986年10月，改称镇海第三运输公司。是时，占地2733平方米（4.1亩），建筑面积2000平方米，职工64人，货运汽车6辆，28总吨。1997年6月，第三运输公司成建制并入镇海公路运输总公司。

镇海区贵驷搬运站

集体企业，隶属于区交通局。1956年成立，地址贵驷，有职工13人。1998年4月，职工一致同意搬运站解散。经实物盘点，企业积累资金13.05万元，经提取老职工医疗费后，积余资金按职工工龄长短平均分配。解散后，原5名职工自愿合伙经营，重新成立贵驷搬运站。

镇海区交通机械修配厂

集体企业，隶属于区交通局。厂址在骆驼镇。创办于1974年12月，初称骆驼搬运站汽车保养场。1976年12月，随骆驼搬运站加入镇海县第二运输公司，改名镇海县第二运输公司骆驼汽车保养场。1983年11月，单独建厂定名镇海县交通机械修配厂。1985年，有职工103人，固定资产原值11.74万元，营业收入21.26万元，利润0.08万元。1993年1月，成建制并入镇海公路运输总公司。

镇海区汽车修配厂

国有企业。1975年7月挂牌营业，与镇海县运输公司一个班子，两块牌子。1978年，与运输公司分离。1985年，有职工43人，固定资产原值6.54万元，产值27.38万元，利润4.14万元。1986年，迁址镇骆路南侧，以汽车修理为主。1990年，挂牌镇海公共交通汽车公司兼营客运。1991年2月，客运业务划归镇海长途汽车运输公司。1997年6月，成建制并入镇海公路运输总公司。

镇海区交通企业经营公司

集体企业。地址车站路72号（交通局大楼内）。1980年5月开办。初称镇海县交通物资经理部，1984年改名镇海县交通企业经营公司。1985年，有职工10人，固定资产3.3万元，流动资金23万元，营业额166万元，利润2.76万元。1995年4月，出资组建宁波三友环保有限公司，地址镇骆东路。1998年10月，镇海交通企业经营公司转为民营，保留宁波三友环保有限公司名。原公司土地7980平方米、房屋977平方米，以及债权债务转让给公司职工。

镇海区胶管制品厂

集体企业。地址骆驼镇。主要产品胶管、汽车防震块、橡皮门窗嵌条等。1993年1月，成建制并入镇海公路运输总公司。

镇海区航运代理站

国有企业，隶属于区交通局。1985年成立，址沿江路，从事码头货物装卸，有职工18人。1997年10月，航运代理站18职工集资改组股份合作制，保留航运代理站名称。企业总资产94.8万元，所有者权益43.43万元，经提留剥离职工安置费用后，以负资产4.45万元转制。1999年沿江路改造时被拆。

镇海区内河航运公司 （详见第二编第三章第五节内河航运企业）

镇海区外海航运公司

集体企业，隶属于区交通局。址沿江西路21号。1979年2月，镇海外海航运站和穿山外海航运站合并成立县外海航运公司。1985年，改称区外海航运公司。时有职工331人，固定资产原值215.85万元，货船12艘，客轮1艘，拖轮3艘；货运量10.50万吨，货运周转量3042万吨/千米。客运量2.6万人，客运周转量202万人/千米，营业收入204.94万元，利润23.43万元。1994—1998年，公司累计亏损1000余万元。1998年8月，外海航运公司经区人民法院审理破产。

1993—2000年交通局属国有、集体企业改革一览表

表3-5-17

企业名称	创办年份	性质	转制时规模			转制改革	
			占地面积（平方米）	资产净值（万元）	职工人数	时间	形式
镇海区运输总公司	1951	国有	165	918.6	153	2000	有限公司
镇海区内河航运公司	1952	集体	4718	94	108	1994	并入宁波轻工机械厂
镇海区第三运输公司	1953	集体	3300	315	36	1997	并入镇海公路运输总公司
镇海区公路运输总公司	1954	国有	28280	1380	451	2000	并入宁波市公交总公司
镇海区外海航运公司	1956	集体	1030	173.85	324	1998	破产重组股份制
镇海区贵驷搬运站	1956	集体	50	13.05	13	1998	解散后合伙重组
镇海区第二运输公司	1959	集体	9900	580	110	1997	并入镇海公路运输总公司
镇海区外海航运公司船厂	1973	集体	5183.4	118	54	1997	个私
镇海区交通机械修配厂	1974	集体	5280	54.03	35	1993	并入镇海公路运输总公司
镇海区胶管制品厂	1974	集体	3300	19.12	28	1993	并入镇海公路运输总公司
镇海区汽车修配厂	1975	国有	5280	120	65	1997	并入镇海公路运输总公司
镇海区交通企业经营公司	1980	集体	7980	77	16	1998	个私
镇海航运代理站	1985	国有	1650	43.4	18	1997	股份制

镇海旅游服务公司 集体企业，隶属于区交通局。1993年2月开办，区内首家从事旅游服务企业。代订车船机票，开展国内旅游业务，有职工7人。2005年7月，体制改革转为私营，更名为宁波市旅游服务有限公司。

第四编　铁路管道

第一章　铁　路

　第一节　洪镇铁路支线

　第二节　铁路桥

　第三节　火车站

　第四节　铁路货运北环线镇海段

第二章　管　道

　第一节　镇海炼化管道

　第二节　化工区液体化工管廊

　第三节　电厂输灰管道

第四编　铁路管道

民国5年（1916年），三北轮埠公司码头配套的龙山铁道为镇海县首条铁路，至民国20年（1931年）境内共有铁路3条。龙山铁道位于龙山镇（今属慈溪市）伏龙山下，长约1.6公里，行驶小火车，民国26年（1937年）拆毁。沪杭甬铁路镇海段自县境下白沙至孔浦，长约3.9公里，抗日战争初拆除。育王铁路自郧隘璎珞河头越育王岭至鄞县（今鄞州区）宝幢，长约3公里，民国20年（1931年）建设，民国30年（1941年）被日军拆除。1954年9月，修建萧（山）穿（山）铁路，1955年年底完成路基、桥梁建设，后因故停建。1977年，镇海县（区）境内建成洪镇铁路支线和镇海炼化、镇海港区配套的铁路专用线。2009年，启动建设宁波铁路枢纽货运北环线镇海段。

以管道作为运输工具，长距离输送液体、固体或气体物资，是继铁路、公路、水运、航空运输之后的第五种运输业态。管道运输量大，连续、迅速、经济、安全、投资少、占地少、费用低，并可实现自动控制。管道铺设分为架空管道、地面管道和地埋管道，以地埋管道最为普遍，视地形情况也可三者兼有。20世纪70年代起，镇海的管道运输伴随着镇海炼化、镇海电厂等大工程建设和生产需求而发展。进入21世纪，宁波化工区建设液体化工管廊带，为园区企业架设产品和原料的管道运输线。

第一章　铁　路

镇海区境内已建成的铁路线两条，分别属于宁波港镇海港区和镇海炼化配套的铁路货运专线。2009年，启动建设高架铁路，为宁波铁路枢纽货运北环线镇海段。

第一节　洪镇铁路支线

洪镇铁路支线是宁波港镇海港区的配套设施，属地方性铁路。西与萧甬铁路洪塘乡编组站接轨，东至镇海站到发场前路港交界处，全长21.825千米。

宁波港铁路有限公司管辖线路正线全长18.953千米，其中在镇海区境内为13.439千米。自路港交界处向东延展至镇海港区化工泊位前沿，为镇海站调车场和货场。作业线共31股，总有效长13.912千米。

1974年1月，国家计划委员会批准《建设洪镇铁路支线工程设计任务书》。8月交通部下达设计施工任务通知。12月由上海铁路局勘测设计事务所进行勘测设计。翌年1月6日，成立宁波港铁路支线工程指挥部。在镇海城关镇设立分指挥部，组织施工。

洪镇铁路工程分二期实施。前期为土建、铺轨及桥涵施工。于1975年2月28日破土动工，由上海铁路局工程总公司第四工程公司承担铺轨及桥涵施工。沿线民工承担路基土石方填筑。1977年12月28日竣工并简易通车至镇海港区煤码头。二期主要为站线铺设、水电安装，由上海铁路局电务工程公司施工。1983年10月正式投入运营。二期工程累计投资人民币2651万元。年设计通过能力400万吨。线路等级：Ⅱ级中型。牵引种类：内燃机车，东风7C型机车定数为4300吨；GK1C型机车定数为3500吨。全线有桥梁16座，计长379.45延米，涵洞62座，计长747.34延米；道口32处。沿线设有洪塘站、沈家站、俞范线路所、镇海站（到发场）等4个站（所）。通信线路为直埋电缆。沿线两侧配置绿化带，栽有水杉等乔灌树木。

洪镇铁路另有1条分支线，为镇海炼化股份有限公司专用铁道。在洪镇铁路俞范线路所接轨，全长18.469千米，有桥梁1座，涵渠15座，道口5处。支线铁路工程分二期施工。首期厂外作业区和炼油作业区的路基、铺轨等工程，1977年9月16日始，由上海铁路局第四工程公司施工，1978年12月31日竣工。二期化肥作业区线路工程，1981年5月14日动工，由镇海石化总厂炼油厂铁路作业站自行施工，1984年9月10日建成。铁路工程累计投资人民币443万元。

厂外作业区，主要办理货物列车的到发、调车和编解作业，并担负炼油作业区和化肥作业区的取送车业务。计有俞范线路所引入线1股，长855米；连接镇海作业站联络线1股，长834米；正线1股，有效长860米；到发线3股，有效长2563米；存车线5股，有效长3379米；材料装卸线、牵出线各1股，有效长分别为324米和339米；机库线2股，有效长212米。

炼油作业区，为发运石油产品货区。有装油货物线12股，有效长3168米。

化肥作业区，为发运化工产品货区。有货物线4股，有效长1512米。

洪镇铁路支线主要运输煤炭、成品油、液体化工、钢铁和非金属矿石等，发往省内及江西等地。2008年装车数113075辆，货运量693.4万吨。2010年装车数438813辆，卸车数29404辆，货运量209万吨。货物由宁波港铁路有限公司自配内燃机车到洪塘乡编组站，以小运转方式送达。

第二节　铁路桥

镇海区境内的铁路桥梁，洪镇铁路支线有12座。

洪镇铁路桥梁一览表

表4-1-1

桥　名	中心里程	孔数、结构	全长（米）	建造时间
西大河	9千米+76.08米	单孔　钢筋混凝土箱型梁	21.70	1975—1977
宾子港	9千米+964.60米	3孔　钢筋混凝土箱型梁	39.80	
翁家斗	10千米+402.55米	单孔　钢筋混凝土箱型梁	15.28	
胡家	11千米+493.40米	单孔　钢筋混凝土箱型梁	20.11	
叶家	12千米+126.60米	单孔　钢筋混凝土箱型梁	20.16	
陈施益	13千米+170.70米	单孔　钢筋混凝土箱型梁	19.78	
郭家	15千米+320.45米	单孔　钢筋混凝土箱型梁	25.26	
小立交	15千米+775.00米	单孔　钢筋混凝土箱型梁	10.90	
万家	15千米+815.60米	单孔　钢筋混凝土箱型梁	45.90	
孙家	18千米+202.86米	单孔　钢筋混凝土箱型梁	14.48	
排水河	19千米+75.50米	单孔　钢筋混凝土箱型梁	21.10	
13#（石化专线）	便0千米+288米	单孔　钢筋混凝土箱型梁	21.45	

第三节　火车站

沈家站（13千米+741.5米）　在庄市街道光明村西。1975年建站。有正线和到发货线各1股，有效长度共1815米。站屋平房一栋，建筑面积109.55平方米。2010 年有职工 7 人。

俞范线路所（18 千米+758.35 米）　在蛟川街道俞范村。1975 年建站。有正线 1 股，另有连接镇海炼化股份有限公司铁路专用线 1 条。站屋一栋，建筑面积 113.69 平方米。2010 年有职工 7 人。

镇海站到发场（20 千米+939.49 米）　在后海塘外海涂围塘区。1975 年建站。该站场负责镇海港区货物列车到达解体、出发编组作业以及镇海炼化、国储八三七、粮库等专用线的取送车作业。有站线 13 股，其中正线 1 股，有效长 854 米；到发线 7 股，总有效长 5770 米；其他线 5 股，总有效长 2154 米。站屋有行车楼、办公楼和单身宿舍各 1 幢，建筑面积分别为 294.7 平方米、116.04 平方米和 187.47 平方米。2010 年有职工（包括镇海站调车场）61 人。

镇海站调车场和货场　在港区内。1986 年建站。该站现与镇海站合并，负责镇海港区货物列车的调车和取送车作业。有各类股道 31 股，总长 13.912 千米。其中调车线 8 股，总有效长 3603 米；装车线 17 股，总有效长 7955 米；化工线 4 股，总有效长 2154 米；其他线 1 股，有效长 200 米。站屋有信号楼和综合楼各 1 幢，建筑面积分别为 430.1 平方米和 378.12 平方米。

第四节　铁路货运北环线镇海段

宁波铁路枢纽货运北环线镇海段，西起骆驼尚志，东至蛟川甬江特大桥，线路长约 12 千米，中置沈家站 1 个，全线采用高架形式。沈家站往东，跨东外环路分两支：其一支镇海支线，在永旺村临江出口与原洪镇铁路接轨，到宁波港务局镇海港区；另一支甬江左线，过蛟川街道清水浦、沿江跨甬江往鄞州云龙方向。原洪镇线沈家站以西段铁路将废止。

该工程总投资约 7.8 亿元，由铁道部和宁波市人民政府各出资 50%。2009 年 12 月 30 日开工建设，预计工期 4 年（2014 年 12 月 10 日正式通车运营）。宁波铁路货运北环线镇海段工程总用地面积 21.3491 公顷。工程建设途经骆驼、庄市、蛟川 3 个街道，涉及 8 个行政村。总拆迁面积约 4.53 公顷。其中，涉及拆迁农户 142 户，拆迁面积 2.77 公顷；拆迁企业 6 家，拆迁面积 1.76 公顷。

第二章 管 道

镇海的管道运输起步早。20 世纪 70 年代，浙江炼油厂（现镇海炼化，下同）建成至算山原油码头、虹桥成品油码头等多条管道。1984 年始铺设镇海发电厂至后海塘灰库的输煤灰管。2005 年建设宁波化工区液体化工管廊带。2009 年建设大乙烯工程输煤栈桥。

第一节 镇海炼化管道

1978 年，镇海炼化落成试产，始建地埋输油、输气管道。至 1985 年，已建有 13 条原油、成品油、液化气管道，总长度 156.1 千米。2010 年年末，镇海炼化有油品、液化气管道 27 条，总长度 629 千米。

管道铺设

原油管 1976 年、1987 年，镇海炼化铺设厂区至算山码头原油管各 1 条。管道沉管过甬江，共长 34.86 千米，管径分别为 426 毫米和 529 毫米，日输送能力 2.5 万吨。2001 年铺设至算山码头原油管 3 号线，管径 710 毫米，设计能力为 200 万吨/年。

成品油管 1976—1991 年，镇海炼化铺设厂区至虹桥、算山、镇海发电厂、三官堂油库的成品油管 5 组 14 条，管径 89～273 毫米。1994—2005 年，又铺设至虹桥、算山，至杭州萧山、上海金山管道 8 条。

液化石油气管 1981 年铺设镇海炼化至孔浦，1982 年铺设镇海炼化至俞范液化石油气管各 1 条，管径 89 毫米，日最大输送能力各 240 吨。1983 年，铺设镇海炼化至算山码头出口液化石油气管 2 条，管径均为 273 毫米，日最大输送能力 3000 吨。

2010 年镇海炼化运输管线一览表

表 4-2-1

管线编号		管径（毫米）	起止	设计能力（万吨/年）	建成时间	长度（千米）
成品油 3 线	393#	108	炼化—镇海成品油码头	10	1976	5.6
	37#	108		10		
	56#	159		20		

续表4-2-1

管线编号		管径（毫米）	起 止	设计能力（万吨/年）	建成时间	长度（千米）
原油1线	1#	426	炼化—算山码头	461	1977	18
成品油1线	428#	159	炼化—算山码头	50	1979	18
	27#	159		60		
	142#	273		133		
液化气管线	—	89	炼化—孔浦	8.6	1981	13.2
液化气管线	—	89	炼化—俞范	8.6	1982	1.7
液化气1线	—	273	炼化—算山码头	105	1983	18
液化气2线	—	273	炼化—算山码头	36	1983	18
成品油2线	22#C	273	炼化—算山码头	139	1983	18
	92#B	273		139		
	256#	273		164		
原油2线	1#B	529	炼化—算山码头	721	1989	18
成品油3线	484#	325	炼化—算山码头	140	1992	18
	1#C	325		210		
	459#	325		228		
成品油	80#	100	炼化—镇海成品油码头	10	1994	5.6
船用油线	147#	159		20		
成品油	459#	200		25		
	663#	200		25		
成品油	1000#	350	炼化—杭州萧山	250	1997	150
成品油线	22#D	300	炼化—算山码头	200	2001	18
	1042#	300		200		
原油3线	1#A	710	炼化—算山码头	2000	2001	18
成品油	—	250	炼化—上海金山	150	2005	137
乙烯输煤栈桥	—	—	镇海煤码头—炼化	900/小时	2009	7.5

第二节 化工区液体化工管廊

液体化工管廊为宁波化工区的重要基础设施。该管廊于2005年4月动工建设，历时4年余，2009年10月全线贯通。管廊南起液体化工码头，北至宁波化工区杭州湾腈纶厂，长19.2千米，总投资3亿多元。管廊架宽度6米。高度分为两段：镇海港区B区至海天路（炼化乙烯工程）长5.5千米段内高8.1米，管架3层；海天路至北海路长13.7千米段内高8.3米，管架2层。管廊带上铺设80~500毫米不等口径管道。投入1500万元，建成管廊远程可视监控、报警、广播、气体探测报警等电子监控系统；建成长10千米的海天路管廊防撞栏，投入2500万元。管廊管理主体为宁波安捷化工物流有限公司，注册资本3.65亿元，隶宁波化工开发有限公司。已建管廊理论管位投影面积42.04万平方米（能力），安装管位率约30%。管廊形成多种物料及公共管线（蒸汽，废水等）输送规模年约3000万吨。至2010年年底，已有19家企业的55条管线投入使用，总长度280千米。2010年管廊输送量135.46万吨。

已在管廊上架设管线的企业有：镇海炼化（及利安德）100万吨/年乙烯项目的11根相关管线；浙江省石油公司镇海油库的汽柴油管线；宁波市镇海威远林德气体有限公司的氮气、氧气、氢气供园区企业管线；宁波久丰热电有限公司到阿克苏及金海德旗蒸汽管线及澥浦片蒸汽管线；浙江镇海热力责任有限公司的顺泽橡胶门口至久丰热电蒸汽管线；宁波兴光燃气集团公司的天然气管线；宁波阿克苏诺贝尔化学项目从镇海炼化至装置的乙烯和甲烷管线；宁波四明化工有限公司供阿克苏诺贝尔化学项目的液氨管线及镇洋化工至四明化工的氢气管线；宁波万隆食用酒精有限公司的污水管线；宁波乐金甬兴化工有限公司从港区来的苯乙烯、丁二烯、丙烯腈管线及与乙烯项目连接的苯乙烯、丁二烯管线；宁波金海德旗化工有限公司从乙烯项目来的C5管线及回镇海炼化C5抽余液管线；浙江恒河石油化工股份有限公司从乙烯项目来的C9管线；宁波欧瑞特有限公司从乙烯项目来的丁二烯和氢气管线；宁波瑞福特气体储运有限公司项目的乙烯管线；宁波朝日硅材料有限公司从镇洋化工来的HCL管线；宁波争光树脂有限公司从镇洋化工来的HCL管线；华东二氧化碳气体公司从阿克苏来的二氧化碳管线；宁波华清环保科技有限公司污水管线。

2010年宁波化工区管廊带企业管道运输表

表4-2-2

单　位	运输品种	公称直径	长度（米）	桩号
中国石化股份有限公司镇海炼化分公司	对二甲苯	DN400	6849	900—1664
	乙二醇	DN250	5415	900—1462
	丁二烯产品	DN250	5415	900—1462
	丁二烯循环	DN200	5415	900—1462
	丁二烯气相	DN100	5415	900—1462
	乙烯装卸船	DN300	5344	938—1462
	乙烯预冷	DN100	5344	938—1462

续表4-2-2

单 位	运输品种	公称直径	长度（米）	桩号
镇海炼化利安德化学有限公司	苯乙烯产品	DN300	5416	900—1462
	苯乙烯循环	DN200	5416	900—1462
	环氧丙烷产品	DN300	5416	900—1462
	环氧丙烷循环	DN200	5416	900—1462
宁波乐金甬兴化工有限公司	丁二烯	DN150	4126	900—1341
	苯乙烯	DN200	3942	900—1341
	丙烯腈	DN150	3942	900—1341
	苯乙烯（新）	DN200	1333	1340—1463
	丁二烯（新）	DN150	2273	1340—1603
浙江省石油公司镇海油库	汽油	DN250	6931	900—1664
	柴油	DN250	6931	900—1664
宁波市镇海威远林德气体有限公司	氮气	DN250	18547	900—44
	氧气	DN500	12708	900—4116
	氢气	DN150	2721	295—4120
宁波四明化工有限公司	氢气	DN250	1030	26—295
	液氨	DN100	3239	26—4172
浙江恒河石油化工股份有限公司	碳九	DN100	4745	5238—1602
宁波朝日硅材料有限公司	氯化氢	DN250	1341	44—295
	氢气	DN80	205	27—44
宁波金海德旗化工有限公司	碳五	DN150	4453	5118—1602
	碳五抽余液	DN100	2143	5118—1995
宁波争光树脂有限公司	氯化氢	DN160	1884	90—296
宁波万隆食用酒精有限公司	污水	DN150	5637	1303—3028
阿克苏诺贝尔乙烯胺（宁波）有限公司	乙烯	DN150	7826	1601—4173
	甲烷	DN80	7812	1601—4173
宁波兴光燃气集团公司	天然气	DN250	8488	111—3100
		DN150	1105	5001—5168
		DN250	78	3100—3095
宁波瑞福特气体储运有限公司	乙烯气相	DN250	9995	4266—1403
	乙烯预冷	DN100	4550	1403—938
	乙烯产品	DN300	4656	1403—938
	污水	DN100	4543	1403—3028
宁波欧瑞特有限公司	丁二烯	DN150	4964	5168—1602
	氢气	DN80	5024	5144—1602
镇海热力有限责任公司	蒸汽	DN500	4896	4122—5170

续表4-2-2

单　位	运输品种	公称直径	长度（米）	桩号
宁波久丰热电有限公司	蒸汽	DN400	624	1—44
			319	89—112
			319	89—112
			1793	346—4172
		DN300	29	43—44
		DN350	33	57—59
		DN250	664	43—89
		DN80	28	43—44
		DN500	2315	346—4122
		DN450	349	89—112
宁波华东二氧化碳有限公司	二氧化碳	DN150	3955	4172—3097
宁波华清环保科技有限公司	污水	DN350	1199	91—240
		DN250	239	91—112
		DN400	44	343—345

第三节　电厂输灰管道

镇海电厂和北仑发电厂分别建有通往后海塘围垦区和澥浦泥螺山围垦区的输灰管道11条，总长251千米。

1984年5月，铺设镇海发电厂至后海塘灰库的输灰管道2条，各长6.88千米，1987年7月又铺设1条。管径均为426毫米，年输送量约75万吨。

1998年3月，北仑发电厂二期工程铺设通往澥浦泥螺山围垦区输灰管道，2000年建成。共铺有8根管径为219毫米的管道。管道在北仑走向为：穿越厂区和进港公路后，途经永丰、算山、许胡、永久、岭南、孔墅、渡头、红联，跨招宝山大桥，经后海塘区域至澥浦泥螺山围垦区，全长28.8千米。

输灰管道表

表4-2-3

建成年份	建设单位	起始	长度（千米）	数量（条）	管径（毫米）	年输送能力
1984	镇海电厂	厂区—后海塘灰库	6.88	2	426	25万吨
1987	镇海电厂	厂区—后海塘灰库	6.88	1	426	25万吨
2000	北仑发电厂	厂区—泥螺山灰库	28.8	8	219	16万吨

第五编　交通工程与服务业

第一章　宁波（镇海）物流枢纽港
第一节　物流枢纽港建设
第二节　物流专业市场
第三节　仓储
第二章　交通工程建设投资
第一节　公路建设投资
第二节　城市道路建设投资
第三章　交通运输服务业
第一节　船舶修造企业
第二节　交通工程企业
第三节　机动车维修
第四节　驾驶员培训学校
第五节　车辆综合性能检测

第五编 交通工程与服务业

本编重点记载镇海区依托港口条件和强大的工业制造业发展临港物流，建设宁波（镇海）大宗货物海铁联运物流枢纽港、镇海区交通工程基础设施建设投入和交通运输服务业企业的发展变化。

第一章 宁波（镇海）物流枢纽港

镇海区“十一五”规划（2006—2010 年）蓝图提出：镇海物流业的发展依托本区及周边的工业基础和港桥海优势，依托现有的液化品市场、金属加工园区、煤炭市场、钢材市场和货运市场，构建若干物流仓储和配送中心，拓展服务功能，构筑一批与工业园区建设相配套的物流企业，规划建设与镇海新城相匹配的商贸配送物流设施，将后海塘片区建设成规模化、多功能、多货类、辐射强的港口物流基地。

2007 年 12 月，宁波（镇海）大宗货物海铁联运物流枢纽港管委会成立（简称物流枢纽港管委会），开启宁波（镇海）大宗货物海铁联运物流枢纽港（简称物流枢纽港）建设。成立初，物流枢纽港管委会租招宝山街道后海塘区域发展与管理办公室办公。2009 年年初，物流枢纽港管委会租镇海电信大楼办公。2010 年，物流枢纽港管委会迁入新建的物流枢纽港大楼，地址招宝山街道隧道北路 300 号。

镇海物流枢纽港建设列入宁波市实施“中提升”战略十大功能区块之一。

第一节　物流枢纽港建设

物流枢纽港规划编制

2008年，宁波市人民政府成立物流枢纽港规划编审领导小组，副市长王勇任组长，确定物流枢纽港建设编制一个总体规划，四个专项规划（产业发展规划、港区发展规划、铁路及场站规划、疏港交通规划）。至2008年年末，《宁波（镇海）大宗货物海铁联运物流枢纽港发展研究》和《宁波（镇海）大宗货物海铁联运物流枢纽港空间布局规划研究》基本编成，其中《宁波（镇海）大宗货物海铁联运物流枢纽港空间布局规划研究》通过市级部门会审和专家评审。2009年3月，宁波市人民政府常务会议原则通过空间布局规划研究。2009年开始，编制物流枢纽港控制性详细规划、生态仓储区改造、供电、煤场改造、给排水等专项规划。至2010年8月，《宁波（镇海）大宗货物海铁联运物流枢纽港控制性详细规划》通过市规划局审查，报市人民政府审议。

地理位置及发展定位

物流枢纽港位于镇海区后海塘片区，东至甬江入海口、南至古海塘、西至威海路、北至灰鳖洋。物流枢纽港规划面积9.5平方千米，其中镇海港区2.5平方千米，后海塘区域7平方千米。

规划物流枢纽港是以海铁联运为支撑，面向浙江、华东，辐射全国的大宗货物物流、贸易和信息管理中心。

物流枢纽港北部为镇海炼化和宁波化工区，是镇海区最主要的临港工业区。洪镇铁路支线横贯物流枢纽港，自西向东串联了包括宁波机电工业区、镇海新区和镇海经济技术开发区等主要工业片区和功能组团。临港工业发展轴、洪镇铁路支线城市工业发展轴和甬江航运通道三条轴线交汇于物流枢纽港，沿该三条基本轴线向纵深腹地延伸，并以镇海港为门户，构成镇海区现代物流体系的重要地位。

物流枢纽港区的用地结构，确定为“一心、一轴、六组团”。

一心即镇海物流枢纽港管理服务中心，集中布置生产性服务设施。诸如行政管理、信息管理、海关、商检、工商、金融、税务、保险等机构。

一轴即以宏远路为物流枢纽港区的功能发展轴，延续城市中轴线的空间序列。

六组团即液体化工仓储区、煤炭物流区、综合加工区、散杂货物流区、海铁联运区、生态公园。

物流枢纽港基础设施

道路： 进出物流枢纽港区的公路运输经镇骆一级公路（S79省道）、宁镇一级公路，雄镇公路、化工区主干道等道路疏港，通过或329国道，或杭甬高速，或杭州湾跨海大桥，或舟山大桥，或宁波绕城高速向各目的地方向疏运。

泊位： 至2010年，镇海港区建成的生产性泊位19个，其中50000吨级泊位2个，10000吨级泊9个，1000~5000吨级泊位8个。港区设计货物吞吐能力年2400万吨以上。

铁路： 洪镇铁路支线，属地方铁路专用线，由洪塘编组站接萧甬线进入国家铁路主干网。洪镇铁路支线直达镇海港区，沿线设有至镇海炼化公司、国家储备局837处、国家中转粮库的牵出线。

重点建设项目

宁波镇海大宗生产资料交易中心，系物流枢纽港商务中心。项目选址平海路1188号，总用地18.66万平方米，分设市场交易区、仓储物流区、配套服务区。其中，一期市场交易区于2009年12月28日开工建设，总投资2.8亿元，占地3.44万平方米，总建筑面积5.9万平方米。由一幢4层交易中心大楼和两幢11层商务办公楼构成，可提供3.5万平方米的商务办公房和1万平方米的电子化市场交易平台。2010年6月9日，宁波镇海大宗生产资料交易中心开业运营。

引进重点企业

宁波大宗货物海铁联运物流枢纽港开发有限公司

2008年6月，组建宁波大宗货物海铁联运物流枢纽港开发有限公司。公司注册资金1亿元，由已收储的中汇纺织地块和永大构件地块作价8000万元和区财政投入专项资金2000万元组成。

宁波首钢浙金钢材有限公司

2009年1月，由浙江物产金属集团有限公司与首钢集团全资控股的首钢钢贸投资管理有限公司出资组建。该公司注册资本5000万元，首钢钢贸投资管理有限公司占40%股份，浙江物产金属集团有限公司占60%股份，经营钢材剪切、加工配送以及贸易等，为引进物流枢纽港首家投资5000万元以上企业。该项目分三期建设，一期总投资5000万元，用地近4.66万平方米，建设5条剪切加工生产线，年剪切加工能力15万~20万吨。2010年6月9日，物产钢铁商城开业。

宁波浙金嘉贝钢材有限公司

2010年3月，由浙江物产金属集团有限公司与宁波经济技术开发区嘉贝贸易有限公司出资组建。该公司注册资本5000万元，其中浙江物产金属集团有限公司占60%股份，宁波经济技术开发区嘉贝贸易有限公司占40%股份，主营金属材料、建材、机械设备批发、零售。公司承担宁波轨道交通及象山港跨海大桥建筑用钢生产。

第二节　物流专业市场

1998—2010年，物流枢纽港区先后形成五个物流专业市场。

镇海液体化工产品交易市场

镇海液体化工产品交易市场（简称液化品市场），由镇海区人民政府委托镇海区物资总公司和宁波港务局委托镇海港埠公司共同兴办。1997年7月，区人民政府建立液化品市场筹建班子，下设办公室，办公地点设在招宝山街道人民路7号商业大厦11楼。1998年7月1日，液化品市场经宁波市工商行政管理局镇海分局批准成立。1998年4月至2002年7月，液化品市场先后租用宁波港务局第二招待所、镇海区物资局大楼办公。1999年6月，液化品市场试营业。2001年2月28日，液化品市场正式开业。进场交易（销售）商品主要有液体化工产品、工业消费品和其他生产资料。2002年7月，新建的液体化工交易大楼竣工，址镇海大运路1号。同年11月2日，镇海"秋洽会"期间新大楼启用。新建的液化市场占地面积22980平方米，其中营业房面积13700平方米，绿化面积1.4万平方米，管理用房面积1600平方米，有商务用房338间。

液化市场依托全国最大的两个5万吨级液化品泊位、近10个1000~10000吨级液化品泊位、40多万立方米液化品储罐、镇海炼化公司生产的液化品，依托镇海区人民政府、宁波港务局和镇海海关的扶持政策发展迅速。

2003 年，液化市场分别被省人民政府和省工商行政管理局授予“省重点商品市场”和“省四星级文明规范市场”“省百强市场”称号。2004 年度，液化市场被评为“宁波市信用市场”和“镇海区信用市场”“中国商品专业市场最具竞争力 50 强”。2005 年，液化市场“中国液体化工在线”成为全国著名的液体化工网站，是全国液体化工产品的信息中心、价格中心和交易中心。2008 年，液化市场获“改革开放 30 年中国浙江十大先锋市场”称号、“改革开放 30 年镇海经济风云榜”现代服务业发展奖。2009 年，进场企业 300 余家，交易额 88.60 亿元。

1999—2004 年镇海液化品市场经营情况表

表 5-1-1

年　份	1999	2000	2001	2002	2003	2004
成交额（亿元）	0.54	4.5	12.5	26.5	40.6	56.2
进场企业（家）	10	38	105	153	185	220
上缴税款（万元）	59	487	1162	3162	3812	5120

镇海货运市场

1998 年 7 月，宁波公路主枢纽镇海货运站项目经宁波市计委批准立项。镇海区交通局委托交通运输部公路科学研究所编制工程可行性研究方案。1999 年项目动工建设，投资概算 1500 万元，获交通运输部补助资金 500 万元。2001 年 11 月 8 日，宁波公路主枢纽镇海货运站建成，站址后海塘定海路 289 号。由镇海货运站主办的货运市场为进场企业提供货运代理、货物运输、货物堆场、仓储、集装箱堆放等服务。货运市场占地面积 68451 平方米，管理用房 2330 平方米。场内设有客户休息区、停车场，有完善的配电、通信，以及防盗设施。24 小时有市场管理员值班，为客户提供行情信息。2004 年进场货运企业 35 家，实现货物运输、货运代理营业额 4.5 亿元。2009 年，进场货运企业近 100 家，营业额 7.2 亿元。

镇海再生资源加工园区

2001 年 9 月，镇海再生资源加工园区（简称金属园区）经宁波市计划委员会批准立项，并开始筹建。2003 年 9 月，金属园区获宁波检验检疫局发放的进境场站登记证。同年 10 月，金属园区被国家环保总局、海关总署、国家质检总局等五部委列为全国首家进口再生金属资源“圈区管理”试点园区。

金属园区坐落在镇海后海塘，址定海路 9 号，规划面积 200 万平方米，分为海关监管、园区管理、生产加工和员工生活等四功能区块。金属园区分三期开发建设。一、二期工程投资 3.13 亿元，开发面积 130 万平方米，2004 年完工。金属园区有年加工 100 万吨再生金属资源能力。

金属园区设立管理委员会，由区人民政府和区环保、海关、国检、公安、港口、工商、国税、地税等部门组成，承担园区的管理、协调、监督、检查等职能。园区的日常管理由宁波镇海再生资源加工园区开发有限公司负责。该公司由宁波财茂实业公司（简称中方）与美国百盛国际有限公司（简称外方），于 2001 年 12 月共同组建。公司注册资金人民币 680 万元，中方占 51%股权，外方占 49%股权。经营范围为再生金属资源加工利用。进口的货物是国家允许进口的第六类（废钢铁、废有色金属）和第七类（废电机、废电线电缆、废五金电器）可用作原料的废金属。进口货物进入金属园区后，必须经过拆解分拣、加工，才能运出园区外销售。通过监管区内安装的视频监控系统，采用 GPS 卫星定位系统、箱号识别系统、电子车牌识别系统、辐射自动检测系统和电子地磅数据联网等科技手段，检验检疫和海关部门实现远程视频辅助查验、全程监控，对进出园区的货物实现信息化、科学化、全面化监管。镇海金属园区是唯一经国家环保总局批准的对可回收利用的再生金属进行循环加工的试点园区，并在国家发改委、环保总局、海关总署、国家质检总局、商务部等五部委联合调研中被誉为同行业的样板。2004 年，入园企业 52 家，拆解再生金属 50 万吨，实现产值 20 亿元。2009 年，入园企业 73 家，实现产值 76.1 亿元。

镇海钢材市场

镇海钢材市场是国家物资储备局浙江 837 处出资成立的浙江国储物流有限公司的子公司。2001 年 11 月，镇海钢材市场经宁波市工商行政管理局批准建立。钢材市场位于后海塘大通路 331 号，占地面积 2 万平方米。钢材市场库房面积 4 万平方米，库外堆场面积 7 万平方米。库区铁路专线双线长 300 米，配有龙门吊、叉车、库内行吊，一次设备装卸能力 194.3 吨，储存能力 20 万吨。从事仓储保管、期货交割、保税、港口接转、铁路接发运、银行质押监管、集装箱拆掏及货物全程代理等综合物流业务。进场交易品种有金属材料、建筑材料等。2002年，市场成交额1.35亿元，实缴税额150万元。2003年，市场成交额3.85亿元，实缴税额274万元。2004年，进场企业33家，市场成交额25亿元，实缴税额978万元。2009年，入驻企业43家，销售额18.91亿元。

镇海煤炭交易市场

镇海煤炭交易市场，经镇海区工商分局批准于2003年10月建立，隶属镇海区贸易粮食局。初时，市场设在定海路289号。主办单位镇海通贸市场发展有限公司，由宁波公路主枢纽镇海货运站和镇海商城办公室联合经营。2004年，入场企业52家，成交额17.2亿元，上缴税额3447万元，实现利润3629万元。2005—2007年，镇海区投入2亿元，煤炭市场移址宏远路818号，占地面积40万平方米。市场依托镇海港区煤炭中转优势，集港区码头装卸、运输、配送、加工、储存等物流作业功能为一体。2008年市场成交额74.3亿元。2009年，集聚67家煤炭企业，市场销售额67.7亿元，成为省内最大的煤炭集散地。

第三节　仓　储

镇海粮食储备库

镇海粮食储备库位于镇海后海塘片区。仓储区总库容8万吨，仓库及储粮规模居浙江省前茅，是浙江粮食集团直属粮库。库分南北，南库位于平海路上，占地10万平方米；北库位于化工主干道旁，占地11万平方米。1400米铁路专线自西向东贯穿库区，与萧甬铁路相连接。仓库主营粮油储藏、进出口粮油、国内粮油、粮油装具、熏蒸药剂及器材，兼营其他物资代转代储。

镇海国家石油储备基地有限责任公司

处澥浦镇湾塘，占地面积1.12平方千米，设计规模520万立方米。2004年1月，经国家发改委批准建设，国有独资企业。经营：国家储备石油的储存、保管、计量、装卸、保税、中转、分运、储罐出租和报关代理；自营和代理货物和技术的进出口。石油储备基地2004年3月28日打下第一根桩。2005年8月，一期工程16台油罐及系统配套工程建成。2006年8月，二期工程后36台储罐建成。2006年8月，首船国家战略储备油运抵算山码头，同时向基地注油。2007

年12月19日，该工程通过国家发展和改革委员会组织的竣工验收。2010年，该工程获国家优质工程银质奖。

镇海国家石油储备基地获奖（2010年）

镇海国家石油储备基地工程

国家物资储备局浙江八三七处

国家物资储备局浙江八三七处系国家发展和改革委员会国家物资储备局下属的从事国家储备物资管理与转运、国家储备物资口岸直拨、非国家储备物资保管与转运的大型综合仓库。仓库位于后海塘大通路331号。浙江八三七处始建于1986年。2005年，该处实施安全改造工程，仓库的硬件设备设施提高。仓库占地面积23.4万平方米，其中库房4.8万平方米，堆场6万平方米，配有铁路专用线、龙门吊、行吊、叉车、转运车、地中衡、安防监控等设备设施。2008年固定资产原值1.1亿元，仓储能力20万吨，一次最大机械作业能力200操作吨，年物资吞吐能力超120万吨，年经营收入超2000万元。

浙江八三七处申办海关监管公用型保税仓库、郑州商品交易所PTA指定交割仓库、大连商品交易所PVC和LLDPE指定交割仓库、上海期货交易所铝、锌、铅指定交割仓库，并成为天津渤海商品交易所和北仑区大榭华商商品交易所化工产品现货交割库。

仓储主要品种：

黑色金属：平板、卷板、圆钢、线材、钢坯、铬铁、锰合金

有色金属：电解铜、铝锭、锌锭、镍系列金属、钴片、锡锭

固体化工：精对苯二甲酸、聚氯乙烯、聚乙烯、聚丙烯、聚乙烯醇、ABS、工业用盐、膨润土、橡胶、硫酸镍、氯化镍、尿素、复合肥

其他：棉花、润滑油、木材

第二章　交通工程建设投资

1986—2000年，对城市道路基础设施建设的投资以区人民政府所在地城关镇为主，城市道路基础设施投入由区建设局负责。

1986—2010年，镇海区公路基础设施建设投入资金不菲，公路面貌大为改观，曾经的砂石路已成为记忆。公路基础设施建设投资项目的实施由区建设与交通局负责。

自2001年镇海区行政区划调整，撤镇改建街道，城市道路建设投资主体开始呈多元化，除区建设与交通局道路主管部门外，镇海新城管委会、五里牌开发区管委会、街道（镇）也分别负责属地城市道路的建设投资。

第一节　公路建设投资

新建改建公路投资

辖区国、省、县（区）乡公路建设的资金投入主要贯彻“民办公助”方针，包括上级交通部门的补助，地方财力的投入和及沿线乡镇的支持和依靠省人民政府政策许可的“四自公路”方式建设。

1986—2010年镇海区建设与交通局公路建设投资表

表5-2-1

公路名称	长度（千米）	施工年份	总投资（万元）	其中		用地（亩）
				建安费（万元）	政策处理费（万元）	
庄俞公路庄市钟包段建设	3.2	1986	9000	4500	4500	—
骆慈公路骆驼汶溪段路面改建	9.67	1987—1989	794	649	145	—
炼澥公路岚山澥浦段建设	2.88	1988	309	237	72	38.9
329国道澥浦常洪段路面改建	16.72	1989—1993	2232	1932	300	30.6
长邱公路徐王勤山段改建	7.00	1990	680	480	200	—
庄俞公路钟包俞范段建设	4.72	1990	569	333	236	63.7
炼澥公路改建	6.8	1993—1994	604	502	102	—
宁镇、镇骆一级公路拓宽改建	21.80	1994—1996	27000	—	—	799.2

续表5-2-1

公 路 名 称	长度（千米）	施工年份	总投资（万元）	其中		用地（亩）
				建安费（万元）	政策处理费（万元）	
余汶公路	10.53	1995	1375	954	421	142.2
329 国道澥浦常洪段拓宽改建	16.72	1997	12000	7000	5000	614.5
招宝山大桥连接线建设	3.27	1998	4000	3434	566	138.08
骆慈公路汶溪民主段路面改建	1.67	1998	160	135	25	—
骆慈公路骆驼徐王段拓宽改建	3.00	1998	663	528	135	40.5
骆费公路拓宽改建	3.12	2002—2003	1899	1899	—	—
临江路金川路—东外环路段建设	1.41	2003—2005	5069	2371	2698	150
庄俞公路北延一期俞范东路—运焦路	3.12	2003—2004	10490	4313	6177	140
长邱新线建设	8.40	2003—2005	38782	28883	9899	789.1
中贺线建设	1.40	2004	5000	1990	2500	136.5
炼澥公路汇源路至 329 国道段拓宽	0.95	2004—2005	1515	1098	417	39
沿海北线镇海段（化工区主干道）	14.43	2004—2011	40300	27000	13300	1300
汶骆路拓宽改建（徐王—保国寺）	1.57	2005—2006	895	595	300	25
宁镇路更新拓宽改建	3.12	2005—2007	10460	—	—	125.6
贵镇线拓宽（静德桥—雄镇路）	0.70	2007—2008	2900	1700	1200	33.6
329 国道（澥浦—北外环段）	12.20	2007—2008	9800	8200	1600	—
河横线改建	3.88	2007—2009	5170	2577	2593	40
骆霞线 K9+520—K10+018 段改建	0.50	2008	353	331	22	—
长邱线 K6+711—K8+161 段改建	1.45	2009	322	295	27	—
庄俞公路 K2+770—K3+600 改建	3.83	2009	1528	1433	95	—
骆费公路 K0+000—K3+224 改建	3.22	2009	1540	1445	95	—
汶骆路（329 国道—老长邱线）改建	3.34	2009—2010	10600	5020	5580	142.4
贵镇线拓宽改建（雄镇路—临俞段）	1.70	2010—2011	2500	1800	700	40.8
庄俞公路北延路面改建	2.88	2010—2011	1010	980	30	—

农村联网公路建设投资

农村联网公路即通村公路，绝大多数是原机耕路改建，偶有新建等级村道公路。农村联网公路建设主体为各镇（街道）。建设资金主要来源由各镇（街道）自筹。区人民政府制定相关配套扶持政策，支持农村联网公路建设。对列入计划的农村公路建设项目，区财政给予 40 万元/千米的补助。补助资金必须按照规定全额用于农村公路建设，任何单位和个人不得截留、挤占和挪用。区、镇（街道）两级财政和区交通主管部门严格按照农村公路建设资金管理办法进行资金申请、拨付、使用，确保专款专用。

2003年，镇海区实施农村公路建设国债项目2个，分别为永旺公路新建工程和民苏线改建工程。

永旺公路新建工程位于庄市街道，根据甬交规〔2003〕418号文批准建设，全长2.5千米，路基宽按桩号分为两个断面：其中K0+000—K1+025宽11米，K1+025—K2+564宽8米。总投资150万元，其中国债25万元。由镇海区交通工程开发公司中标建设。2003年8月进场动工，年底竣工。

民苏线改建工程位于九龙湖镇，根据甬交规〔2003〕418号文批准建设，全长0.95千米，路基宽8米。总投资90万元，其中国债9.5万元。由宁波镇骆建筑公司中标建设。2003年5月进场，8月份竣工。

2007—2010年，镇海区农村联网公路建设共20条，计13.35千米。

2007—2010年镇海区农村联网公路建设表

表5-2-2

所在镇	项目名称	建设性质	建设年份	线路长度（千米）	技术等级
庄市街道	常镇线—国家储备粮库	新建	2007	0.669	四级
九龙湖镇	长石孙陆—长石工业区	新建	2007	0.874	四级
澥浦镇	庙曲路—规划路	新建	2007	0.88	四级
九龙湖镇	汪家—邵家	新建	2007	0.504	四级
庄市街道	范市堰—大市堰菜场	新建	2009	0.339	四级
骆驼街道	耕渔路—贵妙线	新建	2009	0.494	四级
蛟川街道	贵镇线—隧道北路	新建	2009	0.491	四级
蛟川街道	贵镇线—骆霞线	新建	2009	0.556	四级
骆驼街道	九龙大道—祝家村	新建	2009	0.305	四级
骆驼街道	骆慈线—林周村	新建	2009	0.426	四级
骆驼街道	骆霞线—里洞桥	新建	2009	0.452	四级
澥浦镇	炼澥线—通德路	新建	2009	1.796	四级
澥浦镇	广源路—北大路	新建	2009	0.833	四级
九龙湖镇	田顾—田顾工业区	新建	2009	0.545	四级

续表5-2-2

所在镇	项目名称	建设性质	建设年份	线路长度（千米）	技术等级
九龙湖镇	西河—长石	新建	2009	0.487	四级
九龙湖镇	骆慈线—西河薛家	新建	2009	1.636	四级
澥浦镇	楼蒲路	新建	2010	0.342	四级
澥浦镇	金袁路	新建	2010	0.497	四级
澥浦镇	潘王路	新建	2010	0.557	四级
骆驼街道	耕渔北路	新建	2010	0.667	四级

第二节　城市道路建设投资

进入21世纪，镇海区推进全域城市化建设，全力配合省、市重点工程东外环路、绕城高速东段、舟山跨海大桥连接线等项目建设。

世纪大道北延一期、东外环北延、北外环东延一期、大庆南路北延等四条与绕城高速配套的连接线项目，自2008年开始规划选址、方案对接、土地报批、政策处理、资金筹措、施工力量组织等前期工作，至2010年年末全面建成。

列入镇海区“八横七纵”路网建设计划的北外环镇海段、镇海新区主干道一期、临江路（中官路）、长邱新线、化工区主干道，至2010年已全面建成。

2001—2010年，由镇海区建设与交通局负责建设的城市道路投资统计：

2001—2010年区建设交通局城市道路建设投资表

表5-2-3

项目名称	建设年份	投资概算（万元）	建设地点	建设规模
沿江路改造	2001—2006	21701	招宝山街道	沿江路改造，东起航标处西至聪园路，全长1840米。与沿江景观带建设同步，分三期实施。2001年10月，建成渔丰弄至车站路段。2003年6月，建成白家浦至聪园路段。2006年3月，建成渔丰弄至航标处段。自联运码头至聪园路段为新建延伸段，计长1200米。景观带建设总投入21701万元，由道路、景观绿化、堤防工程3部分组成。其中，拆迁资金12688万元，建设资金9013万元。

续表5-2-3

项目名称	建设年份	投资概算（万元）	建设地点	建设规模
宏远路改造	2001	1123	招宝山街道	宏远路中南段585米，原12米拓宽至52米。
车站路改造	2001	560	招宝山街道	聪园路至苗圃路长450米，路面拓宽至32米。
新区主干道一期	2005—2007	53100	骆驼街道	长邱新线至世纪大道，全长3.5千米，路基宽60米。
北外环路东段	2005—2007	17178	骆驼街道、庄市街道	西起329国道，东至规划东外环路，全长5.3千米。道路宽度42米，其中K0+700—K1+070、K4+500—K5+300路宽按68米建设。全线共有桥梁7座。
临江路改建	2007—2008	1838	蛟川街道	东起镇骆路，西至金丰路，全长1400米，路宽40米。
林庙路改造	2007—2008	1080	招宝山街道	全长380米，道路拓宽至20米。
大西门路、后大街拓宽改造	2007—2008	3241	招宝山街道	全长2.2千米。隧道路至淡水井头段，原路宽20米拓至23米。
定海路改造	2007—2008	4076	后海塘	起宏远路，西至威海路，全长1700米，道路红线宽24米，沥青混凝土路面，城市次干道。
威海路延伸	2007—2008	1647	后海塘	南起海天路，北至大安化学公司南侧道路，全长580米，路宽22米。
宏远路改造	2007—2008	1100	后海塘	南起平海路，北至化工区主干道，全长1042米，路宽24米。
宏远路北延	2007—2008	1392	后海塘	南起化工区主干道，北至一线海塘，全长700米，路宽24米。
三角地路改造	2008	194	招宝山街道	后大街至谢家河塘，长210米。原7米车道拓宽至11米。两侧设3.5米人行道。
聪园路改造及北延	2008—2009	3293	招宝山街道	道路总长839米，其中大西门路至吉庆路长326米，原路拓宽至30米；吉庆路至雄镇路段新建，长513米，宽36米。
世纪大道北延一期	2009—2010	103000	庄市街道、骆驼街道	南起聚兴路，北至沙河互通立交，全长约8.3千米，标准断面宽度为44米。
东外环北延	2009—2010	31477	庄市街道、蛟川街道	南起北外环，北至绕城高速，与舟山连岛工程连接线相接，全长约2.545千米，道路宽度44米。
北外环东延一期	2009—2010	17952	蛟川街道、庄市街道	西起东外环，东至绕城高速，全长1.1千米，道路宽度44米。
大庆南路北延镇海段	2009—2010	11300	骆驼街道	南起纬三路，北至新区主干道，全长1千米，双向8车道城市快速路，道路宽44米。

第三章　交通运输服务业

本章记载镇海建区以来为交通运输服务的船舶修造、交通工程、机动车销售和维修、车辆综合性能检测等企业和驾驶员培训学校的变化发展情况。

第一节　船舶修造企业

区域内国有、集体船舶修造企业 4 家，1995—2001 年期间全部转为民营。

宁波海运总公司滨海船舶修造厂

原系全民企业，隶属于市交通委。址镇海城关车站路 11 号，占地 23281 平方米，建筑面积 12681 平方米，使用甬江岸线 170 米。该厂创办于 1958 年 6 月，初在清水浦，称宁波市轮船公司船厂。1960 年港航合并，改名宁波港务局船厂。1965 年 4 月，从清水浦迁址城关镇。1979 年 10 月，港航分开，改为浙江省航运公司宁波分公司船厂。1983 年 11 月，体制下放市，更名宁波海运公司船厂。建厂初主要是维修 200 吨以下木质机动船舶。1970 年起船舶修造并举。1970—1985 年，除每年修船 15~20 艘外，共制造钢体海轮 24 艘，合 13680 吨（500 吨级货轮 14 艘，1000 吨级港驳 3 艘，500 吨级邮政船 2 艘，450 吨节能货船 5 艘）。1970 年建 500 吨级趸船式浮码头 1 座。1971 年建 1000 吨级钢筋水泥平放式坞门船坞 1 座。1974 年建 1000 吨级钢筋水泥纵向滑道式船台 1 座、18 吨门吊 1 台、250 吨单臂油压机 1 台，置龙门剪板机 1 台、三芯滚床 1 台、20 吨桥式起重机 1 台、16 吨轮胎吊 1 台、5 吨汽车吊 1 台，10 吨、5 吨叉车各 1 辆、运输汽车 3 辆、185 马力拖轮 1 艘、45 千瓦、30 千瓦热处理电炉各 1 台；75 千瓦发电机组 2 台（套）；空气压缩机 3 台；高压喷漆设备 1 台；焊缝探伤机 2 台；半自动切割机 1 台；各种焊机 44 台（套），金属切削机床 17 台。1995 年 5 月，更名为宁波海运总公司滨海船舶修造厂，主产钢质渡轮、拖轮。2001 年 7 月，企业体制改革。是年年末，报经市交通委同意，宁波海运总公司滨海船舶修造厂资产整体转让邵景天等原船厂职工。

镇海外海航运公司船厂

原系集体企业。隶属于外海航运公司，独立核算。址城关沿江西路 383 号。

该厂原是县外海运输合作社船舶保养场。1973年6月，独立建厂，称镇海县外海航运站船厂。1978年8月，改为镇海县外海航运公司船厂。有500吨级船坞1座，面积1260平方米；200吨级船排1座，面积603平方米；年修能力为：坞修500吨级400马力钢体轮船10~13艘，排修400吨级钢体泥驳8~10艘。1958—1985年造（修）船统计：1958—1962年打造木帆船7艘，合254船吨；1963—1966年因体制多变，船舶损坏严重，船厂全力投入修理，停止新造。1967—1985年，建造或改装木质机动船9艘（其中最大为120吨，135马力）、铁木结构轮船1艘（198吨），修理拖轮（250马力）2艘。1985年10月，改为镇海外海航运公司船厂。有职工80人，固定资产原值20.45万元，营业收入37.13万元，利润3.83万元。1997年企业体制改革，时有职工54人。同年11月，企业资产以118万元转让澥浦建筑工程公司，并更名镇海交通船舶大修厂（私营企业）。2002年沿江路拓宽改造时，该船厂被拆。

临江乡船舶修造厂

原系乡镇集体企业。1977年12月开办。地址临江乡沿江村。建筑面积2200平方米。主要设备有：长45米、宽12米船坞1个，以及各种金属切削机床7台，焊机数台。能承修500吨级以下沿海货轮、900马力以下拖轮和宽度不超过11.6米的工程船舶。年修船能力5~6艘。1985年，有职工20人，固定资产原值36万元，产值16.28万元，利润2.08万元。1995年，该厂以168万元价格转让给临江冷冻厂业主冯忠贤，船厂改为冷冻厂。

镇海船舶修造厂

1990年9月开办，原系集体企业，地址张鑑碶洞桥路15号，隶属于区水利局。时有3000吨级码头和船坞各1个，150马力拖轮1艘。职工75人。1998年，企业体制改革转为民营企业。企业占地面积9760平方米，建筑面积2034平方米，生产用房面积1764平方米。有5000吨级船坞1个，长120米，宽16.8米，深6米。有5000吨级码头1个，总长94.8米，宽度9.5米。年修造能力：修理3~5千吨船舶20艘，新造5000吨1艘。2004年，有员工95人，固定资产原值156.00万元，营业额401.8万元。利润12.7万元。

第二节　交通工程企业

区域内部、省、市、区属交通工程企（事）业7家。

中交第三航务工程局有限公司宁波分公司

部属国有企业。1975年4月成立，初称交通部第三航务工程局第四工程处。址镇海沿江东路462号。建筑面积：公司11585平方米，供应站8793平方米，403工程队2806平方米，江南预制厂10893平方米，农场816平方米，职工家属宿舍（分5个点）32361.26平方米。1985年3月，改名交通部第三航务工程局第四工程公司。主营码头水工建筑的施工与设计、钢结构的制作、安装以及管道和电器安装，兼营陆上打桩、桥梁施工设计、机电设备安装与修理等。1985年，有职工1681人（其中管理273人，工程技术159人），固定资产原值3384万元，年产值1671万元，利润103万元。主要设备：工程船舶17艘，其中包括能沉50米以上独节长桩船，能在沿海作业的大马力拖轮，8立方米抓斗式挖泥船，80吨360度全旋转起重船，水上混凝土搅拌船，400~1000吨驳船等；大中型机械设备129台（辆），其中包括多种规格的载重运输汽车、混凝土泵车、散装水泥车、推土机、装卸机、陆上打桩机等。预制厂备有专用厂房和生产流水线，并置有大型龙门吊机，能制造多种规格的预应力钢筋混凝土构件。1975—1990年，建造大小码头62座、75个泊位。主要建设有镇海煤码头、杂货码头、镇海石油化工总厂10万吨级原油码头等。建造北仑矿石中转码头两个装卸泊位时，采取预应力混凝土桩和外加电流阴极钢筋防护装置提高工程质量，获国家工程质量银奖。1990年年末，有职工1760人，其中工程技术人员197人。2006年更为今名。

浙江海港工程有限公司

1975年建队，初称浙江海港工程队，全民企业，隶省交通厅。地址在五里牌，占地91亩，建筑面积7915平方米。从事全省港口、码头、滑道、防浪堤、公路桥梁等大中型交通工程建设。1975—1985年，先后承建了台州电厂万吨级煤码头，镇海电厂煤码头，镇海炼油厂重件码头，温州杨府山码头，杭甬运河马渚西横河升船机，杭州钱江汽车轮渡码头，上海杨家渡码头，江苏吕泗洋南黄外磕脚国家海洋站工程，舟山鸭蛋山海峡汽渡码头，舟山老塘山港区万吨级码头，岱山杂货码头，温州龙港公路大桥，温州电厂重件码头等。1988年8月，体制下放划属宁波市交通委。1990年，有职工483人。企业体制改革后改为今名。主要设备：架高50米、43米打桩船各1艘，60吨浮吊1艘，400~900马力拖轮3艘，400吨方驳船4艘，货运汽车16辆。固定资产（原值）2265万元，年产值2010万元，利润188万元。

浙江海洋工程有限公司

1960年3月，由杭州迁来镇海，初称浙江省交通厅工程局打捞队。1963年10月，改名浙江省交通厅航运管理局海港养护队。1982年，改称浙江海港养护大队。全民事业单位，时隶省交通厅工程局，址镇海城关镇车站路1号。建筑面积：生产与办公用房6021平方米，宿舍7573平方米。主要从事沉船打捞，兼造水泥趸船。1963—1985年，共计打捞起沉船500余艘（最大5000吨级），制造钢筋混凝土趸船107艘。1988年8月，体制下放划属宁波市交通委。1990年年末，有职工407人。主要设备：工程船6艘，汽车5辆，各种机电设备117台，仪器仪表11台，固定资产（原值）1125万元。1993年，海港养护大队事业体制改为企业，改制后更名浙江海洋工程总公司，国有企业。2001年2月，改称浙江海洋工程有限公司。系港口与航道工程施工总承包二级企业。从事市政公用工程施工、城市给水排水专业承包、航道工程专业承包、港口与海岸工程专业承包。

浙江交工路桥建设有限公司

前身为浙江第一公路工程队。1975年由杭州迁入镇海，事业单位，隶省公路管理局。址镇海城关镇车站路59号，占地12100平方米，建筑面积4089平方米（办公楼1532平方米，家属宿舍2227平方米，街面房屋277平方米，试验室53平方米）。承担省内重点公路、桥梁工程建设。机械设备有：推土机1台；装卸机9台；挖掘机1台；压路机17台；各类基础工程机械7台（套）；垂直起吊设备9台；工程特种车4辆；柴油发电机组17台，计857千瓦，自卸车31辆载重计199吨，混凝土路面机械39台（套），沥青路面机械10台（套），贝雷钢架150件，钢架桥991-1/37座。此外，还有破碎机、空压机、卷扬机、皮带输送机，以及各种金属切削机床、焊机等100余台（套）。1975—1985年，先后承造了宁波港镇海港区、北仑港、浙江炼油厂与镇海发电厂等大工程单位的道路、桥梁，以及温州瓯江大桥、余杭塘栖桁架拱桥、义乌大陈公铁立交桥等。塘栖桁架拱桥荣获 1978 年全国科技成果奖。1985 年，有职工 168 人，固定资产（原值）308 万元，完成工作量 461 万元。2007 年，事业体制改为企业，更为今名。

中交上海航道局航道建设有限公司

前身为交通部上海航道局第二航道工程处。始建于 1975 年，原址江北区孔浦。1986 年 9 月，迁址镇海沿江东路 1 号。占地 7 公顷，建筑面积 21369 平方米。时主要承担浙江沿海疏浚工程，着重维护甬江航道、码头泊位和港池的水深。1990 年，有职工 840 人。有航耙吸式、链斗式、抓斗式挖泥船和吹泥船以及沿海拖轮、供水船等各类辅助配套船舶 29 艘。固定资产原值 4688.6 万元。年完成疏浚工程量 360 余万立方米，产值 2100 余万元。1994 年 4 月，更名为交通部上海航道局第二工程公司。1999 年 6 月，改称上海航道局第二工程公司。2006 年 11 月，改为今名。

中交上海航道局航道建设有限公司（简称上航建设公司），国有企业，隶中国交通建设股份有限公司。具有港口与航道工程施工总承包一级和航道工程专业承包一级资质。主要从事国内外港口与航道疏浚工程、海岸与近海工程、筑堤与吹填造地工程、堆场道路和陆域结构物、水下地基及基础工程，河湖整治与渠化工程、码头、船坞、土石方、水下炸礁清礁、勘察测绘等业务。

2009 年，上航建设公司在册员工 685 人，其中大专以上学历 223 人。内设经营部、工程部、设备部、财务部、人力资源部、总师室、企划部、安监部、总经理办公室、党群部和技术信息中心等 11 个职能部门及航道工程事业部、围海造地工程事业部、地基与基础工程事业部、水工工程事业部、海外工程事业部和勘测测绘工程事业部等 6 个事业部。2009 年，公司产值 11.3 亿元，利润 1.145 亿元。截至 2010 年 3 月 15 日，公司实现安全生产 8748 天，续创了第 23 个安全年，五次荣获全国“安康杯”优胜单位称号，成为宁波地区唯一实现全国安康杯竞赛五连冠的企业。

浙江省交通厅公路管理局沥青库

全民事业单位，隶属于省交通厅公路管理局。址蛟川街道俞范。始建于 1979 年，占地 6 公顷，建筑面积 6500 平方米。为全省公路铺设沥青、渣油仓库及交通系统港口物资中转基地。1985 年，有 2500 立方米容积沥青油罐 3 只，大吨位道路沥青运输保温油罐汽车 5 辆，小吨位 3 辆，以及道路沥青加温、装罐全部配套设备。有职工 72 人。

宁波海川投资咨询服务公司

集体企业，隶属于区交通局。址沿江西路 126 号。1992 年 8 月成立，时称镇海区交通工程公司。1998 年 2 月更名为宁波通途路桥工程公司。2003 年 7 月更名为宁波海川工程建设咨询服务公司。2009 年 12 月，更名为宁波海川投资咨询服务公司。公司注册资金 310 万元，2010 年年底有职工 32 人。公司属丙级试验检测站——宁波海川交通工程试验检测站，能承担土工、集料、水泥混凝土、路面基层材料、沥青等各类试验。2010 年完成经营总收入 8526 万元，实现经营利润 111. 6 万元；其中施工生产完成营业收入 8297. 4 万元；试验检测完成营业收入 75. 7 万元；设计完成营业收入 60. 9 万元；监理完成营业收入 22. 4 万元；其他营业收入完成 69. 9 万元。

第三节　机动车维修

1974 年 10 月，镇海县骆驼保养场成立（后更名镇海交通机械修配厂），为县内首家机动车维修企业。1975 年年初，城关沿江路旁镇海汽车修配厂成立。同期，宁波港务局镇海作业区、镇海炼油厂、省建二公司、镇海发电厂等部、省属企业内部设立维修厂（维修车间），维护保养本单位机动车辆。20 世纪 80 年代，首家私人汽车维修企业镇海县宏海汽车修理厂在城关陈家村开业。

1986 年 12 月，交通部颁布《汽车维修行业管理暂行办法》。办法规定："各级交通主管部门应本着面向全行业管理的精神和精简的原则，建立健全和加强汽车维修行业管理机构，负责对汽车维修业的管理。"自此，镇海区公路运输管理所具体负责辖区汽车维修与配件经销业的管理。

世纪之交，汽车进入工薪家庭，机动车维修以及配件销售业户遍及城乡。部、省属企业内设的汽车维修厂陆续对外开放经营。

机动车维修业户按其投资规模，技术条件和作业范围分为一、二、三类。一类，可以从事汽车、摩托车等机动车辆的大修，总成修理、维护、小修和部分专项修理；二类，可以从事汽车、摩托车大修及汽车、摩托车小修和部分专项修理；三类，可以从事汽车专项修理（包括车身、电器、轮胎、汽缸、车身清洁）和摩托车维修。

2008年，镇海区机动车维修业户达到峰值，共计292家。其中一类10家，二类36家，三类246家。

2008年镇海区一、二类机动车维修企业名录表

表5-3-1

类别	单位名称	地址	成立时间	性质	经营范围
一	镇海公路运输总公司汽车大修厂	镇骆路89号	1992	国有	大、小型货车、客车、危险品车维修
一	省二建建设集团有限公司汽车大修厂	镇宁路114号	1993	国有	大、小型货车、危险品车维修
一	镇海保利汽车大修厂	镇骆东路347号	1993	私营	大、小型货车、危险品车维修
一	宁波龙华丰田汽车销售有限公司	庄市工业小区329国道旁	1994	外商独资	广州丰田汽车和丰田进口汽车品牌经销、小车维修
一	中石化宁波工程有限公司机械化施工公司汽车大修厂	俞范东路1000号	2000	国有	大、小型货车维修
一	镇海石化物流有限责任公司	俞范村临海路	2001	国有	大中型客车、大小型货车、危险品车维修
一	宁波龙华汽车服务有限公司	庄市中官西路1号	2005	股份制	丰田汽车品牌经销、小车维修
一	镇海成杰汽车维修有限公司	俞范东路384号	2005	私营	大、小型货车、危险品车维修
一	宁波宁兴新宇汽车销售服务有限公司	庄市中官西路299号	2006	股份制	北京国产梅赛德斯—奔驰品牌汽车、进口梅赛德斯—奔驰品牌汽车销售
一	宁波腾峰汽车销售服务有限公司	骆驼慈海南路2166号	2007	股份制	上海大众汽车—斯柯达销售、小车维修
二	宁波港镇海港埠有限公司汽车修理厂	威远路111号	1975	国有	大、小型货车维修
二	镇海骆驼杭甬汽修厂	骆驼停车场旁	1988	私营	大型货车、小型汽车维修
二	镇海商业汽车修配厂	隧道北路西侧	1992	集体	大型货车维修、专项修理
二	镇海中心汽车修理厂	中一村汽配城	1993	私营	大型货车维修、专项修理
二	镇海万事达汽车大修厂	镇骆路626号	1993	合伙	大、小型货车、工程车维修
二	镇海东凯汽车修配厂	庄市工业A区联兴村	1994	股份制	大型货车、小型汽车维修、专项修理

续表5-3-1

类别	单位名称	地址	成立时间	性质	经营范围
二	镇海经济实业公司汽车大修厂	中一村	1994	集体	小型车维修
二	镇海九龙湖繁华汽车修理厂	徐王三叉路旁	1996	私营	大型货车维修、专项修理
二	镇海浙东汽车修配厂	环城北路56号	1997	私营	大型货车维修、专项修理
二	镇海天一汽车修配厂	庄市勤勇村	1997	私营	大型货车维修、专项修理、配件销售
二	镇海石化工贸有限责任公司汽修厂	俞范炼化公司内	1998	国有	大型货车维修、专项修理
二	省开元安装集团有限公司五分公司汽修厂	俞范	1998	国有	大型货车、小型汽车维修
二	镇海环卫保洁中心汽修厂	威海路225号	1999	国有	汽车维修、专项修理
二	镇海神州汽车修配厂	中一村汽配城	1999	私营	小型车维修、专项修理
二	镇海运输有限公司汽修厂	镇骆路1988号	1999	股份制	大型货车维修、专项修理
二	镇海海宇汽车修理厂	镇骆路旁（兴丰村）	1999	私营	大型货车、工程车维修
二	镇海石化建安工程有限公司汽修厂	俞范炼化公司内	2000	股份制	大、小型货车维修、专项修理
二	镇海蛟龙汽车修配厂	镇骆东路626号	2001	私营	汽车维修、专项修理
二	镇海金丰汽车维修厂	镇宁东路420号	2001	私营	小型车维修、专项修理
二	镇海宏发汽车维修厂	中一村汽配城	2002	私营	大型货车维修、专项修理
二	镇海迅达汽车修理厂	镇骆路379号	2002	私营	大型车维修、专项修理
二	镇海创新汽修厂	镇骆路陈家桥4号	2003	合伙	小型车维修、专项修理
二	镇海骆驼五丰伟达汽车修理厂	镇骆西路1988号	2003	私营	大型货车维修、专项修理
二	镇海骆驼天龙汽车修理厂	骆驼余三村	2003	私营	大型货车维修、专项修理
二	镇海新华汽车维修有限公司	隧道北路51号	2004	私营	小型车维修、专项修理
二	镇海招宝山宏业汽车修理厂	环城北路44号	2004	私营	大型货车维修、专项修理
二	镇海骆驼北斗星汽车维修服务部	汶骆路1-5-10号	2005	私营	小型汽车维修、专项修理
二	镇海汽配城机动车维修站	镇骆东路379号	2005	私营	大型货车、小型汽车维修、专项修理
二	镇海众联汽车服务有限公司	俞范东路1111号	2006	股份制	小型汽车维修、专项修理

续表5-3-1

类别	单位名称	地址	成立时间	性质	经营范围
二	镇海招宝山立达汽车修理厂	威海路201号	2006	私营	大型货车维修、专项修理
二	宁波剑光明海城汽车销售有限公司	庄市明海大道南段999号	2007	股份制	MG名爵品牌汽车销售、小型车维修
二	镇海公共交通有限公司	慈海南路770号	2007	国有	大中型客车维修
二	宁波万事得汽车有限公司	庄市明海大道南段	2008	私营	小型车维修、专项修理
二	镇海天阳汽车修理厂	庄市兆龙路445号	2008	私营	小型车维修、专项修理
二	镇海鑫阳汽车维修有限公司	骆驼明斌路85号	2008	有限公司	小型汽车维修、专项修理
二	镇海宝欣汽车维修服务有限公司	骆驼明斌路93－97号	2008	有限公司	小型汽车维修、专项修理

2010年，全区有机动车维修经营业户228家，维修从业1593人，其中维修技师116人，高级工201人，中级工986人，初级工290人。其中一类企业10家，二类企业31家，三类专项汽车维修户96家，摩托车维修户91家。全年机动车维修133082辆台次。其中整车修理741辆次，总成修理958辆次，二级维护20632辆次，汽车专项修理88779辆次，维修救援520辆次，摩托车修理21452辆次。有4S品牌维修销售店9家，24小时车辆急救网络企业6家，惠农快修连锁企业14家，危险货物运输车辆定点维修企业9家。

1986—2010年镇海区机动车维修业户分类汇总表

表5-3-2

年份	大修业户（一类）	维护业户（二类）	专项维护业户（三类）	配件经营业户
1986	1	7	13	—
1987	3	8	15	—
1988	3	10	15	—
1989	4	10	16	—
1990	5	12	14	—
1991	5	11	15	—
1992	6	11	12	—
1993	4	19	37	—

续表5-3-2

年份	大修业户（一类）	维护业户（二类）	专项维护业户（三类）	配件经营业户
1994	9	31	25	—
1995	10	29	44	—
1996	8	28	72	—
1997	8	27	109	101
1998	7	23	115	49
1999	8	22	123	39
2000	8	24	176	35
2001	8	24	197	38
2002	8	29	233	47
2003	8	28	208	45
2004	8	28	211	46
2005	9	28	204	45
2006	10	35	239	—
2007	11	36	242	—
2008	10	36	246	—
2009	10	32	195	—
2010	10	31	187	—

注：1998—2005年汽车配件经营业户单列统计，后并入三类统计

一类维修企业选录

镇海公路运输总公司汽车大修厂

1992年成立，址蛟川街道镇骆东路89号。企业占地5100平方米，建筑面积4843平方米，其中，厂房1350平方米，辅助房617平方米，停车场地1566平方米。企业固定资产430万元，有维修设备62台（套），内专用设备11台（套），通用设备42台（套）。2010年，有职工58人。经营范围为大中型客车维修，大中型货车维修，小型车辆维修及危险货物运输车辆维修。

镇海保利汽车大修厂

1993年3月创立，原址俞范村。1997年11月，迁至镇骆东路347号。注册资金120万元，私营企业。经营场地1.7万平方米，建筑面积9820平方米。其

中，主厂房3000平方米，办公接待和辅助设施4700平方米。停车场地5000多平方米。有员工26人。有各类设备27台（套），包括发动机检测诊断设备、转向轮定位仪、车身校正设备、车身整型设备、总成吊装设备、汽车举升机和喷烤漆房等。主营：大中型货车维修，危险货物运输车辆维修等。

中石化集团宁波工程有限公司机械化施工公司汽修厂

址蛟川街道俞范东路。2000年9月成立，国有企业。隶中国石化宁波工程公司机械化施工公司。经营场地3980平方米，建筑面积1420平方米，主厂房950平方米，停车场1700平方米。员工26人。有悬挂弹簧螺栓螺母拆装机、发动机检测诊断仪及5吨行吊机等专用、通用设备32台（套）。承修公司营运车辆和大中型设备，承接社会车辆的修理。

镇海成杰汽车维修有限公司

2005年6月成立，原址俞范东路388号。2010年迁至招宝山街道平海路1199号。公司注册资金300万元，固定资产476万元。经营场地4000平方米，建筑面积2816平方米，停车场1017平方米，有员工30人。车辆维修配有四轮定位仪，双柱、四柱举升机及相应专用设备，并配备新型车博士A—2600解码仪，喷油器检测仪，自动清洗仪，空调检漏仪等先进实用仪器，能进行多种车型的故障解码与维修，并配套豪华型加宽专用喷漆房，德国产超细雾喷漆枪。主厂房装有5吨大跨度行车，专用钣金地八卦修复台，大功率风动铆接设备和多角度磁力吸盘钻，以及大梁校正仪、总成吊装机、尾气收集净化器等，并配有车辆抢修施救车。年维修各类车辆6000多辆，维修业务收入210万元，利润80万元。

宁波龙华汽车服务有限公司

香港龙华汽车集团在宁波的独资公司。2005年11月开办，址庄市街道中官西路1号。总投资400万美元，注册资金2332万港币。公司占地15330平方米，建筑面积5000平方米，其中主厂房1500平方米，辅助厂房2270平方米，接待区展厅890平方米，停车场地930平方米。配备各类设备100余台（件），其中专用设备22台，检测设备10台，通用设备12台，设有销售部、服务部、CR部、财务部、行政部诸部门。员工总数110人，其中技术人员36人、高级工4人、中级工28人、机修工23人。主要经营丰田品牌汽车销售、小型汽车整车维护与修理及相关技术咨询服务。2010年，公司获全国十佳经销商，宁波市公管处授予其服务质量规范达标企业，市交通委授予其汽车维修行业诚信服务五星级单位。

宁波宁兴新宇汽车销售服务有限公司

由江苏天驰汽车投资有限公司发起，获梅赛德斯——奔驰中国有限公司和北京奔驰汽车有限公司认定，是浙江省规格最高的奔驰汽车经销店。2006 年 6 月开业，位于庄市街道中官西路 299 号。公司总投资 6000 万元，注册资金 2000 万元，员工 50 人。公司占地 1.3 万平方米，展厅面积 1500 平方米，5000 余平方米的维修区拥有 37 个维修工位和钣金及喷漆工位。另有接待室 100 平方米，停车场 500 余平方米。配备符合梅赛德斯——奔驰要求的各种检测检修设备和纯正的原装零部件。有专用设备 81 台，通用检测设备 11 台，其他设施 64 台（套），设备总金额 900 万元。经营范围：奔驰进口车和国产车的销售、维修和配件供应。2010 年销售额 5 亿元，利税 2000 万元。

宁波腾峰汽车销售服务有限公司

专营上海大众斯柯达品牌，隶属于宁波腾峰汽车集团。址骆驼街道慈海南路 2166 号。2007 年 6 月成立，从业 143 人。2009 年销售 2614 辆，获年度上海大众斯柯达钻石级经销商大奖，最佳市场奖；2010 年销售量上升到 4350 辆，再次获钻石经销商奖。

宁波腾峰耀华汽车销售服务有限公司

上海荣威在华东区的 4S 旗舰店，隶宁波腾峰汽车集团，上海汽车集团股份有限公司特约授权。址骆驼街道慈海南路 2166 号。2009 年 11 月成立，注册资金 500 万元。员工 27 人。公司占地 2680 平方米，经营场地 570 平方米，分展厅、机电车间、钣金车间、喷漆车间等，有专用设备 42 台，检测和通用设备 10 台。主要是 TS 故障诊断仪、多功能喷油嘴检测分析仪、引擎燃油系统免拆清洗机、转向轮定位仪、四柱液压举升机及侧滑试验台、制动检验台等。年销售汽车 1200 辆，维修保养 4000 辆次。

第四节 驾驶员培训学校

自 2001 年起，机动车驾驶员培训按照《浙江省汽车驾驶员培训管理暂行规定》要求，一类培训业户可以从事各种车型初学驾驶培训，各种车型增驾培训，非职业转职业驾驶培训，驾驶员职业技能鉴定培训和教员执教上岗培训；二类培训业户可从事除大客以外的各种车型的初学驾驶培训，相应车型的增驾培训和相应车型的非职业转职业驾驶培训，驾驶员职业技能鉴定培训。

汽车驾驶员培训期间必须完成以下学习内容，（一）理论教育：交通安全与职业道德；汽车构造与电气常识；汽车维护与故障排除；驾驶理论、道路运输法规与运输知识。（二）驾驶操作训练基础驾驶、式样驾驶、一般道路驾驶、综合驾驶、应用驾驶。

自2003年3月起，对驾驶员培训的课时审核实行IC卡学时管理，实行电脑扫描签章，推行每季培训质量排名。

2010年年末，全区共有汽车驾驶员培训学校5所，合计校区训练场地3万平方米，教员192人，教练车166辆，驾驶员模拟器11台。

镇海金鹰机动车驾驶员培训学校

其前身为1985年6月成立的镇海县汽车驾驶员培训站，时址城关进港公路，征地26666.7平方米（40亩），建筑面积600余平方米，有培训用车10辆，隶县公安局。1993年4月，更名为区机动车驾驶员技术培训站，移址城关隧道北路325号，年培训驾驶员约170人。2005年1月，区机动车驾驶员技术培训站改制，并与区公安部门脱钩，转为私营，更为今名，迁址环城北路44号。有教育用房400平方米，训练场地8480平方米，年培训能力800人。镇海金鹰机动车驾驶员培训学校2008、2009、2010连续三年被评为宁波市“十佳驾培机构”。

镇海区飞达机动车驾驶员培训学校

1994年4月成立，址骆驼杭甬路137号，隶属于区农机局。2008年8月该校地块拆迁，移址杭甬路2168号，建办公楼1800平方米，有训练场地7000平方米。

镇海区威远驾驶员培训学校

1996年成立，时名宁波公安技校镇海汽车驾驶员培训站。2005年3月，宁波公安技校镇海汽车驾驶员培训站改制，更为今名，私营。址骆驼街道镇骆西路1881号。有办公用房280平方米，训练场地4200平方米，年培训能力780人。

镇海博隆汽车驾驶员培训学校

2006年7月成立，私营。址庄市大道同益路98号。有教育用房500平方米，训练场地6000平方米。初时有教练车20辆，2008年增至39辆。有教员43人。

年培训能力1000人。

宁波江东一剑驾驶员培训学校镇海分校

2006年12月，宁波江东一剑驾驶员培训学校在镇海开设分校，址镇宁路168号。有训练场地4500平方米，办公室、教室320平方米，有教练车20辆，教员22人。

2010年镇海区机动车驾驶员培训学校一览表

表5-3-3

名　　称	成立年月	驾培资质	培训内容	培训车（辆）	教练员（人数）	校　址
镇海金鹰机动车驾驶员培训学校	1985.06	二级	汽车、摩托车驾驶员	42	53	招宝山街道环城北路44号
镇海区飞达机动车驾驶员培训学校	1994.04	二级	营运驾驶员、汽车驾驶员	32	34	骆驼街道杭甬路2168号
镇海威远汽车驾驶员培训学校	1996.02	二级	汽车驾驶员	33	40	骆驼街道镇骆西路1881号
镇海博隆汽车驾驶员培训学校	2006.07	二级	汽车驾驶员	39	43	庄市大道同益路98号
宁波江东一剑驾驶员培训学校镇海分校	2006.12	二级	汽车驾驶员	20	22	镇宁东路168号

第五节　车辆综合性能检测

宁波市镇海区车辆综合性能检测站（以下简称检测站），创办于1995年7月，时隶属于区公路运输管理所。站址镇骆东路89号，占地面积5616平方米，建筑面积1138平方米。初始投入建设资金382万元。1996年5月，经省技术监督局计量认定合格，定为B级资质。1998年1月，检测站获汽车技术等级评定资格。7月，置汽车喷淋装置，对1000平方米站场平整。2001年4月，由省交通厅运输管理局重新通过汽车技术等级评定资格。2003年检测站与区公管所脱钩，划归宁波市公路运输总公司。2005年10月，通过设备仪器更新，系统升级，检测能力大为提高，能满足单轴重10吨以下的不同车型的车辆检测。2006年3月，第三次通过计量认证，资质等级升为A级。2009年3月，通过产品检验机构计量认证/审查认可（验收）评审准则，获得计量认证合格证书。2010年年末，检测站有职工 20 人，其中中级职称以上 5 人，大专以上学历 10 人，助理经济师 2 人。检测人员均持有省运输管理局颁发的检测员上岗证。1995—2010 年，检测站累计检测汽车 13.37 万辆。

检测站主要设施有车辆安全检测线 1 条，综合检测线 1 条，测试封闭式车间面积 680 平方米，停车场、试车道面积 2300 平方米，办公楼 458 平方米。站内设业务接待受理厅，待检停车区、车辆检测区。其中，车辆检测区由安全性能检测车间、综合性能检测车间、底盘测功区、大小车试车道等组成。有各种检测仪器设备 30 余台（套），可以两车同时检测，年综合检测 11000～13000 辆，年最大检测能力 18000 辆次。

检测站采用先进的工业控制计算机对检测设备进行分布式多工位联网，实行远程控制。检测数据能自动贮存并自动向主控计算机传输，并能通过全省联网的检测站网络管理系统向省运输管理局网站传输，并自动在营业厅打印全省统一的检测报告。是省内汽车综合性能 A 级检测站中设备较齐全、检测能力较强的检测站。

1995—2010 年镇海区检测站检测车辆表

表 5-3-4　　单位：辆

年　份	检测车辆	年　份	检测车辆
1995	1241	2003	9598
1996	8170	2004	10004
1997	8341	2005	7172
1998	8032	2006	8422
1999	7283	2007	9495
2000	8136	2008	8505
2001	9065	2009	9274
2002	9751	2010	11247

车辆检测技术标准

1986 年前，按照交通部颁《汽车运用规程》和《汽车修理规程》规定，汽车保养分为 4 级：例行保养、一级保养、二级保养、三级保养。

1990 年 3 月，交通部颁 13 号令《汽车运输业车辆技术管理规定》。1991 年 4 月，交通部颁 29 号令《汽车运输业车辆综合性能检测站管理办法》。

1995 年，交通部颁《汽车技术等级评定标准》（JT/T198-95）、《汽车技术等级评定的检测方法》（JT/T199-95）和《汽车维护工艺规范》（JT/T201-95）。

2001 年，交通部颁国家标准 GB/T18344-2001《汽车维护、检测、诊断技术规范》。

检测标准规范表

表 5-3-5

标准代号	标 准 名 称
JT/T478-2002	汽车检测站计算机控制系统技术规范
GB/18565-2001	营运车辆综合性能要求和检验方法
GB/T18344-2001	汽车维护、检测、诊断技术规范
JT/T198-2004	营运车辆技术等级划分和评定要求
GB/T17993-2005	汽车综合性能检测站能力的通用要求
GB/T18276-2000	汽车动力性台架试验方法和评价指标
GA468-2004	机动车安全检验项目和方法
GB7258-2004	机动车运行安全技术条件
GB18285-2005	点燃式发动机汽车排气污染物排放限值及测量方法
GB3847-2005	车用压燃式发动机和压燃式发动机汽车排气烟度排放限值及测量方法

检测内容和检测管理

按照交通部 13 号令规定，汽车必须“定期检测、强制维护、视情修理”。汽车综合性能检测主要内容有 4 个方面：汽车技术状况检测；车辆技术等级评定检测；维修质量检测；接受委托对汽车及有关项目进行检测，出具检测报告。送检车辆进站时应随带车号牌、车况证（营运证）、技术档案、竣工出厂检验单、维修合格证等，按规定办理车辆检测手续。送检车辆的证照、技术档案等必须与检测单填写的内容一致，车辆必须按照规定程序检测。送检车辆必须齐全，不超过额定载荷（10 吨）。在空载状态下清洁、干燥方可上检测线。车辆检测单项或几项不合格时，送检人员可将车辆驶入调试房（也可回厂）调整修理，然后上线复测。有关部门和单位委托车辆，检测时必须出具单位证明，并经过市车辆维修质量监督中心的批准。建立健全车辆检测档案，实行检测质量跟踪和信息反馈，每月向市车辆维修质量监督中心和有关管理部门提供统计资料。

第六编　交通运输管理

第一章　道路交通安全
第一节　交通安全设施
第二节　车辆管理
第三节　机动车驾驶员管理
第四节　交通秩序管理
第五节　交通事故
第二章　港航管理
第一节　运政管理
第二节　航政管理
第三节　港航监督
第四节　港航行政执法
第五节　船舶检验
第三章　公路运输管理
第一节　路政管理
第二节　危险化学品运输专项管理
第三节　公路养护
第四节　清明运输服务
第五节　打击车辆非法运营
第四章　运价与规费
第一节　公路运输价格
第二节　水路运输价格
第三节　公路规费
第四节　港航规费
第五章　管理机构
第一节　行政管理机构
第二节　行业管理机构
第三节　行业协会

第六编　交通运输管理

1949年6月，镇海县人民政府成立，县府设实业科兼管交通。1953年4月，交通从实业科析出，成立交通建设科，副科长胡伟主持工作。1954年9月，交通建设科并入农林科。1955年1月，复置交通建设科，杨杰任科长。1956年10月，副科长胡伟主持工作。1958年6月，交通建设科与工业手工业科合并，成立镇海县工业交通局，副局长王炳熊主持工作。同年9月，镇海县并入宁波市，交通工作归中共宁波市郊区党委工业交通部负责，姚学礼任部长。年底，撤销郊委，交通分为建设与运输两部分，建设部分归市建设局；交通运输部分归市交通管理局，杨青山任局长。1963年1月，恢复镇海县建制，重置县工业手工业交通管理局，王炳熊任局长。1969年3月，工交工作改由县革命委员会生产指挥组工业交通办公室管理，工业交通局无形中撤销。1970年7月，复置工业交通局，龚作振任工业交通局革命领导小组组长。1972年2月，交通与工业分离，单独设置交通局，交通局革命领导小组由副组长孔繁寅主持工作。1978年2月，改称县交通局，翌年4月刘元培任局长。1984年2月，马明达任局长。1985年10月，镇海撤县划区，置镇海区交通局和镇海区公安分局，道路交通安全由公安、交通部门协调分管。

第一章　道路交通安全

1987年10月，国务院发出《关于改革道路交通管理体制的通知》，原属区交通部门的交通监理职能划归公安机关，由公安机关实行统一管理。同年10月，区公安分局交通民警中队改为交通警察队。1988年9月，区交通警察队下设骆驼分队，从而形成区、乡（镇）二级交通管理格局。

进入21世纪，全区机动车辆快速增长，至2008年，全区已有各种机动车57176辆（比1986年3440辆增加16.62倍）。为适应交通运输发展的需要，区公安机关不断加强交警队伍建设和辖区道路交通设施、车辆检测、微机应用等科技信息化，并开展各项达标活动，开展社区交通安全宣传，不断改善交通管理手段，提高道路交通管理水平，有效遏制各类道路交通事故发生，切实维护镇海区的交通安全畅通。

第一节　交通安全设施

指挥岗亭、信号

岗亭设施　1987年5月1日，区内首个交通指挥岗亭在城关镇城河路与胜利路岔口建成。1990年，又在聪园路与车站路岔口，大西门路与隧道北路岔口增设交通指挥岗亭各1个。

信号设施　1987年5月1日，城河路与胜利路口岗亭启用全区第一组手动式红绿黄信号灯，并辅以指挥棒指挥交通。此后在城关聪园路口、电影院路口，环城西路与大西门路口安装红绿灯。

1998年，在隧道北路与宁镇路岔口、隧道北路与大西门路岔口、环城西路与大西门路岔口、聪园路与车站路岔口、城河西路与胜利路岔口、城河西路与苗圃路岔口、后大街与城河东路岔口等岗亭，更新配套红绿灯倒计时器。

1999年10月，在隧道北路与宁镇路岔口设置交通指挥信号灯，并安装电子警察。同时，在隧道口、澥浦岭、常洪口等处安装电子监控系统，在城河西路与胜利路口设人行横道灯。

2001年创建交通管理示范街，在隧道路口至聪园路，增设5个灯控路口，新设或改造5处红绿灯。

2002年3月，在329国道骆驼段设置第1处红绿灯。

2003年，在骆驼街道机电工业园区路段公路上增设1处中心道口红绿灯，10盏交岔道口黄闪灯。

2004年，在城区道路新装电子红绿灯7处、电子监控2处。在329国道、宁镇路、镇骆路等主要岔路口设置黄灯闪烁信号装置11处。

2005年，城区灯控路口增至9个。

2006年，在329国道澥浦新建路岔口和骆驼南二路金华村四岔口安装红绿灯。

2007年，在镇骆公路迎师桥、陈家村、董家畈以及骆驼街道南二路等路口安装红绿灯。是年10月1日起，根据公安部通知，区交通警察统一使用新的手势指挥信号。

2007年交警使用新的手势指挥信号

2008年3—8月，在五里牌开发区路口安装红绿灯。至年末，全区共有红绿灯80处（城区20处，道路60处）、电子监控80处、电子警察89套、智能卡口9只。全区主要及复杂路段都有了交通信号灯，主要路口安装了电子警察，主要出入口安装了智能卡口系统。

标志标线

1987年7月，《浙江省道路交通管理条例》颁布，实行全省公路和城镇市区道路统一的交通规则和交通标志、标线。同月，省交通厅、公安厅《关于贯彻省政府改革道路交通管理体制补充通知的实施意见》规定：公路交通标志、标线的设置和日常维护，由公安机关负责。公路地名、分界标志、百米桩、里程碑等，由交通部门设置和维护，新建和改建公路的标志、标线，由省交通部门在修建时按照国家规定的公路技术标准设置。

1989年，交警部门对329国道澥浦岭至洪家段、常镇线朱家桥至张鑑碶段和城区道路中心漆划标线。

1990年12月，329国道骆驼段和79省道城区段及城关主干线漆划标线。

1995年开展“百日安全竞赛活动”，在城区主干道路（从隧道路口到胜利路口）增设和更新交通标志、标牌，并采用热熔工艺喷划路面标线，实行车人各行其道，创建规范一条路。

1999年，全区执行《道路交通标志和标线GB5768-1999》标准，加速与世界通用标准接轨。是年，对城区、宁镇线、329国道镇海段等重要路段的交通标志、标线按新标准重新设置。全年漆划路面标线 8500 米，改置、维修设施 147 块。

2000 年实施“压事故工程”，在规范 329 国道、宁镇骆等高级公路交通安全设施的基础上，重点加强城区道路交通标志、标线的改造和完善。年初在车站路路口漆划了人行横道线；在张鑑碶村路口设置 4 块行人、非机动车走向批示牌；在甬江隧道、环岛入口处设置 2 块雷达测速区牌。

2001 年实施“畅通工程”，在城区增设标志 106 块，渠化路口 44 处，漆划标线 7000 平方米，并对原有标志、标线进行更新、补缺和完善。

2002 年，针对 329 国道隔离带开口过多过大、道路中央绿化带过高过密影响行车视线、交通标志标线设置不当或缺损、事故多发地段的路口减速设施不完善等问题，及时落实整改。是年共封闭口子 13 只，增设标牌 31 块，增画人行横道线 16 条，增设减速带 250 米，剪切降低 12 个中心道口的绿化，改造中心阶梯式小道口 10 只。

2003 年，在骆驼机电工业园区公路增设 104 块交通标志标牌和 218 米橡胶减速带。

2004 年，329 国道、宁镇路、镇骆路等主要路段增设减速装置 15 处。同年 5 月修订后的《中华人民共和国道路交通安全法》实施，交警部门调整部分与新法要求不相适应的标志、标牌，调整完善道路加宽后以及从安全角度考虑与机动车限速要求不尽合理的限速、让行标志 44 处。

2005 年，对隧道北路、五里牌段、庄合线、贵镇线等路段限速过低的路面标志、标线调整，并增设和规范学校和幼儿园周边道路的标志、标线。

2006 年，在 329 国道、宁镇路、镇骆路、河横线、余汶线、长邱线等公路和九龙大道、九龙湖环湖等主要路段增设交通标志 13 块。

2007—2008 年，在全区乡村道路增设标志 32 处、爆闪灯 5 处、减速带 350 米。

隔离设施

1989 年，在城关车站路、城河西路设置 9 处机动车道与非机动车道地躺隔离栏。

1990 年，在城关主要路段新设 5 处道路中心隔离护栏和 8 条安全地躺隔离栏。

1995年，隧道路口至胜利路口的主干道路上增设和更新道路中心隔离护栏和安全地躺隔离栏。

1998年，对全区主要路口、危险路口设置安全隔离设施。

2000年年初，在城关车站路增设和更新840米道路中心隔离护栏和安全地躺隔离栏。

2001年实施“畅通工程”，在城区增设和更新道路中心隔离护栏和安全地躺隔离栏。

2002—2004年，在河（头）横（溪）线公路“S”形转弯处，安装了八面凹凸镜，在临湖一侧安装防撞护栏。在329国道、宁镇路、镇骆路等主要路段增设护桩3处，清除可视距离障碍物4处，清除路障5处。

2005—2006年，在329国道、宁镇路、镇骆路、河横线、余汶线、长邱线等公路和九龙大道、九龙湖环湖等主要路段增设减速带460米、防护栏2000米、强行减速道钉条40米。在九龙湖景区一带公路“S”形转弯处安装凸镜2面。

2007年，对辖区所有临水临崖道路安全防撞护栏、防撞墙、防撞墩、桥梁的桥墩（栏）全面开展道路隐患排查。对宁镇线（8K+20M—8K+400M）路段，全部采用中心硬隔离措施。同时在全区乡村道路增设减速带350米。

2008年，对城区外的329国道、雄镇路、宁镇线五里牌段、贵镇线庙后张段等处完善安全隔离设施。城区外交通危险路段完善安全隔离设施43处。

第二节　车辆管理

1955年开始，对机动车辆每年进行一次检验。凡参加年度检验的车辆必须技术性能良好，设备齐全有效，车容整洁，号牌清晰，联结机构安全牢固可靠。并规定送检车辆应填写年检表，经检验合格后，办理年检签证，发给合格证书，有效期为一年。未参加年检的车辆一律不准上路行驶。

1960年，实施交通部、公安部颁发的《机动车管理办法》，车辆号牌与行驶执照全部更新，镇海县使用宁波市统一编号“10—4＊＊＊＊＊”机动车号牌。

1962—1971年，机动车检验始由县交通管理站代办，报宁波地区车辆监理所签证。1969年10月，全市统一调换行车执照，机动车号牌改为“10—7＊＊＊＊＊”。“文化大革命”时，镇海县革委会生产指挥组和人保组建立县检审领导小组，负责对全县机动车年度检验。1976 年机动车检验恢复由县交通管理站办理。是年，全县有机动车 790 辆。

1978 年，全县有机动车 1317 辆，其中小汽车 10 辆，摩托车 5 辆。小汽车主要是“吉普车”，分布在县委、县政府和县公安局机关。时全县没有轿车，摩托车仅县公安局和县邮电局有。1980 年 7 月 1 日，根据公安部、交通部规定，镇海县统一使用“浙江 34”号牌。1980 年后，机动车年检由车辆单位建立自检组或片组，负责车辆自检，经县交管站抽检后，由地区监理所签证。拖拉机检审以县农机局和各区、社农机管理站负责。是年，全县有机动车 2486 辆。

20 世纪 80 年代中期，辖区单位开始陆续购置轿车。80 年代后期，开始有个人购置轿车，用于出租车经营。1984 年，根据省人民政府、宁波地区交通局发出的《关于报废更新车辆的通知》精神，对符合下列情况的车辆办理牌证发放手续：（一）生产用新车持有合格证、发票和所在单位或者政府证明的；（二）外省或本省其他地区监理所检验合格的；（三）部队转地方的旧汽车持有团以上单位开具的正式发票，并由地区监理所检验合格的；（四）生活用车除大、小轿车由省控办批准外，其余车辆凭上级主管领导批准证明；属个体、联户及乡镇企业的，凭所在地乡政府证明，并持有合格证，经省商检局检验合格，旧车有正式发票，经技术检验合格的；（五）进口汽车、新车持有发票合格证，经省商检局检验合格的，旧车有正式发票，经技术检验合格的；（六）个体或联户车辆变更过户，凭双方村民（居民）委员会证明，经技术检验合格的，均可办理。此后，县公安局配合县车辆监理所对全县有车辆保修能力、制度健全、平时车辆技术状况保持完好的单位，由安全片（联）组、单位自检合格后，报县、市监理站办理年检签证。

机动车管理

1985 年 1 月，县政府转发省政府《关于农村拖拉机的管理和经营运输业有关问题的暂行规定》：12 匹马力以下手扶拖拉机统一由县农机部门监理；大中型四轮拖拉机由县交通、公安按照职能部门分工管理。1985 年 5 月 1 日起，规定机动车辆入户需备车辆出厂合格证、单位证明、购车发票、车辆出厂地管理部门发给的临时牌证（进口车辆需备有海关进口证明、商检证）外，还须经县计委、交通局批准方可入户。

1986年12月，浙江省换发新号牌，牌面上排“浙江02”为宁波市代号，下排前加A、B、C、D、E英文字母。是年，全区有机动车3440辆。

1987年9月，机动车辆检验、发牌领证统一由公安部门管理。辖区汽车的检验、发牌领证统一到市公安局车辆管理所办理，二轮、三轮摩托车及简易机动车的检验、发牌领证在区公安分局车辆管理所检验签证。机动车检验按照号码当月检验，凡送检3次不合格的收缴牌证，限期修复；2年未参加年检，本年度又未按时年检的，注销档案，作报废处理。是年，全区共换发各类机动车牌证1321付，办理各类手续1970份，检验机动车3151辆。

1988年1月1日起，启用公安专用车辆号牌。专用车辆号牌分汽车、摩托车2种。号牌前面“GA”表示公安专用车，其后面两位编码为公安部或各省、自治区、直辖市代号，号牌为白底，“GA”为红色，其余数码为黑色。公安专用车号牌限公安系统警卫车、消防车、指挥车、事故勘察车、囚车等。8月，根据国标（GB7258-87）《机动车运行安全技术条件》汽车应装备灭火器，对未配置灭火器的一律不予年检。同年，市公安局交警支队和市公路运输管理处出台《关于建立〈车辆技术档案〉的联合通知》，全区开始建立各类汽车技术档案。

1989年，检验各类机动车2800辆，办理证件2660本。

1990年，检验各类机动车3139辆，办理证件3000本。

1991年6月，区交警大队与区公路运输管理所联合行动，对私人车辆以国营或集体单位名义，单位车辆以私人名义从事道路运输作全面清理。

1992年8月，凡购置小客车需备有缴纳购置小汽车调节基金证明。同年10月，对农用运输车规范，其技术条件应是载重质量在1.5吨以下，最高时速50千米，额定功率28千瓦以下车辆，允许核发农用车号牌。

1993年，全区车辆检验按车辆管理规定，凡在市公安局车管所登记注册的机动车统一到市交警支队检测站检验，检验合格后到区车管所签证、存档。对从事客运的车辆（大客车、小型客车、出租的旅行车、轿车、载客的后三轮摩托车、农三轮、农四轮）实行季度检验；公安号牌车辆统一到市交警支队指定检测站检验；农用运输车及摩托车仍在区车管所检验。是年，全区机动车辆（其中新增1398辆），全部按规定参加了年检。

1994年5月，省公安厅印发《启用、换发“九二”式机动车牌证工作的实施意见》，分配给镇海区新号牌车辆代号为浙B7＊＊＊＊。“九二”式号牌分汽车、摩托车、农用运输车、拖拉机、挂车和临时号牌6类，共22种。是年7月，镇海区启动换发“九二”式机动车牌证。

1995年，全区新增机动车2436辆。全年共换牌证1586辆，年度检验机动车4617辆。

1998年1月1日起，车辆检测依据新的国家标准（GB7258-1997）《机动车运行安全技术条件》检验。

2004年5—8月，开展无牌无证摩托车专项整顿。澥浦、汶溪、河头等地补做摩托车牌照5185本，考证4858人。

2008年，全区共有各种类型机动车57176辆，是1986年的16.62倍。其中，大型汽车3105辆（其中大客256、中客32、大货车1750、半挂车8、牵引车663、大型专用设备车396）；小型汽车22628辆（其中小客4164、轿车13746、越野车242、微型客车483、小货车3899、小型专用设备车94）；摩托车31443辆。小型汽车中，私家车12404辆，占小型汽车总数54.8%。

停在龙赛医院南门私家车（2008年）

非机动车管理

自行车　1985年10—12月，全区新上自行车牌照2.3万辆。1987年，对全区20余万辆自行车检验换照。1996年，开展非机动车大整治，查扣自行车1527辆。

1998年，换发分合式自行车牌照。

2008年，全区在册自行车338934辆。

手拉车、人力三轮车　1991年前，手拉车、人力三轮车登记、发证由区交通部门办理，交通安全由交通部门和公安分局共同管理。1992年开始，手拉车、人力三轮车登记、发证由区交通部门移交公安交警大队。是年，根据市政府《宁波市三轮非机动车、手拉车管理办法》，限制发展人力三轮客车，对无牌无证被查扣3次以上、扣车6个月以上的人力三轮客车作解体、销毁处理。当年全区核发手拉车牌照20余辆；人力三轮车牌照2000余辆，其中人力三轮客车150辆。

1993年，城关镇人力三轮客车专项整顿，核发人力三轮客车牌照192辆，设置三轮客车停车点9处。

1995年1月，市政府公布新的《宁波市三轮非机动车、手拉车管理办法》，办法规定无牌无证车辆在道路上行驶，可以没收车辆。是年，开展非机动车整顿，重点整治人力三轮客车无牌无证上路行驶、安装助力器和盗窃自行车犯罪。5月17日，在城关、骆驼、庄市等地举行被窃自行车发还大会，当场发还失窃自行车250余辆。全年取缔人力三轮车助力器865只。

2008年，全区在册三轮车34290辆。其中，客运三轮车646辆、货运三轮车8067辆、老年小三轮车25577辆。

2010年年末，全区营运的人力三轮车共638辆。其中招宝山街道216辆，蛟川街道128辆，骆驼街道150辆，庄市街道81辆，澥浦镇53辆，九龙湖镇10辆。

助动自行车 1992年以来，燃油助动车和残疾人专用车增长较快，助动车无牌无证上路行驶现象日益突出，交通事故时有发生。

1995年12月，《浙江省非机动车管理办法》出台，残疾人专用车和助动自行车纳入非机动车管理，燃油助动车开始上牌。至1997年6月，镇海区核发燃油助动车牌照2000余辆。同年，分局非机动车管理所成立，对城区燃油助动车开展专项治理，统一核发燃油助动车新号牌和操作证。同时规定助动车驾驶人必须经交警部门培训，取得交通安全常识和操作技能测试合格证。然燃油助动车噪音大、尾气污染严重，1999年燃油助动车停止上牌。是年，登记在册燃油助动车5000余辆。2004年，国家经贸委等4部门出台“燃油助动车的使用年限为5年，不得延缓”的规定。据此，镇海区对使用满5年的燃油助动车实施报废。

2005年8月10日起，镇海区禁止非宁波市号牌的“五小车”进入镇海区域。其中，燃油助动车属“五小车”之一。整治期间，现场暂扣“五小车”631辆，处罚“五小车”823辆，报废燃油助动车600辆。燃油助动车从可以上牌到禁止上路行驶，历时10年。

燃油助动车禁止上路，电动自行车取而代之。1999年，电动自行车明确以非机动车上牌管理。同年5月，宁波液压马达厂职工的电动自行车首批上牌。2002年年末，全区有牌证电动自行车1900辆。2004年年末，全区上牌电动自行车15400辆，还有相当数量的电动自行车没有上牌。2008年7月，全区在册电动自行车34239辆。

机动车检验

1987年9月，机动车检验、发牌领证改为公安部门负责，镇海区汽车检验、发牌领证统一至市公安局车辆管理所办理。二轮、三轮摩托车及简易机动车的检验、发牌领证在区公安分局车辆管理所检验签证。

1988年，根据国标（GB7258-87）《机动车运行安全技术条件》，汽车应装备灭火器，对未配置灭火器的一律不予年检。9月，根据市车管所《机动车挂牌办证规定》和《机动车检验标准》，组织全区各类机动车年检。

1991年，按照《城市机动车安全检验暂行标准》和《机动车运行安全技术条件》，配合市交警支队进行车辆检验。检验车容、底盘、制动、侧滑、灯光、车速表、废气、烟度、声级、轴承等。

1993年，规定进口机动车（摩托车）须经商检局检验合格，取得进口机动车辆检验证明，方可到车管所办牌证。

1998年1月1日起，车辆检测依据国家标准（GB7258-1997）《机动车运行安全技术条件》检验。对车辆的侧滑、灯光、速度表、轴承、制动、排放、噪声进行检测。对一些不能用设备检测的项目，如转向系、横直拉杆、制动系管路、轮胎型号、安全玻璃、后视镜、雨刮器、灭火器等按国标进行人工检验。9月，市交警支队规定，凡到市车管所检测签证的车辆，必须在指定单位安装后雾灯后，才能送市检测站检验。

第三节　机动车驾驶员管理

机动车驾驶员培训

1984年以前镇海县的机动车驾驶员培训、考试、发证与年审，由宁波地区交通监理处负责。1984年镇海县交通监理所成立，改为学员的培训、考试、发证由宁波地区交通监理处负责，县交通监理所负责学员的政治、文化程度、体检等报考条件的审查，驾驶员的年审由县监理所组织实施，市监理处批准。1985年开始，学习汽车驾驶要通过汽校、汽训班和汽车驾驶员培训中心培训，方能参加交通监理部门的考核。是年6月，镇海县成立汽车驾驶员培训站。

1986年，宁波市交通监理处对举办驾驶员培训班规定：（一）培训时间为六个月，以师带徒五个月后，再集中进修一个月方能考试；（二）参加小型汽车培训对象的条件与大型汽车相同；（三）参加培训者必须本人或者所在单位有小型汽车，且四辆车以下按 1 车比 2 人，四辆车以上按 1 车比 1.5 人内的比例控制；（四）发动机在驾驶室中间突出部位的车辆（平头车）、小轿车、微型车、进口车一律不准做教练车，教练车的技术条件与大型汽车相同。同时还规定，中型拖拉机驾驶员要求增驾大型汽车的或者小型汽车要求增驾大型汽车的，统一由培训站集中培训三个月。二、三轮摩托车、轻骑培训每季举办一期，培训时间为 15 天。中型拖拉机、小四轮简易车培训，采取集体培训，取消"以运代训"，也可委托有培训能力的（场地、车辆、师资）部门代训，县每半年举办一期，培训期为三个月，学员符合驾驶员条件后，再办理学习证。

1987 年 10 月，驾驶员的培训、考试、发证与年审改由区公安分局交通警察队负责。1990 年，宁波市公安局交警支队《关于制定小型汽车学习驾驶员培训规定的通知》，规定"一车六人"统一教练和集体培训的办法，取消"以师带徒"制。规定驾驶员培训时间为：初学六个月，增驾四个月，实际驾驶操作 120 个摩托小时；学员由市汽车驾驶员培训中心和区车管所负责招收，由具备资质的小型教练车培训班举办培训。是年年末，镇海区车辆管理所重新制定摩托车驾驶员培训、考试办法。凡申请报考摩托车驾驶证者，应凭所在单位介绍信和个人身份证报名，填写《驾驶员登记表》，年龄及身体条件符合机动车驾驶员要求，一车报考两人，办理学习证，有效期为两个月，培训时间为一个月，采取集体培训、集中教练、车辆自带方法。培训学习科目为：交通法规 48 课时，机械常识 24 课时，场内操作 48 课时，道路驾驶 300 千米。二、三轮摩托车驾驶员考试科目为：条例、机械常识、场内驾驶、道路驾驶 4 科。轻骑考试科目为：条例、场内考试 2 科。

1991 年，全区驾驶员培训单位实行分级审批培训许可制度。全区大、小型汽车驾驶员培训班由区车管所验收合格，报市局车管所审批；摩托车、农用三轮运输车、上路行驶的拖拉机培训学校（班）由区车管所审批。

1993 年，市交警支队规定，对申报驾驶员培训，严格按报名注册编号顺序分配，采取扩车增点增设教练车，缓解培训难。是年，取消初招学员文化测试，规定初学驾驶员的培训时间和操作小时。

1994 年 3 月，区车辆管理所对机动车驾驶员培训学校（班）许可证重新审核。

2001 年 7 月，省交通厅出台《浙江省汽车驾驶员培训管理暂行规定》，驾驶员的培训职能复归区交通部门，区公安部门仍负责对驾驶员的考核发证。

2004 年 5 月，《中华人民共和国道路交通安全法》规定，机动车驾驶培训实行社会化，由交通主管部门对驾驶培训学校、驾驶培训班实行资格管理。2006 年 1 月，交通部颁布《机动车驾驶员培训管理规定》，明确交通部门主管全国机动车驾驶员培训。县级以上道路运输管理机构负责具体实施本行政区域内的机动车驾驶员培训日常管理，公安部门负责机动车驾驶员的考试工作。规定实行培训与考试相分离的制度。交通部门对培训行业管理的职责为：制定行业管理规定和相应的配套规章，制定行业发展规划；制定培训标准、开业标准、开业审批程序并负责开业审批；编写教学大纲、统一培训教材；检查监督驾驶员培训质量，维护培训市场秩序；协调培训中各方面的关系；为驾驶员培训学校和驾驶员培训工作搞好服务。

机动车驾驶员安全教育

1986 年，镇海区组织全区机动车驾驶员学习省公安厅、省交通厅颁发的《机动车驾驶员行车禁令》。1988 年，贯彻实施《中华人民共和国道路交通管理条例》，对机动车驾驶员全面开展轮训。是年，举办轮训班 56 期，轮训机动车驾驶员 6300 人。1991 年，组织全区大客驾驶员统考，提高大客车驾驶员业务技术素质。1992 年，组织全区机动车驾驶员学习《道路交通事故处理办法》，并到市车辆管理所参加统考，对不参加《道路交通事故处理办法》学习和考试的，本年度不予审验或换证。

1998 年 3 月，成立宁波市交通安全教育学校镇海区分校。开设课程：交通行为道德、交通活动和交通管理、交通法规、驾驶理论与安全行车常识、交通违章与事故防范、车辆维修常识、救护常识、事故录像。至 2000 年，参加安全教育学校学习的机动车驾驶员共六批 1.3 万余人。其中，肇事汽车驾驶员 720 人。

2007 年 10 月，对首批危险化学品运输车驾驶员 280 人（含押运员）进行安全教育培训。

2008 年，重点加强对客车驾驶员管理，对涉嫌客运车违法的，通知车辆单位及时处理。凡有 3 次以上违法行为未及时处理或因交通违法记满 12 分尚未接受教育考试的，停止其驾驶机动车，直至其接受处罚和教育考试。对有违法记录的客运车、校车、危化车驾驶员集中教育。

第四节　交通秩序管理

路面管理

1986年6月起，交通民警实行高峰岗制度，在重点路口执勤。

1987年，实行民警2/3时间上路检查，在道路上对驾驶员面对面管理。

1988年，城区交通高峰期民警一律上路上岗执勤，夜间巡逻，严格控制平板车、三轮车进入主要街路，以减少交通流量。禁止街路两旁商店、居民占用人行道，禁止设立店外店、摊外摊，沿街商店实行门前卫生包干，设立机动车临时停车场，划定自行车停放区域，及时纠正违章。

1991年，贯彻公安部《关于大干60天，遏制交通事故上升势头的紧急通知》，实行"联合勤务、巡逻为主、定点辅助、时间交叉"的联勤制度。是年，检查各类机动车7.8万辆，纠正、处理违章2.8万次。

1992年，省公安厅下发《全省交警中队达标纲要》。根据《纲要》要求，对交警大队路面管理中队在队伍、业务、装备等方面作调整和加强。是年8月，辖区公安交通检查站全部撤销，变设站拦车检查为巡逻为主的疏导交通、纠正违章。同时实施以城区和国道线为重点的24小时管理勤务方案。

1993年，制定《达标活动考核评分标准》，全年组织2/3以上警力参与路面管理，整治"瓶颈"路段。

1994年10月，整治西门菜场周边道路车辆乱停乱放、秩序混乱等状况，共纠正违章机动车65辆，非机动车755次，乱设摊36次，处罚125人。

1995年春运期间，对320辆春运客、货车辆严格检查，重点查处严重超员、人货混载。

1996年，对辖区国、省道实行定路段、定人员、定时间、定责任、包畅通的"四定一包制"。国、省道沿线中队办公室做到"门开、灯亮、民警在"。

1997年，纠正道路违章9.75万人。其中，处理无证驾驶1163人，吊扣驾驶证2176本，暂扣车2996辆。

2000 年 5 月，成立公路巡逻民警大队，对辖区国省道开展 24 小时全天候巡逻执勤，接受市民报警。

胜利路口指挥岗亭（1997 年）

2001 年，全区纠正道路违章 80703 人，其中无证驾驶 3166 人，查处违章超载 27066 人，超速行驶 7202 人，吊扣驾驶证 1775 本，暂扣车 1777 辆，治安拘留 15 人，劳动教养 1 人，收容审查 3 人。

2002 年 3 月 15 日，全市创建平安大道誓师大会在镇海交巡警大队骆驼中队举行。省、市、区公安机关和区“四套班子”领导参加会议。同月，对“110”和“122”信息联通实行统一指挥。

2003 年，开展“畅通工程”上等级活动，公安、城管、工商、规划等部门对城区内占道设摊、违章堆物、停车秩序等行为综合整治，推进平安大道创建，实行勤务联勤、勤务签到等岗位责任制，深化交通安全村、安全学校、安全企业创建工作。

2006 年 6—9 月，开展对正三轮摩托车、残疾车等非法营运整治。其间，查处电瓶三轮车、铁壳三轮车、非法安装动力装置的人力三轮车、正三轮摩托车、超标电动自行车等 343 辆，暂扣车 315 辆，查处无牌无证摩托车 579 辆，无牌无证营运三轮车 78 辆，拘留无证驾驶 41 人。

2007 年，贯彻公安部电视电话会议精神，严格路面控制。是年，进行 6 次集中行动，行政拘留 45 人，并对后海塘片区、骆驼片区等重点路段加大整治力度。

2008 年，开展“奥运道路交通安全攻坚战”“遏制重特大交通事故百日安全竞赛活动”“严禁酒后驾车专项整治”“正三轮非法营运专项整治”“宁波高教园区北区交通安全集中整治及城区道路交通秩序整治”“春运安全突击整治”等活动，保障路面秩序安全畅通。

车辆停放管理

1985 年前，辖区机动车少，县交通、公安部门主要是做好非机动车的停放管理。

1986年，在聪园路设日夜停车场，名为宁波市公安局镇海区分局交警中队停车场。1988年停车场迁址张鑑碶。1989年，改为宁波市公安局镇海区分局交通警察队停车场。

1990年，规范非机动车停放，在城关片白漆圈划10余处非机动车停车点。是年，城区有注册公共停车场4个，计9450平方米，单位配建停车场11个，计1.12万平方米，临时占道停车点15个，计6600平方米，合计停车面积2.72万平方米，可停放小汽车1000辆左右。停车泊位与机动车保有量比为19%，停车难、机动车乱停乱放等问题突出。

1991—2007年，城区较宽的街路两侧漆划889个机动车占道收费停车位，由招宝山街道办事处（城关镇）安排人员负责停车收费。期间，区交警大队、区城建监察大队、区城市管理联合执法大队等，对城区范围违章停放机动车，采取抄告、罚款等办法加强管理。

1993年城区出租车停放点划漆

2008年1月，对全区道路外收费停车场专项整治。其间，对停车场擅自对外经营，不按规定标准收费；停车场标志标线设置不规范、内部管理制度不完善；未到工商与税务部门办理登记手续，无照经营，偷税漏税，乱开发票；停车场管理人员配置不足、服务意识差、内部卫生脏乱差以及停车场内部或周边存在治安隐患等问题重点整治。按照“统一备案手续、统一收费标准、统一工商税务执照、统一停车场专职管理人员配置、统一培训和上岗证件、统一停车场标志与收费标准标志、统一停车场收费发票、统一查验登记制度、统一公开制度、统一停车秩序与环境卫生”等要求规范整改。是年，城区中汇纺织地块、原物资局地块、石浦大酒店前、张鑑碶菜场等处辟公共停车场，增设公共停车位450个。

交通秩序整治

建区以来，区交警大队、区交通运输部门、区城市管理部门、区农机监理部门不时联手，针对区域内倾向性的交通违章现象，有重点组织交通秩序整治，保证道路交通安全畅通。

1986—1987年，开展“搞好交通文明建设，保障交通安全畅通”活动。在主要交通干线清除障碍物，拆除违章建筑。1988 年，针对辖区部分路段手扶拖拉机严重违章、事故频发等情况，开展手扶拖拉机行驶专项治理。1990 年，根据《宁波市主要干线道路两旁店铺、集贸市场及停车场管理暂行规定》，突击整顿骆驼镇卡脖子路段的交通和市场秩序，清理违章摊位。同年国庆节前，对城关镇夜间车辆乱停乱放、违章店铺突击整顿。1991 年，区交警大队、区工商所、区城管监察大队联合发出《关于整顿城区夜市的通知》，针对城关镇夏季夜市摊贩遍布影响交通实施整治。1995—1996 年，开展“讲文明、树新风”活动，以整顿无证和酒后驾车、非机动车和行人违章为重点的交通秩序整治。

1997 年 9 月 1 日零时起，决定城区城河路东至招宝山、西至张鑑碶一线实行 24 小时禁鸣喇叭。南大街、胜利路、沿江路、后大街等路段实行每天 21 时至次日 6 时禁鸣喇叭。

1999 年，重点整治客运车和农运车、摩托车、助动车违章行驶；事故多发、易发地段交通秩序；无牌无证上路、车辆带“病”行驶、超载行驶、酒后驾车等严重危及交通安全行为。对重点地段、重点驾驶员、重点车辆、重点对象，加大了管理力度。

2000—2002 年，开展“平安大道”和“畅通工程”活动，以规范城区道路秩序为突破口开展交通安全集中整治。在甬江隧道口设固定卡点，在长途汽车站、招宝山大桥、静德桥设流动卡点，对出入的可疑车辆、人员展开盘查。

2004—2006 年，贯彻《中华人民共和国道路交通安全法实施条例》，以“压事故、保安全、保畅通”为目标，继续加大路面行车秩序整治力度，深化超速和客运车超员专项整治。重点抓年运输量 280 万吨以上的危险化学品运输企业安全管理。帮助企业制定《交通安全管理制度》《驾驶员安全管理制度》《车辆安全检查制度》和《安全教育考核制度》等。开展宁波市号牌“五小车”（即：非宁波市号牌的二、三轮摩托车、燃油助动车、电动自行车、农用运输车和拖拉机）专项整治。

交警路查测速（2002 年）

2007—2010 年，交警部门开展“春雷二号”“蓝盾 07—4 号”“蓝盾 07—5”号等行动，对超速驾驶、酒后驾驶、无证驾驶、无牌无证非法营运整治。

第五节 交通事故

事故数据

随着各种机动车辆大幅增加，特别是运输市场对个体开放，车流量急增。运输业户追求经济效益，忽视交通安全，超载、超速、开带“病”车等违章现象屡禁不止，全区交通事故频发，死亡人数上升。1986—2008 年，全区共上报发生交通事故 5123 起，死亡人数 841 人，伤残人数 3549 人，直接经济损失 9493.75 万元。

1986—2008 年镇海区道路交通事故统计表

表 6-1-1

年份	上报起数	其中		直接经济损失（万元）	年份	上报起数	其中		直接经济损失（万元）
		死（人）	伤（人）				死（人）	伤（人）	
1986	27	3	19	1.05	1998	239	34	154	261.21
1987	53	16	34	1.21	1999	377	42	232	215.38
1988	58	25	33	8.84	2000	441	47	176	283.27
1989	44	14	30	5.03	2001	433	51	175	323.72
1990	34	20	16	1.66	2002	395	49	231	275.72
1991	34	15	25	1.49	2003	298	58	184	276.44
1992	54	29	20	32.96	2004	459	59	456	184.63
1993	75	30	31	47.94	2005	360	50	374	75.43
1994	88	32	69	6768.99	2006	307	49	328	73.21
1995	154	48	74	108.79	2007	254	47	284	67.10
1996	209	36	148	232.57	2008	230	44	242	32.94
1997	280	43	214	214.17	—	—	—	—	—

事故处理

1986 年 7 月，省公安厅、交通厅公布《浙江省交通事故处理暂行规定》，对事故责任者首次提出“按责任论处”的处理原则。此前，涉及的经济赔偿、医疗费用基本上由事故车方承担，其他补偿则通过双方协商解决。

1987 年 9 月，根据国务院《关于改革道路交通管理体制的通知》精神，原交通监理部门负责的道路交通事故调查处理工作移交公安交通管理部门。同年12月，省公安厅制定《浙江省道路交通事故处理工作规程》和《浙江省交通事故伤残者确定范围》，明确规定各级交警部门在事故处理中的职责职权。

1989年1月，交通事故审批权限规定：凡发生重大、特大事故及一般事故需扣证7个月以上处罚的，不论是否发生在道路上，或是汽车、拖拉机、摩托车、简易机动车，交警分队均要在规定时间将交通事故报告连同全部调查资料上报区交警队审批。是年，对违章肇事的驾驶员追究刑事责任2人，治安拘留2人，撤销驾驶证8人，扣证6个月以上17人，扣证6个月以下25人。

1992年1月，全国《道路交通事故处理办法》实施。8月，公安部发布《道路交通事故处理程序规定》。自此开始使用全市统一的“扣留机动车驾驶证凭证”。

1995年，交警大队成立道路交通事故伤残评定小组，对因道路交通事故造成伤残者，进行集体评定。

1996年，市交警支队下发《关于切实做好道路交通事故处理中听证告知程序的通知》，重大交通事故受吊销驾驶证处罚的责任者，对责任认定不服，可在15日内向上一级交警部门提出责任重新认定或在3日内向市交警支队提出举行听证要求的权利。

1997年4月，区交警大队在全市率先设立交通事故巡回法庭，并推行道路交通事故现场勘察、责任认定、损害赔偿调解的内部三分离制度。是年，区交警大队与区物价局联合成立镇海区交通事故车辆评估中心。

1998年1月1日起，推行事故处理分段办案制度。对重特大交通事故举行现场办案会，开辟交通事故急救“绿色通道”，推广交通事故巡回法庭试点经验，开展事故处理民事调解移交人民法庭的试点工作。

2001年，实施事故处理阳光作业，向事故当事人发印有事故处理民警姓名、通信号码的“便民服务卡”，随时为当事人提供咨询服务。同时执行事故责任人认定公开听证制度。

2002年6月1日起，根据宁波市公安局《关于快速处理交通事故有关问题的通告》规定，对在道路上发生的基本事实清楚，且仅造成车物损失或人员轻微伤害的道路交通事故实施快速处理方法。

2004—2006年，区公安交管部门受理调处的交通事故纠纷数分别为：5962

件、7661件、7837件。

2008年12月，区公安分局、区消防大队、宁波金洋化工物流有限公司和镇海炼化医院等联合举行危险化学品道路运输交通事故应急演练。

2008年危险化学品道路运输交通事故应急演练表

1988—2010年，镇海区交通重大事故录

1988年6月29日下午，宁波安良联运站王岳军驾驶面包车途经329国道觉渡段时逆道行驶与杭州西湖汽车运输公司一辆拖挂车发生碰撞，造成3死5伤，直接经济损失1万元。

1990年2月20日，宁波第三动力机械厂一辆钱塘江牌大货车途经镇海炼岚线南洪段时，翻入湾塘长河中，驾驶员等3人溺水死亡。

1993年9月9日上午9时25分，宁波开往镇海的浙江02—05525号中巴车行驶至张鑑碶时发生爆炸，当场炸死3人，炸伤20人，中巴车报废。次日破案，系毛某（男，48岁，奉化班溪岩头人）因私欲未得到满足，迁怒社会，蓄意制造爆炸案（毛当场炸死）。

1997年5月5日，329国道骆驼段一旅行车与人力客运三轮车碰撞。事故致2人死亡、3人受伤。

1998年9月25日，镇海运输总公司一货车在庄市大道岔口，与徐某驾驶的摩托车相撞，致摩托车司乘人员徐、柯当场死亡。

1998年11月12日，吴某（湾塘人）驾轿车由骆驼驶往宁波，在329国道庄市段与逆向行驶的安徽籍蒋某驾驶的东风大货车相撞，造成轿车上3人当场死亡，1人重伤。

2002年发生5起重大交通事故：

2月8日夜，李某（北仑小港衙前人）驾驶浙B80349小货车从镇海百货大楼驶往小港，途经车站路处与骑自行车横过马路的谢某（四川宣汉县三桥乡顶山村人）发生碰撞，致谢某当场死亡。

4月17日，九龙湖镇西经堂曹某驾驶浙B72138解放牌货车从五里牌大件码头驶往五里牌特种钢公司，途经宁镇线9K+280M辅车道时，将行人程某当场撞死。

7月16日8时50分许，胡某（庄市勤勇村人）驾驶大货车从镇海开往宁波，途经宁镇线8KM+240M处，将骑自行车横穿公路的张某（四川达县人）撞倒，造成张死亡，自行车乘坐者张某受伤。

10月7日下午，骆驼派出所民警王某（男32岁）、协警何某（男，32岁）、胡某（男，29岁）3人处置一起群众报警案时，驾驶警车途经骆驼南二路岔口一桥旁，遭洪某（河南省民权县人）驾驶的罐装沥青车撞击，沥青车和警车翻入路旁小河，驾驶员弃车逃跑，警车内3人殉职。

11月15日，施某（慈溪观城人）驾驶微型小客车，从九龙湖西杜路由北往南行驶，途经西杜路下畦村，与骑自行车横过马路蒋某（九龙湖人）发生碰撞，事故致蒋受伤，送医院后死亡。

2003年10月10日21时许，安徽定远县范岗乡盘塘村肖某驾驶奉化第三汽车运输公司浙BD1631大货车，从镇海驶往奉化，在骆亚线转弯时，与对方向贵州遵义县西坪镇毕山村钟某驾驶的二轮摩托车碰撞，致使乘坐者王某当场死亡，钟某和另一乘坐者唐某受伤。

2004年发生4起重大交通事故：

3月26日6时20分，重庆籍任某驾驶无牌二轮摩托驶往工地，途经长邱线马家桥路段，遇村民林某横穿马路，林某被撞倒地送医院抢救无效死亡。

5月15日16时30分，安徽籍王某驾浙B70912重型自卸货车，在雄镇路0KM+900M小道口转弯时，货车右侧油箱与对方向直行的浙BQ2319二轮摩托车相撞，致摩托车司乘人杨某、毛某死亡。

5月30日凌晨1时30分，城区居民王某与周某驾乘浙BQ0845二轮摩托在车站路人保公司附近非机动车道行驶时撞向花坛被甩倒在地，王某当场死亡，周某重伤。

7月18日19时30分，骆驼街道居民刘某醉酒驾浙B93555面包车，从炼化公司驶往城区，途经贵镇线5K200M处，与对方向卢某（浙江三门人）电瓶车发生碰撞，致卢和乘坐者其子何某受伤送医院救治无效死亡。

2005年4月26日17时30分，唐某（湖南邵阳县黄塘乡檀政村人）驾浙B72762中型自卸车从镇海驶往澥浦，途经炼澥线6KM25M处，与吴某驾驶的苏GFH773二轮摩托车碰撞，造成摩托车司乘吴某、杜某死亡。

2006年7月24日上午，杨某驾驶槽罐车由北仑开往慈溪匡堰。槽罐车额定载重10吨，实际装载18吨。为避329国道收费，槽罐车绕道九龙湖狮子山麓并冲下路基。由于受到撞击，槽罐车汽油泄漏引发大火。镇海消防大队、公安分局民警、特警、江北消防大队，宁波港、镇海炼化消防队援救40分钟将明火扑灭。

九龙湖狮子山麓发生车祸事故的槽罐车

2007年6月16日中午11时20分，庄市街道中官路与思源路岔口红绿灯处发生车祸，三辆车撞在一起，货车司机被困在驾驶室内，生命垂危，经交警和消防官兵10分钟的救援，救出被困货车司机。

中官路与思源路交叉口车祸现场

2008年5月17日5时57分，韩某（安徽涡阳县龚老家村人）无证驾驶皖S02665中型罐式货车，在澥浦卫生院处，与鞠某（四川合江县南滩乡权家祠村人）驾驶轻便摩托车碰撞，致鞠某死亡、乘者张某伤。2009年1月3日21时25分许，陈某某（男，24岁，家住河南省宁陵县赵村乡黄庄村）饮酒后驾驶浙B09U98号轿车沿宏远路由北往南行驶，途经宏远路702路车站附近处，该车车头右部与前方同方向的浙B62219-浙B6E29挂号大货车发生追尾，造成两车损坏，1死3伤。陈某某及同车乘客张某某、陈某受伤，杨某某（男，31岁，家住河南省宁陵县赵村乡小王庄村）当场死亡。

2009年3月7日9时20分许，朱某某（男，28岁，家住安徽省六安市霍邱县潘集乡朱郢村老庄组）驾驶皖N57552号重型自卸货车沿觉王路由西往东行驶至0K100M处，追尾碰撞前方同方向郑某某（女，62岁，家住宁波镇海区澥浦觉渡村）骑行的老年三轮车，老年三轮车右侧与桥边碰撞后侧翻，事故造成2死2伤。

2009年3月11日14时35分许，刘某某（男，30岁，家住四川省宣汉县马渡乡风斗村10组）驾驶浙B20835号货车从慈溪驶往宁波方向，途经329线170K625M（澥浦庙戴路口）处，遇相对方向田某某（男，33岁，家住河南省商丘市宁陵县赵村乡乔庄村）驾驶浙B72C36号车左转弯通过路口时发生碰撞，而后浙 B20835 号车左前部又与同方向从非机动车道出来并左转弯通过路口的乔某某（男，37 岁，家住陕西省乾县城关镇铁炉村）驾驶的浙 B61298 号重型自卸货车左侧尾部发生碰撞。事故造成刘某某死亡、1 人受伤，3 车损坏。

2009 年 10 月 30 日 22 时 25 分许，马某（男，30 岁，家住皖阜阳临泉县铜城镇八里槐村八里槐后队）醉酒后驾驶皖 K35549 号中型普通货车沿 329 线由北往南行驶，途经 329 线 182KM100M 处，与同方向前方沈某某（男，45 岁，家住皖利辛县王市镇后潘村小沈营）骑行的人力三轮车发生追尾碰撞。事故造成沈某某受伤，三轮车乘客刘某某（男，27 岁，家住皖利辛县马店镇青年村青年庄 20 户）经医院抢救无效于第二天死亡。

2009 年 11 月 08 日 20 时 50 分左右，张某某（男，40 岁，家住宁波市镇海区澥浦镇觉渡村觉渡寺）驾驶浙 B13801 号公交大客车从骆驼街道金华场站驶往宁波，沿南二路由东往西行驶至骆驼工业区 389 车站附近处绕越同方向停放的浙 B16176 号大客车时，该车前部左侧与相对方向方某某（男，21 岁，家住陕西省紫阳县蒿坪镇蒿坪村）驾驶的无牌轻便摩托车相撞，造成二车损坏，方某某死亡。

2010 年 4 月 29 日 11 时 17 分许，陈某某（男，45 岁，家住宁波市镇海区九龙湖镇河头村路下徐）驾驶浙 B74893 号中型普通货车沿兴庄路由东往西行驶，在直行通过兴庄路与西陆路交叉口处，遇王某某（男，25 岁，家住陕西省安康市汉滨区富强乡青木沟村）驾驶的无牌电动自行车（后面乘坐同乡汪某某及 1 岁女孩）沿西陆路由南往北直行通过该路口时，浙 B74893 号中型普通货车右前部与无牌电动自行车右后部发生碰撞，造成汪某某受伤经医院抢救无效死亡，王某某及其女儿受伤。

2010 年 6 月 16 日 11 时 30 分左右，刘某某（男，38 岁，家住河南省民权县伯党乡闫庄村）驾驶浙 BC4906 号重型自卸货车从镇海驶往余姚水泥厂，沿骆霞线由东向西行驶至 0K+956M 骆驼董家畈路口处，遇蒋某某（女，19 岁，家住安徽省临泉县田桥乡朱园村后朱庄）骑行电动自行车由北往南横过路口时，刘某某驾车向右侧翻，致蒋某某及电动自行车被浙 BC4906 号重型自卸货车上煤所埋，造成二车损坏、蒋某某当场死亡。

第二章 港航管理

1990年前，镇海区的港航管理由宁波市航运管理处负责，在镇海区设立宁波市航运管理处镇海管理所。1990年3月，镇海航管所成建制下放镇海区，更名宁波市镇海区航运管理所，负责辖区的港航管理。本章记载运政、航政、港航监督、行政执法工作。

第一节 运政管理

沿海运政管理

1986年始，统一运价、统一货源、统一调配的“三统”运政管理机制逐渐弱化，除煤炭、粮食、化肥等重点计划物资仍由交通部门以货运平衡会议的方式实行统一货源组织外，石料等货物已经实行承托双方协议运输。实行“统一货源”的货物，时有镇海区外海航运公司驻航管所员工调度该企业船舶装运，其余货物由区航管所调配其他船舶装运。不久，交通部门不再组织召开水路货物运输平衡会议，沿海货运进入承托双方协议运输。

沿海货运市场进入自揽货源，自定运价、自行调度后，个体户、联户（以下简称“两户”）船舶逐渐发展。对“两户”船舶准入运输市场，区航管部门制订了《个体（联户）船舶办理水路运输开业手续指南》。“两户”船舶运输准入需办理手续有11项。

个体（联户）船舶办理水路运输规定表

表6-2-1

手续名称	提供材料
核定船号	船舶所有人申请
船舶检验	1. 属买卖船舶的提供：（1）转港证（2）原船检证书（3）船舶图纸（4）买卖船舶检验申请书（船龄必须符合有关规定） 2. 属新造船舶的须提供：（1）经船检部门批准的图纸（2）船舶建造合同（3）买卖船舶检验申请书 3. 买卖、新造船舶均须提供船照

续表6-2-1

手续名称	提供材料
船舶所有权及国籍登记	1. 属买卖船舶的须提供：(1) 原船籍港国籍证书注销证明 (2) 无抵押证明 (3) 船舶买卖合同 (4) 船舶买卖发票 2. 属新造船舶的须提供：(1) 船舶建造合同 (2) 船舶建造发票 3. 买卖、新造船舶均须提供：(1) 船检证书 (2) 船舶所有权、国籍登记申请书 4. 买卖、新造船舶均须提供船照
申领水路运输许可证	1. 水路运输企业（船舶）开业申请书 2. 船检证书（复印件） 3. 船舶所有权及国籍证书（复印件） 4. 船员适任证书（复印件） 5. 与工商部门签订的安全管理协议书（复印件） 6. 属买卖船舶的还须提供船舶买卖申请书（复印件）
刻制船章及船员服务簿用章	由区航管所出具刻章证明
工商登记	1. 船籍地村委会（街道）证明 2. 育龄夫妇的计划生育证明 3. 船主一寸证件照
申领出海船舶出口簿	1. 船籍地村委会（街道）、乡（镇）政府、派出所盖章的证明 2. 船照
申领出海船员船民证	1. 船员原籍地村委会（街道）、乡（镇）政府盖章的证明 2. 船员一寸证件照
签发航行签证簿	1. 船检证书（原件） 2. 所有权及国籍证书（原件） 3. 营运证（原件） 4. 足额的船员适任证书（原件）
安全检查	向区航管所配船舶安全检查簿
解缴航政规费	1. 营运证（原件） 2. 航行签证簿（原件）

1997年2月，由镇海船舶修造厂、宁波永耀实业有限公司等投资组建的宁波甬江海运有限公司开业。此后，镇海的民营沿海航运企业迅速发展，到2010年年底，辖区注册登记的沿海航运企业有26家。

21世纪初，水路运输市场准入管理依法行政加强。港航管理部门规范服务，对航运企业筹建、开业、变更、注销、船舶营运证申领等事项，从项目设定、须提供申请资料、许可流程、许可期限等方面做出规定，并实施执行。

法定的行政许可项目及其办理流程分别如下：

国内水路运输业经营及变更、注销许可流程（含开辟或调整集装箱内支线、客运航线）表

表 6-2-2

事项类别	行政许可
法定实施主体	区建设与交通局
实际实施主体	区港航管理处
责任处室	区港航管理处（运政股）；局行政许可科
垂直层级	区本级终审/上级行政主管部门
横向层级	本部门单独审批
申请人种类	企业、公民、其他组织
法定期限	20 个工作日
承诺期限	10 个工作日
收费情况	不收费
收费依据	—
收费标准	—
年检情况	定期年检
设定依据	行政法规；地方性法规
文件名称及文号	1.《中华人民共和国水路运输管理条例》（国务院 1997 第 237 号令） 2.《浙江省水路运输管理条例》（省九届人大常委会 2002 年第 79 号公告）
申报条件	一、设立水路运输企业必须具备下列条件： （一）具有与经营范围相适应的运输船舶； （二）有较稳定的客源或货源； （三）经营旅客运输的，应当落实客船沿线停靠港（站）点，并具备相应的服务设施； （四）有经营管理的组织机构和负责人； （五）有与运输业务相适应的自有流动资金。 二、个体经营者从事水路普通货物运输经营活动，应当具备下列条件： （一）具有与经营范围相适应的运输船舶； （二）有较稳定的货源； （三）有与运输业务相适应的自有流动资金； （四）有确定的负责人； （五）按照国家有关规定办理责任保险。 三、开辟或调整集装箱内支线、客运航线，必须具备下列条件： （一）经营人应符合《中华人民共和国水路运输管理条例》及其《实施细则》和《国内船舶运输经营资质管理规定》（交通部 2001 年第 1 号令）中有关经营人资格的规定，取得合法经营资格，其经营范围应符合“水路运输许可证”注明的经营范围。 （二）建造、购买、光租或期租的船舶应符合《老旧船舶管理规定》（交通部 2001 年第 2 号令）第四、第五条有关船龄的要求和技术条件；投入营运的船舶应具备有效船舶资料和证书。

续表6-2-2

事项类别	行　政　许　可
申报材料	一、申请经营船舶运输，应当提交下列相应的申报材料： ▲企业、个体筹建： （一）申请书； （二）可行性研究报告（包括组织机构设置、管理人员配备、企业基本管理制度）； （三）企业名称预先核准通知书及其复印件； （四）主要管理人员身份证、资历、学历、培训证书、从业资格证书、劳动合同（筹建的，提供意向协议）和“船舶最低安全配员证书”（申请开业提供）及其复印件；（五）申请企业主要股东经历，银行或资产评估机构出具的资信证明文件或其他能说明股东投资情况的文件；（六）经营客运的，船舶靠泊、旅客上下船所必需的服务设施的证明文件。 ▲企业、个体开业： （一）申请书； （二）“船舶检验证书”“船舶所有权证书”“船舶国籍证书”或“光船租赁登记证明书”“临时船舶国籍证书”及其复印件； （三）主要管理人员身份证、资历、学历、培训证书、从业资格证书、劳动合同和“船舶最低安全配员证书”及其复印件； （四）申请企业主要股东经历，银行或资产评估机构出具的资信证明文件或其他能说明股东投资情况的文件； （五）国家规定需要建立安全管理体系的，应提供“符合证明”或“临时符合证明”证书及其复印件； （六）经营客运的，船舶靠泊、旅客上下船所必需的服务设施的证明文件。 二、个体经营者申请经营普通货船运输应提交以下材料： （一）申请书； （二）“普通货船运输个体经营者经营资格证书”和船员适任证书及其复印件； （三）“船舶检验证书”“船舶所有权证书”“船舶国籍证书”及其复印件； （四）船舶保险或责任保险证明及其复印件。 三、企业变更有关事项，应当提交下列相应的申报材料： ▲变更经营范围： （一）变更经营范围申请书； （二）原“水路运输许可证”正、副本； （三）按变更经营运输区域、船舶种类的开业条件申报其他资料。 ▲变更企业名称： （一）企业名称预先核准通知书复印件； （二）主管部门批准文件或董事会决议； （三）原“水路运输许可证”正、副本； （四）交通主管部门规定的其他资料。 ▲变更法定代表人： （一）主管部门任命书或董事会决议； （二）原“水路运输许可证”正、副本； （三）交通主管部门规定的其他资料。 ▲变更企业地址： （一）主管部门批文或董事会决议； （二）新办公场所证明文件； （三）原“水路运输许可证”正、副本； （四）交通主管部门规定的其他资料。 ▲变更经济类型： （一）营业执照副本及其复印件； （二）主管部门批文或董事会决议； （三）公司章程； （四）交通主管部门规定的其他资料。 四、企业停业、歇业，应根据《中华人民共和国水路运输管理条例实施细则》《省际水路运输企业审批管理办法》（交运字〔1990〕275号）规定向原审批机关办理相应手续。
受理地点	区港航管理处

续表6-2-2

事项类别	行　政　许　可
办理流程	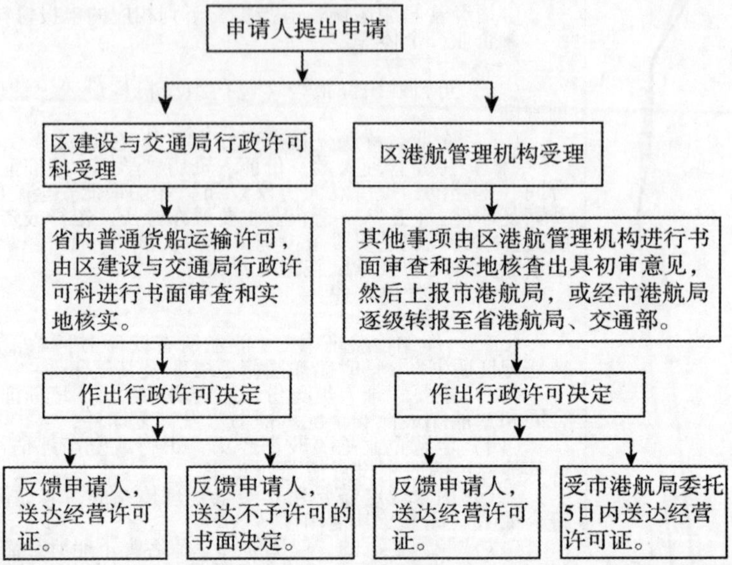
咨询/联系电话	86378190
公开方式/不公开理由	主动公开
公开时限	长期公开
公开范围	面向社会
审核程序	区港航管理处审核、区建设与交通局审定
责任部门（处室）	局法制科

国内营运船舶“船舶营业运输证”申领、变更、注销许可流程表

表6-2-3

事项类别	行　政　许　可
法定实施主体	区建设与交通局
实际实施主体	区港航管理处
责任处室	区港航管理处（运政股）；局行政许可科
垂直层级	区本级终审/上级行政主管部门
横向层级	本部门单独审批
申请人种类	企业、公民、其他组织
法定期限	20个工作日
承诺期限	5个工作日
收费情况	不收费
收费依据	—

续表6-2-3

事项类别	行　政　许　可
收费标准	—
年检情况	定期年检
设定依据	行政法规；地方性法规
文件名称及文号	1.《中华人民共和国水路运输管理条例》（国务院1997第237号令） 2.《浙江省水路运输管理条例》（省九届人大常委会2002年第79号公告）
申报条件	一、货运船舶申报条件：（一）新增运力经审批机关批准；（二）船舶来源清楚、合法，手续齐全，并取得“船舶检验证书”“船舶所有权证书”“船舶国籍证书”等有效证书；（三）委托经营或光船租赁经营的应签订“运输船舶委托经营管理合同”或签订“光船租赁合同”，并取得“光船租赁登记证明书”“临时船舶国籍证书”；（四）按规定要求配备船员，船舶机驾人员应取得相应船舶的“适任证书”“特殊培训证书”，并签订劳动合同；（五）落实船舶的安全管理责任；（六）要求建立安全管理体系船舶，应取得“安全管理证书”（SMC）。 二、客运船舶申报条件：（一）新增运力和客运航线经审批机关批准；（二）船舶来源清楚、合法，手续齐全，并取得“船舶检验证书”“船舶所有权证书”“船舶国籍证书”等有效证书；（三）新增（更新）客船的船龄：普通客船、客滚船不超过10年，高速客船不超过5年；（四）委托经营或光船租赁经营的应签订“运输船舶委托经营管理合同”或签订“光船租赁合同”，并取得“光船租赁登记证明书”“临时船舶国籍证书”；（五）高速客船应取得“高速客船操作安全证书”、和编制“航线运行手册”“船舶操作手册”“船舶保养手册”“维修计划”；（六）客滚船应编制“客滚船安全和防污染操作程序手册”“系固手册”“装载手册”、建立船舶巡舱、检查制度，船员经过强化培训、高级消防培训；（七）按规定要求配备船员，船舶机驾人员应取得相应船舶的“适任证书”“特殊培训证书”，并签订劳动合同；（八）落实船舶安全管理责任；（九）经交通主管部门或航管部门评估合格；（十）要求建立安全管理体系船舶，应取得“安全管理证书”（SMC）。
申报材料	一、货运船舶申报材料：（一）“船舶营业运输证申请表”；（二）经批准的新增（更新）运力申请书或批准文件及复印件；（三）船舶建造或买卖合同，原船舶“船舶营业运输证”及复印件；买卖的船舶，还应提供“船舶营运证注销登记证明书”；（四）“船舶检验证书”“船舶所有权证书”“船舶国籍证书”及复印件；（五）船舶所有权与经营权分离时，还应提供：1. 委托经营管理船舶的“运输船舶委托经营管理合同”及复印件；2. 光船租赁船舶的“光船租赁合同”及“光船租赁登记证明书”“临时船舶国籍证书”及复印件；（六）船舶机驾人员“适任证书”“特殊培训证书”“船舶最低安全配员证书”、劳动合同及复印件；（七）企业与单船签订的“船舶安全管理责任书”；（八）进口二手船的原船舶资料和批准进口的有关文件：1. 国务院商务部核发的机电产品进口许可证，2. 外轮代理公司提货单（盖有海关放行章），3. 海关保证金收据；（九）要求建立安全管理体系船舶的“安全管理证书”（SMC）及复印件。 二、客运船舶申报材料：（一）“船舶营业运输证申请表”（二）经批准的新增（更新）运力申请书、航线批准文件及复印件；（三）船舶建造合同或买卖合同，原船舶“船舶营业运输证”及复印件；（四）“船舶检验证书”“船舶所有权证书”“船舶国籍证书”或“临时船舶国籍证书”及复印件；（五）船舶所有权与经营权分离时，还应提供：1. 委托经营管理船舶的“运输船舶委托经营管理合同”及复印件；2. 光船租赁船舶的“光船租赁合同”及“光船租赁登记证明书”“临时船舶国籍证书”及复印件；（六）船舶机驾人员“适任证书”“特殊培训证书”“船舶最低安全配员证书”、劳动合同及复印件；（七）企业与单船签订的“船舶安全管理责任书”；（八）高速客船的“高速客船操作安全证书”及复印件和“航线运行手册”“船舶操作手册”“船舶保养手册”“维修计划”的编制证明；（九）客滚船的“客滚船安全和防污染操作程序手册”“系固手册”“装载手册”的编制证明，船舶巡舱、检查制度，船员强化培训证明、高级消防培训合格证及复印件；（十）交通主管部门或港航管理部门出具的客运船舶营运条件评估报告；（十一）进口二手船的原船舶资料和批准进口的有关文件；（十二）要求建立安全管理体系船舶的“安全管理证书”（SMC）及复印件。

续表6-2-3

事项类别	行　政　许　可
受理地点	区港航管理处

办理流程

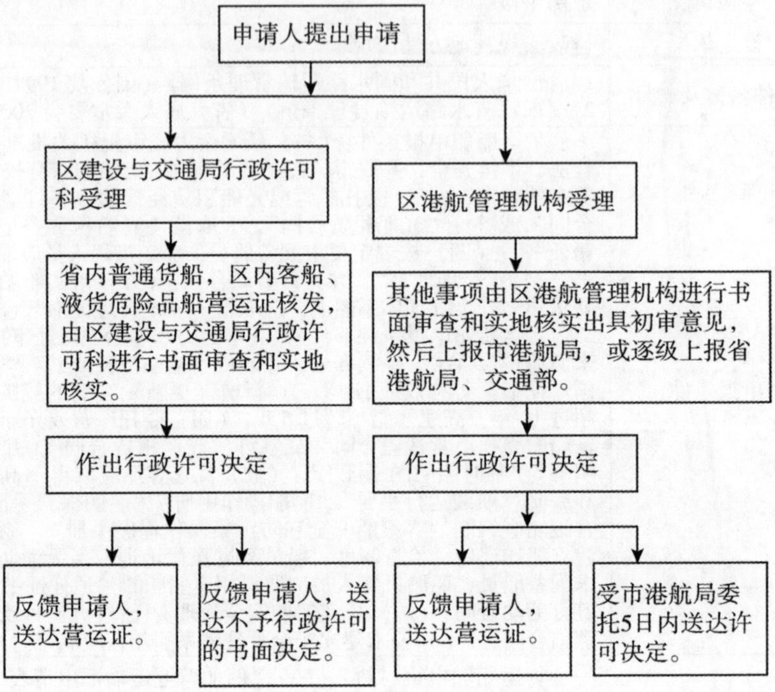

咨询/联系电话	86378190
公开方式/不公开理由	主动公开
公开时限	长期公开
公开范围	面向社会
审核程序	区港航管理处审核、区建设与交通局审定
责任部门（处室）	局法制科

新增客船、危险品船投入运营审批流程表

表 6-2-4

事项类别	行　政　许　可
法定实施主体	区建设与交通局
实际实施主体	区港航管理处
责任处室	区港航管理处（运政股）；局行政许可科
垂直层级	区本级终审/上级行政主管部门

续表6-2-4

事项类别	行　政　许　可
横向层级	本部门单独审批
申请人种类	企业、其他组织
法定期限	20个工作日
承诺期限	10个工作日
收费情况	不收费
收费依据	—
收费标准	—
年检情况	定期年检
设定依据	国务院决定；地方性法规
文件名称及文号	1.《国务院对确需保留的行政审批项目设定行政许可的决定》（国务院令第412号） 2.《中华人民共和国水路运输管理条例实施细则》（交水发〔1998〕107号） 3.《浙江省水路运输管理条例》（省九届人大常委会2002年第79号公告）
申报条件	（一）经营人应符合《中华人民共和国水路运输管理条例》及其《实施细则》和《国内船舶运输经营资质管理规定》（交通部2001年第1号令）中有关经营人资格的规定（即经营人应符合“国内水路运输业经营”申报条件），取得合法经营资格，其经营范围应符合“水路运输许可证”注明的经营范围； （二）建造、购买、光租或期租的船舶应符合《老旧船舶管理规定》（交通部2001年第2号令）第四、第五条有关船龄的要求和技术条件；投入营运的船舶应具备有效船舶资料和证书。
申报材料	新增客船、危险品船投入运营审批： 一、申请文书； 二、申请人的“水路运输许可证”复印件； 三、建造、购买、光租船舶可行性论证报告； 四、拟建造、购买、光租、期租船舶的主要参数，或拟投入运营船舶的有效船舶资料； 五、经营期租或光租船舶的需提供租船合同；光船租赁时，还应提供海事部门出具的“光船租赁登记证明书”复印件。 购入国内营运船舶新增运力审批： 一、国内水路运输登记事项申请表。 二、水路运输许可证复印件。 三、新增运力经济效益评估。 四、拟购船舶资料。 五、委托购船代理协议。
受理地点	镇海区港航管理处（运政股）

续表6-2-4

事项类别	行　政　许　可
办理流程	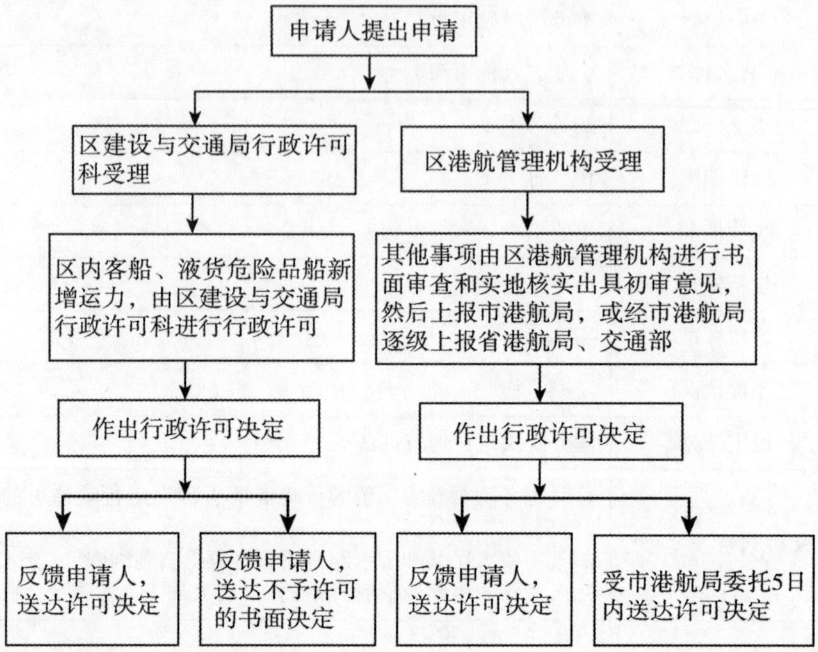

咨询/联系电话	86378190
公开方式/不公开理由	主动公开
公开时限	长期公开
公开范围	面向社会
审核程序	区港航管理处审核、区建设与交通局审定
责任部门（处室）	局法制科

国内水路运输服务业经营及变更、注销许可流程表

（含水路客运站点开业、变更及注销，国内船舶管理业经营、变更、注销初审）

表6-2-5

事项类别	行　政　许　可
法定实施主体	区建设与交通局
实际实施主体	区港航管理处
责任处室	区港航管理处运政股；局行政许可科
垂直层级	区本级终审/上级行政主管部门
横向层级	本部门单独审批
申请人种类	企业、公民、其他组织

续表6-2-5

事项类别	行　政　许　可
法定期限	20个工作日
承诺期限	10个工作日
收费情况	不收费
收费依据	—
收费标准	—
年检情况	定期年检
设定依据	行政法规；地方性法规
文件名称及文号	1.《中华人民共和国水路运输管理条例》（国务院1997第237号令） 2.《浙江省水路运输管理条例》（省九届人大常委会2002年第79号公告） 3.《中华人民共和国水路运输服务业管理规定》（交通部〔1998〕6号令）、《国内船舶管理业规定》（交通部2001年第3号令）
申报条件	一、申请设立水路运输服务企业，应当具备条件： （一）有与经营范围相适应的组织机构和人员； （二）有固定经营场所和必要的营业设施； （三）有符合下列规定的最低限额的注册资本：1. 经营船舶代理业务的，为20万元人民币；2. 经营客货运输代理业务的，为30万元人民币；3. 同时经营船舶代理和客货运输代理业务的，为50万元人民币。 二、经营船舶管理业，应当具备下列条件： （一）有符合国家规定的注册资本； （二）有符合《国内船舶管理业规定》的管理人员； （三）有与经营业务相适应的设备、设施； （四）有符合国家规定的船舶安全管理和防止污染管理体系； （五）法律、行政法规和交通部规章规定的其他条件。 三、设立水路客运站必须具备下列条件： （一）具备企业法人资格； （二）有稳定的水路运输客源； （三）有不低于30万元的企业注册资本； （四）有相应的管理组织和客运安全管理、服务人员； （五）有相应的售票、候船、船舶靠泊、旅客上下船设施和必要的安全、服务设施，并保持设施设备处于良好状态； （六）建立各项安全管理制度，有防火、防盗、防爆措施和实施危险品、其他禁运物品检查制度，并落实岗位责任制。 四、设立水路客运码头必须具备下列条件： （一）有相应的船舶靠泊、旅客上下船设施和必要的安全、服务设施，并保持设施设备处于良好状态； （二）落实船舶靠泊、旅客上下船安全管理责任制； （三）建立并落实查堵危险品和其他禁运物品上船制度。

续表6-2-5

<table>
<tr><th>事项类别</th><th>行　政　许　可</th></tr>
<tr><td>申报材料</td><td>一、申请设立水路运输服务企业，应当提交下列申报材料：
（一）水路运输服务企业开业申请书；
（二）可行性研究报告；
（三）企业章程草案；
（四）拟注册地工商行政管理机关签发的“企业名称预先核准通知书”；
（五）资信证明；
（六）办公经营场所产权证明（或租赁证明、协议等）；
（七）主要出资单位同意设立企业的文件（董事会决议、联营协议或经济担保人证明）；
（八）企业负责人和主要业务人员姓名、职务和身份证明；
（九）国务院交通主管部门规定的其他文件。
二、申请经营船舶管理业，应当提交下列文件和证件：
（一）筹建或开业申请书；
（二）可行性研究报告；
（三）组织章程；
（四）名称登记证书；
（五）验资证明；
（六）管理人员的身份证件、学历证明或专业技术证书、从业资格证书；
（七）符合国家船舶安全管理和防止污染管理规定的证书；
（八）经营场所使用证明。
三、企业变更有关事项，应当提交下列申报材料：
▲申请变更经营范围：
（一）水路运输服务企业变更申请书；
（二）可行性研究报告；
（三）修改后的企业章程；
（四）原许可证书；
（五）国务院交通主管部门规定的其他文件。
▲申请变更企业名称、经济类型等事项：
（一）水路运输服务企业变更申请书；
（二）修改后的企业章程；
（三）原许可证书。
▲申请变更企业法定代表人、住所等事项：
（一）原许可证书；
（二）拟变更项目的证明文件。</td></tr>
<tr><td>受理地点</td><td>镇海区港航管理处（运政股）</td></tr>
</table>

续表6-2-5

事项类别	行　政　许　可
办理流程	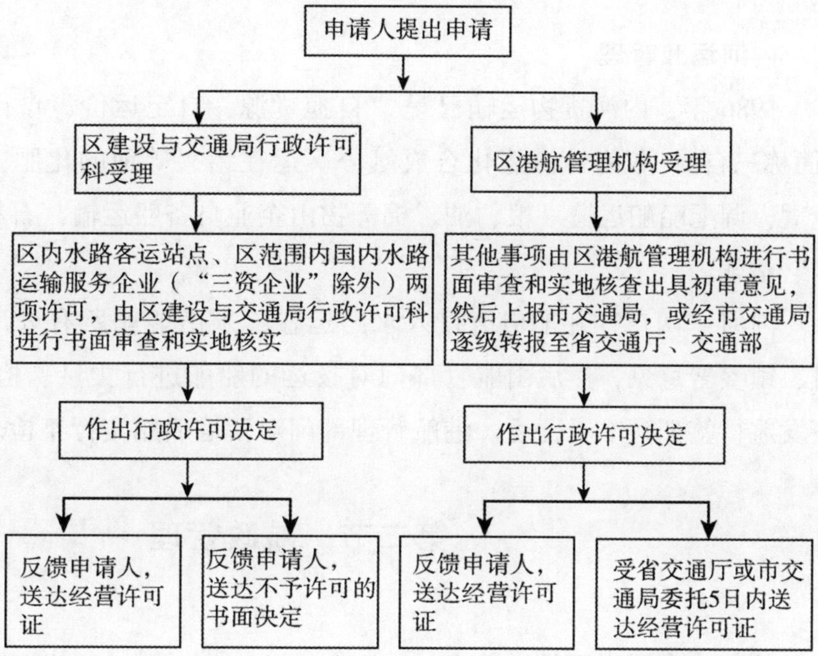
咨询/联系电话	86378190
公开方式/不公开理由	主动公开
公开时限	长期公开
公开范围	面向社会
审核程序	区港航管理处审核、区建设与交通局审定
责任部门（处室）	局法制科

港航管理部门按照水路运输管理法规、规章和文件规定，运用年度核查（年审）、日常检查和跟踪管理等方法开展资质管理。对于航运企业的服务能力和素质，则通过评选诚信航运企业加以引导和推动。

区港航处按照建设服务型港航管理机构的理念，制订了 4 条公开承诺服务措施。具体为：

为水运企业进行可行性研究，提供政策指导、市场分析数据、风险预警等帮助；

提前介入，帮助水运企业制订规范、高效、切合实际的安全管理规章制度；

帮助水运企业代办购买进口二手船审批手续；

为水运企业到市、省、部办理筹建、开业手续提供全方位服务。

内河运政管理

1986年，内河货物运输已呈“自揽货源，自定运价、自行调配船舶”状态（简称三自），仅有镇海炼化合成氨分厂运往绍兴等地的化肥，由水运服务企业揽货，调配船舶运输。粮、油、棉等物由企业自备船运输，石料等建材实行“三自”运输。

内河“两户”船舶申请投入水路运输，须由船舶所有人出具书面申请，由村、镇签署意见，然后由航管部门对投运的船舶进行丈量、检验。检验合格的，签发航行签证簿准予营运。港航管理部门对营运船舶实行年检。

第二节 航政管理

第二次全国内河航道普查

2003年3月25日至7月31日，区航管所对辖区航道开展普查。普查内容为航道概况、航段、枢纽、过河建筑物、临河设施、其他等。现场普查完成后，将普查资料报宁波市内河航道普查办公室，编制了《第二次全国内河航道普查基本现状调查表》。经普查的镇海区5条航道均分条制表，分别是杭甬运河（甬江的镇海口至梅墟段）、丈镇线（静德桥至化子闸）、庄河线、贵新线和河岚线。5条航道的合计里程为56.73千米。

临跨（拦）航道建筑物许可

1986—2010年，对航道管理的行政许可共20次，其中临跨（拦）航道建筑物许可12次，航道范围内施工作业许可5次，通航水域施工作业停航许可3次。

临跨（拦）航道建筑物及影响通航的施工作业许可流程表

表6-2-6

事项类别	行　政　许　可
法定实施主体	区建设与交通局
实际实施主体	区港航管理处

续表6-2-6

事项类别	行　政　许　可
责任处室	区港航管理处（航政股）；局运管科
垂直层级	区本级终审/上级行政主管部门
横向层级	本部门单独审批
申请人种类	企业、公民、其他组织
法定期限	20 个工作日
承诺期限	7 个工作日
收费情况	不收费
收费依据	—
收费标准	—
年检情况	不年检
设定依据	行政法规
文件名称及文号	1.《中华人民共和国航道管理条例》（国发〔1987〕78 号） 2.《中华人民共和国航道管理条例实施细则》（〔1991〕交工字 609 号）
申报条件	一、符合宁波市、镇海区港口航道发展规划； 二、符合国家、交通部、省政府颁布的港口、航道标准、技术要求和规范。 三、符合基本建设程序。
申报材料	（一）临、跨（拦）航道建筑物审批应递交以下材料； 1. 书面申请； 2. 项目批文复印件； 3. 1/500—1/1000 地形图、设计图（航道有关部分）； 4. 建设潜越地下缆线、管线和其他建筑物，必须附航道断面图和标明缆线、管线埋置高程和具体走向的图纸； 5. 跨越国家航道的临跨河建筑物，应持《跨越国家航道的桥梁通航净空尺度和技术要求的审批办法》（交基发〔1994〕906 号）规定上报的有关材料。 （二）通航水域施工作业停航审批应递交以下材料： 1. 书面申请； 2. 临、跨（拦）航道建筑物审批表 （三）在航道范围内施工作业审批应递交以下材料： 1. 书面申请； 2. 一式三份的工程图纸； 3. 施工单位的资质证明或工程中标通知书； 4. 关于对通航产生的影响和所采取措施的书面报告。

续表6-2-6

事项类别	行　政　许　可
受理地点	镇海区港航管理处
办理流程	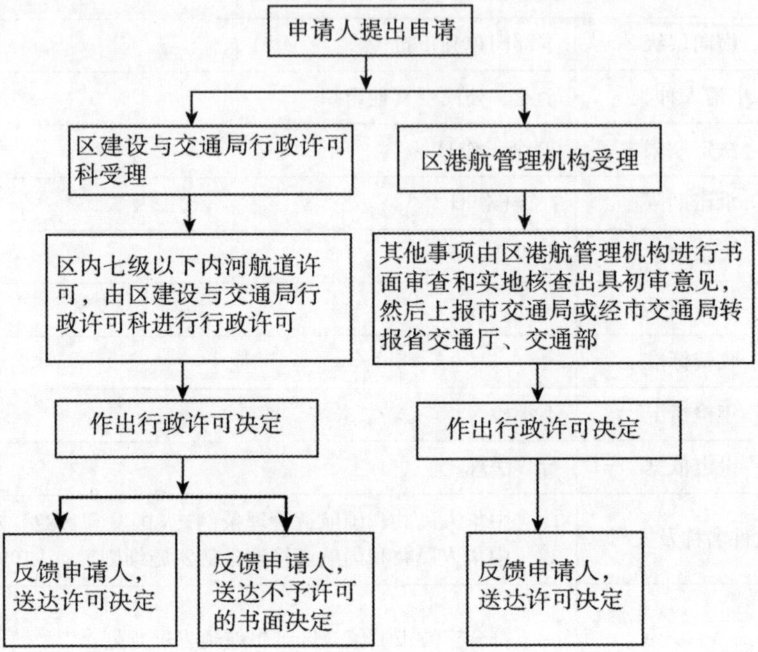
咨询/联系电话	86378187
公开方式/不公开理由	主动公开
公开时限	长期公开
公开范围	面向社会
审核程序	区港航管理处审核、区建设与交通局审定
责任部门（处室）	局法制科

航道检查和违规行为查处

1998年，内河航运基本终止，故检查的重点为甬江区域，对检查中发现的向航道倾倒淤泥、未经许可建造码头等违反航道管理规定的行为，由镇海港航管理处或协同城市管理局等部门处理。

第三节　港航监督

港航监督是对所辖水域及被管理对象实施船舶登记、船员考试发证、安全监督和水上交通事故调处等管理。

船舶登记

依据：《中华人民共和国船舶登记条例》

1. 船舶所有权、国籍登记

程序（一）：申请登记者应递交以下文书：

（1）申请书；

（2）足以证明其合法身份的文件；

（3）船舶检验证书；

（4）买卖船舶应提供购船发票或者买卖合同和交接文件；

（5）原船籍港登记机关出具的船舶所有权、登记注销证明；

（6）未进行抵押的证明文件或者抵押权人同意被抵押船舶转让他人的文件；

（7）新造船舶应提供船舶建造合同和交接文件；

（8）自造自用船舶提供足以证明其所有权取得的文件；

（9）因继承、赠予、依法拍卖以及法院判决取得的船舶，应提供具有相应法律效力的船舶所有权取得的证明。

2. 船舶变更登记

程序（一）：申请登记者应递交以下文书：

（1）申请书；

（2）船舶检验证书、国籍证书、所有权证书；

（3）变更证明和合同。

办理1、2种登记程序（二）：区航管机构接申请者提交的文书后，对内河船舶办理审核、登记手续，并签发船舶执照，或者船舶执照上签署变更登记内容。对海船进行初审。

船员考试发证

依据《中华人民共和国海船船员适任考试、评估和发证规则》。

1. 申考（含换发）c类近岸航区未满200总吨船长、驾驶员

程序（一）：申请者应递交以下文书：

（1）海船船员考试发证（含签证、换证）申请表、鉴定表、体检表及近期2寸照片2张（申请表一式二份）；

（2）船员适任证书、船员服务簿、身份证复印件（一式二份）；

（3）考试发证机关认为应补充提供的有关水上任职资历和专业学习证明。

2. 申考C类内燃机未满200千瓦轮机长、轮机员适任证书

程序（一）：申请者应递交以下文书：

（1）申考换发适任证书申请表，鉴定表、体检表和近期2寸照片2张（申请表一式二份）；

（2）船员适任证书、船员服务簿、身份证复印件（一式二份）；

（3）考试发证机关认为应补充提供的其他有关水上任职资历和专业学习证明。

3. 申考C类近岸200~1600总吨船长、驾驶员适任证书

程序（一）：申请者应递交以下文书：

（1）申请考试换发适任证书"三表"和近期2寸照片2张；

（2）船员适任证书、船员服务簿、四小证、身份证复印件（一式二份）；

（3）考试发证机关认为应补充提供的有关水上任职资历和专业学习证明。

以上1~3项程序（二），区航管机构对接到的文书进行初审。

船员服务簿签发

依据：《关于颁发和实施〈船员服务簿〉规定的通知》《船员服务簿签发实施办法》。

程序（一）：申请者应递交以下文书：

（1）《船员服务簿》登记表；

（2）体检表；

（3）近期二寸证件照两张；

（4）200总吨以上船舶船员需提供四小证；

（5）油船船员需提供安全管理培训合格证。

程序（二）：区航管机构对申请者递交的文书进行初审。

日常安全监督

甬江进出口船舶的签证由港监（海事处）办理，辖区内其余内河水域的船舶航行签证由区航管部门办理。办理签证手续时，申请签证人需提交有效的船舶证书和船员证书。航管部门在签证点实行定期签证，船舶经营人一般可隔10天办理一次签证手续。

安全监督的一项内容是安全检查，镇海港航监督所（与镇海区航管所是两块牌子一套人马）对辖区注册的航运企业和船舶进行安全检查。

安全管理

2001年7月，实行水监体制改革，是年8月1日，区航管所与镇海海事处办妥交接手续，镇海区的水上安全监督职能划归镇海海事处。

水监体制改革后，区航管部门履行水路运输业安全管理职责。主管部门以年度安全生产责任状的形式下达安全管理的目标和任务。区港航处开展的重点工作为：检查督促航运企业建立安全管理机构，配备安全管理人员，落实安全管理制度；春运、清运、“五一”、国庆、台汛期、冬季雨雪大风恶劣气候等时段的安全管理；督促航运企业开展安全生产隐患排查和整治；开展应对灾害和突发事件的应急管理。

第四节　港航行政执法

港航现场行政执法检查主要内容：

1. 营运船舶持有“水路运输许可证”情况；
2. 营运船舶持有“船舶营业运输证”情况；
3. 营运船舶缴纳港航规费情况；
4. 营运船舶持有水路货物运单情况；
5. 水运（服务）企业依法经营情况；
6. 侵占、损害航道的情况。

1997年7月，配置“浙港航巡0802”号运政艇1艘。该艇乘员定额34人，主机有2台，每台功率393千瓦，航速每小时24.8海里。2003年8月，省港航局配发港航监察车1辆，车型为猎豹越野车，乘员定额5人。

第五节 船舶检验

镇海船检所检验权限为 80 总吨以下普通货船建造及初次检验和 200 总吨以下营运普通货船检验。

80 总吨以下普通货船建造及初次检验

申请检验者需递交以下资料：

1. 审图或检验申请书；

2. 船舶图纸及有关技术资料。

200 总吨以下营运普通货船检验

申请检验者需递交以下资料：

1. 船舶检验申请书；

2. 船舶检验技术证书和上一次检验报告；

3. 船舶修理项目清单和有关技术资料；

4. 船舶修理厂出具的船舶厂修合格证。

二项船检项目办理程序

1. 申请检验者向船检所递交申检资料；

2. 对递交资料齐全的申请，予以受理，并按有关依据对图纸和技术资料进行审核，对船舶进行检验；

3. 经检验合格的，向申检者签发船舶检验技术证书，经检验不合格的，将改正意见反馈给申检者。

办理时限

建造及初次检验 7 个工作日。营运检验 5 个工作日。

制造和初次检验的主要内容

1. 图纸审查，确认船舶设计和布置符合签发相应法定证书的法规要求；

2. 建造中检验，确认船舶建造符合批准船舶图纸和适用的法规要求；

3. 相关的资料确认、系泊试验、试航等检验合格的确认；

4. 建造完工确认符合后，签发相应的法定证书。

营运普通货船检验内容

主要有年度检验、中间检验、船底外部检查、换证检验等。

1. 确认船图一致性。

2. 对船舶的修理项目进行确认。

3. 对船舶修理单位的修理数据进行确认。

4. 经相关试验及试航，检验合格后，签发相应的法定证书。

收费标准

按照《关于转发船舶及船用产品检验计费标准的通知》（浙交〔1998〕385号、浙价费〔1998〕405号）规定计收船检费。

2005年2月，市船检处对所辖船检所调整，镇海船检所的船检业务暂停，船检人员（1名）被宁波市船检处借用。

第三章　公路运输管理

区建设交通局下设区公路运输管理所和区公路管理段具体负责运输行业管理。本章记载公路路政管理和公路运政管理，详记危险化学品运输管理。

第一节　路政管理

公路路政管理职责主要包括：1. 许可挖掘、占用、利用公路的申请事项，制止和查处破坏、损坏或者非法占用公路的行为；2. 许可超限运输申请事项，制止和查处违法超限运输行为；3. 公路附属设施的设置和维护管理；4. 公路两侧建筑控制区管理；5. 公路施工秩序管理；6. 公路工程涉及路政事项的设计审查、竣工验收；7. 公路路政巡查；8. 法律法规规定的其他职责。

随着镇海区公路路网建设的扩大，公路路政管理日益加强。

1983年，镇海县公路段设立公路派出所执勤点，负责公路路政管理，时配民警1人。1989年，镇海区公路段下设公路路政队，配路政管理员3人，三轮摩托车1辆。1995年12月，宁镇一级公路建成通车，配路政管理员4人。1996年区公路路政队改称区公路路政大队，配路政管理员6人，下设宁镇骆“四自”公路中队，329 国道中队。2000 年，增设机动中队。2003 年增配路政管理员 2 人，达 8 人。2005 年招聘路政协管员 10 人，2007 年路政协管员达 16 人。至 2010 年，有在编路政管理员 10 人，路政协管员 16 人，下设立九龙湖中队、蛟川中队、机动中队和路政服务窗口。负责区内 329 国道、320 省道、重要县道常镇线和 37 条县乡公路共计 180 千米的路政管理。其中，九龙湖中队分管 329 国道镇海段、骆观线、骆慈线、余汶线、新长邱线、黄观线、觉林线等 17 条县乡道，计 75 千米；蛟川中队分管 320 省道骆亚线、常镇线、沿海北线、庄南线、炼澥线、贵镇线、招宝山大桥接线、贵郑线、贵妙线、丁妙线、陈徐线等 20 条县乡道计 105 千米。

依据《中华人民共和国公路法》《浙江省公路路政管理条例》《宁波市公路路政管理条例》《超限运输车辆行驶公路管理规定》等法规，围绕“保护公路路产，维护公路合法权益、保障公路安全畅通”目标，以经常性管理和专项整治相结合的方法，保护公路路产、路权、路容路貌。

路政管理具体工作有：

日常上路巡查。发现、制止、查处各类损坏公路路产、公路设施等行为；发现、制止查处公路上滴、漏、撒污路面行为；处治危及公路安全畅通的突发事件；公路两侧建筑控制区内无违法搭建。

公路超限运输治理。根据交通部发布的《超限运输车辆行驶公路管理规定》，联合区交警、区公管所等部门上路治理超限运输。通过部门联合治超和路政上路治超，对车辆超限运输保持高压。

路政普法宣传。以宣传《中华人民共和国公路法》《浙江省公路路政管理条例》《超限运输车辆行驶公路管理规定》等为重点，利用广播、电视、报纸等媒体，借助标语、宣传册、宣传车等广泛宣传，营造“爱护公路，保护公路”氛围。

路政服务窗口规范化建设。加强路政管理人员素质建设，注重利民、便民，注重服务亲和力，强化服务意识，规范执法行为，优化服务质量。

施工现场管理。对公路大中修工程，检查督促施工路段设置标志和加强施工现场交通管理。

第二节　危险化学品运输专项管理

2010年，镇海成为华东地区重要的化学品生产基地和化学品中转集散地。镇海炼化、澥浦化工区等区块组成的石化工业区晋升为国家级经济开发区，定名宁波石化经济技术开发区。镇海区危险化学品（简称危化品）集疏运重镇的地位更显突出。

危化品有易爆，易燃，毒害腐蚀，放射等特性，在运输和装卸过程中容易造成人身伤亡和财产损失。

自2002年国务院《化学危险品安全管理条例》颁布实施起，镇海区对道路危化品运输连续几年实施专项整治。区人民政府和行业管理部门顺应危险货物运输行业的发展，出台系列政策和管理措施，运用考核和科技手段规范危险品运输企业的日常运行，始终将安全管理放在首要位置。至2010年，已形成一套危化品运输安全管理的办法。实施的具体措施有：

组建镇海区道路运输安全稽查大队

由区公安交警、区公路运输管理所、区路政管理大队三家执法单位抽调55人，组建镇海区道路运输安全稽查大队。负责对进出本区的危化品运输车实施检查登记，重点检查危化品运输车道路运输证；驾驶员从业资格证；押运员操作证；危化品运输标志牌、标志灯、安全卡的配备落实。2010年，开展多次危险货物运输专项整治行动。对涉沪运输的17家道路危险货物运输企业进行了重点检查，竭力消除动态安全隐患，确保上海世博会安全。道路运输安全稽查大队，定期不定期对进出镇海区的危化品运输车实施路检路查。成立当年检查危化品运输车112辆次，罚款119.65万元。

建立镇海区危化品运输车辆GPS监控指挥中心

2010年，在区公路运输管理所骆驼站建立镇海区危化品运输车辆GPS监控指挥中心，把企业GPS监控的终端接入全区统一的监控中心平台，有效强化对危化品运输企业的监管。抽查落实企业GPS监管情况，对危化品运输车辆的GPS终端根据承运不同介质产品进行升级改造。对314辆高危等级运输车辆的GPS改造成车载3G，具备实时视频监控和语音播报功能。在车辆行进方向、驾驶室、进料口、出料口位置安装 4 个防爆视频探头，实时监控运输过程。发生事故后可实时观察事故周边的环境和处置。对 192 辆中等级运输车的 GPS 改造成具备拍照和语音播报功能，即安装 1 个普通视频监管驾驶员、押运员的运输行为。发生事故后，可以调取从业人员的驾驶操作情况，为事故处理提供依据。对 214 辆低危等级运输车辆 GPS 改造成具备轨迹回放、速度监控的功能。

车辆 GPS 监控中心平台建成以后：1. 强化了监控功能，防范偷盗和泄漏的处置。远程视频监控设备分别安装在车辆的进出料口和车内外，从而在车辆行驶过程中，实现了对驾驶室、油箱、前方道路、装卸口的实时视频监控。2. 查处违章驾驶行为，消除事故隐患。车辆行进过程中，驾驶员如有打瞌睡或者抽烟等违规行为，行驶路线有偏失，进出料口处有偷盗物资等情况，监控中心可以通过语音播报实时监督，及时改正。也可通过搜寻界面上行车轨迹，实时了解车辆实际运行情况。3. 为事故处置提供科学决策。GPS 监控系统实现了与运输企业的信息联网，路上一旦发生泄漏、翻车等事故，该平台能第一时间了解事故发生地的实际情况，及时整合周边资源，做出事故处理的科学决策，提高快速反应能力。

设立危化品运输登记服务点

2010 年，在化工区主干道 LG 公司旁、庄俞路北延段、化工区通海路分别设置三个危化品运输安全登记点，对进出镇海的危化品运输车辆登记检查，检查进出镇海的危化品车辆和驾驶人员是否符合资质要求。当年，共查获违规违法车 90 辆，罚款 28.35 万元。

道路危险货物运输实行分级分类管理

危化品运输企业承运的危险化学品种类多，危害程度千差万别。2010 年起，对辖区 30 家危运企业按其承运货物的危险等级不同，实行“高危企业、中危企业、低危企业”三级管理。对不同级别的企业采取不同的要求和监管手段，并建立各级别企业的安全评估和考核细则。

对危化品运输车实施呼吸阀改造

旧式槽罐车呼吸阀结构简单，材料采用铝制品，易碎，同时在运输过程中罐内的压力始终同外界大气压相等，造成易挥发。一旦遇事故侧翻后，危化品从旧式呼吸系统和人孔盖处泄漏，导致发生环境污染，甚至发生爆炸、燃烧等次生事故。2010年6月起，实施危化品运输车“防泄漏安全系统”新型呼吸阀改造。至年末，对12家危化品企业的272辆危化品运输车常压罐体实施改装，共完成改装呼吸阀520个，人孔盖403个。按照区危化品运输车改装资金补助50%的规定，区财政补助企业共41.08万元。

统一办理危险货物承运人超额责任保险

2009年3月起，由区危化品运输企业协会牵头，为危化品运输企业统一办理危险货物承运人超额责任保险。危化品车辆一旦发生一个较大以上的运输事故，在交强险、商业险、承运人责任险等不能满足赔偿的条件下，可以启动每次事故不高于700万元总额的超额保险赔偿，承保单位为宁波市人保公司。至年末，全部危运企业都办理超额责任保险。

实施外籍危化品运输车辆进镇海备案

2010年4月，镇海炼化100万吨乙烯工程投产后，其公路承运的产品70%以上依赖外省（市）籍车辆运输。区公路运输管理所开辟窗口，实施对外省（市）籍到镇海充装危化品的运输车辆备案登记。至年末，在宁波化工区、镇海炼化、镇海港区充装承运危化品的外省（市）籍备案车辆达600余辆。

建立危化品运输企业“三色预警”考核机制

自2009年开始，区公路运输管理所对危化品运输企业建立“三色预警”考核机制。实施年度综合检查，按照考核标准打分。综合得分低于90分给予黄色预警，低于80分给予橙色预警，低于70分给予红色预警。一旦企业接到“三色预警”中的一种，就要接受不同程度的整改。黄色预警整改期为1个月，橙色预警整改期为3个月，红色预警整改期为6个月。企业整改完成，出具整改报告，通过复查验收合格，撤销预警。“红色预警”企业面临停业危险。

加强危化品运输从业人员监管

危化品运输驾驶员、押运员流动频繁，区道路运输管理所建立危化品运输车辆从业人员基础档案资料。同时，建立危化品运输车辆从业人员“黑名单库”。对发现有偷盗危化品行为和发生重大以上交通事故的从业人员，一律由企业解聘，并将人员信息输入危化品从业人员“黑名单库”，严禁其他危化品企业聘用。

划设危化品运输车辆定线通道

2009年，已确定化工区主干道为危化品运输车辆定线通道。不久，“断头路”通海路打通，进出镇海的危化品车辆全部疏导到化工区主干道。划定雄镇路—威海路—化工区主干道—通海路—329国道—骆费公路为镇海区危化品运输车辆定线通道。通道以化工区主干道为主线，向东连接威海路、雄镇路及招宝山大桥；向南连接庄合线、绕城高速、北环东路、东外环路和明州大桥；向西连接化工区通海路及329国道。禁止危化品运输车在镇海城区和人口集聚区通行。

第三节　公路养护

公路养护是指按照公路养护技术规范和操作规程，为保持公路及其附属设施经常处于良好技术状态而进行的小修保养、中修、大修、改善等活动。公路养护的目的和基本任务是保持公路及其设施的完好，及时修复损坏部分，保障行车安全、舒适、畅通；采取正确的技术措施，提高养护工作质量，以延长公路的使用年限；防治结合，治理公路存在的病害和隐患，逐步提高公路的抗灾能力；对原有技术标准过低的路段和构造物以及沿线设施进行定期改善和增建，逐步提高公路的使用质量和服务水平。公路养护的质量要求是保持路面整洁，横坡适度，行车舒适，路肩整洁，边坡稳定，排水通畅；构造物完好；沿线设施完善；绿化协调美观，逐步实施GBM工程，力争构成畅、洁、绿、美、安、优的公路交通环境。

进入21世纪，镇海区公路运输交通量大幅增加。329国道、骆霞线省道、常镇线、骆观线、新长邱线等县道昼夜交通量均在25000~40000辆，庄南线、贵镇线、骆慈线等县道昼夜交通量在20000~27000辆。重吨位和超重吨位车辆的急剧增加，也使公路负荷加重，加快了公路的老化。2002—2010年，区公路段对329国道镇海段、320省道骆霞线、县道常镇线、骆慈线、余汶线、炼澥线、骆观线、长邱线、庄南线等安排大中修，累计修复混凝土路面碎板10820平方米，维修沥青路面12130平方米，水泥路面改为沥青路7471平方米，辖区国、省、县道公路保持良好的技术使用状态。

随着路网建设日益完善，公路养护范围扩大，养护里程增多，至2010年镇海区形成了公路专业养护和乡镇街道地方养护相协调的模式。区公路管理段负责对国、省、重要县道公路的专业养护，各镇、街道的乡村公路养护管理站负责对县、乡道公路的地方养护。

公路段养护

2010年，镇海区公路段下设六个公路站承担公路专业养护，专业养护公路总里程共计128.93千米。

骆驼公路站，负责329国道杭沈线镇海段澥浦岭至常洪计16.72千米和新长邱线县道8.4千米的日常养护。公路站设在澥浦岭原329国道收费站处，站房1座计40平方米。有正式职工2人，临时工22人，配备轻型养护车2辆、路面清扫车1辆、路面平板夯和路面切割机各1台、动力站配液压镐1台等机械设备。

后施公路站，负责320省道骆霞线骆驼至城关静德桥段计10.9千米；县道沿海北线新泓口至澥浦14.73千米、贵镇线贵驷至静德桥段计7.24千米、庄南线康宁医院至炼化公司运焦路8.04千米、炼澥线8.78千米、招宝山大桥接线3.34千米的日常养护。养护站原设庄南线左侧7K+920处，因舟山大陆连岛工程宁波连接线建设需要拆迁，新站房设在庄南线8K+400处。有正式职工3人，临时工32人。配备轻型养护车2辆，路面清扫车1辆，路面平板夯和路面切割机各1台。

清水浦公路站，负责县道常镇线常洪至镇海计10.9千米和中贺线北欧工业园区至东外环路计1.35千米的日常养护。公路站设在常镇线9K+360处，站房1座计50平方米；有正式职工1人，临时工19人。配备轻型养护车1辆，路面平板夯和路面切割机各1台。

九龙湖公路站，负责县道新长邱线，余汶线、骆观线、骆慈线、老长邱线等计38.44千米的日常养护。公路站设在九龙湖镇河头村，站房1座计132平方米，有正式职工2人，临时工17人。配备轻型养护车，路面切割机各1台。

公路设施维修站，负责国、省、县道公路设施维修和沥青路面病害处治及维修。维修站设在后施公路站内。有正式职工2人，临时工18人。配备大小型压路机各1台，维修用工程车3辆，打拔桩机2台，装载机1台，滑移式多功能设备1台，洒水汽车1辆，钢护栏清洗车1辆。

甬江隧道管理站，负责甬江水底隧道日常运行养护管理。设有消防、监控、通风、排水、供变电等系统，由中央控制室计算机控制整个隧道。管理站房设在甬江南岸。站房1座1054平方米，有正式职工1人，临时工46人。配备施救车辆、登高车辆、清障牵行车等。

乡镇街道地方养护

2010年，根据《宁波市农村公路管理养护体制改革实施意见》精神，乡道、村道公路划归沿线镇、街道管理。镇、街道成立5个乡村公路养护管理站，负责乡村公路日常养护管理。乡镇街道地方养护的公路里程共计191.13千米。

九龙湖镇乡村公路养护管理站，负责10条乡道20.99千米和村道29.6千米的日常养护。养护站设在新建的九龙湖公路养护站内，有养护工18人。

澥浦镇乡村公路养护管理站，负责8条乡道10.99千米和村道17.46千米的日常养护。养护站设在镇保洁中心，有养护工10人。

骆驼街道乡村公路养护管理站，负责8条乡道21.59千米和村道32.31千米的日常养护。有简易养护道班房1处，计100平方米，有养护工9人。

庄市街道乡村公路养护管理站，负责县道庄南线2.87千米和4条乡道6.6千米及辖村道30.2千米的日常养护。养护道班房设在庄南线3K+300处，计300平方米，有养护工8人。

蛟川街道乡村公路养护管理站，负责2条乡道2.6千米和村道15.92千米的日常养护。养护站设在街道办事处，有养护工3人。

第四节　清明运输服务

清明前后祭祖扫墓为民众传统习俗。1986年，镇海区清明扫墓客流量1.11万人，2010年，镇海区清明扫墓客流量3.10万人。镇海区交通运输、公安交警、城市管理部门组织力量做好清明运输服务。

镇海公墓地位处汶溪、河头。

扫墓客流自集结地车站通往目的地墓区，开通有镇海至汶溪、镇海至河头、骆驼至汶溪、骆驼至河头、庄市至汶溪、庄市至河头、宁波汽车北站至汶溪、宁波汽车北站至河头、庄桥至汶溪、贵驷至汶溪、贵驷至河头的清运专线。

到目的地车站至汶溪神钟山墓园、河头第五墓园，开通短驳运输线路。1995

年，辟有河头老汽车站至五墓园短驳线路。2000年以来城市公交陆续开通，公交382路、383路开通汶溪；公交379路、381路开通河头；公交384路、385路、965路开通九龙湖，部分扫墓客分流乘坐公交车。2007年，短驳线路始发地延伸到九龙湖旅游景区主入口。2008年，短驳线路始发地又延伸到旅游景区老牌楼处。

1986—2000年，镇海区清明专线运输的运力投入由镇海运输总公司的全部机动车和部分班线车，辅以抽调镇海炼化、镇海发电厂、三航四公司、石化三公司、浙建二公司等企业的社会车辆组成。

2001—2010年，镇海区清明专线运输的运力投入全部由镇海公交公司组织，社会车辆的运力不再调配。

1986—2010年镇海区清明运输客流量表

表6-3-1

年份	投入车辆（辆）	客流量（万人）	年份	投入车辆（辆）	客流量（万人）
1986	38	1.11	1999	45	2.57
1987	39	1.14	2000	52	2.63
1988	43	1.09	2001	58	2.88
1989	46	1.28	2002	68	2.56
1990	48	1.16	2003	68	3.15
1991	51	1.16	2004	76	3.08
1992	49	1.19	2005	81	3.12
1993	54	1.19	2006	87	3.15
1994	51	1.27	2007	88	3.21
1995	57	1.84	2008	96	3.16
1996	62	2.69	2009	113	2.79
1997	58	2.06	2010	124	3.10
1998	54	2.34	—	—	—

第五节 打击车辆非法运营

20世纪90年代起，车辆向社会开放，道路运输需求扩大，滋生非法运营。无证客货运输、超线经营、货物超限运输等时有发生，且屡禁不止。区交通运输管理部门采取集中力量联手突击整治和加强常态管理的办法保持对非法运输的经常性打击。

1999年，镇海区开展两次大规模的客运市场治理整顿。上半年，通过新闻媒体印发“告客运车主书”和“告乘客书”，区交通局、工商局、公安部门联手打击出租车非法运营。在城关、俞范、庄市、骆驼划定出租车专用候车点，通过明察暗访对证据确凿的23辆非法运营出租车进行处罚。下半年，推行“三优三化服务”，即优质服务、优良秩序、优美环境、服务质量标准化、服务管理规范化、服务过程秩序化，道路客运市场面貌大有改观。同年，对外籍货车偷逃交通规费、超载行驶整治，查处货车58辆，补缴交通规费16万元。

2002年，区交通部门查处客运跨线经营32次，超经营范围31次，站外组客69次。查处无证从事运输轿车、面包车、货车218辆次。10月，区“秋洽会”召开，对出租车、城区小客、中巴车、外地大客的车容车貌，经营作风整治。

2005年，区公安部门牵头开展“天网一号”行动，对骆驼、镇海炼化区块非法运营车加强打击，查获非法运营车28辆、摩托车21辆。

2006年，区公安部门牵头开展“天网二号”行动，对运营客车超速、超员、超范围经营、站外组客和无证运输等行为实施整治。同年9月，结合贯彻浙江省“平安运输”活动，多部门联合开展城区无证客运整治，在客运中心、电影院、中国农业银行等非法运营车出没区块加强监管，查获无证运营车16辆。

2008年，迎接第二批全国文明城市检查和落实“奥运会”安全保卫工作，对长途客运重点监管，检查客车1736次，旅客安全检查26031人，扣押危险物品62件。

2009年，区交通、特警、交警、城管部门联手，开展整治行动15次，检查运营车920辆，查处无证运营车59辆，罚款32.7万元。

2010年，上海“世博会”召开期间，开展危险货物运输治理整顿，对涉沪运输的17家企业重点检查，消除安全隐患。对进出镇海的危运车实行24小时登记检查，查获违章车90辆，罚款28.35万元。

第四章　运价与规费

镇海区交通运输价格和规费的征收执行上级文件和法规规定。20 世纪 90 年代以来水路、陆路货物运输价格逐步放开实行市场化。客运价格至今仍实行政府定价。2009 年 1 月，国家实施成品油价格和税费改革，大部分交通运输规费停止征收。

第一节　公路运输价格

客运运价

公路客运运价实行政府定价，运价屡有调整。

1988 年 4 月前，镇海区执行省定运价。普通客车 0.024 元/人千米；直快车 0.033 元/人千米；小轿车 0.12 元/人千米；吉普车 0.075 元/人千米；小旅行车 0.05 元/人千米。

1988 年 5 月，省交通厅、物价局颁发《浙江省公路汽车客运运价实施细则》，规定旅客基本（普通）票价为 0.024 元/人千米；二、三座软席高靠宽座客车票价为 0.028 元/人千米，二、二座软席高靠宽座客车票价为 0.033 元/人千米；普通空调客车票价为 0.04 元/人千米，豪华空调客车（设躺卧座、密封冷暖空调、音响等设备）票价为 0.05 元/人千米，豪华空调客车中间有翻座的，其票价全车按 0.045 元/人千米。明确旅客运输计费里程以千米为计算单位，营运里程按省交通部门核定颁发的里程为准；新增线路按县（市）区以上交通主管部门验收确定的里程计算。

旅客运输计算里程，按旅客乘车点至到达站点里程计算；在两站之间下车的旅客，按前方站计算；在两站之间上车的旅客，按后方站计算；如距后（前）方站超过 5 千米时，按实际里程计算。

对部分地理、自然条件差异较大、影响运输效率的支线、山区短途运价，根据省交通厅、省物价局联合通知精神，由各市（地）交通局、物价局制订颁发，报省厅（局）备案。跨省旅客运输价，按本省和外省不同运价和里程分段计算。

1988 年浙江省公路汽车客运价格、杂费表（一）

表 6-4-1

费目				单位	费率（元）	规格要求及说明
大客车	普通客车			每人千米	0.024	普通客车（含通道车）。
大客车	普通高靠客车			—	0.028	普通客车设有高靠软座。
大客车	宽座高靠客车			—	0.033	宽座高靠软席即二、二座，中间无翻座；购置旧的进口大客车亦按国产二、二宽座计算。
大客车	空调大客	普通型空调车		—	0.04	即空调高靠软席（含中间有翻座）及单空调车和山诺斯等类似车辆。
大客车	空调大客	豪华型空调车		—	0.05	即豪华冷暖双空调二、二高靠软席；中间有翻座的，全车按 0.045 元/人千米计算。
大客车	代客车			—	0.019	货车设有临时载客设施的代客车。
中型客车	14~25 座	无空调		—	0.035	—
中型客车	14~25 座	有空调		—	0.05	—
小型客车	6~13 座	无空调		—	0.05	—
小型客车	6~13 座	有空调		—	0.07	—
小型客车	4~5 座轿车	无空调	乙级	每车千米	0.40	一般杂型车如菲亚脱、拉达、大伏尔加、波罗密斯等。
小型客车	4~5 座轿车	无空调	甲级	—	0.50	除乙级车型以外的无空调轿车
小型客车	4~5 座轿车	有空调	乙级	—	0.60	除甲级列名的空调轿车
小型客车	4~5 座轿车	有空调	甲级	—	0.70	指豪华型如新皇冠、奥迪、尼桑、奔驰
包车运价	计时			每车小时		以每小时 20 千米按各车型费率及核定座位计算
包车运价	计天			每车日		以每日 8 小时，每天 140 千米，按车型费率、核定座位计算；超过时间或 140 千米以上另外加收计时或计程运费；单程包车回程空驶按 50%计算；往返包车按全程减成 10%计算；车站（场）至约定地点和完成任务返回车站（场）的空驶里程超过 2 千米按 50%计算。

1988 年浙江省公路汽车客运运价、杂费表（二）

表 6-4-2

行李费	每公斤/千米	0.00024
包裹费	每公斤/千米	0.00036
补票费	无票或持不符规定客票乘车。主动提出补票，除收始发站至到达站票款或补足差额，加收补票费二角；凡属稽查、检票发现无票或无效票，除补票，加收补票费二角，处以票面金额 100%的罚款。	

续表6-4-2

退票费	开车前每张收退票费三角；开车后两小时内，每张收退票费五角。车售票及开车二小时后以及春运期间发售的客票，不予退票。
行李包裹变更手续费和保管费	在起运前取消或变更地点，每票手续费一角，要求中途停运时，每票核收三角，退还未运区段运费；保管费自每三天起，每件每天一角；第六天起每件每天二角。
行李、包裹装卸费	按每件一装一卸各收一角。
包车取消费和空驶损失费	用车前一天取消包车，每车座一角；用车当天按每车座二角；已从外站或车站调至包车地点，造成空驶，除收包车取消费外，按行驶里程、核定座位和车型运价的50%核收包车空驶损失费。
包车停歇、延滞和供车延误费	均按核定载客量、计时包车车座小时运价的50%和停歇、延误时间计算；不足一小时免收；超过一小时以上，超过部分不足半小时以半小时递进计算。
票签费	每张一分

1988年浙江省汽车客运特种包运价计费表

表6-4-3

轻浮行包	行包重一千克，体积超过三立方分米的轻浮行包按三立方分米折合一千克计算，计费重量最大不得超过实际重量的三倍，量方折重量在实际重量六倍以上的特种轻浮行包，按量方折半重量计算。		
特种包裹	未拆散自行车		每辆按50千克包裹计费。
	未拆散缝纫机		每台按50千克包裹计费。
	摇篮、小孩车 残疾人车、藤椅		体积在300立方分米以下，每件按25千克包裹计费，超过300立方分米的交货车运输。
	随带自养苗猪、羔羊		每只在50千米以内收纳1角，超过50千克加倍计算，每人限带2只。
	有证明的警犬、猎犬		戴上笼头，沿途自行照料，每只按50千克包裹计费。
	活鸡、活鸭、活鹅、活兔		每人免费携带1只，超过部分50千米内收费1角，50千米以上加倍收费。3只以上应装笼按包裹托运，污物不外流。
	初生雏		每人免费携带10只，超过部分每10只收费1角，不满10只按10只计费。装笼的按包裹托运。
	初生兔		每人免费携带4只，超过部分每4只收费1角，不满4只按4只计费。装笼的按包裹托运。
	电视机	12时~14时	每台购半票1张，供1个座位，由旅客自行照料，如有损坏，车站不负责任。
		16时~18时	每台购半票2张，供2个座位，由旅客自行照料，如有损坏，车站不负责任。
		20时以上	应装箱按包裹托运。
	电扇	落地	每台按50千克包裹计费。
		台式	每台按25千克包裹计费。

1989 年 1 月，市交通委员会、市物价局根据省交通厅、省物价局关于整顿公路和航运客运价的通知精神，对全市公路和航运客运运价作全面整顿。公路客运运价调整为：一类线路按 15%和 20%幅度加价，统一按每人千米 0.032 元计算，高靠背软座按 0.039 元计算；二类线路按 30%幅度加价，统一按每人千米 0.034 元计算，高靠背软座按 0.041 元计算；三类线路按 50%幅度加价，统一按每千米 0.039 元计算，高靠背软座按每人千米 0.044 元计算。原规定按 100%幅度加价的特殊线路，普通客车和高靠背软座一律按每人千米 0.051 元计算。宁波市交通委员会〔1988〕43 号、宁波市物价局〔1988〕198 号文件联合规定的附加费（油价补差每人千米 2 厘、经营补贴基金每人千米 2 厘、客运站建设基金每人千米 2 厘和省人民政府〔1988〕87 号文件规定的省公路建设专用基金每人每公千米 1 分另加）。计算公式：（基本票价/每人千米+附加费 6 厘/每人千米+公路建设基金 1 分/每人千米）×营运里程=并计票价。10~24 座定线不定时客车票价，市境内每人千米为 0.10 元（已包括油价补差、经营补贴、客站基金、省公路建设基金、过桥费，合计每人千米 1 分 7 厘）。

1989 年浙江省公路客运运价调整表

表 6-4-4

<table>
<tr><th colspan="4">车　型</th><th>单位</th><th>费率（元）</th><th>说　明</th></tr>
<tr><td rowspan="5">大型客车</td><td colspan="3">普通客车</td><td>人/千米</td><td>0.036</td><td>包括普通客车、通道客车、简易高靠背客车</td></tr>
<tr><td colspan="3">高靠背软座客车</td><td>—</td><td>0.046</td><td>包括二·二座，二·三座</td></tr>
<tr><td colspan="3">高靠背宽座客车</td><td>—</td><td>0.052</td><td>仅限于跨省固定的高靠背宽座</td></tr>
<tr><td rowspan="2">空调客车</td><td colspan="2">普通空调客车</td><td>—</td><td>0.06</td><td rowspan="7">—</td></tr>
<tr><td colspan="2">豪华空调客车</td><td>—</td><td>0.075</td></tr>
<tr><td rowspan="3">中型客车</td><td rowspan="3">16~30 座</td><td colspan="2">中型普通客车</td><td>—</td><td>0.055</td></tr>
<tr><td rowspan="2">空调</td><td>普通空调</td><td>—</td><td>0.07</td></tr>
<tr><td>豪华空调</td><td>—</td><td>0.08</td></tr>
<tr><td rowspan="2">小型客车</td><td rowspan="2">6~15 座</td><td colspan="2">普通客车</td><td>—</td><td>0.075</td></tr>
<tr><td colspan="2">空调客车</td><td>—</td><td>0.11</td></tr>
</table>

票价计算公式：客票票面合计金额=运价费率×计费里程+公路建设专用基金

根据交通部、国家物价局〔1989〕交运字 637 号《关于提高公路汽车客运票价的通知》和省交通厅、物价局浙交〔1989〕475 号、浙价费〔1989〕200 号

《关于调整公路汽车客运运价的通知》，1990 年 1 月，全市调整公路汽车客运运价，调整后的国、省道干线和跨县（市）区跨市（地）、跨省长途客车基本运价为：普通客车每人千米 0.03 元；高靠背软座客车每人千米 0.04 元。

调整后的县境内山区、支线短途客车基本运价，按山区、支线的公路类别分别加成计算。山区、支线的范围及公路类别划分，按市交通委员会，市物价局甬交邮〔1989〕6 号、市价费〔1989〕7 号文件规定执行。基本运价为：

一类支线公路：普通客车每人千米 0.0372 元，高靠背软座每人千米 0.0472 元。

二类支线公路：普通客车每人千米 0.0408 元，高靠背软座每人千米 0.0508 元。

三类支线公路：普通客车每人千米 0.0480 元，高靠背软座每人千米 0.0580 元。

特定山区公路：普通客车每人千米 0.0540 元，高靠背软座每人千米 0.0640 元。

上述基本运价中包括 2%的旅客意外伤害保险。

跨县（市）区以上的长途客车运价，全程按公路客运基本运价加附加费和公路建设基金乘以里程作为并计票价。

县（市）区境内的山区、支线短途客运运价，按公路类别的基本运价加附加费和公路建设基金乘以里程后分段相加，作为并计票价。

对执行上述运价的全民、集体企业和个体联户的营运客车继续暂时免交市定的过桥费。

在 18 时以后接送车站、码头旅客的夜间班车的运价，按上述基本票价加收 30%，其中 24 座以下定线不定时客车运价每人千米 0.125 元。

经市交通委员会、市物价局核准，镇海区山区短途支线公路运输价格为：

1990 年镇海山区短途支线公路分类别运价表

表 6-4-5　　单位：元/人 · 千米

公路类别	起讫点	里程（千米）	普通型客车运价	高靠背客车运价
一	宁波北—澥浦	22	0.0372	0.0472
	镇海—骆驼	14	0.0372	0.0472

续表6-4-5

公路类别	起讫点	里程（千米）	普通型客车运价	高靠背客车运价
二	骆驼—民主	10	0.0408	0.0508
	骆驼—幸福	3	0.0408	0.0508
	后施岔口—郑家	8	0.0408	0.0508
	长石岔口—河头岔口	6	0.0408	0.0508
三	向阳岔口—横溪	11	0.048	0.058

1990 年 7 月，出租汽车的燃料、配件价格及相关费用提高，营运成本上升，市物价局〔1990〕134 号文调整宁波市出租汽车收费标准。对不同车型的每车千米收费、等候费、计价器显示起租金额以及临时租车计费和包天租车计费等标准作调整。

1992 年 9 月，实行公路客货运输燃油评议差价补贴，镇海的补贴标准为：公路汽车客运每人千米补贴 4 厘；定线不定班面包车 5 千米起档，基价为 0.5 元，以后每 5 千米增 0.5 元。

1993 年 4 月，省调整公路客货运燃油差价补贴，市交通委、物价局据省规定作出补充规定。

24 座以上客车基本运价：国、省道干线和跨县（市）区以上长途客车基本价是，普通客车每人千米 0.048 元，高靠背软座每人千米 0.058 元。

县境内山区、支线、短途客车基本运价：一类支线公路，普通客车每人千米 0.0576 元，高靠背软座每人千米 0.0696 元。二类支线公路，普通客车每人千米 0.0624 元，高靠背软座每人千米 0.0754 元。三类支线公路，普通客车每人千米 0.072 元，高靠背软座每人千米 0.087 元。特定山区公路，普通客车每人千米 0.078 元，高靠背软座每人千米 0.093 元。

1993 年宁波市公路客运运价调整汇总表
（1993 年 4 月 10 日起执行）

表 6-4-6

费　目		单位	运价（元）	备　注	
普通客车		人千米	0.048	含甬交邮〔1988〕43 号，市价费〔1988〕198 号文规定的每人千米附加费六厘和省定油差补贴一分二厘。	1. 浙政发〔1988〕87 号、浙政〔1992〕28 号文规定的省公路建设基金每人千米一分和省公路客运附加费每人千米一分及甬交邮〔1992〕610 号，甬价邮〔1992〕249 号规定的客站建设资金另加。 2. 执行本运价的大客车免缴市区过桥费。 3. 计算方法：跨县以上长途客车运价按基本运价+公基金、附加费×以里程+客站资金价为全程并计票价：县（市、区）境内的山区、支线、短途客运运价，按公路类别的基本运价+公基金、附加费×以里程后分段相加，再加客站资金作为全程并计票价。
高靠背软座		人千米	0.058		
一类支线公路	普通客车	人千米	0.0576	公路类别划分仍按市交邮〔1989〕315 号、价费〔1989〕294 号文规定。	
	高靠背软座	人千米	0.0696		
二类支线公路	普通客车	人千米	0.0624		
	高靠背软座	人千米	0.0754		
三类支线公路	普通客车	人千米	0.072		
	高靠背软座	人千米	0.087		
特定山区	普通客车	人千米	0.078		
	高靠背软座	人千米	0.093		
市境内运价		人千米	0.118	含各种附加费和油差补贴合计每人千米三分九厘	
全程并计票价分档	1~5 千米	人千米	0.70	—	
	6~10 千米	人千米	1.30		
	11~15 千米	人千米	1.90		
	16~20 千米	人千米	2.50		
	21~25 千米	人千米	3.10		
	26~30 千米	人千米	3.70		
	31~35 千米	人千米	4.30		
	36~40 千米	人千米	4.90		
	41~45 千米	人千米	5.60		
	46 千米以后每 5 千米加收 0.60 元				

注：上述运价已包括 2%的旅客意外伤害保险费；18 时后接送车站、码头旅客的夜间客车运价，按白天同线基本票价加收 30%；公交公司定线不定时面包（中巴）车在江东、江北、海曙三区的 10 千米以内票价仍为 1 元，超出上范围按 25 千米以内每票加收 0.10 元计价；与甬兴轮衔接的客车票价调整为每票 2.50 元；公路汽车货运运价按甬交邮〔1992〕400 号、甬价费〔1992〕178 号规定的基础上另加燃油差价补贴每吨千米 4 分

1995 年 12 月，镇海区交通局、镇海区物价局联合发文，转发宁波市物价局、

宁波市交通委甬价费〔1995〕434号、甬交运邮〔1995〕374号《关于“四自”工程宁波宁镇路一级公路宁镇段收取车辆通行费后有关问题的通知》规定，营运客车的车辆通行费由车主垫付，允许车主以卧铺客车每票0.5元，其他客车每票0.3元的标准向旅客收取。对到发宁波大学的市公交公司5路大客车，在未并入341路运行前，暂免收车辆通行费，其公交票价仍按现行规定执行。营运货车、出租车的通行费实行代收代付，即由车辆单位凭收费站出具的通行票据向货主或旅客收回。

1996年1月，浙江省物价局、浙江交通厅浙价费〔1996〕16号、浙交〔1996〕25号发布关于调整和整顿公路客运运价的通知，指出由于运输成本不断上升，为解决运输企业困难，规范价格行为，决定对公路客运运价适当调整和整顿。

1996年浙江省公路客运运价表

表6-4-7

<table>
<tr><th colspan="3">车型</th><th>单位</th><th>费率</th><th>说明</th></tr>
<tr><td rowspan="4">大型客车
30座以上</td><td colspan="2">普通客车</td><td>元/人千米</td><td>0.06</td><td>—</td></tr>
<tr><td colspan="2">高靠背客车</td><td>元/人千米</td><td>0.072</td><td>—</td></tr>
<tr><td rowspan="2">空调车</td><td>普通客车</td><td>元/人千米</td><td>0.09</td><td>包括2×2座客车</td></tr>
<tr><td>豪华高级客车</td><td>元/人千米</td><td>0.11</td><td>—</td></tr>
<tr><td rowspan="3">中型客车
16~30座</td><td colspan="2">普通客车</td><td>元/人千米</td><td>0.10</td><td>—</td></tr>
<tr><td rowspan="2">空调车</td><td>普通客车</td><td>元/人千米</td><td>0.12</td><td>—</td></tr>
<tr><td>豪华高级客车</td><td>元/人千米</td><td>0.14</td><td>—</td></tr>
<tr><td rowspan="2">小型客车
15座以下</td><td colspan="2">普通客车</td><td>元/人千米</td><td>0.11</td><td>—</td></tr>
<tr><td colspan="2">空调客车</td><td>元/人千米</td><td>0.14</td><td>—</td></tr>
<tr><td rowspan="2">卧铺客车</td><td colspan="2">普通客车</td><td>元/人千米</td><td>0.16</td><td>—</td></tr>
<tr><td colspan="2">空调客车</td><td>元/人千米</td><td>0.18</td><td>—</td></tr>
</table>

客运运价调整后，同时取消原在运价之外加收每人千米1分2厘及燃油差价补贴。

1996年12月，浙江省物价局、浙江省交通厅浙价费〔1996〕436号、浙交〔1996〕458号共同发布关于制定豪华客车运价的通知，规定豪华大客车运价分四级，豪华中型客车运价分二级。

1996 年浙江省豪华车型分级及运价表

表 6-4-8

级别	经济性	安全性	舒适性	车辆配备	运价
大客一级	60 万元~100 万元	发动机功率：130 千瓦以上 比功率：小于 10 设计时速大于 100 千米	座椅：可调式活动座椅 2+2 排列，前后距离大于 710 毫米，有电视音响冷暖空调：制冷 15000kcal/h；制暖 16000kcal/h	发生故障时使用的三角警告标志，灭火器。在高速公路上行驶须配乘务员。	0.17 元/人千米
大客二级	100 万元~150 万元	发动机功率：200 千瓦以上 比功率：小于 12 设计时速大于 110 千米	座椅：可调式活动座椅 2+2 排列，前后距离大于 710 毫米，有电视音响冷暖空调：制冷 22000kcal/h；制暖 23000kcal/h	安全时速报警装置，急救包、药箱，发生故障时使用的三角警告标志，灭火器。在高速公路上行驶须配乘务员。	0.20/人千米
大客三级	150 万元~200 万元	发动机功率：210 千瓦以上 比功率：小于 15 设计时速大于 120 千米	座椅：可调式活动座椅，前后距离大于 800 毫米，有电视音响冷暖空调：制冷 24000kcal/h；制暖 25000kcal/h	除具备二级车的设施外，还应配备阅读灯、车载电话，卫生设施。在高速公路上行驶须配乘务员。	0.22 元/人千米
大客四级	200 万元以上	发动机功率：218 千瓦以上 比功率：小于 15 以上 设计时速大于 125 千米	座椅：可调式活动座椅，前后距离大于 800 毫米，有电视音响冷暖空调：制冷 26000kcal/h；制暖 26000kcal/h	除具备三级车的设施外，车辆应具备油门自动控制 EFR 系统“防抱死 ABS 系统”（无侧滑，甩尾之危险），前中双门防夹装置，在高速公路上行驶须配乘务员。	0.24 元/人千米
中客一级	20 万元~60 万元	发动机功率：70—89 千瓦以上 最高车速大于 100 千米	高靠背可躺式乘客椅，无加座，CD 音响，冷暖空调	电涡流缓速器，先进的电磁刹车技术。	0.18 元/人千米
中客二级	60 万元以上	发动机功率：90 千瓦以上 最高车速大于 100 千米	高靠背可躺式乘客椅，无加座，CD 音响，冷暖空调	电涡流缓速器，先进的电磁刹车技术。	0.2 元/人千米

1999 年 11 月，省物价局、交通厅浙价费〔1999〕338 号对快客票价做出规定，票价由运价、旅客站务费，客运附加费，车辆通行费 4 项构成。客运附加费为每人千米 0.025 元，旅客站务费按省物价局、交通厅浙价费〔1997〕384 号文件执行，车辆通行按浙价费〔1996〕436 号、浙交〔1996〕458 号文规定的折算办法和标准执行。运价以现行普通豪华车运价为基础根据不同客运班线实际，在上下浮动 10%幅度内，由企业确定具体运价水平。

2004年9月，市交通局、物价局联合发文，对宁波市客运出租车运价作调整。出租车基价为3千米，起租金额为：普通型（如红旗、桑塔纳）8元，豪华型（如奥迪）10元。车千米租价：普通型每车千米1.80元，豪华型每车千米2.30元。临时租车单程载客在10千米及以内不得收取空驶费，超过10千米部分，可按各类车型的车千米租价加收30%的空驶费。免费等候时间为5分钟，超过5分钟按每分钟0.40元计收。

2005年9月，市物价局、交通局联合发文决定：跨省、市道路班车客运基准价按省物价局、省交通厅《关于调整浙江省跨省、市道路班车客运基准运价的通知》执行。

浙江省跨省、市道路班车客运基准运价表

（2005年9月15日起执行）

表6-4-9

车型	客车类别	客车等级	参考车价	运价（元/人千米）
座席	30座以上（大型车）	普通级	20万元（含）以下	0.10
		中一级	20万元~40万元（含）	0.13
		中二级	40万元~60万元（含）	0.16
		高一级	60万元~120万元（含）	0.20
		高二级	120万元~180万元（含）	0.24
		高三级	180万元以上	0.28
	30座（含30座以下）（中小型）	普通级	20万元（含）以下（无冷暖空调）	0.12
		中一级	20万元（含）以下（有冷暖空调）	0.14
		中二级	20万元~40万元（含）	0.18
		高一级	40万元~60万元（含）	0.20
		高二级	60万元以上	0.22
卧铺		普通级	20万元以下（含）	0.16
		中级	20万元~60万元（含）	0.18
		高一级	60万元~120万元（含）	0.20
		高二级	120万元~180万元（含）	0.24
		高三级	180万元以上	0.28

注：1. 班车运价实行客车等级和实际购车参考价格双控标准，两者不一致时按购车参考价格对应的班车运价执行。考虑到车价的经常性变动，以及同类车型的设备配置不同，客车等级的参考价格由省交通主管部门会同省价格主管部门不定期公布

2. 上述班车运价已含旅客身体伤害赔偿责任保险金

市内跨县（市）区道路班车客运基准运价为：

1. 定线定时班车客运基准运价：

2005 年宁波市内跨县（市）定线定时班车客运基准运价表

表 6-4-10

车型	客车类别	客车等级	参考车价	运价（元/人千米）
座席	30 座以上（大型车）	普通级	20 万元（含）以下	0.10
		中一级	20 万元~40 万元（含）	0.13
		中二级	40 万元~60 万元（含）	0.16
		高一级	60 万元~120 万元（含）	0.20
		高二级	120 万元~180 万元（含）	0.24
		高三级	180 万元以上	0.28
	30 座（含 30 座以下）（中小型）	普通级	20 万元（含）以下（无冷暖空调）	0.12
		中一级	20 万元（含）以下（有冷暖空调）	0.14
		中二级	20 万元~40 万元（含）	0.18
		高一级	40 万元~60 万元（含）	0.20
		高二级	60 万元以上	0.22

2. 定线不定时（中巴车）班车运价：

普通型：1~4 千米 1 元，5~8 千米 2 元，以后每 3 千米加收 0.50 元；

空调车：1~4 千米 1.50 元，以后每千米加收 0.24 元。

定线不定时（中巴车）班车运价，已包括公路客运附加费等，不再加收通行费、站务费。

3. 站务费按浙价服〔2005〕215 号文件执行：

一级站每票每次 2 元，二级站每票每次 1.5 元，三级站每票每次 1 元。其中县境内客运班车每票每次不超过 0.5 元。

2006 年 7 月，宁波市 90 号汽油价格每升超过 4.36 元并持续两个月，出租汽车客运价格每车次加收 1 元燃油附加费，从 2006 年 7 月 28 日零时起执行。

2007 年 12 月，省物价局、交通厅联合发文，对跨省、市道路客运班车加收燃油附加费，标准为每人千米 0.015 元。加收燃油附加费后，票价的计算公式为：基准客票价＝班车基准运价×计费里程+每客票车辆通行费+公路客运附加费+旅客站务费+燃油附加费×计费里程。

2008 年 6 月，根据浙江省交通厅、浙江省物价局的有关文件，宁波市从 7 月 1 日起，对跨省、市道路客运班车和市内跨县客运班车实行油运价格联动机制。按照省物价局规定，跨省、市道路班车和跨县道路班车未实施油运价格联动机制的，运输企业可按规定标准加收燃油附加费。

汽车货运价格

1990 年前后，汽车货物运输价格逐步放开，由承托双方协商确定货物运输价格。

建区前 1984 年 12 月，公路货运价格按《浙江省公路汽车货运运价实施细则》规定执行。实施细则规定的运价为最高限价，执行中可在 20% 幅度内调整下降。细则规定运输物资分为普通和特种 2 类，运输车辆车型分为小型、中型、大型和特种 4 类，按不同等级不同档次物资和不同车型运输分类计费。整车货物运输以吨为单位，尾数不足 10 千克者四舍五入。零担货物运输以千克为单位，起码计费重量为 10 千克，超过 10 千克者，以实际重量计费，尾数不足 1 千克时，四舍五入。一般货物的重量确定，不论整车、零担、一律按实际毛重计算。轻浮货物的重量确定，则有整车货物和零担货物之分，整车货物其装载高度、宽度和长度不超过交通、公安部门规定的限度，按车辆核定吨位计重；零担货物按包装最高、最长、最宽部分计算体积，按每立方米折算 250 千克计重。整车货物以一装一卸为限，经承托双方商定，可以中途装卸，但重量按全程最重装载量计算。此外还按运距长短，规定不同费率。运距在 25 千米及以下为短途，执行短途运价；25 千米以上为长途，执行长途运价。为衔接和解决长、短途之间逆差问题，对其中 26~40 千米，在执行长途运价的基础上采取补差费率。

建区初，汽车货物运输仍实行国家计划指导价，镇海区按省、市交通部门的运输价格规定执行。

1986 年 8 月，天目山、小飞燕、西湖牌等机动三轮车参与镇海区客货运输增多，根据市物价局、市交通局《关于制订市区机动三轮车客货运价计费标准的通知》，区物价局、区交通局出台《关于制订镇海区机动三轮车客货运价计费标准的通知》。规定客货运输的里程计算，以一站为一个计算单位，不足一站按一站计，超过一站不足二站按二站计，依次类推。超越城区范围按浙江省公路营运图册规定的里程计算，每千米按二站计算。运价计算，货运物资不分等级不分长短途。按核定装载量 350 千克每站 0.23 元收费。500 千克每站 0.28 元收费。

1987 年 8 月，浙江省物价局、交通厅贯彻交通部《关于汽车零担货物运价补充规定的通知》规定：省际普通货物零担运价每吨千米 0.26 元，特种货物零担运价每吨千米 0.35 元；省内普通货物零担运价每吨千米 0.24 元，特种货物零担运价每吨千米 0.32 元；县乡农村普通货物零担运价每吨千米 0.32 元，特种货物零担运价每吨千米 0.41 元。轻浮零担货物计费重量按零担货物体积 1 立方米折合 330 千克计算。

1988 年 9 月，省交通厅、省物价局颁发《浙江省汽车货运站收费规则实施细则》的通知，汽车货运站收费包括仓储理货费、货物装卸费、中转换装费，车辆站务费、组货劳务费等。规定零担装卸费每票起码计费 0.10 元；中转换装费每 50 千克普通货物 0.40 元，特种货物 0.50 元。

1989 年，一些社会运输车辆和运输单位擅自提高收费标准，货物运输价格出现混乱。区交通局、物价局转发市交通委员会、市物价局《关于整顿公路货物运输价格的通知》，规定货物运输价格最高限额检查标准。

1. 交通部门的长途运输公司和疏运港站扎口运输货物检查标准为：

1989 年镇海区长途运输公司和疏运港站扎口运输货物价格检查标准表

表 6-4-11

货物类别	运输距离（千米）					
	1~5	6~10	11~15	16~20	21~25	26 以上
一类货物运输费率（元/吨千米）	0.49	0.44	0.39	0.34	0.29	0.25
二类货物运输费率（元/吨千米）	0.50	0.45	0.40	0.35	0.30	0.26
三类费率（元/吨千米）	0.51	0.46	0.41	0.36	0.31	0.27

2. 其他运输单位及社会营运车辆检查标准：

1989 年镇海区其他运输单位及社会营运车辆检查标准表

表 6-4-12

货物类别	运输距离（千米）					
	1~5	6~10	11~15	16~20	21~25	26 以上
一类费率（元/吨千米）	0.54	0.49	0.44	0.39	0.34	0.27
二类费率（元/吨千米）	0.55	0.50	0.45	0.40	0.35	0.28
三类费率（元/吨千米）	0.56	0.51	0.46	0.41	0.36	0.29

3. 运送 25 千米以上的长途货物运输，采用“两段相加”计算方法，即 25 千米以内按 25 千米段费率计算，超过部分按长途费率计算，两段相加为全程运费的检查依据。

4. 零担货物、特种货物、特种车辆运价，按上述标准另加 20% 作为检查标准。

5. 包车运输按车吨位每吨每天 35 元，不足半天按半天计，行驶里程为 140 千米。超过 140 千米按实计算。

另，公路货运实行油价补差，标准为每吨千米 3 分。

1990 年 2 月，转发《关于市区内汽车货物运价试行划区包干计费的通知》，镇海在市区内的货物运输参照《通知》规定执行。

1990 年市区汽车货物运价划区包干计费标准表

表 6-4-13

货物类目		计费单位	地区		
			江北区	海曙区	江东区
整车	一般货物	元/吨	7	10	12
	散装货物	元/吨	5	8	10
零担	一般货物	元/吨	8	11	13
	散装货物	元/吨	6	9	11

续表6-4-13

货物类目		计费单位	地　区		
			江北区	海曙区	江东区
集装箱	一吨箱	元/吨	7	10	12
	五吨箱	元/吨	35	50	60
	六吨箱	元/吨	42	60	72
	十吨箱	元/吨	70	100	120

1990年9月，市交通委贯彻省交通厅、省物价局《浙江省汽车货物运价费率表》文件，货车根据不同吨位，货物根据不同品种、不同等级，40千米以下为全程每吨运价率，40千米及以上为每吨千米费率。

1990年11月，区交通局、物价局转发市交通委、市物价局《关于贯彻整顿公路汽车货物运价的通知》，规定：

1. 集装箱汽车短途运价（指40千米以内），按普通二等货物的中型汽车短途运价加成30%计算，不得再收取空箱回空费。集装箱长途运价按省定运价执行。

2. 山区、支线货物运价暂不加成。

3. 大型平板车、特种车的短途运价（指40千米以内），大型平板车运输普通货物按中型汽车同类货物短途运价执行。特种车按中型货车的普通三等货物短途运价加成20%计算。超过40千米及以上的长途货物运价一律按省定运价执行。

4. 实价计时包车运价，必须符合省物价局，省交通厅1984年颁发的《浙江省公路汽车货运运价实施细则》第十九条规定的包车运输条件，同时承托双方还须签订包车运输协议，方为有效。计时包车，每吨千米费率相应调整为二角九分。

1992年9月，贯彻市交通局、物价局《关于公路客货运输实行燃油平议差价补贴的通知》，镇海区汽车货物运输长途（40千米及以上）费率调整为：

1992年镇海区汽车货物运输长途（40千米以上）费率表

表6-4-14

项目	整车													零担					
	普通货物			特种货物						大型车运输普通货物	特种车			一般零担				快件零担	
				长料、笨重货物			危险货物							省际省内		县乡		省内	
	一等货物	二等货物	三等货物	长度6米至10米，重量4吨以上至8吨	长度10米以上至14米，重量8吨以上至20吨	长度14米以上，重量20吨以上	二级危险货物	一级危险货物	贵重及特种鲜活货物	40吨以上大型牵引平板车	普通冷藏专用车	槽罐车	制冷冷藏库	普通货物	特种货物	普通货物	特种货物	普通货物	特种货物
中型货车（3吨及以上）	0.29	0.32	0.34	0.37	0.40	0.43	0.40	0.43	0.40	0.29	0.40	0.43	0.47	0.41	0.53	0.52	0.68	0.49	0.63
小型货车（2.5吨及以下）	0.47	0.51	0.56	—	—	—	0.66	0.71	0.66	—	—	—	—	—	—	—	—	—	—

1992 年 10 月，根据国家物价局《关于收取公路汽车客、货运输燃油附加费问题的复函》的精神，为解决由于 1991 年燃油价格上调和今年燃油供应平价转议价，给经营公路汽车运输造成的困难，交通部交运发〔1992〕925 号文通知，对全国公路汽车省际零担货物运价和国际集装箱汽车运价作调整：

1. 省际零担货物运价在现行运价率基础上提高 20%。普通货物每吨千米由 0.38 元调整为 0.46 元；特种货物每吨千米由 0.50 调整为 0.60 元。省内零担货物运价由各省、自治区、直辖市自定。

2. 国际集装箱汽车运输基本价格提高 20%。20 英尺标准箱每箱千米由 5 元调整为 6 元；40 英尺标准箱每箱千米由 7.50 元调整为 9.00 元；短途运价箱次费：20 英尺标准箱每箱次由 25 元调整为 30 元；40 英尺标准箱每箱次由 38 元调整为 46 元。

1993 年 2 月，宁波市决定调整市区汽车货运划区包干计费标准。划区包干费含一装一卸的基本装卸费和各种代收代付费用（公路建设基金、公路货运附加费、过桥费）。集箱货物包含一次性装（掏）箱费。镇海区参照市区划区包干计费标准执行。

1993 年宁波市区汽车货运划区包干计费标准表

表 6-4-15

货运类别		计费单位	江北区	海曙区	江东区
整车	一般货物	元/吨	9.00	13.00	15.00
	特种货物	元/吨	8.00	12.00	14.00
零担	一般货物	元/吨	10.00	16.00	18.00
	特种货物	元/吨	9.00	14.00	17.00
集装箱	一吨箱	元/吨	9.00	13.00	15.00
	五吨箱	元/吨	45.00	65.00	75.00
	六吨箱	元/吨	54.00	78.00	90.00
	十吨箱	元/吨	90.00	130.00	150.00

1997 年 3 月，省交通厅、财政厅、物价局颁发《关于调整公路客货运输附加费征收标准的通知》规定，客货运输附加费在现有每人（吨）千米 0.02 元征收标准的基础上，每人（吨）千米各增加 0.005 元。各类货运车辆按每吨千米 0.025 元代征货运附加费，并按实际完成的里程并计运费。

2004 年 3 月，市物价局、财政局、交通局联合发文，决定调整部分公路客货运输附加费定额征收标准，降低以往偏高标准。货运有关标准为：15吨及以下货车，由65元/月吨调整为55元/月吨，15吨以上部分货车由32.5元/月吨，调整为28元/月吨，挂车由32.5元/月吨调整为28元/月吨，厢式货车由85元/月吨，调整为70元/月吨，农用车和运输拖拉机标准不变。该标准自2004年4月1日起执行。

第二节 水路运输价格

内河货运运价

1981年，镇海县内河货运价格执行的是《宁波航区内河货物运价》。该办法规定：

1. 停泊基价每吨每航次1.10元，航行基价每吨每千米0.025元。

2. 货物分类改为八级制，以一级（一类）货物的运价为基数，二级至八级货物运价逐级递增，递增系数为：

1981年镇海县内河货物运价递增系数表

表6-4-16

货物运价等级	一级	二级	三级	四级	五级	六级	七级	八级
级差系数	1	1.05	1.15	1.30	1.50	1.90	2.30	3.00

3.6千米以内航程为短驳。短驳运价不分水系，不分货物等级。3千米以内每吨0.80元，3~6千米每吨1.00元。6~11千米，一级货物每吨1.40元，八级货物每吨4.25元。50千米，一级货物每吨2.45元，八级货物每吨7.40元。棉絮等轻泡货物，以实重加3倍计算。

1984年6月，宁波市物价局、交通局颁发《关于水上货运实行浮动运价的通知》，货运运价可以向上浮动10%。

1986年开始，“自揽货源、自行调配船舶、自定运价”逐渐取代了原先的“统一运价、统一货源、统一调配”的价格管理体制。但承托双方在议定运价时，基本上还是按上述两个运价规定为参照。

伴随着石料开采场，黄沙中介经营者和建筑业经营方式的灵活多样化，内河的砂石运输出现了货款和运费同时由船方结算的运输方式，即运销结合，运费和货款一笔计算。至1998年镇海区内河货运基本绝迹。

沿海货运运价

原沿海货物运输实行“三统”（即统一运价、统一货源、统一调配）运输。1981年12月起，沿海货物运价执行省交通厅颁发的《浙江省沿海机动船货物运价规则》。即：沿海机动船货物运价，把货物分为八个等级，按级计费，起码计费里程为10海里；一次交运的货物其实际重量满5吨者为整批，5吨以下为零担；零担按整批运价加20%。

1986年时，“三统”运输和自揽货源、自定运价、自行调度船舶的“三自”运输在沿海货运市场中同时存在。不久，区交通局不再以水路运输平衡会议的方式下达运输计划，沿海货物运输全面实行自揽货源，自定运价、自行调配的运输方式，运输价格随市场需求波动。

2004—2010年，辖区部分航运企业货物运输的市场价格：

宁波太平洋海运有限公司货物运价表

表6-4-17

年 份	货物名称	起讫地	里程（海里）	每吨运价（元）
2004	煤炭	黄骅—宁波	1424.2	98.50
2004	煤炭	秦皇岛—宁波	1264.9	85.74
2004	煤炭	天津—宁波	1384.2	104.00
2005	煤炭	秦皇岛—宁波	1264.9	59.93
2005	煤炭	黄骅—宁波	1424.2	61.69
2005	煤炭	秦皇岛—上海	1259.4	52.65
2006	煤炭	黄骅—宁波	1424.2	54.37
2006	煤炭	秦皇岛—宁波	1264.9	50.59
2006	煤炭	秦皇岛—上海	1259.4	52.33
2007	煤炭	秦皇岛—镇江	1468.6	83.27
2007	煤炭	秦皇岛—宁波	1264.9	76.04
2007	煤炭	秦皇岛—张家港	1376.0	89.42
2007	煤炭	秦皇岛—温州	1481.6	80.00
2007	煤炭	秦皇岛—福州	1801.9	116.26
2007	煤炭	秦皇岛—太仓	1190.8	98.21
2007	煤炭	黄骅—镇江	1500.1	93.62

续表6-4-17

年　份	货物名称	起讫地	里程（海里）	每吨运价（元）
2007	煤炭	黄骅—宁波	1424.2	69.00
2008	煤炭	秦皇岛—镇江	1468.6	70.65
2008	煤炭	秦皇岛—泰州	1438.6	69.58
2008	煤炭	秦皇岛—常州	1426.7	69.00
2008	煤炭	秦皇岛—张家港	1376.0	107.25
2008	煤炭	秦皇岛—宁波	1264.9	93.91
2008	煤炭	黄骅—宁波	1424.2	84.83
2008	煤炭	黄骅—镇江	1500.1	66.42
2008	煤炭	黄骅—泰州	1470.1	44.59
2008	煤炭	天津—镇江	1398.1	75.81
2009	煤炭	秦皇岛—江阴	1426.7	35.69
2009	煤炭	秦皇岛—泰州	1438.6	24.67
2009	煤炭	秦皇岛—广州	2656.6	47.46
2009	煤炭	秦皇岛—上海	1259.4	33.24
2009	煤炭	秦皇岛—镇江	1468.6	30.97
2009	煤炭	黄骅—宁波	1424.2	42.94
2009	煤炭	曹妃甸—茂名	2817.5	62.50
2010	煤炭	秦皇岛—上海	1259.4	54.27
2010	煤炭	曹妃甸—茂名	2817.5	61.87
2010	煤炭	秦皇岛—广州	2656.6	93.78
2010	煤炭	秦皇岛—宁波	1264.9	65.15
2010	煤炭	秦皇岛—温州	1520.7	70.79

宁波天盛海运有限公司货物运价表

表6-4-18

年　份	货物名称	起讫地	里程（海里）	每吨运价（元）
2009.01	煤炭	秦皇岛—玉环	845	36
2009.01	煤炭	秦皇岛—日照	445	21
2009.06	煤炭	秦皇岛—宁波	710	25
2009.08	矿石	烟台—大连	89	10
2009.08	矿石	大连—京唐	188	10
2009.11	煤炭	秦皇岛—广州	1453	40

续表6-4-18

年　份	货物名称	起讫地	里程（海里）	每吨运价（元）
2009.12	矿石	印度—京唐	4870	102
2010.01	粮食	锦州—蛇口	1450	50
2010.02	煤炭	秦皇岛—玉环	845	40
2010.03	煤炭	京唐—营口	175	25
2010.04	煤炭	秦皇岛—广州	1450	45
2010.06	煤炭	印尼—广州	1862	80
2010.09	煤炭	秦皇岛—太仓	660	40
2010.12	煤炭	京唐—上海	600	43
2010.12	煤炭	天津—南通	700	47

宁波联合集装箱海运有限公司货物运价表

表6-4-19

<table>
<tr><th>年　份</th><th>货物名称</th><th>起讫地</th><th>里程（海里）</th><th>每吨运价（元）</th></tr>
<tr><td rowspan="4">2008</td><td rowspan="16">集装箱</td><td rowspan="2">宁波—乍浦</td><td rowspan="2">74</td><td>650/小箱</td></tr>
<tr><td>1085/大箱</td></tr>
<tr><td rowspan="2">宁波—厦门</td><td rowspan="2">440</td><td>900/小箱</td></tr>
<tr><td>1800/大箱</td></tr>
<tr><td rowspan="4">2009</td><td rowspan="2">宁波—乍浦</td><td rowspan="2">74</td><td>700/小箱</td></tr>
<tr><td>1100/大箱</td></tr>
<tr><td rowspan="2">宁波—厦门</td><td rowspan="2">440</td><td>407/小箱</td></tr>
<tr><td>800/大箱</td></tr>
<tr><td rowspan="6">2010</td><td rowspan="2">宁波—乍浦</td><td rowspan="2">74</td><td>750/小箱</td></tr>
<tr><td>1200/大箱</td></tr>
<tr><td>宁波—福州</td><td>345</td><td>500/包舱</td></tr>
<tr><td>宁波—厦门</td><td>440</td><td>900/包舱</td></tr>
<tr><td rowspan="2">宁波—青岛</td><td rowspan="2">433</td><td>UDS40/小箱</td></tr>
<tr><td>UDS80/大箱</td></tr>
</table>

宁波港龙海运有限公司货物运价表

表6-4-20

年　份	货物名称	起讫地	里程（海里）	每吨运价（元）
2008.01	甲苯	镇海—厦门	440	130
2008.04	甲苯	镇海—厦门	440	145

续表6-4-20

年　份	货物名称	起讫地	里程（海里）	每吨运价（元）
2008.06	甲苯	镇海—厦门	440	150
2008.08	异辛酯	台塑—东莞	810	229
2009.01	丁酯	台塑—东莞	810	216
2009.03	汽油	笔架山—南京	850	113
2009.04	汽油	鲅鱼圈—南京	830	97
2009.05	汽油	鲅鱼圈—南通	710	105
2009.06	汽油	鲅鱼圈—石湖	1120	132
2009.07	汽油	鲅鱼圈—厦门	1210	139
2009.12	丁酯	台塑—东莞	810	227
2010.01	纯苯	青岛—江阴	410	135
2010.02	纯苯	青岛—江阴	410	160
2010.03	纯苯	大连—江阴	620	190
2010.06	纯苯	泉州—江阴	560	195
2010.07	乙二醇	镇海—常熟	180	120
2010.08	乙二醇	镇海—福建	420	170
2010.09	乙二醇	镇海—仪征	310	130
2010.10	乙二醇	镇海—江阴	220	132
2010.12	乙二醇	舟山—扬子	290	130

第三节　公路规费

1972 年镇海县开始征收公路养路费。初由县（区）交通监理所征收。1987 年 10 月，改为区公路稽征所征收。征收的规费每月 10 日前全额上缴宁波市公路稽征处征收专户，由省、市统一实行“收支两条线”管理。

1985—2008 年，按规定征收的公路规费有汽车养路费、拖拉机养路费、养路费附加、车辆购置附加费、公路客货运附加费、公路运输管理费、摩托车养路费等 12 种。2008 年镇海区公路养路费征收达 1.11 亿元。

根据国务院《关于实施成品油价格和税费改革的通知》精神，公路养路费、公路运输管理费、公路客货运附加费同时取消，自 2009 年 1 月 1 日起停止征收。

汽车养路费

公路养路费的组成部分。1985年5月起，按省人民政府转发省计经委、财政厅、交通厅、物价局《关于调整公路养路费征收标准的意见》规定执行。除规定免征车辆以外，一律按月以核定载重吨位计征。非营运车辆，由每月每吨80元调整为105元征收。专业运输企业的营运车辆及其他部门的营运车辆由按营业收入的14%调整为15%计征，若低于社会车辆征收标准的，一律按每月每吨105元计征。1990年10月，浙江省人民政府浙政〔1990〕8号文《关于开征摩托车养路费和调整部分车辆养路费征收标准的通知》规定，按指定载重吨位计征养路费车辆，其征费标准从每吨每月105元调整为每吨每月120元。1990年11月，宁波市交通委员会甬交计〔1990〕348号文《关于调整部分车辆养路费实施中有关问题的通知》规定，货车每月每吨145元计征。1994年4月《浙江省公路养路费征收管理办法》规定，货车及其他机动车养路费每月每吨165元计征。

1998年10月1日起，依照浙江省第九届人大常委会第五次会议通过的《浙江省公路养路费征收管理条例》执行。条例规定：

（1）凡领有牌证的客货车、特种车、专用车、牵引车、简易车（含农用运输车）、挂车、拖带的平板车、轮式拖拉机、摩托车（包括二轮、侧三轮）和其他机动车均应按规定的费额缴纳养路费。

（2）下列车辆暂定免征养路费：党政机关、人民团体和学校使用，并由国家预算内经费开支的5人座以下（含5人座）的小客车、摩托车；外国使（领）馆自用的车辆；只在由城建部门修建和养护管理的市区道路固定线上行驶的公共汽车、电车（不包括出租车）；设有固定装置及专门标志的城市环卫部门的清洁车、洒水车；卫生部门主管的医院、急救站、防疫站的救护车、献血车、防疫车；环保部门的环境监测车；公安、检察、法院、司法行政部门的警车；铁路、交通、邮电部门的战备专用通信车；殡仪馆的殡葬车；由国家预算内国防费开支的军事装备性车辆；公路和城市道路养护管理部门养路专用的车辆，矿山、油田、林场内完全不行驶公路的采矿自卸车、油田设有固定装置的专用生产车、林场的积材车。

（3）养路费按车辆不同情况分类计征：营业性客车按营运收入总额15%的费率标准核定费额计征，每月每吨不低于230元；货车（包括营运货车、其他机动车），非营业性客车按核定吨位按月计征，每月每吨165元（2004年1月改为每月每吨200元)；拖拉机（包括方向盘式和手扶式）按核定吨位按年计征，每年每吨540元；侧三轮摩托车每年每辆150元。二轮摩托车每年每辆100元，二轮轻便摩托车每年每辆50元。

(4) 车辆养路费征收吨位，按以下办法核定；载货汽车按底盘指定装载吨位计征；客车、客货两用车比照同类货车底盘标记的装载吨位计征，无装载吨位的，按同类型最高载客人数每10人座折合1吨计征；客货两用汽车无法比照的按载货吨位和载客座位合并计征；拖拉机按拖带挂车指定的装载吨位计征。

(5) 车辆按本规定指定的征收吨位缴纳养路费，对超载行驶的车辆，每超出1吨补征养路费50元，单程有效。

(6) 新增车辆领取号牌（包括临时牌照）后5日内到当地稽征机构办理养路费缴纳手续，计费时间从发照之日起计征。领取号牌的当月可按旬计征，即按月征费标准的2/3或1/3计征。

2004年1月，经省政府批准，浙江省交通厅、财政厅、物价局颁布《关于调整公路养路费征收标准的通知》规定，非营业性客车及货运车辆养路费从每月每吨165元调整为每月每吨200元计征。

公路客货运输附加费（公路建设基金）

1986年7月1日起，先开征公路客运建设基金。征收标准为每人每千米0.003元。1988年7月1日起，公路客运建设基金提高到每人每千米0.01元，并开设公路货物建设基金。征收标准为每吨千米0.01元。1992年2月1日起，公路建设基金实行定额征收（见附表）。2004年3月，征收标准为：货车15吨及以下55元/月吨，15吨以上部分28元/月吨，挂车28元/月吨。出租轿车70元/月座，旅游车40元/月座，定线不定时面包车60元/月座，大客车200千米以内70元/月座，201~300千米98元/月座，300千米以上120元/月座。农用四轮客车、底盘质量0.5吨150元/月辆、底盘质量为0.6吨以上300元/月辆，三卡30元/月辆，箱式货车70元/月吨，租赁车40元/月座，拖拉机160元/年吨，特种车28元/月吨。

镇海公路建设基金征收始于1986年，1987年征收210元，2008年征收1499万元。

根据国务院《关于实施成品油价格和税费改革的通知》精神，自2009年1月1日起，公路客货运输附加费（公路建设基金）停止征收。

镇海区公路运输管理所规费征收定额标准表

1994 年 11 月

表 6-4-21

<table>
<tr><td colspan="2" rowspan="3"></td><td colspan="3">营运货车</td><td colspan="7">营运客车（座）</td><td colspan="2">拖拉机</td><td colspan="2">人力车</td><td colspan="3">摩托车</td><td>非营运车</td></tr>
<tr><td rowspan="2">普通货车</td><td rowspan="2">农用货车</td><td rowspan="2">后三轮</td><td>轿车</td><td>小客</td><td>面包</td><td>中巴</td><td>大客</td><td colspan="2">农用客车</td><td rowspan="2">轮拖</td><td rowspan="2">手扶</td><td rowspan="2">三轮车</td><td rowspan="2">手拉车</td><td rowspan="2">侧三轮</td><td rowspan="2">二轮</td><td rowspan="2">轻骑</td><td rowspan="2">客货</td></tr>
<tr><td>5 以下</td><td>6~9</td><td>10~16</td><td>17~23</td><td>24 以上</td><td>8 以下</td><td>9 以上</td></tr>
<tr><td rowspan="3">公路建设基金</td><td>15 吨以下</td><td>60 元/吨</td><td rowspan="3">80 元/吨</td><td rowspan="3">40 元/吨</td><td rowspan="3">60 元</td><td colspan="2">19 座及以下</td><td colspan="2">20 座及以下</td><td>0.5 吨</td><td>0.5 吨以上</td><td colspan="2" rowspan="3">20 元/吨</td><td colspan="2">客站基金</td><td colspan="3">客运附加费</td><td>过桥费</td></tr>
<tr><td>15 吨以上部分挂车</td><td>30 元/吨</td><td colspan="2">60 元（跨区）</td><td colspan="2">50 元</td><td rowspan="2">140 元/辆</td><td rowspan="2">280 元/辆</td><td colspan="2" rowspan="2">区内 12 元
省内 10 元
跨区 18 元</td><td colspan="3" rowspan="2">跨区 10 元/座
区内 8 元/座</td><td rowspan="2">20 元/T</td></tr>
<tr><td>厢式</td><td>80 元/吨</td><td colspan="2">55 元（区内）</td><td colspan="2">45 元</td></tr>
<tr><td colspan="2">备注</td><td colspan="18">此表根据浙江省人民政府第 42 号令、甬价费〔1993〕11 号、镇税〔1993〕6 号、镇政〔1993〕80 号等文件制发</td></tr>
</table>

表 6-4-22

镇海区公路运输管理所规费征收定额标准表

1997 年 4 月 1 日

类别		营运货车				营运客车（元/座·月）							拖拉机（营运）	人力车		摩托车		
						出租车	旅游车、定线中巴			大客	农用客车							
		普通货车	农用货车	后三轮车	非营运客（货）车	4~5座	10~23座	24座以上	23座以下	24座以上	8座以下	8座以下		三轮车	手拉车	轻骑	侧三轮	二轮
公路建设基金	15吨以下（不含15吨）	85元月/吨（包括所有集装箱）		三卡50元月/辆		70元/月座 19座以下（20座以上80元/月座）				200公里以内80元/月座	0.15吨 150元/月辆		180元/吨	客站基金		客运附加费		
	15吨以上（含15吨）部分挂车、特种车	32.5元/月吨 厢式车85元/月吨		—		轿车70元（不含驾驶室座位）				201公里以上105元/月座 300公里以上130元/月座	0.8吨以上 300元/月辆			区内12元 省内10元		跨区10元/座 区内3元/座		
备注		此表根据省人民政府第42号令、甬价费〔1995〕第88号、甬交财〔1997〕101号、甬财政综〔1997〕136号、镇政〔1997〕日1号、甬交财〔1995〕54号文件精神制发																

公路运输管理费

非机动车公路运输管理费征收始于1965年10月。交通部规定，按从事公路运输收入的3%征收公路运输管理费。1974年7月1日，改为民间运输企业按营业收入额的3%征收，县属大集体以上运输企业按营业收入额的2%征收。1990年10月，取消非机动车运输管理费征收。

专业机动车与社会机动车运输管理费征收分别始于1972年和1983年。1983年7月，国家经委和交通部594号文件规定：凡从事营业性客货运输的车辆，均按营业收入额计征运输管理费。其中，汽车按1%，拖拉机按0.6%征收。1986年9月，调整为：纳入交通部门管理的专业车队，按营业额的1%征收，乡（镇）村运输企业的手扶拖拉机与轮拖、汽车，分别按营业额的0.6%与1%征收。分散的社会车辆，采用定额征收办法：手扶拖拉机每台每月4元，四轮拖拉机每辆每月8元，机动三轮车每辆每月6元，个体运输户和集体承包给个人的汽车，每月每吨10元。社会自备汽车每月每吨6元。

2004年4月始，公路运输管理费定额征收的标准为：高速客车12元/月座，快客11元/月座，普通大客10元/月座，定线中巴（23座及以下）15元/月座，旅游车（24座及以上）3元/月座，旅游车（10~23座）4元/月座，出租车（6~9座）6元/月座，出租车（4~5座）12元/月座，租赁车10元/月座。货运车15吨（含）以下20元/月吨、15吨以上部分10元/月吨、挂车、特种车11元/月吨，机动三轮车14元/月吨，简四轮车（客运）4元/月吨，简四轮车（货运）13元/月吨，拖拉机（轮拖、手扶）3元/月吨，机动维修业（户）、驾培行业按营业额的0.8%征收。

2009年1月1日起，公路运输管理费停止征收。

养路费附加费

1988年7月，省人民政府《关于征收公路建设专用基金的批复》同意，省计划经济委员会、省交通厅、省财政厅印发了《浙江省公路养路费附加费征收实施办法》。办法规定，凡按费额计征公路养路费的车辆，即按每吨每月105元标准计征养路费的车辆，其养路费附加费为每吨每月25元计征，两者合计征收每吨每月130元。按每吨每月53元标准计征养路费的车辆，其养路费附加费为每吨每月12元计征，两者合计征收每吨每月65元。按每吨每月42元标准计征养路费的车辆（大中型方向盘拖拉机）每吨每月10元计征，两者合计每吨每月52元。按每辆每月30元标准计征养路费的车辆（手扶拖拉机），每辆每月6元计征，两者合计每辆每月36元。同时规定，外省车辆在本省缴纳养路费应同时缴纳养路费附加费，公路稽征部门和有关检查站在检查养路费的同时，必须检查养路费附加费。按照省规定，宁波市自1988年7月1日起开征养路费附加费。

1990年10月，浙交〔1990〕360号文件对费额作部分调整。即：养路费征收费额标准每月每吨120元计征的车辆，养路费附加费每吨每月25元，半吨12元，1/4吨6元。因减征、复驶等原因无法使用月吨（辆）征费标准的，养路费附加费占养路费的比例相应改为20.33%。随着养路费征收标准的提高，养路费附加费占养路费的比例逐步降低。1991年11月，甬交计〔1991〕248号文按照浙交〔1990〕360号文件通知精神，结合宁波实际做出调整。

2009年1月1日起，养路费附加费停止征收。

摩托车养路费

公路养路费组成部分。1990年10月，省人民政府浙政〔1990〕18号印发《关于开征摩托车养路费和调整部分车辆养路费征收标准的通知》。决定自1990年11月1日起开征摩托车养路费并调整部分车辆养路费征收标准。摩托车养路费征收标准为：二轮每辆每年100元，侧三轮每辆每年150元，轻骑（轻便摩托车）每辆每年50元（指发动机气缸工作容积不超过50毫升；最大设计车速不超过50千米/小时；只供单人乘骑）。摩托车养路费以年为单位征收，每年年底前缴纳次年的养路费。

2009年1月1日起，摩托车养路费停止征收。

拖拉机养路费

公路养路费组成部分。1963年7月开征。1985年，按照浙江省人民政府〔1985〕43号《关于调整公路养路费征收标准的意见》规定执行。对农民个人和联户从事营业的拖拉机采取包干收费，累进减免养路费的办法。即：手扶拖拉机每月每台30元，按季统交75元，半年统交135元，全年统交240元计征。轮式拖拉机（以二十马力折合一吨）每月每吨42元，手把式简易三轮机动车比照手扶拖拉机每月每辆30元，按月计征。1990年10月，拖拉机征费吨位核定统一改为按拖挂车的核定载重量计征养路费，每月每吨50元。1992年12月起，调整为每月每吨 60 元。1998 年 9 月，调整为每年每吨 540 元。对既从事营业性运输，又完成农忙季节机耕任务的，采取包干统缴、累进减免养路费的办法。即按月统缴的免征半月，半年统缴的免征一个半月，全年一次性统缴的免征四个月。

2009 年 1 月 1 日起，停止征收拖拉机养路费。

车辆购置附加费（税）

根据国发〔1985〕50 号文件规定，自 1985 年 5 月 1 日起，开征车辆购置附加费。规定凡购买或自行组装的机动车辆，在购买后或投入使用前，以实际销售价格为依据开征车辆购置附加费。国产车按销售价格 10%征收。进口车以计算增值税后的计费组合价格为依据，按 15%征收。

车辆购置附加费的征收范围：

1. 国内生产和组装（包括各种形式的中外合资和外资企业）并在国内销售和使用的大小客车、通用型载货汽车、越野车、客货两用汽车、摩托车、牵引车、半挂牵引车以及其他运输车（如厢式车、集装箱车、自卸汽车、液罐车、粉状粒状物散装车、冷冻车、保温车、牲畜车、邮政车等）和挂车、半挂车、特种挂车等。

2. 国外进口的（新的和曾使用过的）前款所列车辆。

下列车辆免征车辆购置附加费：（1）设有固定装置的非运输车辆；（2）外国驻华使馆、联合国所属驻华机构等组织的自用车辆；（3）经交通部、财政部批准免征购置附加费的车辆。

车辆购置附加费的征收管理由交通部门负责。

1994 年 1 月 1 日起，根据国务院办公厅国办通〔1993〕35 号文件精神，车辆购置附加费费率由原国产车 10%，进口车 15%统一改为 10%。同时规定车辆购置附加费由原车辆生产（组装）厂和海关代征，改为由车辆落籍地交通征管部门直接向义务缴费人征收。

2001 年车辆购置附加费改为车辆购置附加税。

车辆购置附加费（税）的征收机构：1987 年 9 月前，代征的单位区交通监理所。同年 10 月道路交通管理体制改革后，由区公路稽征所代征。根据国家税务总局、交通部、财政部、中央机构编制委员会办公室（国税发〔2004〕144 号）文件精神，交通部门车辆购置附加税代征工作于 2004 年 12 月 31 日前停办，人、财、物按规定划税务部门。自 2005 年 1 月 1 日起，车辆购置附加税由区国税局征收。

1986—2008 年镇海区公路规费征收额汇总表

表 6-4-23 单位：万元

年份	汽车养路费	养路费附加	公路建设基金	车辆购置附加费	客站基金	公路客货运附加费	过桥费	公路运输管理费	道路改造费	拖拉机养路费	摩托车养路费	交通管理费
1986	38.56	—	0.0043	—	—	—	—	—	—	0.38	—	—
1987	79.37	—	0.021	—	—	—	—	—	—	11.37	—	—
1988	75.72	—	16.33	1.50	—	—	3.01	—	—	19.89	—	—
1989	885.60	—	237.46	10.49	—	22.75	93.13	—	25.79	25.81	—	66.36
1990	808.91	—	191.08	9.27	—	22.73	98.96	—	106.48	34.50	28.9	67.34
1991	893.01	146.39	188.19	7.42	—	—	93.77	—	—	36.21	37.25	—
1992	979.59	164.66	190.41	17.09	—	—	101.56	—	—	35.04	55.91	—
1993	1313.61	218.65	485.06	72.21	—	—	127.33	—	—	26.38	68.22	—
1994	1902.21	87.46	597.87	147.53	—	—	198.94	—	—	28.26	73.82	—
1995	2499.71	—	880.52	229.75	—	—	229.30	—	—	19.30	74.07	—
1996	2582.06	—	922.30	244.30	—	—	234.34	—	—	21.24	75.25	—
1997	2483.40	—	908.07	139.94	28.87	45.03	—	242.89	453.71	25.88	77.80	—
1998	2427.85	—	861.82	136.81	26.58	16.95	—	232.82	752.94	27.24	76.87	—
1999	2391.04	—	820.74	191.79	—	—	—	139.95	—	18.96	67.68	—
2000	2527.87	—	831.21	154.69	—	—	—	156.53	—	23.47	79.47	—
2001	2828.70	—	813.20	132.20	—	—	—	161.70	—	32.50	89.70	—
2002	3739.93	—	959.18	152.70	—	—	—	209.51	—	33.12	100.09	—
2003	4454.17	—	1134.28	179.57	—	—	—	282.62	—	26.94	104.09	—
2004	6284.61	—	1277.87	261.20	—	—	—	489.47	—	30.71	135.69	—
2005	6900.05	—	1255.70	—	—	—	—	467.30	—	24.37	109.60	—
2006	8923.00	—	1402.00	—	—	—	—	619.00	—	25.14	108.00	—
2007	10263.13	—	1477.460	—	—	—	—	568.50	—	25.67	103.23	—
2008	11100.00	—	1499.00	—	—	—	—	573.00	—	24.90	88.56	—

第四节 港航规费

沿海航政费

1953年开征。1971年沿海航政费率改按营业收入的4%计征。1983年1月，对个体船、航运企业个人承包船改为按船舶载重吨定额计征，定额标准：机动船每月每吨2.20元，非机动船每月每吨1.65元。1989年4月调整为：1. 载重60吨（含60吨）以下船舶，每月每吨2.20元，2.60吨以上的船舶，每月每载重吨3.20元。不久，定额标准调整为：201~500吨船舶每月每吨5.60元；501~3000吨，每月每吨4.80元；3001~6000吨，每月每吨4.00元；6001~10000吨，每月每吨3.20元；1万吨以上，每月每吨2.40元。2000年1月1日起，停止征收。

船舶港务费

1988年10月1日起征。费率：内河港口，船舶每进港或出港一次，各征收船舶港务费每载重吨（拖轮按马力，排筏按立方米）0.10元，集体所有制专业运输单位的内河船舶的港务费，按该单位拥有的内河营运船舶总载重吨（拖轮按马力），每月每载重吨1.00元计征，船舶单位应按月（季）向所在地的港航监督机构统缴。1994年9月1日起，船舶港务费费率调整。规定：实行按月定额计征的内河船舶港务费，按其拥有的营运船舶总净吨（拖轮按总千瓦），每月每净吨3.00元计征，拖轮每月每千瓦4元。2001年8月起，停止征收。

水路货运附加费

1996年5月开征水路货运附加费。费率：按货物周转量每吨千米五厘计征，1999年9月起，停止征收。

水路交通建设费

按照《浙江省水路交通建设费征收暂行管理办法》于1999年9月开征。费率：内河实行产供销结合的个体、专业户船舶，实行按月按定额计征，月定额标准3.00元/吨；沿海运输货物，按货物类别和航距不同，分别按航次及以下规定计征：1. 运输货物起讫地跨省或省内跨航区运输运距200千米以上的货物，按以下标准计征：(1) 石油（含原油）、液化气3.50元/吨；(2) 木材、钢材、金属矿石、非金属矿石3.00元/吨；(3) 水泥2.50元/吨；(4) 其他未列名货物2.00元/吨。2. 起讫地均在本市（地）航区内的货物跨省跨航区但运距少于200千米的货物，不分货物种类收费统一为每吨1.50元。2002年6月起，停止征收。

内河航道养护费

原在征规费。1971年费率从4%调整为6%。1983年1月，对个体船、航运企业个人承包船，改为按船舶载重吨定额计征，每月每吨2.50元。1992年调整，费率：1. 按运费收入的8%计征；2. 实行定额征收的，每月每载重吨3.00元。1998年调整，费率：1. 按运费收入的6%计征；2. 实行定额征收的，每月每载重吨3.00元。2009年1月1日起，停止征收。

水路运输管理费

1991年12月起征。费率：1. 按营运收入的1.5%征收；2. 对无法准确反映运输收入的船舶，实行定额征收。2000年沿海船舶定额标准调整为：(1) 1000吨以下，2.50元/月吨；(2) 1001~6000吨，3.00元/月吨；(3) 6001吨以上，2.00元/月吨；(4) 油船及其他船舶，3.40元/月吨。2009年1月1日起，停止征收。

船舶及船用产品检验费

自1998年起，按照中华人民共和国船舶检验局制定的《船舶检验计费标准》执行，缴费对象为船舶所有人，船舶经营人等申检者。2006年划归属市港航部门管理。

货物港务费

1980年1月1日开征。1994年9月，货物港务费费率调整。进出港货物各计征0.35元/吨，0.25元/立方米，2吨集装箱每箱0.72元，国标5吨集装箱每箱1.15元。2005年8月1日起，货物港务费费率调整为沿海港口0.50元/吨，内河港口1.00元/吨。

1987—2008年镇海区港航规费征收额汇总表

表6-4-24　　　　　　　　　　　　　　　　　　　　　　单位：万元

年份	沿海航政费	船舶港务费	水路货运附加费	水路交通建设费	内河航道养护费	水路运输管理费	船舶及船用产品检验费	货物港务费
1987	9.2	—	—	—	9.2	—	0.8	8.8
1988	13.3	—	—	—	6.9	—	0.4	6.0
1989	19.0	—	—	—	2.6	—	0.4	5.6
1990	14.2	1.4	—	—	1.6	—	0.4	5.0
1991	23.0	2.0	—	—	2.5	—	0.7	9.2
1992	30.0	2.6	—	—	3.9	17.6	—	7.6
1993	52.8	2.0	—	—	2.9	28.5	—	9.0
1994	77.3	2.4	—	—	3.5	55.3	5.9	14.0
1995	81.3	3.1	—	—	2.7	83.8	2.3	12.2
1996	82.5	1.2	79.8	—	1.5	70.9	1.2	2.9
1997	80.6	0.9	49.7	—	0.5	64.0	1.0	5.0
1998	100.3	1.6	54.0	—	0.1	65.4	1.4	1.0
1999	100.3	1.4	54.2	137.5	0.1	65.4	1.4	1.0
2000	—	—	—	149.1	0.45	105.1	1.2	0.5
2001	—	1.4	—	92.6	—	133.1	1.7	0.6
2002	—	—	—	—	0.5	153.6	4.9	2.2
2003	—	—	—	—	0.2	192.4	15.8	28.4
2004	—	—	—	—	0.05	328.1	14.2	62.5
2005	—	—	—	—	—	397.1	3.5	61.1
2006	—	—	—	—	—	452.7	—	97.0
2007	—	—	—	—	—	690.0	—	131.2
2008	—	—	—	—	0.97	890.1	—	98.8

第五章　管理机构

区建设与交通局、区公安分局交通警察大队为区级行政管理机构，主管辖区交通运输和道路交通安全。区建设与交通局下设行业管理机构，具体负责交通运输行业管理。

第一节　行政管理机构

区建设与交通局

1985 年 10 月，镇海撤县设区，建立镇海区交通局，主管辖区的交通行政工作。局内设企业运输、交通建设、人事秘书 3 个股。1997 年 7 月，局内设改为 1 室 3 科：局办公室、企业运输科、交通建设科、财务科。

镇海区建设与交通局（2015 年）

2002 年 1 月，根据甬党〔2001〕27 号《中共宁波市委、宁波市人民政府关于宁波市镇海区机构改革方案的通知》，区交通局与区建设局合并，组建镇海区建设与交通局，同时挂区人民防空办公室牌子。机关办公地址在城河西路 151 号。局内设 6 科：局办公室、计划财务科、工程建设科、建工管理科、交通运输管理科、房地产管理科。2004 年 8 月，增设人防科。2005 年 5 月，局办公室增挂法制科牌。2007 年 6 月，增设行政许可科，同时房地产管理科与建工管理科合并，改称房地产和建工管理科。2008 年 3 月，增监察室牌与局办公室合署。2009 年 6 月，房地产管理科与建工管理科分设。至 2010 年年末，局内设共 8 个科室：办公室（挂法制科）、计划财务科、工程建设科、房地产管理科、建工管理科、交通运输管理科、行政许可科、人防科。在编机关公务员 18 人，事业编制 35 人。

区建设与交通局党政班子成员

中共镇海区建设与交通局班子成员名录表

表 6-5-1

机构名称	起讫年月	班子成员		
		职务	姓名	任职年月
县交通局党委	1984. 02—1985. 10	书记	马明达	1984. 02—1985. 10
		委员	高新勇	1984. 02—1985. 10
		委员	夏仕钧	1984. 02—1985. 10
		委员	赵立大	1984. 03—1985. 10
		委员	贺藻堂	1984. 03—1985. 10

续表6-5-1

机构名称	起讫年月	班子成员		
		职务	姓名	任职年月
区交通局党委	1985. 10—2002. 01	书记	马明达	1985. 10—1992. 12
		委员	赵立大	1985. 10—1992. 08
		委员	陈伟高	1985. 10—1990. 05
		委员	虞铭贤	1986. 12—1996. 04
		委员	刁根尧	1990. 07—1996. 04
		委员	吴忠和	1992. 06—1994. 03
		书记	叶国华	1992. 12—1996. 04
		委员	柯根安	1994. 07—2000. 04
		委员	孙孝法	1995. 11—1998. 06
		书记	虞铭贤	1996. 04—2000. 04
		副书记	张道忠	1996. 12—2002. 01
		委员	孙惠民	1996. 04—2002. 01
		委员	洪裕军	1996. 12—1999. 06
		书记	金志浩	2000. 04—2002. 01
		委员	何国才	2001. 10—2002. 01
区建设与交通局党委	2002. 01—	书记	金志浩	2002. 01—2002. 11
		副书记	陈光耀	2002. 01—2002. 11
		委员	孙惠民	2002. 01—2008. 12
		委员	施宇峰	2002. 01—2006. 07
		委员	何国才	2002. 01—2010. 03
		书记	洪裕军	2002. 11—2004. 04
		副书记	郑刚	2003. 05—2006. 04
		书记	程振明	2004. 04—
		委员	方成华	2004. 08—2008. 07
		委员	张彦波	2005. 09—2008. 05
		副书记	施宇峰	2006. 07—2006. 12
		委员	施云斌	2006. 10—2008. 01
		委员	吴俊豪	2007. 03—2009. 09
		副书记	方成华	2008. 07—2010. 02
		副书记	贺军	2008. 07—
		委员	梅初成	2008. 05—
		委员	庞永刚	2009. 08—
		委员	彭鲲	2009. 08—2010. 03
		副书记	娄林友	2010. 03—
		委员	王志江	2010. 03—
		委员	陈伟君	2010. 03—

镇海区建设与交通局班子成员名录表

表 6-5-2

机构名称	起讫年月	班子成员		
		职务	姓名	任职年月
县交通局	1984. 02—1985. 10	局长	马明达	1984. 02—1985. 10
		副局长	高新勇	1984. 02—1985. 10
		副局长	夏仕钧	1984. 02—1985. 10
区交通局	1985. 10—2002. 01	局长	马明达	1985. 10—1992. 12
		副局长	陈伟高	1985. 10—1990. 05
		副局长	虞铭贤	1986. 12—1996. 04
		副局长	刁根尧	1990. 07—1996. 04
		局长	叶国华	1992. 12—1996. 04
		局长	虞铭贤	1996. 04—2000. 04
		副局长	孙惠民	1996. 04—2002. 01
		副局长	孙孝法	1996. 12—1998. 06
		副局长	洪裕军	1996. 12—1999. 06
		局长	金志浩	2000. 04—2002. 01
		副局长	何国才	2001. 10—2002. 01
区建设与交通局	2002. 01—	局长	陈光耀	2002. 01—2002. 11
		副局长	金志浩	2002. 01—2002. 11
		副局长	孙惠民	2002. 01—2008. 11
		副局长	施宇峰	2002. 01—2006. 12
		副局长	何国才	2002. 01—2010. 03
		局长	洪裕军	2002. 11—2004. 04
		副局长	郑刚	2003. 05—2006. 04
		局长	程振明	2004. 04—
		副局长	方成华	2004. 08—2009. 12
		副局长	汪亚仙	2004. 11—
		副局长	吴俊豪	2007. 04—2009. 09
		副调研员	梁景武	2007. 12—
		副局长	贺军	2008. 07—
		副局长	王闰清	2008. 09—
		调研员	孙惠民	2008. 11—
		副局长	庞永刚	2009. 08—
		副局长	彭鲲	2009. 08—2010. 03
		副局长	娄林友	2010. 04—
		副局长	王志江	2010. 04—
		副调研员	何国才	2010. 03—

区建设与交通局职能

（一）贯彻执行国家和省、市关于住房、建设、交通、人防工作的法律、法规和方针、政策；受委托起草地方规范性文件，制定全区住房、建设、交通行业的发展规划，并组织实施。

（二）负责城镇低收入家庭住房保障工作。拟订区住房保障相关政策并指导实施，建立和完善住房保障管理制度。

（三）负责推进住房制度改革，拟订全区住房制度改革政策并组织实施；负责公有住房出售审批、住房分配货币化管理工作；负责房改资金、物业专项维修资金的监督管理。

（四）负责全区房地产业、物业服务企业等单位的资质管理；负责全区城镇房屋登记、产权产籍和直管公房、单位自管房、政府保障性住房、私房政策的监督管理。

（五）负责全区房地产市场的监督管理，规范市场秩序，促进房地产业发展。负责房地产开发、房屋转让、房屋租赁、房地产估价与经纪的监督管理；组织开展房地产市场监测分析；指导全区物业和房屋安全管理工作。

（六）负责全区建筑业、勘察设计业等行业管理；指导监督建筑市场准入、建设工程招投标、施工许可、工程监理、合同和风险管理；负责工程建筑业、勘察设计业企业等单位的资质审核和管理。

（七）负责全区房屋建筑工程和市政基础设施工程质量安全的监督管理责任；组织或参与建设工程重大质量事故、安全事故的调查处理；指导全区建设工程施工图设计审查和各类房屋建筑及其附属设施建设工程抗震设防工作。指导全区房屋安全鉴定和白蚁防治。

（八）负责建设行业科技进步和建筑节能工作，负责墙体材料和散装水泥管理工作；组织开展重大建设科技项目攻关和科技成果推广应用，促进科技成果转化。

（九）负责建筑业、房地产业、工程勘察设计业等各类人员职业资格管理和执业注册审核管理；指导城乡建设的职业教育与培训工作。

（十）负责编制全区市政公用基础设施和交通工程项目的年度计划、项目报批、建设工作；指导和监督推进城乡基础设施开发建设和公共服务一体化工作；组织城建交通项目建设管理。

（十一）拟订全区道路、水路运输行业及城市客运的发展规划；负责全区交通行业管理、综合运输物流工作；负责全区交通运力的综合平衡；指导协调全区交通运输行业的安全生产应急处置和节能减排工作；负责全区交通战备工作。

（十二）负责全区公路、水路交通基础设施及其配套项目的建设、养护和路政、船政管理工作；会同有关部门管理交通基础设施。

（十三）指导和管理全区人民防空工作；负责组织实施人防通信、警报建设与管理；负责组织开展人民防空宣传教育工作；负责管理人民防空工程建设和维护管理。

（十四）承办区政府交办的其他事项。

第二节　行业管理机构

镇海区港航管理处

履行水路运政管理、航政管理、安全监督和船舶检验等职能。

镇海区港航管理处的前身是镇海县航管站。1985 年 10 月撤县设区，镇海县航管所一分为二，在镇海区设立宁波市航运管理处镇海管理所。1986 年 1 月，挂浙江省船检处镇海检验站牌，与航运管理所两块牌子一套人马。管理体制实行双重领导，为宁波市航管处的直属单位，地方上隶属镇海区交通局。

1987 年 10 月，按照省交通厅航运局文件规定，增挂浙江省宁波镇海港航监督牌。

1990 年 3 月，镇海航管所成建制下放镇海区，更名宁波市镇海区航运管理所。体制下放后仍挂浙江省宁波镇海港航监督和浙江省船舶检验处镇海检验站牌。

1994 年 1 月，按照宁波市航管处转发的上级文件规定，浙江省宁波镇海港航监督更名为镇海区港航监督所，浙江省船舶检验处镇海检验站更名为浙江省船舶检验局镇海检验所，新挂宁波市镇海区航道管理所牌，仍实行多块牌子一套班子。

2001 年 7 月水监体制改革，镇海区的水路交通安全监督职能划归宁波海事局。镇海区港航监督所撤销，职能终止履行。镇海区航管所 7 人和 110 万元资产划归宁波海事局。

2002 年 1 月，区航管所隶属于区建设与交通局，业务上仍由宁波市航管处指导。

2005 年 2 月，区航管所负责船检人员借到宁波市航管处船检科工作，区航管所的船检工作自此停止。

2006 年 7 月，经区机构编制委员会批准，区航管所更名为宁波市镇海区港航管理处，仍挂宁波市镇海区航道管理处牌、浙江省船舶检验局镇海检验所牌。

2008 年 11 月 28 日，依据修改后的《浙江省水路运输管理条例》关于“县级港航管理部门对辖区的水路运输实施具体管理”规定，镇海区港航处直接履行辖区水路运输管理职能，不再受区交通行政主管部门委托管理。

按照《国务院关于实施成品油价格和税费改革的通知》规定，区港航处自 2009 年 1 月 1 日起，停止稽征航道养护费和水路运输管理费。

2010 年，区港航管理处在编事业 15 人，管理岗位聘用 4 人。配置运政艇 1 艘，公务车 4 辆。办公地址在蛟川街道镇骆东路 386 号。办公大楼面积 1085 平方米，附属用房 166 平方米。

区航管处下属单位：庄市港航管理检查站，1996 年 6 月设立，时称庄市检查点。1997 年 11 月，经宁波市航管处批准，改称为庄市航管站。2000 年 9 月，经省政府批准，更名为庄市港航管理检查站。工作人员 2 人（1 名为聘用人员），站址在庄市国家粮食储备库码头，借用工作用房 30 平方米。

镇海航管所时曾经下设 3 个站：

湾塘航管站，建所时设。站址在镇海石化总厂（后改称镇海炼化公司）中央大道西侧河口处，站房为 2 层 2 间 100 平方米，工作人员 1 人。因内河运输严重萎缩，1994 年 4 月撤。

镇海区港航管理所（2015 年）

骆驼航管站，建所时设。站址在骆驼镇，站房为 2 层 3 间 200 平方米，有工作人员 2 人。因内河运输严重萎缩，于 1998 年 10 月撤。

镇海区联运经营站，原是镇海县航管站的下属站。1985 年撤站设立镇海、滨海两所时，划归镇海航管所，有职工 14 人，经济上实行自收自支。1988 年 4 月，按宁波市航管处更名通知规定，改为宁波市镇海航运代理站。1989 年市航管处主持协调，镇海航管所的 135 平方米房屋、300 平方米仓库和 1000 平方米场地划归镇海航运代理站。1991年镇海航运代理站的隶属关系改变，成为区交通局的下属企业。

区港航管理处（所）历任负责人名录表

表6-5-3

机构名称	职务	姓名	任职时间
宁波市航运管理处镇海管理所	所长	王善根	1985.12—1989.03
	所长	沈亚忠	1989.03—1990.03
宁波市镇海区航运管理所	所长	沈亚忠	1990.03—1994.02
	所长	周明荣	1994.02—1999.05
	副所长	陈宝浩	1999.05—1999.09
	所长	陈宝浩	1999.09—2005.05
镇海区港航管理处	副所长	刘骏	2005.5—2006.07
	处长	刘骏	2006.07—

镇海区公路运输管理所

镇海区公路运输管理所（2015年）

成立于1984年8月，初称县公路运输管理所，与县交通局运输管理股一套班子。同年12月，与县车辆监理所合并，改称县交通监理所。受县交通局和市交通监理处双重领导。1985年，有在编工作人员24人，所址城关镇车站路56号。有2层楼房2幢，建筑面积636平方米，场地250平方米。有工作用车4辆（吉普、拉达）、侧三轮4辆。内设车辆监理、运输管理、路政管理、行政计财4股室。下辖骆驼、湾塘、长山、大碶、柴桥、郭巨6个交通监理站（派出机构）。

1985年10月撤县划区，设镇海区交通监理所，下辖骆驼、湾塘、城关3个交通监理站。1987年9月，撤区交通监理所，其车辆监理、公路安全管理职能划归区公安局交通警察队。同年10月，恢复区公路运输管理所（定编20人），增挂区公路稽征所牌子（定编7人）。内设运输管理股、养路费征收股和办公室。有工作用车2辆，侧三轮2辆。1992年3月，增设稽查分队。1993年7月，增设车辆购置费征收办公室。1995年开始，办公大楼原址新建。1996年10月，公路运输管理所新大楼落成。地址招宝山街道车站路214号。新大楼框架结构七层，占地面积 2704 平方米，建筑面积 2459 平方米。所内设股室调整为运管股、安全股、稽征股、维修管理股、培训股、办公室、车购费办公室（2004 年划出），稽查大队等股室。下辖骆驼站、城北站、客管站、货管站、检测站（2005 年 9 月划出）。2008 年，区公管所内设机构：办公室、违章处理室、运管综合股、稽征股、客管站、安全股、检测管理站、危管站、稽查大队（下设 5 个中队）等股室，下辖骆驼、城北、九龙湖、招宝山 4 个运管稽征站。有在编事业 33 人，聘用合同工制 40 人，借用 8 人，各类车 22 辆。2009 年，内设机构调整为 4 站（宝山站、庄俞站、骆驼站、九龙站），8 股室队（办公室、违章处理室、财务网络股、运管股、安全法规股、维修驾培股、稽查大队、稽查直属中队）。

主要职责：负责国家有关道路运输方针、政策、法律法规的宣传和贯彻实施。负责对道路运输行业（道路旅客运输、道路货物运输以及与之相配套的搬运装卸、车辆维修与检测、运输服务等）进行规划、调控、指导协调、监督检查与服务。规范道路运输经营行为和市场秩序，促进道路运输行业健康有序发展。负责辖区公路规费的征收和管理，按照国家和省市有关公路养路费征收条例，征收范围和征收标准，收缴公路养路费、公路建设基金等专项资金，并实施规费稽查，确保应征不漏。受理、审批运输（客车营运、货车营运）业户开业、机动车维修业开业、汽车营运线路申报和从业人员上岗证办理、运输违章处理等，建立科学合理的道路运输行政审批管理机制。行使对道路旅客运输、道路货物运输、机动车维修、驾驶员培训及出租汽车行业的行政管理职能。处理、仲裁相关矛盾和纠纷，做好统筹、协调、监管和服务工作，保护合法经营，提高行业素质，规范经营行为，确保道路运输市场安全平稳。制订全区交通运输行业科技、教育规划，抓好运输、维修、驾培等行业人员培训，资质审核和智力开发、协调各专业行业协会开展正常工作。

运管稽征站

2010 年年末，区公路运输管理稽征所下设骆驼、蛟川、招宝山、九龙湖 4 个运输管理稽征站，1 个客管站（由招宝山站兼管）。

骆驼道路运输管理稽征站　前身为 1984 年 11 月成立的骆驼交通监理站。1987 年 9 月，更名为交通管理站。1991 年 3 月，省交通厅批准，设为省级规费检查站。原址杭甬路（慈海北路）129 号。有办公用房 2 层建筑面积 463 平方米，场地1030平方米。2010年5月，移址镇骆西路751号。与危化品运输GPS监控中心、运管和规费稽征检查大队合署办公。有3层楼房1幢，场地500余平方米。有工作用车3辆。

蛟川道路运输管理稽征站 前身为湾塘监理站。1987年10月，监管分离后，改为湾塘交管站。1996年2月，更名城北公路运输管理稽征站。2000年8月，庄市公路运输管理稽征站并入，仍名城北运管稽征站（亦称庄俞站）。2010年3月，改称今名。1987年，有站屋5间。1993年，建3层楼房1幢，有停车场地120多平方米。站址俞范东路1101号。

九龙湖道路运输管理稽征站 2007年7月成立，址九龙大道北段3001号。2006年3月，开始建造办公楼，占地面积1713平方米，建筑面积1035平方米。办公用房3层，工作用车2辆。

招宝山道路运输管理稽征站 2009年6月成立，地址在招宝山街道威海路78号。前身为城关公路运输管理稽征站。有办公楼房8间，260平方米，停车场地70平方米，工作用车2辆，管理7人。2010年起，兼管客运场站和客运行业。

区公路运输管理（稽征）所历任负责人名录表

表6-5-4

名　称	职　务	姓　名	任职时间
县（区）交通监理所	所长	王增培	1984.12—1987.10
	副所长	顾贤康	1984.12—1987.10
	副所长	刁根尧	1986.05—1987.10
区公路运输管理所	所长	刁根尧	1987.10—1990.07
	副所长	金小福	1987.10—1990.07
	副所长	张兴龙	1988.01—1990.03
	所长（副局长兼）	刁根尧	1990.07—1991.09
	副所长	金小福	1990.07—1991.09
	副所长	贺绍春	1991.03—1991.09
	所长（副局长兼）	虞铭贤	1991.09—1994.11
	副所长	金小福	1991.09—1994.01
	副所长	贺绍春	1991.09—1994.11
	副所长	钱言垒	1994.01—1994.11
	副所长	林秀泉	1994.01—1994.11

续表6-5-4

名　称	职　务	姓　名	任职时间
区公路运输管理所	所长	郑　刚	1994.11—1999.09
	副所长	钱言垒	1994.11—1996.01
	副所长	林秀泉	1994.11—1999.09
	副所长	陈宝浩	1997.03—1999.06
	所长	贺绍春	1999.09—2007.05
	副所长	林秀泉	1999.09—2007.05
	副所长	王夏国	1999.09—2007.05
区公路运输管理所	副所长（主持工作）	严凌云	2007.05—2009.03
	副所长	林秀泉	2007.05—2009.03
	所长	林秉元	2009.03—
	副所长	史志英	2009.03—
	副所长	薛　珩	2009.03—2010.03
	副所长	吴云君	2010.10—

镇海区公路管理段

镇海区公路管理段（2015年）

区公路管理段前身为宁波公路养路总段镇海工区，成立于1964年1月，隶属于宁波公路养路总段。1973年，公路养路总段镇海工区改称镇海县公路段，隶属于县工业交通局。1979年地、市分开，县公路段隶属于省公路工程管理局。1984年地、市合并，隶属于宁波公路总段。1985年10月，改称镇海区公路段。1991年12月，区公路段成建制下放镇海，隶属于区交通局。时有职工89人，其中管理人员15人，养路工74人。下属站房3个，建筑面积1196平方米。其中，清水浦站150平方米、骆驼站446平方米、新建后施站600平方米。2002年1月，隶属于区建设与交通局。区公路段原址城关车站路587号。2008年4月，搬至镇骆西路1988号。

2010年区公路段有职工172人，其中管理人员26人，养路工146人。段内设机构：养护工程股、行政办公室、路政管理大队。下辖5站：骆驼公路养护站，建筑面积1326平方米；后施公路养护站，建筑面积787平方米；清水浦公路养护站，建筑面积431平方米；九龙湖公路养护站，建筑面积1032平方米；甬江隧道站，建筑面积1054平方米。路政管理大队下设蛟川路政中队、九龙湖路政中队、治超中队。

2010年年末，机械设备原值1013.89万元，26台（套）。计有公务车3辆，路面清扫车、多功能清洗车、洒水车等生产车11辆，振动压路机、打拔桩机等养护机械12辆。

主要职责：为公路畅通提供养护与路政管理保障。公路养护方面：公路养护与改建、公路养护质量监督检查与路况评定、公路灾害抢修与保通、公路绿化。路政管理方面：公路行政执法、路产路权维护、公路巡查、公路命名编号管理、超限运输管理。公路行业信息管理方面：公路行业统计、公路行业普查、公路数据库建设与维护。

区公路管理段历任负责人名录表

表6-5-5

名　称	职　务	姓　名	任职时间
区公路段	段　长	蒋世安	1984.06—1985.11
	副段长	黄显堃	1984.06—1985.09
		施智勇	1984.06—1985.09
	副段长	施智勇	1985.12—1987.12
	段　长	蒋世安	1988.01—1996.02
	副段长	施智勇	1988.01—1996.02
		何国光	1995.06—1996.02
区公路管理段	段　长	钱言垒	1996.02—1999.09
	副段长	施智勇	1996.02—1999.09
		何国光	1996.02.—1997.12
	段　长	郑　刚	1999.10—1999.12
	副段长	施智勇	1999.09—1999.12
	段　长	柯根安	1999.12—2002.12
	副段长	施智勇	1999.12—2002.12
		朱松杰	1999.12—2003.04
		张宏波	2003.05—2007.04
	段　长	柯根安	2003.01—2009.03
	副段长	王夏国	2007.04—2009.03
	段　长	贺绍春	2009.03—
	副段长	林秀泉	2009.03—
		楼　红	2009.03—
		杨兴法	2010.07—

镇海区五里牌航运管理站

位于五里牌大运路518号。其前身为浙江炼油厂大件码头。1980年5月建成3000吨级大件码头，为炼油厂运输大件设备配套。1981年年末码头移交省交通厅。1984年9月成立宁波市航管处五里牌航管站。1990年3月，该站成建制下放镇海区，改名镇海区五里牌航运管理站，事业单位，隶属于区建设与交通局。五里牌航运管理站经营码头货物装卸、大件设备中转运输，码头和设施租赁。2003年，筹资130万元新建斜桩梁板500吨级码头1座，码头长35米，宽11.6米。2010年末，有码头2座，25吨吊机1台，35吨吊机2台，500吨吊机1台，占地面积2.1万平方米，建筑面积900平方米，在编职工13人。

镇海区五里牌航运管理站历任负责人名录表

表6-5-6

名　称	职　务	姓　名	任职时间
宁波市航管处五里牌管理站	站长	董海龙	1985.06—1990.03
	副站长	邹定华	1985.06—1990.03
镇海区五里牌航运管理站	站长	董海龙	1990.03—1991.11
	副站长	邹定华	1990.03—1997.10
	站长	沈亚忠	1991.11—1994.01
	站长	董海龙	1994.01—1996.07
	副站长	张凌	1995.01—1998.06
	副站长（主持工作）	章伟民	1996.07—1998.06
	副站长	何国光	1997.10—1998.06
	站长	周明荣	1998.06—1999.03
	副站长	贝云俊	1998.06—1999.06
	副站长（主持工作）	郑富存	1999.03—2000.03
	站长	郑富存	2000.03—2007.05
	副站长	张凌	2005.05—2008.05
	站长	孙曙旭	2007.05—

镇海区客运中心

镇海区客运中心位于沿江西路85号，事业单位，隶属于区建设与交通局。客运中心始建于1993年10月，占地面积3780平方米，客运大楼建筑面积1445平方米，有500吨级码头3座，停车场1800平方米。负责码头客船停靠泊调度及维护停车场秩序，售票检票。水路停靠客船通往嵊泗、岱山、大衢、大洋山、大浦口等地。陆路客运车通往宁波、骆驼、炼化厂，同时代售杜桥、四岔汽车票。发售水路船票，铁路火车票及民航飞机票。民航窗口发售的有海航、南航、东航等航空公司的机票。2010 年年末有职工 29 人，其中事业编制 7 人，合同制职工 22 人。

镇海区客运中心历任负责人名录表

表 6-5-7

名　称	职　务	姓　名	任职时间
镇海区客运中心	主任	董海龙	1992. 06—1994. 04
	副主任	岑玉梅	1992. 06—1994. 01
	主任	章伟民	1994. 04—1995. 05
	副主任（主持工作）	孙曙旭	1996. 06—1999. 03
	副主任	胡惠芳	1997. 03—1999. 12
	副主任	郑富存	1997. 12—1999. 03
	主任	王裕法	1999. 03—2000. 04
	副主任	李云岳	1999. 12—2002. 10
	主任	孙曙旭	2000. 04—2007. 05
	主任	薛珩	2007. 05—2009. 02
	副主任	李斌	2007. 05—
	主任	叶崇虞	2009. 02—

上海海事局宁波航标处

上海海事局宁波航标处

位于镇海区沿江东路。1953 年至 1982 年，海上航标由海军管理。1983 年，海上航标移交上海航道局镇海航标区。1986 年镇海航标区划归上海海上安全监督局。1989 年又划归宁波海监局，并设立航标处，与镇海航标区合署办公。同年，宁波海监局将原镇海监督站航标组管理的甬江内的港标全部移交航标处。2001 年 4 月，镇海航标处划归上海海事局，2008 年 1 月，更名为宁波航标处。主要担负着浙江沿海中北部南起三门湾，北到长江口海域国家公用干线航标的管理和养护。宁波航标处根据国家法律法规授权，行使航标行业监督管理职权，对所辖水域航标实行统一监督管理。负责区域内公用干线和宁波、舟山、嘉兴等重要港口的航标规划、设置、维护及行业监督管理。内设办公室、航标管理科、航标运行保障中心、人事教育科、财务科、政工科、工会等科室，下设航标养护中心以及镇海、定海、岱山、象山、嘉兴、嵊泗等 6 个航标站。2009 年，航标处管理航标 970 座，其中公益航标 487 座，企业专用航标 483 座。所辖 6 个基层航标站安装样板航标 650 座。2010 年，管理航标 1123 座，其中公益航标 519 座，企业专用航标 604 座。

第三节　行业协会

至 2010 年，镇海区有交通运输行业相关协会 3 家，分会 1 家。

宁波市出租汽车协会镇海区分会

1998 年 12 月，宁波市出租汽车协会经市民政局批准成立，在镇海设宁波市出租汽车协会镇海区分会。分会办公地址原在镇海区出租车公司，即大西门路 645 号，不久移至车站路 214 号。镇海区分会由 13 名理事组成。名誉会长孙惠民、贺绍春，会长林秀泉，副会长罗如浩、陈志华，秘书长候健，副秘书长王玲娟。

宁波市镇海区机动车维修（配件）行业协会

宁波市镇海区机动车维修（配件）行业协会，经区民政局核准登记。2001 年 7 月召开区机动车维修（配件）行业协会第一届会员代表大会，有会员单位 65 家。2006 年 9 月召开第二届会员代表大会。2011 年 8 月召开第三届会员代表大会，有会员单位 230 余家，其中一类企业会员 12 家，二类企业会员 34 家，三类企业会员 184 家，另有个人会员 8 人。

镇海区机动车维修（配件）行业协会负责人组成表

表 6-5-8

届　别	姓　名	单　位　职　务	协会职务
第一届（2001. 07—2006. 09）	崔召春	区人民政府办公室副主任	顾　问
	金志浩	区交通局局长	顾　问
	孙惠民	区交通局副局长	名誉会长
	贺绍春	区公路运输管理所所长	会　长
	林秀泉	区公路运输管理所副所长	副会长
	关庆球	宁波龙华丰田汽车服务有限公司副总经理	副会长
	胡尧龙	宁波港务局镇海汽车大修厂厂长	副会长
	王明华	石化三公司机施公司汽车大修厂厂长	副会长
	贺梦周	区公路运输管理所副股长	秘书长
	魏剑达	宁波龙华丰田汽车服务有限公司经理	副秘书长

续表6-5-8

届别	姓名	单位职务	协会职务
第二届（2006.09—2011.08）	程振明	区建设与交通局局长	顾问
	孙惠民	区建设与交通局副局长	名誉会长
	贺绍春	区公路运输管理所所长	会长
第二届（2006.09—2011.08）	林秀泉	区公路运输管理所副所长	副会长
	王德维	宁波龙华丰田汽车服务有限公司总经理	副会长
	胡尧龙	宁波港务局镇海汽车大修厂厂长	副会长
	贺梦周	区公路运输管理所股长	秘书长
	魏剑达	宁波龙华汽车服务有限公司总经理	副秘书长
第三届 2011.08—	魏剑达	宁波龙华汽车服务有限公司总经理	会长
	候健	区公路运输管理所副所长	副会长
	叶晓峰	宁波腾峰汽车销售服务有限公司董事长	副会长
	贺持跃	宁波海景汽车销售服务有限公司董事长	副会长
	周峰	宁波宁兴新宇汽车销售服务有限公司总经理	副会长
	胡建军	宁波旅行者英菲尼迪汽车销售服务有限公司总经理	副会长
	周百成	镇海成杰汽车维修有限公司董事长	副会长
	贺梦周	区公路运输管理所股长	副秘书长

宁波市镇海区道路危险货物运输协会

2010年10月经区民政局批准成立，由全区从事危险货物运输企业自愿组成，并吸收相关人员参加。协会成立时有会员企业30家，其中企业理事会员11家，从业人员1200余人，有危险品运输车辆616辆，总吨位15104吨。协会办公地址车站路214号。2010年10月9日召开首届理事会，选举产生协会会长、副会长等。

镇海区道路危险货物运输协会负责人组成表

表6-5-9

届别	姓名	职务	协会职务
第一届（2010.10—）	贺军	区建设与交通局副局长	顾问
	吴江	区安全生产监督管理局党组成员	顾问
	宋琪	区贸易与粮食局副局长	顾问
	庄晓峰	区交警大队副大队长	顾问
	徐月松	区消防大队大队长	顾问
	林秉元	区公路运输管理所	会长
	顾明岳	宁波金洋化工物流有限公司	副会长
	祝弘力	镇海石化物流有限责任公司	副会长
	吴云君	区公路运输管理所	副会长
	胡根宝	镇海盈通货物运输有限公司	副秘书长

首届理事组成：

林秉元　镇海区公路运输管理所

顾明岳　宁波金洋化工物流有限公司

祝弘力　镇海石化物流有限责任公司

吴云君　镇海区公路运输管理所

胡根宝　宁波镇海盈通货物运输有限公司

章正西　宁波卓承石化物流有限公司

孙长生　宁波镇海通华货物运输有限公司

赵亮明　宁波镇海胜顺运输有限公司

张世裕　宁波镇海恒兴运输有限公司

陈雄杰　宁波镇海捷宇运输有限公司

凌浩明　宁波凌丰化工物流有限公司

罗国忠　宁波镇海绿野运输有限公司

胡颖杰　宁波鸿捷物流有限公司

宁波市镇海区航运企业家联合会

2010 年 1 月，由区工商业联合会批复同意。2012 年 7 月，经区民政局注册备案。址镇骆东路 386 号。

2011 年 2 月 9 日，航运企业家联合会首届理事会召开，选举产生会长、副会长、秘书长，有航运企业会员单位 25 家。

名 誉 会 长：马卫光（中共镇海区委书记）

名誉副会长：王兆波（镇海区人民政府副区长）

程振明（镇海区建设与交通局局长）

郑玉芳（中共镇海区招宝山街道党工委书记）

张均浩（镇海海事处处长）

会　　长：徐宗权（宁波联合集装箱海运有限公司）

副　会　长：花盛开（宁波天盛海运有限公司）

王继存（宁波太平洋海运有限公司）

陈天云（镇海天一运输有限公司）

石雷达（宁波恒兴船务有限公司）

施国爱（宁波合众海运有限公司）

秘 书 长：陈革培（宁波联合集装箱海运有限公司）

副秘书长：顾旭波（镇海区招宝山街道办事处）

刘 骏（镇海区港航管理处）

附：镇海区道路危险货物运输协会章程

宁波市镇海区道路危险货物运输协会章程

第一章 总 则

第一条 本团体的名称为宁波市镇海区道路危险货物运输协会。

第二条 宁波市镇海区道路危险货物运输协会，是由全区从事危险货物运输企业在自愿基础上发起组成的行业组织，并吸收其相关的从业人员参加。

第三条 本协会的宗旨是：贯彻执行国家、上级政府对行业发展有关的方针政策，起好政府与企业之间的桥梁作用，在市场经济的条件下，指导企业加强安全生产管理，规范经营行为，坚持诚信文明服务，促进全区危险货物运输企业快速有序地发展。

第四条 本协会的业务主管部门是宁波市镇海区建设与交通局，登记管理机关是宁波市镇海区民政局，同时接受宁波市镇海区安全生产监督管理局、镇海公安分局、镇海区物流办、宁波市危运协会等部门的指导和帮助。

第五条 本协会设在宁波市镇海区大宗生产资料交易中心204、205室，地址宁波市镇海区平海路1188号。

第二章 业务范围

第六条 本协会的业务范围

（一）宣传、贯彻道路运输安全生产法规，指导企业加强安全生产管理，预防和控制道路运输安全事故发生；

（二）促进企业信息交流，规范本行业生产秩序，形成发展合力；

（三）开展教育培训，制订行约行规，指导企业建章立制；

（四）协调会员单位完善安全保险机制，协助调解合同纠纷；

（五）加强调查研究，反映会员诉求，当好政府参谋；

（六）承办政府有关部门委托事宜。

第三章　会　员

第七条　本协会由团体会员组成。

第八条　申请加入本协会的会员，必须具备下列条件

（一）拥护本协会的章程；

（二）有加入本协会的意愿，并按规定参加活动；

（三）按规定缴纳会费；

（四）与本协会的业务范围直接相关的部门工作人员。

第九条　会员入会的程序是

（一）提交入会申请书；

（二）经理事会讨论通过；

（三）由理事会发给会员证。

第十条　会员享有下列权利

（一）本协会内的选举权、被选举权和表决权；

（二）参加本协会的活动；

（三）获得本协会服务的优先权；

（四）对本协会工作的批评权和监督权；

（五）入会自愿、退会自由。

第十一条　会员履行下列义务

（一）执行本协会的决议；

（二）维护本协会合法权益；

（三）完成本协会交办工作；

（四）参加协会组织的活动；

（五）按规定缴纳会费；

（六）向本协会反映情况，提供有关资料。

第十二条　会员退出应书面报告协会，如果一年内不缴纳会费，视作自动退会。

第十三条　会员如有严重违反本章程的行为，经理事会表决通过，予以除名。

第四章　组织机构和负责人的产生罢免

第十四条　本协会的最高权力机构是会员大会，会员大会的职权是

（一）制订和修改章程；

（二）选举和罢免理事；

（三）审议理事会的工作报告和财务报告；

（四）决定终止事宜；

（五）决定其他重大事宜。

第十五条 会员大会须有三分之二以上的会员出席方能召开，其决议须经到会会员半数以上同意方能生效。

第十六条 会员大会每届为五年，因特殊情况需提前或延期换届的，须由理事会表决通过，报业务主管单位审查并经社团登记管理机关批准同意。但延期换届最长不超过一年。

第十七条 理事会是会员大会的执行机构，在闭会期间领导本团体开展日常工作，对会员大会负责。

第十八条 理事会是由正副会长、正副秘书长、理事组成，并可邀请名誉会长、顾问参加。

第十九条 理事会的职权是

（一）执行会员大会的决议；

（二）选举或罢免会长和副会长；选举或罢免秘书长和副秘书长；

（三）向会员大会报告工作和财务状况；

（四）决定会员的吸收或除名；

（五）决定设立办事机构、分支机构、代表机构和实体机构；

（六）决定机构主要负责人的聘任；

（七）领导本团体各机构开展工作；

（八）制订内部管理制度；

（九）决定其他重大事项。

第二十条 理事会需要三分之二以上理事出席方能召开，其决议须经到会的三分之二以上同意方能生效。

第二十一条 理事会至少每年召开一次。

第二十二条 会长是本协会的法定代表人。

第二十三条 本协会的会长必须具备如下条件

（一）坚持党的路线方针政策，政治素质好；

（二）在本行业内有较大的影响；

（三）身体健康能坚持正常工作；

（四）未受过剥夺政治权利的刑事处罚的；

（五）具有完全民事行为能力。

第二十四条 本协会会长任期为五年，连任不超过二届。

第二十五条 本协会会长行使下列职权

（一）召集和主持理事会议；

（二）检查会员大会决议落实情况；

（三）代表本协会签署有关重要文件。

第二十六条 本协会秘书长最长任期不超过二届，行使下列职权

（一）主持办事机构开展日常工作，组织实施年度工作计划；

（二）协调团体会员、个体会员间的相关事宜；

（三）根据本协会“业务范围”，与相关部门办理或交涉协会事务。

（四）秘书长为专职。

第五章 资产管理使用原则

第二十七条 本协会经费来源

（一）会费；

（二）捐赠；

（三）政府资助；

（四）在核准的业务范围内开展活动或服务的收入；

（五）利息；

（六）其他合法收入。

第二十八条 本协会按照国家有关规定收取会费。会费收取标准应有三分之二以上代表或会员出席、并经出席会议的二分之一以上表决通过，表决采取无记名投票方式进行。

第二十九条 本协会经费必须用于本章程规定的业务范围和事业发展，不得在会员中分配。

第三十条 本协会建立严格的财务管理制度，保证会计资料合法、真实、完整。

第三十一条 本协会配有专业资格的会计人员，会计不兼任出纳。

第三十二条 本协会的财产管理必须执行国家的规定。会费收支公开，接受会员大会审查，并在年检时向民政、财政报告会费收支和协会收据使用情况。

第三十三条 本协会换届或更换法人代表前，必须接受社团登记管理机构和业务主管部门组织的财务审计。

第三十四条 本协会注册活动资金 5 万元。其中宁波金洋化工物流有限公司 1 万元，镇海石化物流有限责任公司 1 万元，宁波卓承石化物流有限公司 1 万元，镇海通华货物运输有限公司 1 万元，宁波市镇海盈通货物运输有限公司 1 万元。

第三十五条 本协会的资产，任何单位、个人不得侵占、私分和挪用。

第三十六条 协会专职工作人员的工资、奖金等待遇由本协会理事会讨论决定。

第六章 章程的修改程序

第三十七条 对本章程的修改，须经理事会表决通过后报会员大会审议，在报请业务主管部门、社团登记管理机关核准后生效。

第七章 终止程序及终止后的财产处理

第三十八条 本协会完成宗旨或自行解散或由于分立、合并等原因需要注销的，由理事会提出终止动议，经会员大会表决通过，并报业务主管部门同意。

第三十九条 本协会在终止前须在业务主管部门指导下，成立清算组织，清理债权债务，处理善后事宜。清算期间，不开展清算以外的活动。

第四十条 本协会经社团登记管理机关办理注销登记手续后即为终止。

第四十一条 本协会终止后的剩余财产，在业务主管部门和社团登记管理机关的监督下，按照国家有关规定，用于本协会终止相关的事业。

第八章 附 则

第四十二条 本章程经 2010 年 10 月 9 日会员大会讨论通过。

第四十三条 本章程的解释权属于本协会理事会。

第四十四条 本章程自社团登记管理机关核准之日起生效。

第七编 丛 录

一、人物简介

二、先进工作者

三、碑记

四、交通新志备稿

第七编　丛　录

一、人物简介

叶中央（1940—）

嵊泗人，1959 年从事航标灯塔守护，2000 年宁波航标处退休，任白节岛灯塔主任。叶祖孙四代都是灯塔工。其祖父清光绪年间上白节岛守灯塔。其父亲亦随祖父守白节岛灯塔。叶中央获得的荣誉有：1987 年获“金锚奖”全国最佳灯塔工称号；1988 年获评“全国五一劳动奖章”；1989 年获评全国劳动模范。1996 年，叶中央作为全国 12 名优秀工人代表之一进京受中央领导接见。1998 年，以叶为原型的电影《灯塔世家》公映。2006 年，叶获浙江最具影响力劳模荣誉称号。

孙阿五（1950—）

宁波港股份有限公司油港轮驳分公司修船工，从事船舶维修 42 年。2001 年，阿五对价值 10 万元的进口海水泵改装，并重新编写使用说明书。2003 年，他对拖轮绞缆机液压马达国产化改造，原每台 5 万多元，改装后每台仅需 5000 元。2007 年，阿五对日本柴油机气缸套、活塞、进排气门等项目国产化改造取得成功，仅此为企业节约成本 151.43 万元。完成自修项目 3 万多起，由他主持的技术革新为公司创收近千万元。荣获全国交通技术能手、宁波市首席工人称号。2009 年被国务院列入首批享受政府特殊津贴的高技能人才，是宁波市产业工人中唯一人。

二、先进工作者

局交通系统历年获先进工作者

区公管所先进工作者表

表 7-2-1

姓 名	性别	授予时工作单位	荣 誉 名 称	年份
王昌毅	男	区公路稽征所	省级 1997 年度稽征工作先进个人	1998
汪佩群	女	区公路稽征所	市级 1998 年度费收财务会计和行业统计工作优胜个人	1999
吴立波	男	区公路运输管理所	市级 2003 年度行业统计工作先进个人	2004
邱伟江	男	区公路运输管理所	市级“天网”行动先进个人	2006
周岳仙	女	区公路运输管理所	2006 年度宁波市运管稽征系统规范执法先进个人	2007
张建德	男	区公路运输管理所	宁波市交通系统抗冰雪救灾先进个人	2008
朱秦亮	男	区公路运输管理所	2007 年度宁波市市级“青年岗位能手”	2008
孙 健	男	区公路运输管理所	2008 年度宁波市级客运出租汽车行业管理先进工作者	2008
孙 健	男	区公路运输管理所	2008 年度宁波市客运出租汽车文明创建工作行业管理先进工作者	2008
吴云君	男	区公路运输管理所	区人民政府“依法取缔正三轮车非法运营，切实保障残疾人基本生活”专项整治先进个人	2009
嵇文锋	男	区公路运输管理所	区人民政府“依法取缔正三轮车非法运营，切实保障残疾人基本生活”专项整治先进个人	2009
单振良	男	区公路运输管理所	区人民政府“依法取缔正三轮车非法运营，切实保障残疾人基本生活”专项整治先进个人	2009
邱 瑾	女	区公路运输管理所	2008 年度宁波市公路运输管理处运管稽征系统宣传报道及政务信息报送工作优秀通讯员	2009
邱 瑾	女	区公路运输管理所	2009 年度宁波市公路运输管理处新闻报道及政务信息工作优秀通讯员	2010
陈一柱	女	区公路运输管理所	浙江省道路运输管理局全省道路运输行业上海世博会安保工作先进个人	2010
吴云君	男	区公路运输管理所	浙江省交通运输厅全省交通运输系统上海世博安保工作先进个人	2010
吴云君	男	区公路运输管理所	中共宁波市委、宁波市人民政府全市上海世博会“环沪护城河”安保工作先进个人	2010
侯 健	男	区公路运输管理所	宁波市公路运输管理处全市道路运输行业上海世博安保先进个人	2010

区港航管理处先进工作者表

表 7-2-2

姓　名	性别	授予时工作单位	荣　誉　名　称	年份
陈利群	女	区港航管理处	市“依法执政、执政为民”演讲比赛三等奖	2003
徐国民	男	区港航管理处	第二次全国内河航道普查先进个人	2004
徐春伟	男	区港航管理处	市“法治宁波”理论研讨会优秀论文奖	2006
刘　骏	男	区港航管理处	省基层站所行风建设先进个人	2007
刘于洋	男	区港航管理处	省局上海世博会“环沪护城河”水上安全保护先进个人	2010
陈利群	女	区港航管理处	市交通系统上海世博会“环沪护城河”世博安保先进个人	2010

区公路段先进工作者表

表 7-2-3

姓　名	性别	授予时工作单位	荣　誉　名　称	年份
孙世泰	男	区公路段	区级名誉优秀积极分子	1987
黄继国	男	区公路段	区级青年能手	1987
施智勇	男	区公路段	市局文明职工	1988
陈松浩	男	区公路段	市局文明职工	1988
黄聪	女	区公路段	市局职工教育工作先进工作者	1988
黄聪	女	区公路段	区级优秀团员	1988
钟景飞	女	区公路段	市局统计工作先进个人	1988
周兴福	男	区公路段	市局文明职工	1989
施良甫	男	区公路段	市局文明职工	1989
施良甫	男	区公路段	浙交公工会“两个文明”建设活动文明职工	1989
黄聪	女	区公路段	市局职工教育先进个人	1989
施良甫	男	区公路段	市局文明职工	1990
施良甫	男	区公路段	市级文明职工	1991
施良甫	男	区公路段	省两个文明建设先进个人	1991
钱言垒	男	区公路段	省两个文明建设先进个人	1992
乐祖国	男	区公路段	市局先进个人	1992
朱静伟	男	区公路段	市局先进个人	1994
朱静伟	男	区公路段	全市交邮系统文明窗口建设活动先进个人	1994

续表7-2-3

姓 名	性别	授予时工作单位	荣 誉 名 称	年份
乐伟民	男	区公路段	市局路政管理先进个人	1994
许安才	男	区公路段	市交邮系统先进个人	1997
许安才	男	区公路段	区先进生产工作者	1997
钱言垒	男	区公路段	全省创建文明样板路活动先进个人	1998
黄聪	女	区公路段	镇海区军警民共建先进个人	1999
黄聪	女	区公路段	市局创建交通部级文明行业先进个人	2004
张宏波	男	区公路段	市局创建交通部级文明行业先进个人	2004
柯根安	男	区公路段	浙江省公路管理局表彰部级文明行业创建工作先进个人	2004
黄聪	女	区公路段	全市干线公路“百日”劳动竞赛活动优胜单位、先进个人	2006
钱柯萍	女	区公路段	全市干线公路“百日”劳动竞赛活动优胜单位、先进个人	2006
许安才	男	区公路段	全市干线公路“百日”劳动竞赛活动优胜单位、先进个人	2006
朱静伟	男	区公路段	全市干线公路“百日”劳动竞赛活动优胜单位、先进个人	2006
黄聪	女	区公路段	市级军警民共建先进个人	2007
施智勇	男	区公路段	宁波市公安局交警支队表彰年度双排查双整治工作先进个人	2008
黄聪	女	区公路段	市级军警民共建先进个人	2009
柯根安	男	区公路段	市委创建工作先进个人	2009
蒋华章	男	区公路段	市局表彰“十佳养护工”先进个人	2010
施慈北	男	区公路段	市局表彰“十佳路政员”先进个人	2010

三、碑 记

定海县建城碑亭

亭处镇海旧城西北角。亭高 3.85 米，周长 10.6 米。亭柱、顶盖、梁架、翘檐均系条石凿榫嵌镶而成。亭正中植石碑一方。碑亭建于明万历二年（1574年），碑刻《增筑定海内城碑记》，为明万历年兵部尚书张时彻撰。碑亭迄今四百余年。1989 年被列为省级重点文物保护单位。

附：定海县增筑内城碑记

郡境本四明诸峰之错峙：南逾赤堇，奉川所经；北抵骠骑，慈水所出；鄞承锡山之脉，挹江流而合抱，乃宅中而成都会；象分天台之余支，隔越湖头，实为外郛。定则雄据于东南，北有巨海之浸，南有长江之潴，东有招宝、蛟门之雄峙，西有龙山、凤浦之回旋。四明徐引于右，翁洲远卫于左，通吴会，达瓯闽，中翼于省会，而控扼其门户，固要害之区也！

初城筑于钱镠历元而隳。国朝洪武元年（1368），千户王及贤始立木栅。七年（1374），守御千户端聚易以石。二十年（1387），信国公汤和建卫，拓而大之。延袤九里，辟为五门：东曰镇远，南曰南薰，又南曰清川，西曰武宁，又西曰向辰。门各有楼，上加雉堞、警铺，外罗以月城。城并海而设，潮汐之所吞吐，雷霆之所震击，妖飓之所凭陵，无宁朝夕，前代亦虑其不虞也。宋荆国尝为之外堤，至今称巨防焉！历年既久，堑障渐弛，啮者、洼者、皴者、锐而突者、罅而坠者乃稍稍见矣。隆庆三年（1569）督抚军门谷公中虚临而视之，曰：“斯浙东之保障，盖犹之西陵虎牢也。及今不竞，患将莫御，曷其弗亟。”乃檄下所司策计之，增筑外城，以捍其旧，有成议矣。已而，前海道副使蒙公诏反复咨诹，长虑确计。该督理同知段君孟贤上议曰：“城外城始议也，于事良便；视然而验焉，城之外俱沙石梗隔，不可以桩，不桩不可以城。若掘梗去石，城且善坏，况潮汐冲涌，工力难施。乃长老黎庶咸称外城艰于奏功，若修固古堤作为外护，筑新城于内地为便。夫举大事者必协于众，利久远者必虔其始，惟当道裁察之。”督抚军门邬公琏辄报诺。万历元年（1573）督海副使刘公翾至而景望焉，城内隘逼，亦多沙土，难以密比入桩，奚城而可。乃亲自量度，立表记号，随旧城地势宽窄而舒缩之，定其物程，榷其经费，俱有成算。会段以给由谢事，以通判祝君完代之，专任提调，经理百物。升任知府王君原相酌议巡省，补所未备。今任知府周君良宾综理周详，课饬不懈。定海知县陈君朝定百尔具肩，鸠率罔愆。而抚台方公弘静、巡台萧公廪作其不力，乃祝君不避泽门之谤，时时督经历易应试等、千百户周于乔等、鄞慈定委官县丞唐熠等循行役者，宵旦不休。分守左参议余公一龙、分巡佥事王公嘉言胥赞其事。粤若新抚台谢公鹏举至而乐观厥成，差其劳绩，闻于新巡台吴公从宪，行赐劳焉。

城凡长四百六丈三尺，址阔一丈四尺，顶阔一丈高二丈，与旧城齐，面之以石，联于旧城，盖不啻山岳固矣。工始于万历元年五月初八日，讫于万历二年闰十二月二十六日。原议物料银一万一千二百九十两有奇，今用银七千□百两有奇，凡省四之□，祝君为之节也。费取诸鱼税，力取诸在城编户。郡守周君咨于新任同知李君兼通判刘君洋，以事系兴作之大者，不可无记，谒余而问焉，余曰：甚哉，远猷之难也！蚁穴不塞，不可以固百丈之堤；突不曲，薪不徙，不可以保千金之室。明者睹于未形，而昧者忽于已著。况兹设险守国，其大者哉！故曰“哲夫成城”。夫察兴废之谓哲，明安危之谓哲，辨轻重之谓哲，度劳逸之谓哲，非大贤孰能办此者乎！诸君子之为斯城也，自为者寡而为民者多，为一时者寡而为百世者多，为一方劳役者寡而为边徼保障者多，诚不可以不记也。爰以芜词，载之贞石，以昭于永永。皇明万历三年岁次乙亥夏五月朔，赐进士出身南京兵部尚书致仕两奉诏进荣禄大夫明州张时彻撰。

（说明：据明刻碑文并参考《镇海县志》所载实录）

张太傅碑亭

1989 年建，处巾子山顶八面楼旧址。碑亭全石结构，面积 6.76 平方米，名“巾子亭”，亭中置“宋太傅越国公张世杰纪念碑”，碑高 2.4 米，宽 1.04 米，厚 0.16 米，碑座高 0.34 米。正面王京盙书，背面镌刻全祖望《张太傅祠堂碑记》，周祥德书。亭南面上勒“南望崖山”，左右石柱有邑人朱吉相撰句，鄞人郑玉浦作书楹联一对。上联“碧峰独秀钟英烈”，下联“鸿藻重刊表赤忱”。北面横额“振兴中华”。左右联句“名经四易望海静海定海镇海观沧海高轩走蛟水；时历千年宋朝元朝明朝清朝于今朝伟绩刻巾山”。系邑人朱吉相撰，合岙卢石臣篆。不久，亭拓建，改名“沧桑亭”。

附：《张太傅祠堂碑记》

崖山三大忠臣祠，倡议于罗一峰，成于陈白沙，而任之者陶自强也。吾乡候涛山东巾子山，为当时张太傅自临安入海驻营之地，而未有祠，并志乘亦不载其事，何其阙也。况太傅之在是山，非偶一驻营于此漫不足为轻重者。比范文虎以伯颜军至皋亭山，太傅请移三宫入海，而与文丞相合，背城一战。陈丞相以议和阻之。太傅遂提兵东渡，由庆元抵昌国，营于是山。其意盖已办闽广，再造一局。石国英遣都统卞彪说之使降。卞彪故降将，太傅以为反正而来从己俱南也，椎牛享之。酒半，彪从容为致国英旨。太傅大怒，断其舌，磔之山中。军士感愤泣下，誓共求宗室以谋恢复。于是太傅探得杨驸马以二王至温，陈丞相出会之，陆侍郎苏统制俱赴之，遂出蛟关，沿海入觐，共豫定策事，而二王之局以成。文丞相《指南录》虽于太傅不尽谐，然于闽广再造，则以为太傅一人之功。盖陈陆诸公，虽素秉忠赤，而非太傅以宿将重兵握其枢，则其事不可集。顾太傅之所以鼓三军之气而扶九鼎之丝者，莫过于巾子山之一磔，能使爝火重照，死灰复燃。当是时，赵孟传以宗室子举庆元献册籍，句余城郭黯然无色。岂知金鳌背上尚有人焉，大声疾呼，白虹贯日。是赤水丹山所以洗辱，而二王一线得延之自也。而袁清容纂延祐志，以其父为元之降臣，于太傅之遗踪略焉。至今未有及之者谬矣。呜呼！国家不能常存而不亡，忠臣志士成者一而败者九。顾其所以常存而不败者，此配义与道之气塞于天地之间。太傅之精魂如行地之水无所不至，而况崖山宫阙与是山堑寨尤其神明之所惓惓者乎！予乃与蛟关父老议立祠以祀之，而勒文于石。巾子山者与候涛山对，双阙如门，障蔽洪涛。其下有洗马池，宋高宗航海时多葬侍卫军卒于此者也。其铭曰：桓桓太傅来自临安兮，手磔降人投之蛟关兮。辗转东瓯逐日维艰兮，侯官一隅扶坠天兮，踉跄东江而浅湾兮，崎岖谢峡而硇川兮（按：据《宋史·张世杰传》应为“硇洲”）。沉香千两焚崖山兮，平章江口瓣香残兮。赤坎之村埋血殷兮，忠魂骑鲸任往还兮，时来此间闻长叹兮，卞彪之骨化为老鳏兮，春网登之荐豆笾兮。

中法战争镇海之役胜利纪念碑

1997年镇海区人民政府立，在沿江路东招宝山麓。

中法战争镇海之役胜利纪念碑记文

镇海抗法保卫战，是我国近代抗击外来侵略海岸战中唯一取得全面胜利的战役，是近代军事史上一次成功的防御战。

一八八五年三月，法国远东舰队司令孤拔率法舰多艘进犯镇海口，镇海军民在浙江巡抚刘秉璋指挥下，上下一心，严密布防；同仇敌忾，众志成城；奋起还击，重创法舰；迫使法舰铩羽溃退，粉碎了西方列强“船坚炮利”不可战胜的神话。它与镇南关——谅山大捷一起，合奏了一曲中国军民抗击外来侵略的凯歌，谱写了近代反侵略战争的光辉一页。

历史似镜，鉴照古今；安远古垒，磅礴正气。抗法保卫战中，镇海军民自强

自信，不畏强敌与侵略者进行了不屈不挠的斗争，民族气节、爱国精神，是中华民族特别是镇海人民引以为豪的精神财富和文化遗产，值得我们学习和借鉴。

雄关基于正义，功碑立于民心。为了纪念镇海人民和爱国将士建立的历史功绩，弘扬民族精神，激励爱国热情，镇海区委、区政府做出“保护开发镇海口海防遗迹，全面实施爱国主义教育工程”的决定。抗法将领刘秉璋曾孙、香港亿利达工业发展集团有限公司董事长刘永龄先生欣然响应，捐资建造“中法战争镇海之役胜利纪念碑”。俾彪炳千古，以激励后人。

宁波市镇海区人民政府

一九九七年十月

四、交通新志备稿

（一）新开通公交线路

2011—2015年，镇海区新开通公交线路10条。2013年7月10日起，市区公交一小时优惠换乘推出，为省内首创。乘客刷卡扣费（以公交IC卡记录为准）一小时内换乘优惠范围内的公交线路，可享受1次换乘优惠。

镇海招宝山至宁波黄鹂新村27路公交车开通（2011年）

2011—2015年镇海区新开通的公交线路表

表7-4-1

线路	起　止	停　靠　站	里程（千米）	初开通年
27	公交招宝山站 | 黄鹂新村	公交招宝山站↓、招宝山、镇远桥、南大街、渡口、镇海区政府、电影院、聪园路、张鑑碶（镇海中医院）、镇海发电厂、虹桥新村（中国液化市场）、五里牌、镇海经济开发区（易通公司）、渔业基地、清水浦、朱家桥、梅墟、江南路新梅路口、江南路剑兰路口、江南路冬青路口、涂田涨村、高新区行政服务中心↑、俞家、颐乐园、老庙（市公交总公司）、陆家村、桑家、中兴北路、常青藤·小城、锦苑小区、体育馆、宁穿路（中兴路）、华侨城、朱雀新村、儿童公园、丹凤新村、紫鹃新村、公交黄鹂站	25.6	2011.07.01

续表7-4-1

线路	起　止	停　靠　站	里程（千米）	初开通年
392	公交招宝山站 | 公交招宝山站	公交招宝山站、招宝山、淡水井头、林庙路、宏远路、金属园区管委会、国储局837处、远一路、物流枢纽港、镇海区公路客运中心、自来水公司、淡水井头、招宝山	9.3	2012.06.01
802	宁大二村 | 宁大二村	宁大学生二村、宁大学生一村、宁镇公路、宁波大学、宁波大学科技学院、商帮文化公园、宁大学生二村	3.2	2012.08.28
807	公交骆驼中站 | 公交骆驼中心站	公交骆驼中心站、东邑北路、东邑小区、堰头王、骆驼、荣骆路、骆驼工业区、骆兴家园西大门、华丰星城、银亿海尚广场、保利电影院、镇海市民广场、镇海市民服务中心、东邑锦苑、公交骆驼中心站	8	2013.02.01
387	公交骆驼中站 | 公交招宝山站	骆驼中心站、华丰新城、镇海公交、绿城桂花园、镇海市民广场、镇海市民服务中心、保利城、秦胡、植物园西、蛟川书院、龙赛中学、柳岸晨韵、汤家庙、庄市浅水湾小区、庄市菜市场、鑫隆花园、清泉花园北大门、宁波帮博物馆、商帮文化公园、宁波大学科技学院、宁波大学、半路涨、朱家桥、清水铺、渔业基地、镇海经济开发区、五里牌、虹桥新村、镇海发电厂、张鑑碶、聪园路、电影院、镇海区政府、渡口、南大街、镇远桥、招宝山、公交招宝山站	26.75	2013.05.16
378	公交慈溪龙站 | 江安路	公交慈溪龙山站、袁家、荣骆路、镇海公交、红梅新村、新马路路口、宁大附属医院、江安路	23.7	2013.08.01
818	公交庄市站 | 公交庄市站	公交庄市站、书香丽景、钟包村、康宁医院、庄市大道、庄市浅水湾小区、庄市菜市场、鑫隆花园、清泉花园北大门、明海路、丽景华府、江南第一学堂、拉菲庄园、合生国际城、水木清华、汉塘、宁镇公路、宁波大学、商帮文化公园东、宁波帮博物馆、杨家、汉塘、水木清华、合生国际城、拉菲庄园、江南第一学堂、丽景华府、明海路、清泉花园北大门、鑫隆花园、庄市菜市场、庄市浅水湾小区、庄市大道、康宁医院、钟包村、书香丽景、公交庄市站	21.3	2014.01.15
396	公交骆驼中站 | 公交招宝山站	骆驼中心站、骆驼欧尚超市、镇海市民广场、镇海大厦、镇海大道尚志路口、镇海大道耕渔路口、妙胜寺站、大市堰南、徐家堰南、镇海大道镇骆路口、新老周、临俞工业区、张陈傅站、中一村、静德桥、陈家、张鑑碶、聪园路、电影院、镇海区政府、南大街、镇远桥、招宝山、公交招宝山站	18	2015.03.10
399	公交骆驼中站 | 市中医院	骆驼中心站、镇海市民服务中心、镇海市民广场、绿城桂花园、团桥、鑫海公司、洪家、北环东路庄西路口、马径、马径村、庄桥孔家、北环东路九龙大道口、宁慈东路、北环西路李家路口、康桥南路天沁路口、水尚阑珊、湾头大桥北、天水家园北、宝庆讲寺、云飞路、江北大桥南、新星村、市中医院	19	2015.04.11

续表7-4-1

线路	起　止	停　靠　站	里程（千米）	初开通年
351	招宝山 ｜ 甬港新村	公交招宝山站↓、招宝山、镇远桥、南大街、电影院、聪园路、张鑑碶、甬江隧道、经三路、衙前、经六路、华生国际家居广场、胡家洋、新建新权、新模、梅墟、江南路新梅路口、江南路剑兰路口、江南路冬青路口、高新区管委会、宁波研发园西、聚贤路晶辉路口、聚贤路星光路口、书香景苑东、书香景苑北区、书香景苑二期、新城第一实验学校、江东科技创业中心、会展中心南大门、民安路世纪大道口、新天地、碧水和城、宁波三中、锦苑东巷、锦苑西巷↑、体育馆、姚益路朝晖路口、二号桥市场、甬港新村	—	2015.04

（二）公共自行车服务系统建设

倡导低碳出行，宣传绿色环保理念，2013年镇海区启动公共自行车网点建设。2013—2015年，镇海区公共自行车服务系统建设在招宝山、蛟川、骆驼、庄市4个街道共布点120个，投放公共自行车3000辆。每个公共自行车服务点设置1台自动服务机，包括查询信息、站点地图、终端服务、使用帮助4个板块。分年建设情况为：

2013年镇海首批公共自行车投入使用

2013年，建设68个网点，投放1500辆公共自行车，实际支出496.05万元。

2014年，建设25个网点，投放600辆公共自行车，实际支出709.72万元。

2015年，建设27个网点，投放900辆公共自行车，预付工程款45.58万元。

公共自行车由宁波市统一投放，统一管理，服务范围覆盖宁波市6区，按照“统一指挥，分区调度、分区修理、通租通还、自助操作”的原则，实行智能化管理。宁波市城市客运管理局，下设宁波市公共自行车服务发展有限公司，负责市辖各区公共自行车服务系统运营。

（三）区域出租车“港城”投入运营

2013年4月9日，区人民政府审议通过《镇海区区域出租车客运管理办法》、《镇海区区域出租车投放方案》。2013年6月6日起，镇海区域出租车“港城”正式投放运输市场。当年末，共投放48辆。至2014年春节前100辆出租车全部投入运营。“港城”出租车，油气混合动力，“现代”牌，淡蓝色，100辆车连同使用费共计1139.8万元，平均每辆车11.398万元。

区域出租车的营运范围为镇海行政区域以内，以及329国道以东、常洪隧道以北的江北区部分区域。运价与市区出租车相同，实行同城同价。

2013年镇海“城区小客”退出客运市场

区域出租车由宁波市港城出租汽车有限公司经营。该公司2012年12月成立，国有，隶属区住房和建设交通局。公司注册资本1000万元，地址镇骆西路739号。

此前运营的“城区小客”，由区政府给原经营者以经营权损失补偿，并一次性退出客运市场。历时18年的52辆“城区小客”谢幕。

（四）绍兴籍船舶首次从内河进入镇海电厂码头

2015年7月28日，浙上虞货0309船等3艘绍兴籍船舶各载400吨电煤抵达镇海浙能电厂码头，这是近20年来绍兴籍船舶首次从内河进入镇海。此前，因姚江大闸到三江口航段受桥高限制和涨落潮的影响导致船舶没有实际通行。试通航的成功为今后常态化通航奠定基础。

（五）轨道交通2号线一期投入运营

2015年9月25日，轨道交通2号线一期投入试运营。轨道交通2号线一期起栎社机场至镇海清水浦，沿途设23个站点。清水浦轨道站为属地唯一站点。为接驳轨道交通一期终点站清水浦至镇海的客流，新开通公交827路。

（六）水路运输量

2011—2015年镇海区水路运输量表

表7-4-2

年份	客运量（万人）	周转量（万人千米）	货运量（万吨）	周转量（万吨千米）
2011	2.28	198.00	2823.00	3787876
2012	0.98	854.79	3315.73	4572418
2013	13.17	13.17	3934.34	5025187
2014	17.59	42.20	4435.93	3697743
2015	20.50	49.22	4627.26	3683663

注：1. 不含宁波港务局镇海港区的运输量；2. 2013年起客运统计含九龙湖游客

（七）道路运输量

2011—2015年镇海区道路运输量表

表7-4-3

年份	客运量（万人）	客运周转量（万人千米）	货运量（万吨）	货运周转量（万吨千米）
2011	460	65150	1110	132160
2012	309	17144	988	222183
2013	360	50150	1140	168710
2014	119	10190	1271	186025
2015	77	9630	2125	356137

（八）宁波铁路货运北环线全线建成通车

铁路货运北环线正线全长40.1千米，除部分路段为路基外，其他采用高架，其中桥梁比重占全线的81%，设计时速120千米，总投资44.9亿元。2009年12月30日，启动建设货运北环线。2014年底开通运营洪塘至邱隘段。2015年年底，邱隘至云龙段建成，货运北环线全线贯通。

线路途经江北、镇海、北仑、鄞州4个区。往南至甬台温铁路鄞州云龙站接轨。

铁路货运北环线把甬台温铁路、萧甬线、北仑支线、镇海支线、宁波港连为一体，打通包括镇海港在内的宁波港集装箱疏运的内地陆路通道，使宁波港货运的辐射范围由原来的长三角地区扩展至武汉中部经济圈，将极大地拓展海铁联运腹地。

（九）镇海大道全线建成

镇海大道（亦称新区主干道），列入省市重点工程。道路西起九龙大道，东至镇骆路全长9.34千米。按城市主干道标准设计，设计时速60千米。2006年10月28日镇海大道启动建设，2014年10月全线建成，历时8年。工程分三期实施：一期工程，西起九龙大道，东至世纪大道，长3.53千米，投资回购额23549万元。2006年10月28日开工，2007年建成通车。二期工程，西起世纪大道，东至东外环路，长3.73千米，投资概算60344万元。2011年11月开工，2013年7月建成通车。三期工程，西起东外环路，东至镇骆路，长2.08千米，投资概算39845万元。2013年2月18日开工，2014年10月通过竣工验收。

（十）打通“断头路”三年专项行动

自2011年开启打通“断头路”专项行动以来，镇海区共梳理出南二路、通海路、东邑北路、镇海大道二期、明海大道北延和逸夫路等6条断头路，总计长7千米，投资概算11.4亿元。其中，通海路于2011年3月30日正式通车，成为宁波市中心城区59条“断头路”中首条贯通的道路。通海路是沟通化工区主干道和329国道的重要口径，因一段近300米小路上的厂房阻隔而成“断头路”，导致沿海北线镇海段上往来的大量危险化学品运输车要绕行1.7千米方能驶入329国道，大大增加货运成本。是年，东邑北路北延、南二路2条“断头路”也相继打通。镇海大道二期、明海大道北延和逸夫路于2013年12月实现通车。镇海区全面完成市政府下达的三年打通6条“断头路”行动计划。

（十一）绕城高速镇海服务区投运

2012年9月20日，绕城高速唯一服务区镇海服务区投运。服务区位于绕城高速东段沙河收费站东侧1千米处，紧邻舟山跨海大桥，与沈海高速南接线、甬台温、杭甬、甬金等高速公路相连，是杭州、上海等方向往返舟山的必经之地。服务区占地面积约133亩，总建筑面积6000多平方米。南北共设292个停车位，双向各一座2层对称建筑。服务区由省高速投资公司负责运营。

（十二）镇海公路客运中心站正式启用

2013年8月15日，新建成的镇海公路客运中心站投入运营，同时，1982年投入运行的张鑑碶老站停止使用。新站位于后海塘雄镇路与聪园路交叉口，占地面积1.7万平方米，分长途客运和公交两个功能区块，是一个集长途班车、公交车、出租车于一体的综合客运枢纽。长途汽车站搬迁后，长途班线及发车时间保持不变。

2013年镇海公路客运中心站启用

2014年镇海危险品运输车辆
综合服务中心建成

（十三）区危险品运输车辆综合服务中心建成

镇海区危险品运输车辆综合服务中心于2013年8月开始施工，2014年9月29日启用。中心位于后海塘通港路北侧，大安化学公司西侧。占地 84.07 亩，总建筑面积 7071.76 平方米。配套建设有危化品车辆维修厂、洗消中心、停车场、场地支路，设置危化品停车位 195 个，总投资 1.08 亿元。

（十四）区住房和建设交通局职责和人员编制

区住房和建设交通局是主管全区住房、建设、交通以及人防工作的区政府工作部门。挂区人民防空办公室牌子。

1. 主要职责

贯彻执行国家和省、市关于住房、建设、交通、人防工作的法律、法规和方针、政策；受委托起草地方规范性文件，制定全区住房、建设、交通行业的发展规划，并组织实施。

负责城镇低收入家庭住房保障工作。拟订区住房保障相关政策并指导实施，建立和完善住房保障管理制度。

负责推进住房制度改革，拟订全区住房制度改革政策并组织实施；负责公有住房出售审批、住房分配货币化管理工作；负责房改资金、物业专项维修资金的监督管理。

负责全区房地产业、物业服务企业等单位的资质管理；负责全区城镇房屋登记、产权产籍和直管公房、单位自管房、政府保障性住房、私房政策的监督管理。

负责全区房地产市场的监督管理，规范市场秩序，促进房地产业发展。负责房地产开发、房屋转让、房屋租赁、房地产估价与经纪的监督管理；组织开展房地产市场监测分析；指导全区物业和房屋安全管理工作。

负责全区建筑业、勘察设计业等行业管理；指导监督建筑市场准入、建设工程招投标、施工许可、工程监理、合同和风险管理；负责工程建筑业、勘察设计业企业等单位的资质审核和管理。

负责全区房屋建筑工程和市政基础设施工程质量安全的监督管理责任；组织或参与建设工程重大质量事故、安全事故的调查处理；指导全区建设工程施工图设计审查和各类房屋建筑及其附属设施建设工程抗震设防工作。指导全区房屋安全鉴定和白蚁防治。

负责建设行业科技进步和建筑节能工作，负责墙体材料和散装水泥管理工作；组织开展重大建设科技项目攻关和科技成果推广应用，促进科技成果转化。

负责建筑业、房地产业、工程勘察设计业等各类人员职业资格管理和执业注册审核管理；指导城乡建设的职业教育与培训工作。

负责编制全区市政公用基础设施和交通工程项目的年度计划、项目报批、建设工作；指导和监督推进城乡基础设施开发建设和公共服务一体化工作；组织城建交通项目建设管理。

拟订全区道路、水路运输行业及城市客运的发展规划；负责全区交通行业管理、综合运输物流工作；负责全区交通运力的综合平衡；指导协调全区交通运输行业的安全生产应急处置和节能减排工作；负责全区交通战备工作。

负责全区公路、水路交通基础设施及其配套项目的建设、养护和路政、船政管理工作；会同有关部门管理交通基础设施。

指导和管理全区人民防空工作；负责组织实施人防通信、警报建设与管理；负责组织开展人民防空宣传教育工作；负责管理人民防空工程建设和维护管理。

承办区政府交办的其他事项。

2. 内设机构

根据上述职责，区住房和建设交通局设9个职能科室：

办公室（法制科） 负责局机关日常政务工作；负责重要文稿、综合性文稿的起草工作；负责重要会议的会务工作；负责文件收发、政务信息、政务公开、目标管理、机要保密、建议提案、文书档案、信息化建设、制度建设、综合治理、固定资产采购管理、后勤保障等工作；负责年度重点工作和领导批示件的督察督办；协调、指导住房、建设、交通行业的体制改革工作；拟订、落实行政执法责任制；指导、监督局属执法单位行政执法工作；参与局属行政执法单位复杂、疑难行政处罚案件查处；承担行政复议、信访复查工作；负责行政诉讼应诉、行政复议答复工作；负责信访处理程序、普法、综治等工作；负责执法证申领、管理及规范文件拟订、备案工作。

组织人事科（监察室） 指导局系统党建工作；负责局系统党组织、党员管理及群团工作；负责局管干部的考核、考察、调配和任免工作；负责局系统人才队伍建设工作；负责指导局机关和局属事业单位的机构编制、组织人事、工资福利、计划生育、出国（境）管理、离退休干部服务管理等工作；负责局机关和局属单位的效能、纪检、监察管理工作。

计划财务科 贯彻执行国家财政政策、法令、法规，维护财经纪律，拟订系统内部的财务管理制度及实施细则；组织编制建设、交通系统事业发展的中长期规划；负责制定城市建设资金和交通建设资金的年度计划；负责城市建设资金和交通建设资金的调度、平衡和决算审查工作；组织编制和实施部门预算，负责编制、上报各类财务报表；负责本局机关财务会计、国有资产管理和财务资料归档等工作；负责监管局属单位各类专项资金的征收和使用；负责局属单位财务会计人员业务培训；负责本系统内部审计和日常财务监督检查，审核局属单位的财务计划和预算，指导局属各单位国有资产管理；负责有关统计工作，归口上报和公布统计报表。

房地产管理科 研究和拟订全区房地产业发展和住房保障的相关政策并指导实施；负责房地产开发行业管理和房地产的资质管理工作；指导、协调住宅小区公建配套项目的实施；负责城区直管公房、单位自管房、私房的房政管理以及全区城镇房屋产权产籍和城区直管公房、单位自管房、私房的房政管理；负责拟订全区住房制度改革的方案和相关政策并监督实施；指导全区住房制度改革；负责住房制度改革中的公房出售、单位住房货币分配方案、公积金收缴审批等管理工作；负责住房制度改革的咨询和信访工作；负责老职工和新职工住房货币化发放审批工作；负责全区城镇低收入家庭住房保障工作。承担区住房保障工作领导小组办公室的工作职责。

工程建设科 拟订全区城镇建设管理、市政公用基础设施和交通道路发展建设规划；负责编制全区市政公用基础设施和交通工程项目的年度计划，以及项目报批、建设工作；指导和监督全区公路养护管理工作；负责公路大中修年度计划审批，以及项目实施监管工作；指导和监督推进城乡基础设施开发建设和公共服务一体化，以及全区污水处理设施运行及污染物减排工作；组织城建交通项目造价审查、招标投标、质量监督、施工管理、竣工验收；会同有关部门做好城建、交通项目方案论证、初步设计审查；以及做好城镇给排水、燃气、热力、市政设施、绿化等方案审查工作。

建工管理科 指导和规范建设监督、合同管理、工程风险管理、工程勘察设计咨询市场准入及管理工作，负责建设行业执业资格注册的审核工作；负责建筑施工企业、建筑安装（含室内外装修装饰）企业、市政工程建设企业、建设监理、检测单位、勘察设计咨询单位的资质审核和管理工作；拟订全区建设工程质量和建筑安全生产管理以及建筑行业发展规划，指导质量安全监督部门开展建设工程质量、安全生产管理；组织开展全区建设工程质量、安全检查，处理违法违规行为；组织或参与建设工程质量事故、安全事故的调查处理；负责墙体材料和散装水泥管理工作；负责拟订建设行业科技发展规划并指导实施，组织重大建设科技项目的开发研究与转化推广；指导全区建设工程施工图设计审查工作，参与建设工程重大项目的可行性技术论证、会审等工作，承办建筑工程重大技术事故的协调处理工作。

交通运输管理科（区国防动员委员会交通战备办公室）　拟订全区道路、水路运输行业及城市客运的发展规划；负责全区交通行业管理、综合运输物流工作；指导协调全区水陆运输航政、运政管理工作；负责全区道路、水路运输、地方港口（码头）、航道、汽车租赁、运输服务、机动车检测维修、船舶检测、运输技术规范、汽车驾驶学校和驾驶员培训的行业管理；负责全区交通运力的综合平衡；指导协调全区交通运输行业的安全生产应急处置和节能减排工作；负责全区交通战备工作。

人防科　负责组织全区人民防空建设和日常工作；参与编制城市建设与人防建设相结合规划；组织制定重要经济目标单位的防护方案、防空袭预案和各项保障方案；制定人防专业队伍训练计划；组织实施人防通信、警报建设与管理；负责管理人民防空工程建设，参与防空地下室的设计审查和竣工验收，并指导建成后的使用管理和制定战时使用规划；组织开展人民防空宣传教育，会同有关部门编制人民防空经费预决算；贯彻落实“平战结合”方针，参与城市地下空间的开发利用，并组织实施人防工程维护管理；承办上级和人民防空主管部门交办的其他事项。

行政许可科　负责审批权限内的行政许可事项和非许可审批事项的受理、审批、内部流转、初审移交和发证归档；及时公布有关行政许可的法律、法规及规章的制定、修改、废止情况；配合局法制科，审查各业务部门行政审批事项的设定是否合法，文书制作是否规范；配合业务部门做好批后监管工作，配合查处房产市场、建筑市场等违法违规行为；参与重大开发项目的规划方案、初步设计等审查工作。

3. 人员编制

区住房和建设交通局行政编制17名，其中：局长1名，副局长5名，总工程师1名；内设机构领导职数10名。后勤服务人员编制2名。

纪检、监察机构的设置、人员编制和领导职数按有关文件规定执行。

修志始末

2009年7月，按照市交通委〔2006〕143号文件关于开展续修交通志工作的通知，成立镇海区交通志编审委员会，启动《镇海区交通志》编纂。首任交通志编审委员会主任为局长程振明。后因人事变动历经二次调整。2013年3月，交通志编审委员会主任为局长施宇峰。2014年12月，交通志编审委员会主任为局长梅海平。

《镇海区交通志》编修断限，初时定为1986—2008年，后市交通委要求调整为1986—2010年。至2013年10月，《镇海区交通志》初稿基本形成。局编审委员会组织相关科室、下属机构、离退休老干部对初稿进行自审。2015年年末形成《镇海区交通志》初审稿报市交通委修志办。2016年10月9日，市交通委修志办组织9人对《镇海区交通志》稿评审。参与评审的专家和行家们一致认为《镇海区交通志》初审稿基本具备专业志成稿要求，同时也对进一步提升志稿质量提出了具体的调整意见。评审会后，局修志人员以市人民政府地方志办公室高曙明处长的系统意见为主，参照其他专家意见逐一修改调整。

《镇海区交通志》的编修完成大体分为三个阶段。第一阶段为2004年9月至2009年6月，此间镇海区人民政府启动二轮修志，建设交通局要为《镇海区志》提供建设与交通方面的志稿，局由张道忠副书记负责此项工作，聘请徐宏炳编修，主要收集整理了1986—2004年的建设交通工作资料。第二阶段为2009年7月至2015年年末，由孙惠民副局长负责，聘请冯国定编修，完成了《镇海区志》建设部分、交通部分志稿，同时完成了《镇海区交通志》初审稿。第三阶段为2016年1月至付印，主要完成志稿的调整和出版成书。

《镇海区交通志》共设7编、20章、88节，全书约43万字，配图照45幅。

区建设与交通局党政领导对修志工作始终高度重视和关注，协调解决编纂工作中出现的问题，给修志工作以人财物保障。编修工作得到了宁波市交通志主编钱起远、封莲英，区地方志主编陈兵、陈家俊等的悉心指导；镇海港区、区公安

《宁波市镇海区交通志》编纂委员会

2009 年 7 月

主　　　　　　任：程振明

副　　主　　　任：贺　军　汪亚仙　孙惠民

委　　　　　　员：彭　鲲　陈伟君　陈国华　李　斌　贺绍春　林秉元
刘　骏

编纂办公室主任：陈伟君

编纂办公室副主任：陈国华　冯国定　陈万年

《宁波市镇海区交通志》编纂委员会

2013 年 3 月

主　　　　　　任：施宇峰

副　　主　　　任：娄林友　贺　军　陈伟君

委　　　　　　员：洪效祥　陈国华　叶　青　史志英　王夏国　刘　骏

编纂办公室主任：洪效祥

编纂办公室副主任：陈国华　冯国定　王文焕　黄　莹

《宁波市镇海区交通志》编纂委员会

2014 年 12 月

主　　　　　　任：梅海平

副　　主　　　任：娄林友　庞永刚　马振万　陈伟君

委　　　　　　员：黄开聪　顾奇尔　侯　健　叶　青　陈寒松　王夏国
陈利群

编纂办公室主任：黄开聪

编纂办公室副主任：叶　青　侯　健　冯国定　黄　莹

《宁波市镇海区交通志》编纂人员名录

主　　　　编：冯国定

编 纂 人 员：徐宏炳　陈伟君　陈云飞　李　斌　陈国华　黄　莹
杨守明　王丽莉　郑东凯　周海鹰　徐春伟　沈亚忠
徐国民　金贤君　洪小伟　侯　健　陈万年　施智勇
汪佩群　孙曙旭　林　伟　徐芳芳　吴云君　柯　杰
杨红斌　乐俊凯　王　勇　徐　明　忻卫国

摄影和照片提供：张敬愉　徐春伟

打　　　　字：李巧芝　王　禧

分局、区档案局、各乡镇街道和有关单位鼎力相助；局离退休老同志回忆提供史料。值此定稿付梓之际，谨向他们致以崇高敬意和谢忱。限于编纂水平、资料缺乏，选材和表述或有疏漏和错误，敬请读者批评指正。

冯国定

2016 年 10 月